Zu diesem Buch

Als am 22. November 1963 die tödlichen Schüsse auf Präsident Kennedy fielen, erstarrten die USA in einem Zustand des Schocks und Entsetzens. Kennedy, der Hoffnungsträger eines neuen Amerika, schien das Opfer eines schießwütigen, geisteskranken Einzelgängers geworden zu sein. Zwei Tage später wurde der mutmaßliche Attentäter Lee Harvey Oswald in einem angeblich patriotischen Racheakt von Jack Ruby erschossen.

Bis 1979 hatte die US-Regierung wiederholt Untersuchungsausschüsse mit der Aufklärung des Verbrechens betraut. War die erste Kommission noch den Manipulationsversuchen des FBI-Direktors Edgar J. Hoover zum Opfer gefallen, dem es politisch opportun erschien, an der Einzeltäterthese festzuhalten, so lagen Mitte der siebziger Jahre bereits schlagkräftige Beweise für eine Verwicklung der Mafia in die Ermordung John F. Kennedys und seines mutmaßlichen Attentäters Lee Harvey Oswald vor. Dennoch: Unter Angabe zweifelhafter Gründe wurde das Verfahren eingestellt; juristische Konsequenzen unterblieben.

Unter den Aufklärungsversuchen des Präsidentenmordes nimmt David E. Scheims Arbeit eine Sonderstellung ein: Spekulationen sind nicht Scheims Sache. Während seiner zehnjährigen Forschung stützte er sich fast ausschließlich auf bereits vorliegende Beweisstücke, die während der offiziellen Untersuchungen unbeachtet geblieben oder unterdrückt worden waren.

«Präsidentenmord» ist eine erschütternde Dokumentation des Mordes an John F. Kennedy und seiner Hintergründe. Anhand eines lückenlosen Indizienbeweises belegt Scheim die Täterschaft der Mafia und dokumentiert den bis in die Gegenwart andauernden Einfluß des organisierten Verbrechens auf die amerikanische Politik.

David E. Scheim, 1948 in New York City geboren, promovierte 1975 am renommierten Massachusetts Institute of Technology in Mathematik. Heute gehört Scheim zu den Führungskräften der Management Information Systems der National Institutes of Health in Bethesda, Maryland und ist Berater des zentralen Forschungsinstituts für politische Morde in Washington D. C.

David E. Scheim

PRÄSIDENTENMORD

Mafia-Opfer John F. Kennedy

Aus dem Amerikanischen
von Christian Quatmann

Rowohlt

Die Originalausgabe erschien unter dem Titel «Contract on America»
im Verlag Shapolsky-Publishers Inc., New York, 1988
Für den deutschen Markt wurde das Buch etwas gekürzt.
Wissenschaftlich besonders interessierten Leserinnen und Lesern
empfehlen wir die amerikanische Originalausgabe.

Veröffentlicht im Rowohlt Taschenbuch Verlag GmbH,
Reinbek bei Hamburg, Dezember 1992
«Präsidentenmord» Copyright © 1991 by von dem
Knesebeck & Schuler GmbH & Co. Verlags KG, München
«Contract on America» Copyright © 1988 by David E. Scheim
Umschlaggestaltung Susanne Müller
(Fotos: Jochen Blume/Ullstein Bilderdienst und dpa)
Gesamtherstellung Clausen & Bosse, Leck
Printed in Germany
1690-ISBN 3 499 18899 6

Für John und Robert Kennedy,
damit wir ihren Mut mehr schätzen und das Werk,
das sie begannen, weiterführen.

Inhalt

Einführung

Hunderte von Büchern sind bereits über die Ermordung Präsident John F. Kennedys und die zahllosen Untersuchungen dieses Verbrechens geschrieben worden. Von diesen Büchern, die im Hinblick auf die Kompetenz und Integrität der Verfasser ein weites Spektrum abdecken, basieren etliche auf reiner Spekulation, andere halten höchsten wissenschaftlichen Ansprüchen stand. Die einen sind schlichtweg amateurhaft, während andere von herausragender Professionalität zeugen. Jene, die den Mut oder die Narrheit besessen haben, sich mit dem zu Recht als »Verbrechen des Jahrhunderts« bezeichneten Kennedy-Attentat auseinanderzusetzen, haben sich in der Tat von völlig divergierenden Forschungszielen und Motiven leiten lassen und sind zu grundverschiedenen Schlußfolgerungen gelangt. Wir bewegen uns deshalb gegenwärtig in dieser Frage auf einem Terrain, das genauso unübersichtlich und unwegsam ist wie das Sumpfland Louisianas, und aus diesem Bundesland stammt auch der mutmaßliche Drahtzieher dieses Verbrechens. Es verwundert daher nicht weiter, daß Arthur M. Schlesinger jr. das Kennedy-Attentat als »einen Morast für Historiker« bezeichnet hat.

Aber dieser Mord ist auch für die polizeilichen Ermittlungsbehörden ein Morast gewesen. Die zunächst vom FBI vorgetragene Version des Verbrechens, auf die sich die nachfolgende Untersuchung der Warren-Kommission stützte, war im großen und ganzen das Resultat sorgfältiger professioneller Arbeit. Sie wurde jedoch letztendlich durch J. Edgar Hoover, den Direktor des Bundeskriminalamtes (FBI), zunichte gemacht, der Erwägungen der politischen Opportunität, persönlichen Ambitionen und seinem bürokratischen Selbsterhaltungstrieb vor den noch intakten Überresten seines ohnehin bereits verknöcherten Rechtsbewußtseins die Priorität einräumte. Obwohl seine Agenten ihm schon recht bald fundierte Beweise für eine Verschwörung vorlegen konnten, beschloß der Direktor, den politisch opportunen Kurs einzuschlagen und das Attentat einem »schießwütigen Einzeltäter« anzulasten, der sich weder verteidigen noch andere in die Sache mit hineinziehen konnte, weil er nämlich selbst kurz nach dem Attentat ebenfalls einem Mord zum Opfer gefallen war.

So geriet die Warren-Kommission – die ihrerseits vollständig von den Informationen des FBI abhängig und somit Hoovers Manipulationen hilflos ausgeliefert war – in der Folge ebenfalls in einen Sumpf, diesmal in einen kollektiven Sumpf der Feigheit, der Ignoranz, des Selbstbetrugs und der durch Hoover manipulierten Fakten.

Aber schon kurze Zeit später erschienen eine Reihe von Büchern auf dem Markt, in denen die Schlußfolgerungen der Warren-Kommission vollständig auseinandergenommen wurden. Es zeigte sich nun, daß jene Schlußfolgerungen in einer ordentlichen Gerichtsverhandlung niemals Bestand gehabt hätten. Unglücklicherweise wurden diese seriösen Arbeiten jedoch von weniger professionellen, sensationsheischenden Büchern in den Hintergrund gedrängt, die größere öffentliche Aufmerksamkeit erregten, so daß der Sumpf, in den das Kennedy-Attentat inzwischen hineingeraten war, nur um so tiefer wurde.

Als diese Bücher zirka vier Jahre nach Veröffentlichung des Warren-Reports erschienen, ordnete der Distriktstaatsanwalt von New Orleans eine neue Untersuchung des Kennedy-Attentats an. Dieser Untersuchung sollte indes kein anderes Schicksal beschieden sein als ihrer »Vorgängerin«. Im Verlauf der Nachforschungen gelang es jedoch zunächst, gewisse mysteriöse Umstände des Verbrechens ans Licht zu bringen, um die sich bis dahin noch niemand gekümmert hatte. So war jetzt beispielsweise erstmals die Rede davon, daß der nach dem Tod des Präsidenten veröffentlichte Autopsiebericht völlig verpfuscht und sogar manipuliert war und daß der Öffentlichkeit die Existenz eines Verdächtigen vorenthalten worden war, der mit dem Mafia-Boß von Louisiana in Verbindung gebracht wurde. Dieser Mann war drei Tage nach dem Attentat festgenommen und nach einem geradezu skandalös oberflächlichen Verhör sehr rasch wieder auf freien Fuß gesetzt worden. Einige Zeit später jedoch fühlte sich der Distriktstaatsanwalt von New Orleans bemüßigt, eine Reihe völlig haltloser Anklagen zu erheben, und so versank auch diese Untersuchung neuerlich in einem Sumpf, diesmal zur Abwechslung in einem der Eitelkeit, des persönlichen Ehrgeizes und des von außen ausgeübten Drucks. Typisch für diese äußerst schädlichen Einflüsse war der Versuch krimineller Kreise, den Distriktstaatsanwalt zu zwingen, den Hauptbelastungszeugen gegen Jimmy Hoffa, den Ex-Boß der Transportarbeitergewerkschaft, mit in das Kennedy-Attentat hineinzuziehen. Der nun unvermeidliche Zusammenbruch der Untersuchung kompromittierte sämtliche Bemühungen, Licht in die Ermordung John F. Kennedys zu bringen und ließ zahlreiche durchaus plausible Ermittlungsergebnisse der Vergessenheit anheimfallen.

Es dauerte beinahe acht Jahre, bis sich die Untersuchung des Falles Kennedy von dem Debakel in New Orleans erholt hatte. Ein Wendepunkt trat erst ein, als sich 1975/76 ein auch als Church Committee bekannt gewordener Untersuchungsausschuß des Senats konstituierte, der ganz neue Ergebnisse zutage förderte. Dieser Ausschuß konnte ganz eindeutig nachweisen, daß sowohl das FBI als auch die CIA vor der Warren-Kommission wiederholt die Unwahrheit gesagt und obendrein grundlegende Informationen zurückgehalten hatten. Dieses Untersuchungsergebnis sowie etliche von privater Seite durchgeführte Recherchen veranlaßten den Kongreß 1976 schließlich, mit überwältigender Stimmenmehrheit eine weitere offizielle Untersuchung des Verbrechens zu beschließen. Diese Untersuchung sollte von einem eigenen Ausschuß des Repräsentantenhauses durchgeführt werden.

Es gereicht diesem als House Select Committee on Assassinations bezeichneten Ausschuß noch heute zur Ehre, daß es ihm tatsächlich gelungen ist, neue Beweise für eine Beteiligung der Mafia an der Ermordung Präsident Kennedys zusammenzutragen. Diese Möglichkeit war im Rahmen der früheren

Untersuchungen weitgehend übersehen oder sogar bewußt ignoriert worden. Es gelang dem Ausschuß jedoch nicht, die zahlreichen Spuren, die auf eine Beteiligung des organisierten Verbrechens an dem Präsidentenmord, aber auch an der Ermordung von John Kennedys angeblichem Attentäter hindeuteten, weiterzuverfolgen. Zur Rechtfertigung dieser Unterlassung wurden die verschiedensten Gründe angeführt. So soll der Ausschuß in Zeit- und Geldnot geraten sein und von seiten des Kongresses die notwendige Unterstützung nicht in ausreichendem Umfang erhalten haben. Der Ausschuß verzichtete aber auch darauf, das Justizministerium von der Notwendigkeit weiterer polizeilicher Ermittlungen zu überzeugen und die neuen Erkenntnisse mit Hilfe der Presse an die Öffentlichkeit zu bringen.

In der Zwischenzeit hatten die Untersuchungsausschüsse des Repräsentantenhauses und des Senats sowie die Warren-Kommission zahlreiche wesentliche Informationen über das Attentat zusammengetragen. Sie lagen in den verschiedensten Archiven, Sammlungen und Publikationen und harrten einer Persönlichkeit, die in der Lage war, die Dokumentenflut zu ordnen und in einen logischen Zusammenhang zu bringen.

David Scheim kommt das besondere Verdienst zu, in seinem Werk *Präsidentenmord* Beweismittel und Indizien ausgewertet zu haben, die bereits von den offiziell mit dem Kennedy-Mord befaßten Stellen zusammengetragen, jedoch aus den verschiedensten Gründen ignoriert, unterdrückt oder nicht angemessen gewürdigt worden waren. Die strikte Beschränkung auf dieses offizielle Quellenmaterial hat Mr. Scheim davor gefeit, sich durch Gerüchte und Spekulationen auf Abwege führen zu lassen. Die von ihm präsentierten Beweise sind von den offiziellen Untersuchungsbehörden gesammelt worden, denen es indes im Gegensatz zu Mr. Scheim an der analytischen Brillanz, der Intelligenz und dem moralischen Mut fehlte, die nötig sind, um das vorliegende Beweismaterial präzise und objektiv auszuwerten.

In *Präsidentenmord* entreißt David Scheim das Kennedy-

Attentat dem Sumpf eines nun bereits länger als zwanzig Jahre währenden gigantischen Vertuschungsmanövers und setzt das damalige Geschehen dem unbestechlich klaren Licht seines blitzgescheiten und erfrischend vorurteilsfreien Geistes aus.

Auf der Grundlage des inzwischen vorliegenden umfangreichen Beweismaterials gelangt Mr. Scheim zu der Schlußfolgerung, daß die Mafia sowohl an dem Attentat gegen Präsident Kennedy als auch an der Ermordung von dessen angeblichem Attentäter federführend beteiligt gewesen sein muß. Diese Schlußfolgerung stützt sich nicht etwa auf mystifikatorische Mutmaßungen, sondern ist das Ergebnis der geduldigen und intelligenten Analyse des bis heute verfügbaren Beweismaterials. David Scheim hat Beweise und Indizien zu einem Ganzen zusammengefügt, die bisher in den 26 Protokoll-Bänden der Warren-Kommission verborgen waren sowie in den von diesem Untersuchungsausschuß im Nationalarchiv niedergelegten Dokumenten; ferner hat er die zwölf Protokoll-Bände des House Assassinations Committee einer sorgfältigen Prüfung unterzogen. Vielfach, insbesondere jedoch im Zusammenhang mit der Rolle, die Jack Ruby im Zusammenhang mit den Morden an Kennedy und seinem mutmaßlichen Mörder gespielt hat, ist es David Scheim gelungen, bis dahin vernachlässigte Dokumente auszugraben und Verbindungen herzustellen, die den Ermittlungsbehörden bis dato völlig entgangen waren.

David Scheim hat nicht nur überzeugend nachgewiesen, daß die Mafia die Hauptverantwortung für das Komplott trägt, dem John F. Kennedy zum Opfer gefallen ist, seine Recherchen haben überdies den vom House Committee on Assassinations gehegten Verdacht bestätigt, daß insbesondere eine US-Mafiafamilie, nämlich die in Louisiana und Texas aktive Marcello-Organisation, die Ermordung des Präsidenten betrieben hat. Die von David Scheim unternommene Auswertung des vorliegenden Beweismaterials ist eine eindrucksvolle Leistung. Wir haben es hier also nicht etwa mit der Arbeit eines gewinnsüchtigen Sensationsschriftstellers oder eines Karrierekriminologen zu tun, sondern vielmehr mit den Schlußfolgerungen eines

Computerfachmanns und Systemanalytikers, der am Massachusetts Institute of Technology (MIT) promoviert hat. Das Motiv, von dem sich Dr. Scheim während seiner mehr als zehnjährigen Erforschung des Kennedy-Attentats leiten ließ, ist seine Leidenschaft für die historische Wahrheit. Aus der unüberschaubar zahlreichen und qualitativ höchst unterschiedlichen Literatur, die zu dieser Frage bereits erschienen ist, ragt *Präsidentenmord* durch sachliche Klarheit, bezwingende Logik und fundierte Urteilsfähigkeit des Verfassers hervor.

In seinem Bemühen um Wahrheit und Gerechtigkeit hat sich David Scheim jedoch nicht allein auf das Attentat an John F. Kennedy konzentriert. Er hat sich mit der ihm eigenen analytischen Kraft und moralischen Kühnheit auch mit den Morden an Robert F. Kennedy, Malcolm X und Martin Luther King jr. auseinandergesetzt. Genau wie im John-F.-Kennedy-Fall hat Scheim auch bei diesen Verbrechen die Fingerabdrücke der Unterwelt nachzuweisen vermocht. Obwohl er sich mit diesen übrigen Fällen nicht mit der gleichen Intensität befaßt hat wie mit dem John-F.-Kennedy-Attentat, hält der Autor nach sorgfältiger Prüfung der vorhandenen Beweismittel gleichwohl auch in diesen drei Fällen eine Beteiligung der Mafia zumindest für denkbar.

In seinem 1960 erschienenen Buch *The Enemy Within* hat Robert F. Kennedy das organisierte Verbrechen als eine »unsichtbare Regierung« bezeichnet. Er schreibt dort: »Wenn wir das organisierte Verbrechen nicht mit ähnlich wirksamen Methoden und Techniken bekämpfen, wie sie in diesen Kreisen üblich sind, dann werden diese Kräfte uns zerstören.« Die Geschichte hat Kennedys prophetische Überzeugung bestätigt. Sollte es richtig sein, daß das organisierte Verbrechen die Ermordung Präsident John F. Kennedys geplant und in Szene gesetzt hat, dann hat die Regierung der Vereinigten Staaten diese Verbrecher entweder aus Feigheit, Inkompetenz oder in stillschweigender Duldung ungestraft davonkommen lassen. In diesem Fall müßten wir uns in der Tat zu Recht fragen, ob die amerikanische Nation während der zurückliegenden 25

Jahre von unseren offiziell gewählten politischen Repräsentanten in Washington regiert worden ist oder von einem unsichtbaren Netzwerk krimineller Drahtzieher und Mörder, die über die Macht verfügen, den Kurs der politischen Geschichte Amerikas nach Belieben zu steuern.

In seinem Buch *Präsidentenmord* hat David Scheim ein so erschreckendes, gleichwohl glaubhaftes Szenario entworfen, daß wir allen Anlaß haben, Robert Kennedys Ermahnung nun endlich ernst zu nehmen. Noch haben wir die Chance, mit Mut und Entschlossenheit »das organisierte Verbrechen [...] mit ähnlich wirksamen Methoden und Techniken zu bekämpfen, wie sie in diesen Kreisen üblich sind« – bevor diese Kräfte uns zerstören.

John H. Davis, New York

John H. Davis hat mehrere Bücher geschrieben, darunter *The Guggenheims*, *The Bouviers* und *The Kennedys: Dynasty and Disaster*, ein Werk, das in den USA ein Bestseller geworden ist. Sein Studium an der Princeton-Universität hat er mit dem Prädikat *cum laude* abgeschlossen. Ferner hat er mit Unterstützung eines Fulbright-Stipendiums in Italien studiert und als Marineoffizier bei der sechsten Flotte gedient.

Danksagung

Dieses Buch wäre ohne die tatkräftige Unterstützung meiner sieben studentischen Helfer – Susan Brown, Myrna Goldman, Kristin Goss, Richard Kreindler, Kenneth Ryan, Frank Schwartz und Ilana White – wohl kaum entstanden; sie haben – vor allem während der Sommer 1979, 1981 und 1987 – sämtliche Quellennachweise gegengelesen, eigene Forschungsergebnisse eingebracht und das Manuskript redigiert. Für die finanzielle Unterstützung von fünf dieser Studenten bin ich den Verantwortlichen des Phillips Brooks House sowie dem Office of Career Services der Harvard-Universität zu Dank verpflichtet. Ferner möchte ich Clark Mollenhoff und Dan Moldea meines ganz besonderen Dankes versichern, auf deren hervorragende Berichte über das organisierte Verbrechen ich in diesem Buch an zahlreichen Stellen Bezug nehme; diesen beiden brillanten Kennern der von mir behandelten Zusammenhänge möchte ich überdies für ihre unschätzbaren Hintergrundinformationen sowie für ihre sonstige Hilfe mit Rat und Tat meinen Dank aussprechen.

Im Jahr 1973 wies Peter Dale Scott mich auf Dokumente im Nationalarchiv hin, die auf Jack Rubys Verbindung mit den Kreisen des organisierten Verbrechens hindeuten. Das von Paul Hoch äußerst gewissenhaft zusammengetragene und verwaltete Quellenmaterial zum Fall JFK hat in erheblichem Umfang Eingang in dieses Buch, aber auch in andere einschlägige Werke gefunden. Greg Stone verdanke ich umfangreiche Informationen über die Ermordung Robert F. Kennedys; er hat außerdem den entsprechenden Teil dieses Buches einer äußerst genauen kritischen Prüfung unterzogen. Bernard Fensterwald jr., der Begründer des Assassination Archive and Research Center, und Marion Johnson, die Betreuerin der im Nationalarchiv niedergelegten Materialien der Warren-Kommission, haben mir bei der Auffindung von Dokumenten und Photographien unschätzbare Dienste geleistet. G. Robert Blakey hat mir freundlicherweise Auskunft über das JFK-Attentat und über das organisierte Verbrechen erteilt. John Davis hat mir in der Schlußphase der Arbeit an diesem Buch durch Ermutigung, konstruktive Kritik und Anregungen sehr geholfen.

Alvin Rottman und Laurette Tuckerman haben mir in dem schwierigen ersten Stadium der Manuskripterstellung beim Tippen des Textes geholfen. Einem weiteren Freund und Mentor, Jeff Hatschek, verdanke ich zahlreiche überzeugende Denkanstöße. David Epstein, Terry Gillen, Gus Goldberger, Bob Lande, Mark Levine und Dov Weitman haben Auszüge des Manuskripts gelesen und wertvolle kritische Hinweise gegeben. Earl Goldberger, Art Levine, Sarna Marcus und Larisa Wanserski haben mich bei der Erstherausgabe des Manuskripts im Eigenverlag unterstützt. Viele Ideen für eine wirksamere Präsentation des Stoffes habe ich im Zusammenhang mit der Vorbereitung einer Fernseh-Dokumentation über das John-F.-Kennedy-Attentat in äußerst anregenden Gesprächen mit Jerry Drake und William Scott Malone erhalten.

Meine Mutter Sonia Scheim hat sich durch allwöchentliche Zeitungsausschnitte, ihre niemals nachlassende Unterstützung sowie ihren unerschütterlichen Idealismus um dieses Werk verdient gemacht. Besonderen Dank aber möchte ich meinem Verleger Ian Shapolsky aussprechen, der mich in meiner Arbeit so rückhaltlos und großzügig unterstützt hat, wie es sich ein Autor nur immer wünschen kann.

Das Komitee ist auf der Grundlage des verfügbaren Beweismaterials zu der Überzeugung gelangt, daß Präsident John F. Kennedy vermutlich Opfer einer Verschwörung geworden ist.[1]

Das House Select Committee on Assassinations in seinem Bericht von 1979

Prolog

Nur eine überzeugende, fehlerfreie Rekonstruktion der Ermordung Präsident John F. Kennedys sowie der Hintergründe dieses tragischen Geschehens kann die Herausgabe eines weiteren Buches über das verwirrende Rätsel dieses dunklen Augenblicks der amerikanischen Geschichte rechtfertigen und die Beantwortung der Frage: Wer war der Mörder? Aber der Leser eines solchen Werkes wird vermutlich noch mehr verlangen: daß ihm nämlich die bitteren Fakten wenigstens einen Schimmer jener Weisheit vermitteln, die den unvergessenen Schmerz zu besänftigen vemag, eine historische Einsicht, die uns hilft, mit dieser Tragödie irgendwie ins reine zu kommen. Nur von diesem Ziel lassen wir uns leiten, wenn wir es hier wagen, die Erinnerung an die Präsidentschaft John F. Kennedys neu zu beleben, an eine Epoche also, da es so schien, als könne Amerika jegliches Unrecht wiedergutmachen, jegliche Vision in die Tat umsetzen. Nur unter dieser Voraussetzung können wir es ertragen, jenen peitschenden Knall noch einmal vor unserem inneren Ohr erklingen zu lassen, der noch immer in unseren Alpträumen widerhallt und dessen Echo noch in den politischen Morden der folgenden Jahre, in Ghettoaufständen, dem Vietnamkrieg, der Watergate-Affäre vernehmbar war – den Todesschuß vom 22. November 1963 in Dallas. Das Fürchterliche an diesem Mord war nicht so sehr die Tatsache, daß Präsident Kennedy getötet wurde, sondern vielmehr, daß er durch die völlig sinnlose Tat eines geistesgestörten Individuums niedergestreckt wurde – wie es damals erschien. Die Lektion verfehlte ihre Wirkung nicht. Man konnte nun sicher sein: Die Moral hat Konsequenzen bestenfalls im Himmel oder in der Hölle oder vielleicht noch in der Sonntagsschule, die Geschichte der Welt hingegen ist grau und gottlos.

Einigen Beobachtern jenseits des Atlantik indes erschienen nicht so sehr die moralischen Erschütterungen, die durch Kennedys Ermordung in Amerika ausgelöst worden waren, als das eigentliche Problem, sondern vielmehr die offizielle Darstellung des Vorfalls. Im Dezember 1963 konstatierte Raymond Cartier in *Paris-Match*, daß Europa sich fast »geschlossen« weigere, den Mord am Präsidenten sowie den sich anschließenden an dem angeblichen Mörder Lee Harvey Oswald durch Jack Ruby als »die zufällige Begegnung eines Anarchisten mit einem Exhibitionisten«[2] abzutun. Wesentlich wahrscheinlicher sei es, so mutmaßten etliche europäische Journalisten, daß »Kennedy von der Mafia ermordet«[3] worden sei. Ohne Umschweife erklärte Serge Groussard, der namhafte französische Journalist und Autor in *L'Aurore*:

> Präsident Kennedy hatte es sich zum Ziel gesetzt..., die Gangster Chicagos... rücksichtslos auszumerzen... Da sie mitansehen mußten, wie sie Schritt für Schritt aus den von ihnen kontrollierten Gewerkschaften und aus ihren sonstigen angestammten Tätigkeitsfeldern herausgedrängt wurden, müssen sie wutentbrannt bereits monatelang den Plan gehegt haben, in den höchsten Rängen der Regierung zuzuschlagen – und das Oberhaupt der Kennedy-Familie zu töten.[4]

Groussard berichtete auch, daß Oswalds Mörder, Jack Ruby, ein »Mittelsmann« des organisierten Verbrechens gewesen und 1946 nach Dallas geschickt worden sei, um dort »für die Unterwelt oder – genauer gesagt – für die Mafia«[5] einen Nachtklub zu führen.

Die vorstehenden Feststellungen europäischer Beobachter kann man sämtlich in Thomas Buchanans Bestseller *Who killed Kennedy?* nachlesen – genaugenommen in der britischen Ausgabe des Buches. Die 1964 erschienene amerikanische Ausgabe unterschied sich von dem Original in einer Hinsicht ganz erheblich. Nahezu alle ursprünglich vorhandenen Hinweise auf das organisierte Verbrechen waren darin entweder gestrichen oder bis zur Unkenntlichkeit verwässert. Unter anderem waren auch die schweren Vorwürfe fortgelassen, die Groussard gegen die Mafia erhoben hatte. In der amerikanischen Ausgabe war selbst Buchanans Feststellung gestrichen, daß »Gangster in den Fall verwickelt waren«. Andere Kommentare, die ebenfalls auf dieser Linie lagen, fanden zwar Aufnahme in die amerikanische Ausgabe, allerdings nur in gereinigter Form: So wurde aus »die Mafia« schlicht »Gangster«; die Aussage »Ein Gangster ermordete Oswald« wurde in »Ein Mann namens Ruby ermordete Oswald«[6] umgeändert. Aus »Ruby war einer der bekanntesten Gangster in Dallas« wurde die folgende Banalität: »Ruby war eine der bekanntesten Figuren in jener sozialen Randgruppe, die unter permanenter Polizeiüberwachung steht.«[7]

Diese zensorischen Eingriffe in *Who killed Kennedy?* sind leider kein Einzelfall. Raymond Cartier behauptete bereits im Dezember 1963, daß im Zusammenhang mit dem Kennedy-Mord eine großangelegte Vertuschungskampagne betrieben werde. Das folgende Cartier-Zitat findet sich wiederum bei Buchanan:

Daß der Attentäter des Präsidenten von professionellen Verbrechern aus reiner patriotischer Empörung getötet worden ist, daran glaubt Europa nicht für eine Sekunde… Und so darf man zu Recht den Verdacht hegen, daß alle einflußreichen Kräfte der amerikanischen Nation, angefangen vom Weißen Haus bis hin zum organisierten Gangstertum, eine gezielte und verzweifelte Vertuschungspolitik betreiben.[8]

Fast als hätten sie Cartiers Auskunft ironisch unterstreichen wollen, haben die Herausgeber der amerikanischen Ausgabe von Buchanans Werk die Worte »vom Weißen Haus bis hin zum organisierten Gangstertum« aus dem Text gestrichen.[9]

Im Frühjahr 1973 reihte ich mich – da ich Groussards und Cartiers Verdacht teilte – in den Kreis jener Forscher ein, die im US-Nationalarchiv an der Auswertung der dort von der Regierung eingelagerten Dokumente zum Kennedy-Attentat arbeiten. Eines wurde mir sofort klar: Ungeachtet der offiziellen Dementis war Jack Ruby fraglos ein »professioneller Gangster«. Zudem zeigten die Auflistung der von Ruby angemeldeten Telephongespräche, aber auch andere Dokumente ganz klar, daß dieser in den Monaten vor dem Attentat intensive Kontakte mit Unterweltfiguren in anderen Teilen des Landes unterhalten hatte.

Zu meiner Überraschung stellte ich aber auch fest, daß Beweismittel, die solche Verbindungen hätten belegen können, von der Warren-Kommission, dem Ausschuß also, der anfänglich von der Regierung mit der Untersuchung des Kennedy-Attentats beauftragt worden war, wiederholt unterdrückt und bewußt fehlinterpretiert worden waren. So berichtete die Kommission etwa, »fast sämtliche von Rubys Chicagoer Freunden haben erklärt, dieser habe keine engen Verbindungen zum organisierten Verbrechen unterhalten«.[10] Aus den von der Kommission hinterlassenen Dokumenten geht jedoch andererseits hervor, daß einer dieser »Freunde« ein notorischer Mafia-Killer gewesen ist, der angeblich einige der wichtigeren Exekutionen dieser Organisation geplant hat. Mehr als die Hälfte der erwähnten »Freunde« standen tatsächlich in enger Beziehung zum organisierten Verbrechen.

Noch fragwürdigere Methoden wurden angewandt, um die engen Mafia-Verbindungen zu verheimlichen, die Ruby in Dallas unterhalten hatte. In diesem Zusammenhang ist unter anderem das Schicksal eines FBI-Berichtes von Interesse, in dem Rubys häufige Kontakte mit Joseph Civello dokumentiert sind, dem Mafia-Boß von Dallas während der fünfziger und frühen sechziger Jahre. Die Kommission publizierte die erste Seite dieses Berichtes – wobei allerdings auf der ansonsten perfekten Fotoreproduktion die Absätze, in denen von den Kontakten zwischen Ruby und Civello die Rede ist, fortgelassen sind.

Da Rubys Unterweltbeziehungen also bekannt waren, kann kaum jemand daran geglaubt haben, daß er Oswald in einem Anfall patriotischen Rachedursts getötet hatte. Und so habe ich in den Aktenbergen des Nationalarchivs auch einen Bericht entdeckt, in dem von Rubys Verbindungen zu kriminellen Kreisen, von belastenden Aktivitäten und widersprüchlichen Alibis die Rede ist; aus alledem geht klar hervor, daß der Mord vom 24. November ein kaltblütiges, sorgfältig koordiniertes Komplott gewesen ist. In einer geradezu bestürzenden Zeugenaussage vor der Warren-Kommission hat Ruby selbst angedeutet, daß er bei seinem Mord Komplizen in der Unterwelt und in Polizeikreisen gehabt und daß eine Striptease-Tänzerin ihm das nötige Alibi verschafft habe. In einem Protokollauszug heißt es dazu: »Wer sonst hätte das Verbrechen auf die Sekunde genau planen können. Wenn es aber so exakt geplant werden konnte, dann muß jemand von der Polizei darüber Auskunft erteilt haben, wann Lee Harvey Oswald dort erscheinen würde.«[11]

Die unheimlichen Umstände, unter denen Oswald ermordet wurde, erzwangen geradezu eine nähere Auseinandersetzung mit den Aktivitäten, die Jack Ruby in den Monaten vor dem Kennedy-Attentat entfaltet hatte. Besonders aufschlußreich war die Auflistung der Telefonate, die er während dieses Zeitraums geführt hatte, da sie eindeutig belegte, daß seine Kontakte zu Unterweltfiguren im ganzen Land in diesen Monaten erheblich zugenommen hatten. Andere seiner Aktivitäten, so auch ein Besuch in Houston, wo er sich am 21. November in der Nähe des Reisetrosses des Präsidenten aufgehalten hatte, unterstreichen den Verdacht, daß Ruby und das organisierte Verbrechen möglicherweise sogar an dem Attentat selbst beteiligt gewesen sind. In Anbetracht der Motive, die die Mafia gehabt hätte, den Präsidenten umzubringen, ist diese Annahme nicht voreilig.

Diese Argumentationslinie erhielt 1979 erhebliche Bestätigung, als nämlich das House Select Committee on Assassinations seinen Bericht sowie die Protokolle der Anhörungsverfahren und seine Beweismittel vorlegte. Nachdem es das JFK-Attentat zwei Jahre lang – doppelt so lange also wie die Warren-Kommission – untersucht hatte, gelangte das Komitee zu der Schlußfolgerung, daß zwei Schützen auf Präsident Kennedy geschossen hätten, daß wichtige Beweismittel unterdrückt worden seien und daß die Mafia »ein Motiv, die Mittel und die Möglichkeit«[12] gehabt habe, ihn umzubringen. Obwohl das Komitee die Schuldigen nicht eindeutig benennen konnte, legte es Telefonmitschnitte und Beweismittel vor, die eindeutig belegten, daß Mafiamitglieder über den Tod Präsident Kennedys diskutiert und entsprechende Pläne geschmiedet hatten. Eine dieser Unterweltfiguren war der Mafia-Boß von New Orleans, Carlos Marcello, der nach Auskunft eines zuverlässigen Zeugen davon gesprochen hatte, man müsse Kennedy von einem Außenstehenden umbringen lassen, der nicht mit der Mafia in Verbindung gebracht werden könne. Das Komitee deckte überdies eine wichtige Spur auf: daß nämlich Oswalds Onkel und »Ersatzvater«, mit dem er 1963 enge Kontakte unterhalten hatte, ein mit Marcellos krimineller Organisation eng verbundener Buchmacher war.

Und so vervollständigte sich das Bild des Kennedy-Attentats Stück für Stück. Das Komitee des Repräsentantenhauses konnte verdächtige Schlüsselfiguren aus der Mafia-Szene namhaft machen; in den Aktenbergen der Warren-Kommission verborgene regierungsamtliche Dokumente und Abschriften vermittelten einen detaillierten Eindruck vom Ablauf des Verbrechens. Indem ich – gestützt auf die Ergebnisse anderer Forscher und auf weitere regierungsamtliche Quellen – all diese Beweismittel in einen Zusammenhang brachte, konnte ich schließlich zwingende Beweise dafür vorlegen, daß aller Wahrscheinlichkeit nach die Mafia hinter dem Kennedy-Attentat steckt. Die Ermordung Oswalds, die Vorwände, die Ruby für seine frühzeitigen Mafia-Kontakte vorgebracht hatte und dessen Aktivitäten in der Zeit vor dem Attentat – in alle diese Fragen konnte ich durch die Synthese bis dahin übersehener Beweismittel neues Licht bringen.

Aber die Befriedigung, die die Lösung des Dealy-Plaza-Mordes bereitet, wird von der dunklen Einsicht in die Konsequenzen des damaligen Geschehens überschattet, denn die Mafia hat damals ihr Ziel voll und ganz erreicht: Der von Kennedy eingeleitete Anti-Mafia-Feldzug starb zugleich mit dem Präsidenten. Im Schutz einer großangelegten Vertuschungskampagne konnte die Mafia sich wie eine Krake über die Vereinigten Staaten ausbreiten und das Land ungestraft terrorisieren und ausplündern. Aber damit nicht genug: Nach dem 22. November wurden auch andere Kennedy-Initiativen suspendiert, was eine zusätzliche Schwächung des Landes zur Folge hatte. Die Ermordung Robert Kennedys und Martin Luther Kings, zweier weiterer visionärer politischer Führer, an der das organisierte Verbrechen durchaus ebenfalls beteiligt gewesen sein kann, hat Amerika noch tiefer in den Strudel des Mordens und der verbrecherischen Machenschaften hineingerissen.

Diese beängstigende Einsicht indes beinhaltet für uns auch die befreiende Möglichkeit, uns das Kennedy-Erbe geistig anzueignen. Daß Präsident John F. Kennedy und höchstwahrscheinlich auch sein Bruder Robert Opfer ihres mutigen Kampfes gegen das organisierte Verbrechen geworden sind, unterstreicht nur ihren Heroismus – einen Heroismus, den die Vertuschungskampagne uns vorenthalten hat. Es bleibt uns überlassen, ihren Feldzug gegen den »inneren Feind« fortzusetzen und auch an die anderen Elemente der klugen und weitsichtigen Politik der Kennedys neuerlich anzuknüpfen, die durch Mord an ihrer Entfaltung gehindert worden sind. Die Vergangenheit ruft uns auf, die Ideale wiederzubeleben, für die die Brüder gelebt haben und schließlich gestorben sind.

Das organisierte Verbrechen, meine Herren, hat seinen eigenen Maßstab für das, was Recht ist. Falls... sie durch den Tod eines Mannes mehr zu gewinnen als zu verlieren haben, dann ist er bereits ein toter Mann, sei es ein Polizist, der Präsident der Vereinigten Staaten oder wer auch immer.[1]

Ralph Salerno, Experte für das organisierte Verbrechen bei der New York City Police

1. Präzedenzfälle

Im Jahr 1963 konnte die Kennedy-Administration die ersten Erfolge in ihrem Kampf gegen das organisierte Verbrechen verbuchen. Empört und in ihren Aktivitäten behindert, stießen daraufhin etliche Mafia-Führer böse Flüche gegen die Gebrüder John und Robert Kennedy aus. Andere schmiedeten gegen die beiden bereits Mordkomplotte.[2]

Bevor wir uns jedoch mit dem Ergebnis dieser Attentatspläne näher befassen, ist es wichtig, sie in die richtige Perspektive zu rücken. Auch andere prominente Amerikaner haben schon Feldzüge gegen die Mafia geführt – etwa Anton Cermak, der Bürgermeister von Chicago, oder der Gewerkschaftsführer Walter Reuther. Am Schicksal, das diesen beiden Männern widerfuhr, lassen sich fast sämtliche Charakteristika studieren, die auch für die beiden Kennedy-Morde bezeichnend sind.

Die Ermordung des
Chicagoer Bürgermeisters Anton Cermak

Nachdem er 1931 in Chicago zum Bürgermeister gewählt worden war, »setzte es sich Anton Cermak zum Ziel, die Mafia aus

Chicago zu vertreiben«[3], wie Richter John Lyle, ein politischer Zeitgenosse Cermaks, berichtet. Cermak stellte zur Bekämpfung von Al Capones Bande eine spezielle Polizeitruppe auf und hielt nach Auskunft des Gangsters Roger Touhy »sämtliche Polizeikräfte« zur Unterstützung dieses Sonderkommandos bereit. Obwohl man an der Seriosität von Cermaks Motiven zweifeln kann (offenbar war er mit einer rivalisierenden Gangsterbande im Bunde, der auch Touhy und Ted Newberry angehörten), steht seine Entschlossenheit, »die Mafia auszulöschen«, völlig außer Frage. Diese Entschlossenheit des Bürgermeisters wurde um so deutlicher, je näher die Chicagoer Weltausstellung von 1933 rückte; bis zu ihrer Eröffnung, so hatte er sich geschworen, sollten »keine Ganoven mehr übrig sein«[4]. Der erfolgreiche Abschluß seiner Kampagne schien zum Greifen nahe, als eine Cermaks Kommando direkt unterstehende Sondereinheit der Polizei illegal in die Hauptquartiere der Mafia eindrang und den Häuptling Frank Nitti mit Kugeln durchsiebte.

Nitti überlebte den Anschlag jedoch, und drei Wochen später wurde Cermaks Helfer Ted Newburry offensichtlich in einem Racheakt ermordet. Da er jetzt selbst Angst vor einem Attentat bekam, kaufte sich Cermak eine kugelsichere Weste und zog in eine Penthouse-Wohnung, die mit einem privaten Aufzug ausgestattet war. In der Meinung, Nitti habe Louis Campagna alias »Little New York« nach Chicago geholt, um ihn umbringen zu lassen, erhöhte Cermak die Zahl seiner Leibwächter von zwei auf fünf und ließ auch die Wohnungen seiner zwei Töchter bewachen. Und tatsächlich spielte Nitti mit dem Gedanken, daß »der Kreuzzug gegen das Gangstertum zusammenbrechen werde, falls es ihm gelinge, Bürgermeister Cermak loszuwerden«[5], wie zwei Polizeibeamten später behaupteten.

Am 15. Februar 1933, einen Monat nach Newberrys Ermordung, war Cermak zugegen, als der gewählte Präsident Franklin Roosevelt auf einer Veranstaltung im Bayfront Park in Miami zu Persönlichkeiten aus Wirtschaft und Politik sprach.

Plötzlich trat Giuseppe Zangara vor und gab mit einem Revolver eine Serie von Schüssen ab, wobei er fünf der Umstehenden verletzte. Einer der Getroffenen war Cermak, der drei Wochen später starb.

Oberflächlich betrachtet schien der Fall ganz klar. Zangara behauptete, er habe Präsident Roosevelt töten wollen. Seine Beschwerde: chronische Magenschmerzen, die er den Kapitalisten anlastete. Er wurde vor Gericht gestellt, verurteilt und keine drei Wochen nach Cermaks Tod hingerichtet, ohne daß man ihn zuvor noch mit weiteren Fragen behelligt hätte. Er war geradezu das Modell des einsamen Attentäters, wie die Warren-Kommission viele Jahre später feststellte: »ein Versager« und »ein Opfer von Selbsttäuschungen«. Tatsächlich war er der Prototyp jenes Charakters, den die Kommission später in Lee Harvey Oswald sah.

Aber Zangaras Geschichte eines sinnlosen Racheaktes stand von vornherein auf wackeligen Beinen. Denn eine Autopsie ergab, daß Zangara ein »gesunder, gut ernährter Mann« gewesen war, der unter keinerlei Magenbeschwerden gelitten hatte.[6] Außerdem ist kaum zu erklären, wie es ihm gelungen ist, aus kürzester Distanz in eine Gruppe von Menschen zu schießen, die sich – ein bis zwei Meter von Roosevelt entfernt – in Cermaks unmittelbarer Nähe befanden, denn Zangara war ein erfahrener Schütze. Seinem Anwalt erzählte er hinterher, daß niemand ihm in den Arm gefallen sei oder sein potentielles Opfer fortgerissen habe, bevor er seinen Revolver leergeschossen habe.

Es gibt noch weitere Faktoren, die gegen die Geschichte vom einsamen Psychopathen sprechen und einen Racheakt der Mafia wahrscheinlich erscheinen lassen. Zangara war ein ziellos umherziehender Mensch, der in Philadelphia, Los Angeles und New Jersey gelebt hatte. Seine beiden letzten Lebensjahre verbrachte er in Florida, wo er hautpsächlich bei Pferde- und Hunderennen wettete. Nach Auskunft der Chicagoer Zeitschrift *Lightnin'*, die zahlreiche Korruptionsfälle der Capone-Ära aufgedeckt hat, hatte Zangara außerdem in einem Mafia-

Labor in Florida gearbeitet, in dem Narkotika hergestellt wurden. Der Herausgeber des Magazins, Reverend Elmer Williams, vermutete, daß Zangara sich Ärger mit dem Syndikat eingehandelt hatte und deshalb vor die Alternative gestellt worden war, entweder Cermak zu erschießen oder selbst getötet oder gefoltert zu werden.

Frank Loesch, in den dreißiger Jahren Chef der Chicagoer Sonderkommission gegen das organisierte Verbrechen, war ebenfalls davon überzeugt, daß »Bürgermeister Cermak einem genau geplanten Komplott der Capone-Gang zum Opfer gefallen« sei. Loesch behauptete, nach seinen Informationen hätten Mafiamitglieder aus Philadelphia ihren »Kollegen« in Chicago einen Gefallen getan und Zangara rekrutiert. Richter John Lyle, ein bekannter Chicagoer Politiker und Freund Cermaks, behauptete ohne Umschweife, daß Cermak »von der Mafia umgebracht« worden sei.

Etliche Historiker teilen diese Auffassung. Auch Cermak selbst war dieser Überzeugung. Im Krankenhaus erzählte der Bürgermeister einem befreundeten Journalisten, daß man ihn vor seiner Reise nach Miami wegen seiner Absicht bedroht habe, die Kontrolle des Syndikats zu brechen. Als seine Sekretärin ihn im Krankenhaus besuchte, sagte Cermak zu ihr: »Dann sind Sie also doch noch gekommen. Ich dachte schon, die hätten das Büro in Chicago auch zusammengeschossen.«[7] Bevor er starb, erklärte Cermak nochmals, er sei davon überzeugt, die Mafia stecke hinter den Schüssen von Miami.

Jahre später konnte der Soziologe Saul D. Alinsky Cermaks Verdacht erhärten. Alinsky war Mitglied des Gefängnisbeirates und in dieser Funktion mit der Betreuung von Roger Touhy befaßt, einem Gangster aus dem Chicago der Prohibitionszeit, der zwischen 1934 und 1959 wegen einer Kindesentführung inhaftiert war. Nachdem Touhy 1959 verstorben war, machte Alinsky eine Geschichte publik, die er von Touhy gehört hatte und die »seit vielen Jahren in zahlreichen Kreisen Chicagos bekannt gewesen war«.[8] In *The Bootleggers* gibt Kenneth Allsop den Inhalt dieser Geschichte folgendermaßen wieder:

Ganz in Zangaras Nähe befand sich noch ein anderer Mann in der Menge – ein bewaffneter Capone-Killer. Bei der wilden Schießerei wurden sechs Menschen verletzt – aber die Kugel, von der Cermak getroffen wurde, war aus einer 45er und nicht aus der 32er Pistole abgefeuert worden, die Zangara benutzte. Sie stammte von einem unbekannten Capone-Mann, der sich den allgemeinen Aufruhr zunutze machte, um seinen Auftrag zu erledigen.[9]

Das Attentat auf den UAW-Vorsitzenden Walter Reuther

Die Ermordung Cermaks kann als Musterfall eines von der Mafia begangenen Mordes gelten. Auch brachte die Mafia hier erstmalig einen »einsamen Psychopathen« ins Spiel, um den Verdacht von sich abzuwenden. Ein zweiter Präzedenzfall war der Anschlag auf eine weitere prominente Persönlichkeit – diesmal aus den Reihen der Gewerkschaften. Auch bei dieser Gelegenheit legte die Mafia wieder großen Wert darauf, ihre Verwicklung in den Fall zu vertuschen. Der Anschlag, von dem im folgenden die Rede sein wird, stellt den Höhepunkt in der langen Geschichte der Infiltration der Gewerkschaften durch die Mafia dar. Dazu vorweg einige Details.

In seinem aufrüttelnden und zu Herzen gehenden Buch *The Enemy Within* hat Robert Kennedy den brutalen Angriff der Mafia auf die Gewerkschaften beschrieben. Das Buch, das 1960 erschien, basierte auf den Erfahrungen, die Kennedy als juristischer Sachverständiger eines US-Senatsausschusses gewonnen hatte, der sich mit der Untersuchung der Rolle befaßte, die das organisierte Verbrechen in den fünfziger Jahren in den Gewerkschaften gespielt hatte.

Zu den Personen dieser schmutzigen Geschichte, denen RFK während der Senats-Anhörung regelrechte Daumenschrauben anlegte, gehörten auch Joey und Larry Gallo, die zusammen bereits dreißig Festnahmen und acht rechtskräftige Verurteilungen hinter sich hatten. Joey war der »Hauptverdächtige in einem Mordfall, der sich dadurch auszeichnete, daß der Mörder dem Opfer so oft in den Kopf geschossen hatte, daß sein Gesicht nicht mehr identifizierbar war«.[10] Den beiden Brüdern war es gemeinsam mit einem anderen Gauner namens Joseph DeGrandis gelungen, den Ortsverband 266 der Transportarbeitergewerkschaft unter ihre Kontrolle zu bringen. In der Folge hatten sie diese Machtposition dazu benutzt, die New Yorker Musikbox-Industrie zu erpressen.

Kennedy berichtete, was geschehen war, als Milton Green, ein Musikbox-Verleiher, sich erdreistete, gegen die Beherrschung des Bezirks 266 durch die Gallo-DeGrandis-Gangster zu protestieren:

> Er besuchte ein Gewerkschaftstreffen und trug dort seinen Protest vor, obwohl man ihm vorher eingeschärft hatte zu schweigen. Seine Einwendungen wurden zurückgewiesen. Auf dem Heimweg, so erzählte er später, »traten sie mir plötzlich mit Eisenstangen entgegen und schlugen mich damit rücksichtslos auf den Kopf; dann kam ich ins Krankenhaus.«

Kennedy teilt weiter mit, daß Milton Green sieben Monate später »noch immer ein dünner, schwächlicher und leidender Mann und weit vom Vollbesitz seiner Kräfte entfernt war«.[11]

Ein anderer Krimineller, den Kennedy während der Senatsanhörung befragte, war Johnny Dioguardi, ein Mafia-Gangster und verurteilter Erpresser, der in den fünfziger Jahren Vorsitzender der United Auto Workers Union (AFL) in New York gewesen war. Kennedy konstatiert in seinem Buch, Dioguardi sei eng mit Jimmy Hoffa liiert gewesen, dem damaligen Präsidenten der Transportarbeitergewerkschaft und habe »zirka vierzig Ganoven mit insgesamt 178 Festnahmen und 77 Verurteilungen auf dem Buckel in die Gewerkschaft eingeschleust«.[12] In einem Prozeß, in dem Dioguardi 1956 angeklagt war, an der Blendung des Gewerkschaftskolumnisten Victor Riesel durch Säure beteiligt gewesen zu sein, entging er einer Verurteilung, weil ein Zeuge der Anklage plötzlich die Aussage verweigerte. (Das Säure-Attentat hatte ein gewisser Mafia-Außenseiter namens Abraham Telvi ausgeführt, der vier Monate später ermordet wurde.) Dieser Angriff sowie zwei weitere wurden vom House Assassinations Committee als Beispiele für die in Mafiakreisen beliebte Methode genannt, zur Durchführung hochkarätiger Verbrechen »Deppen« anzuheuern, »um so die Verantwortung völlig undefinierbaren Personen in die Schuhe zu schieben«.[13]

Der Einblick, den Robert Kennedy anläßlich dieses Anhörungsverfahrens in die brutalen Praktiken gewann, die die Mafia anwandte und noch immer anwendet*, um die Gewerkschaften ihrer Kontrolle zu unterwerfen, veranlaßte ihn später als Justizminister, der Vernichtung des organisierten Verbrechens die höchste Priorität einzuräumen. Die gleiche Erfahrung veranlaßte auch einen weiteren Idealisten und Freund RFKs, nämlich Walter Reuther, zur Mafia auf Konfrontationskurs zu gehen.

Walter Reuther war ein Selfmademan, der sich das Geld für sein College-Studium als Arbeiter in einer Autofabrik verdient hatte. Sein Hauptinteresse galt jedoch sozialen und politischen

---

* Über das Ausmaß dieser Kontrolle äußerte sich der Regierungsbevollmächtigte Eugene Methvin in einem Bericht der 1986 vom Präsidenten eingesetzten Kommission »Organisiertes Verbrechen«: »Auch heute noch werden die ›bösen vier‹ großen Gewerkschaften... vom Cosa-Nostra-Syndikat [der Mafia] und dessen Hilfstruppen und Alliierten beherrscht. Die Gewerkschaft der Hafenarbeiter hat zirka 200 000 Mitglieder, im Hotel- und Gaststättengewerbe sind ungefähr 400 000 Menschen gewerkschaftlich organisiert und von den Transportarbeitern rund 1,9 Millionen... Zusammengenommen hängen also gut zwei Millionen Arbeiter samt Familie und sonstigen Angehörigen hinsichtlich ihres Lebensunterhaltes, der Sicherheit ihres Arbeitsplatzes, ihrer Pensionen und Sozialunterstützung von internationalen Gewerkschaften ab, die von Gangstern kontrolliert werden, deren Macht auf einer mit allen Mitteln der Gewalt und des Terrors erzwungenen Verschwiegenheit beruht. Wir haben es hier mit einem schreienden Skandal zu tun.«[14]

Fragen, und so übermittelte er sogar Nachrichten und Botschaften aus dem deutschen Untergrund an europäische Kontaktleute ungeachtet der Gefahr, von der Gestapo verhaftet zu werden. Später setzte er sich – lange Zeit bevor dieses Anliegen in der breiten Öffentlichkeit populär wurde – für die Bürgerrechte der schwarzen Amerikaner ein. Darüber hinaus war er ein Visionär, der sich mit ganzer Kraft dafür einsetzte, die Gewerkschaftsbewegung mit hohen Idealen zu erfüllen.

Reuthers prinzipienfestes Verhalten trug ihm den Beifall weiter Kreise ein. In einer Ende der vierziger Jahre angestellten Umfrage rangierte er als einer der zehn einflußreichsten Männer der Welt. Seine Unerschütterlichkeit zeigte sich auch in dem kompromißlosen Kampf, den er gegen die Mafia führte. So erklärte er einmal:

> Die amerikanischen Gewerkschaften sollten besser die Ärmel aufkrempeln, einen Eisenbesen und das stärkste Desinfektionsmittel nehmen, das eigene Haus vom Dach bis zum Keller auskehren und jeden Gauner, Gangster und Mafioso, den wir auftreiben können, herausfegen.[15]

Gewiß keine leichte Aufgabe.

Seine erste handgreifliche Begegnung mit den von ihm gejagten Gangstern hatte Reuther am 26. Mai 1937. An diesem Tag wurde er während einer Flugblattaktion der Gewerkschaft in der River-Rouge-Fabrik der Fordwerke in Detroit aufs übelste zusammengeschlagen. Die Angreifer, mit denen er es bei dieser Gelegenheit zu tun bekam, waren Mitglieder der »Ford-Service-Abteilung«, einer gegen die Gewerkschaft eingesetzten Prügelbande von 3000 »Ex-Häftlingen, Gangstern und Schlägern«.[16] Der Leiter dieser Service-Abteilung war Harry Bennett, einer der wichtigsten Mitarbeiter Henry Fords, der sich das Wohlwollen der Mafia durch lukrative Kontrakte als Vertragshändler erkaufte. Ein vom US-Senat eingesetztes Komitee, dessen Vorsitz Senator Estes Kefauver führte, berichtete von einem Fall, in dem der Detroiter Mafioso Anthony D'Anna

einige Wochen nach einem Treffen mit Bennett eine fünfzig-
prozentige Beteiligung an einer Fordniederlassung erhalten
hatte. Das Komitee zeigte sich außerdem darüber besorgt, daß
die Ford Company eine Firma aus New Jersey, deren Aktienmehrheit der Brooklyner Mafioso Joe »Adonis« Doto inne-
hatte, mit einer regionalen Ford-Vertretung belohnt hatte.

Aber ungeachtet der Bemühungen von Bennetts Männern
und einer vereitelten Attacke zweier bewaffneter Gangster, die
ihn im April 1938 angegriffen hatten, gelang es Reuther und
seinen Mitarbeitern, die United-Auto-Workers-Gewerkschaft
(UAW) ins Leben zu rufen. Als aber Reuther 1947 zum UAW-
Präsidenten gewählt wurde und auch die Kontrolle über den
Vorstand der Gewerkschaft an sich ziehen konnte, geriet er
neuerlich mit der Mafia aneinander. Diesmal war der Streit-
punkt das illegale Glücksspiel in den Fabriken, nach Auskunft
einer Untersuchung, die die *Business Week* 1948 in Auftrag
gab, eine verbreitete Aktivität der großen landesweit agierenden Syndikate. Auch das Kefauver-Komitee gelangte zu der
Schlußfolgerung, daß das Glücksspiel in Fabriken »weit verbreitet« und »bestens organisiert« sei.[17] Weiter heißt es in dem
Bericht des Komitees, daß

> die organisierten Glücksspieler bei bestimmten Gelegenhei-
> ten große Geldsummen in die Wahlen der Gewerkschafts-
> funktionäre in den wichtigsten Ortsverbänden des Detroiter
> Raumes investierten, da sie auf diese Weise die Wahl solcher
> Funktionäre sicherzustellen hofften, die das Glücksspiel in
> den Fabriken tolerieren würden.[18]

Für die Mafia stand somit viel auf dem Spiel, als Reuther 1947
nach seiner Wahl zum UAW-Vorsitzenden unverzüglich zum
Angriff gegen das von der Mafia kontrollierte Glücksspiel in
den Autofabriken blies.

Am Abend des 20. April 1948 wurde Walter Reuther ernsthaft durch einen durch sein Küchenfenster abgefeuerten Schuß
aus einer zwölfkalibrigen Schrotflinte verletzt. Die sorgfältige

Planung und die eindeutige Mordabsicht des Schützen, die nur vereitelt wurde, weil Reuther sich im letzten Augenblick zufällig nach seiner Frau umgewandt hatte, überzeugten die Polizei davon, daß hier ein professioneller Killer am Werk gewesen war. Ein Jahr später, am 22. Mai 1949, war Reuthers Bruder an der Reihe. Victor Reuther, ebenfalls ein hoher UAW-Repräsentant, wurde von einer zweiten Schrotladung im Gesicht, am Hals und an der Schulter getroffen und verlor ein Auge.

In dem Artikel über das Glücksspiel in den Autofabriken, der damals in *Business Week* erschien, wird auch ein Hauptverdächtiger genannt:

Auf der Suche nach einem Mordmotiv hat sich die Detroiter Polizei auch in den Kreisen jener Glücksspiel-Syndikate umgehört, deren Aktivitäten in den Fabriken auf Reuthers Anweisung hin unterbunden worden sind. Es war für die Polizei nur ein logischer Schritt, in diesem Umfeld ihre Nachforschungen anzustellen.[19]

Zwei weitere aus naheliegenden Gründen der Tat verdächtige Gruppen waren zum einen Kommunisten, die Reuther nach der Wahl von 1947 aus der Gewerkschaft ausgeschlossen hatte, und zum anderen etliche gewerkschaftsfeindlich eingestellte Unternehmer. Interessanterweise führten die Ermittlungen die Polizei in beiden Fällen wiederum auf die Spur der Mafia.

Über die Kommunisten schreiben die beiden Reuther-Biographen Cormier und Eaton:

Der linke Flügel der Gewerkschaft, der gegen Reuther opponierte, unterhielt für beide Seiten profitable Verbindungen zu Figuren der Unterwelt, die das illegale Glücksspiel in den Autofabriken kontrollierten, ein ›Geschäftszweig‹, der immerhin um die zwanzig Millionen Dollar im Jahr einbrachte. Wegen der Bewegungsfreiheit, welche die örtlichen Gewerkschaftsfunktionäre in den Betrieben genossen, waren sie in den Augen der Syndikate die idealen Geldeintreiber und Botengänger. Die Gebrüder Reuther erkannten dies und versuchten dem illegalen Glücksspiel in den Fabriken einen Riegel vorzuschieben.[20]

Besonders skrupellos war Melvin Bishop, einer der Anführer der kommunistischen Fraktion, die Reuther im Dezember 1947 aus der Gewerkschaft ausgeschlossen hatte (woraufhin Jimmy Hoffa Bishop einen Posten in der Transportarbeiterge-werkschaft gab). Seltsamerweise wurde bekannt, daß Bishop ausgerechnet mit Santo Perrone auf freundschaftlichem Fuß stand, der 1965 in einem Bericht des US-Senats als einer der zehn mächtigsten Mafiosi in Detroit bezeichnet wurde. Bishop jedenfalls hatte Perrones private Telefonnummer in seinem Adreßbuch, und die beiden waren einmal gemeinsam wegen Wilderei festgenommen worden.

Als sich die Ermittler, die für die UAW die beiden mißlunge-nen Anschläge auf die Gebrüder Reuther untersuchten, mit jenen Arbeitgebern befaßten, die der Gewerkschaft die meisten Schwierigkeiten bereitet hatten, stießen sie wiederum auf Per-rones Namen. 1934 wurden die Michigan Stove Works, eines der größten Unternehmen des Detroiter Raumes nicht aus der Automobilbranche, von dem örtlichen Zweig des Congress of Industrial Organizations (CIO) bestreikt. Kurz darauf erteilte John A. Fry, der Leiter der Herdfabrik und stellvertretende Polizeichef von Detroit, den Perrones den Auftrag, Streikbre-cher anzuwerben. Der Streik wurde gebrochen und die Ge-werkschaft aus der Herdfabrik vertrieben. Santo Perrone er-hielt dann einen Vertrag, der ihm die Verwertung des im Werk anfallenden Alteisens garantierte, und sein Bruder Gaspar wurde ein hochdotierter Frühstücksdirektor in dem Unterneh-men.

Die gleiche Strategie wandte später die Briggs Manufactu-ring Company aus Detroit an, zu jener Zeit der größte unab-hängige Karosseriehersteller der Welt, dessen Präsident eng mit Fry befreundet war. Am 7. April 1945 schloß Briggs mit Santo Perrones 28 Jahre altem Schwiegersohn Carl Renda einen Vertrag, der diesem die Verwertung des Alteisens der Firma zusicherte. Renda, der »weder über die notwendigen technischen Vorrichtungen noch über entsprechende Kenntnisse oder über Kapital verfügte«[21], trat seine Rechte gegen entsprechende Bezahlung auch prompt an die Firmen ab, die bereits seit vielen Jahren mit der Entsorgung des Schrotts beauftragt waren. Eine Woche später wurden die führenden Gewerkschafter der Briggs Company von unbekannten Angreifern brutal zusammengeschlagen, was sich in der Folge noch fünfmal wiederholen sollte. Das Kefauver-Komitee konstatierte: »Man gelangt unvermeidlich zu der Schlußfolgerung, daß Renda, der völlig mittellose und in wirtschaftlichen Dingen unbedarfte College-Student, für die Dienste seines Schwiegervaters, des Mafiabosses Sam Perrone, bezahlt wurde.«[22]

Diese Beispiele geheimer Absprachen und Machenschaften weckten in Walter Reuther den Verdacht, daß der Anschlag, dessen Opfer er beinahe geworden wäre, auf das Konto einer Koalition aus Mafia, Kommunisten »und einer kleinen Gruppe beinharter Unternehmer gehe..., die ebenfalls bereit seien, sich mit der Unterwelt einzulassen«.[23] Wie Reuther später einmal erklärte, glaubte die Unterwelt,

daß ich bereit sei, alles zu unternehmen, um sie daran zu hindern, sich diese Gewerkschaft zu unterwerfen und sie für ihre kriminellen Zwecke einzusetzen und für all die anderen Dinge, zu denen sie die Gewerkschaften mißbrauchen.[24]

Im Jahr 1949 erhielt die UAW zwei wichtige Hinweise, die Reuthers Verdacht bestätigten. Der erste dieser Hinweise, die von einem geheimen Zeugen der *Detroit News* stammten, bezog sich auf den Ex-Zuchthäusler Clarence Jacobs, für den der Mafioso Santo Perrone schon einmal eine hohe Kautionssumme bereitgestellt hatte. Der zweite lenkte die Aufmerksamkeit auf eine Tankstelle in Detroit, deren Besitzer niemand anderer war als Perrone. Dieser Umstand sollte in der Folge noch besonderes Gewicht erhalten, als nämlich die Polizei erklärte, daß die Anschläge auf die Gebrüder Reuther in einer Bar unmittelbar neben der Tankstelle ausgeheckt worden seien.

Im Fortlauf der umfangreichen Ermittlungen, die in der Sache Walter und Victor Reuther angestellt wurden, zeigte sich nach Auskunft von deren Biographen Gould und Hickok »immer deutlicher, daß Ganoven und Unterweltfiguren nach ihrem Leben trachteten oder jedenfalls angeheuert worden waren, sie zu erschießen«.[25] Der größte Durchbruch jedoch gelang 1953, als die Ermittler der UAW Donald Joseph Ritchie, einen Neffen von Clarence Jacobs, in einem kanadischen Gefängnis aufspürten. Ritchie willigte in eine Zusammenarbeit ein. Da er jedoch fürchtete, umgebracht zu werden, erbat er eine Zahlung in Höhe von 25 000 Dollar zugunsten seiner Frau; die UAW zahlte. Nachdem man ihn nach Detroit gebracht hatte, wurde er am 31. Dezember 1953 von dem für das Wayne County zuständigen Staatsanwalt Gerald O'Brien verhört. Sechs Tage später stellte O'Brien Haftbefehle gegen die Mafiamitglieder Santo Perrone und Peter Lombardo, Perrones Schwiegersohn Carl Renda und Ritchies Onkel Clarence Jacobs aus. Staatsanwalt O'Brien übergab Ritchies Aussage überdies der Öffentlichkeit:

In der Nacht, als auf Walter Reuther geschossen wurde, war ich in dem Auto. Ich arbeitete damals schon ungefähr vier oder fünf Jahre für Santo [Sam] Perrone. Ich machte zirka vier- bis fünfhundert Dollar die Woche.

Meine damalige Beschäftigung war eigentlich nicht das, was man so im allgemeinen Arbeit nennt.

Clarence Jacobs hat mich in der Reuther-Sache angesprochen. Er sagte, ich würde fünf Riesen bekommen.

Ich wurde fünf Tage vor dem festgesetzten Termin angesprochen, und man fragte mich, ob ich mitmachen wolle. Das Gespräch fand in Perrones Tankstelle statt. Perrone fragte mich ein paar Tage vor dem Anschlag, ob ich dabei wäre. Ich sagte ja.

Ich habe nicht viele Fragen gestellt. Diese Leute reden über solche Sachen nicht viel.

Ich wußte nur, daß Perrone einmal gesagt hatte: »Wir müssen den Kerl loswerden.« Ob er damit Reuther meinte? – Ja . . ., ganz sicher.

Jacobs hat geschossen. Er ist als einziger aus dem Wagen ausgestiegen. Ich weiß nicht mehr, wie lange er weg war. Ich kann mich daran nicht mehr so genau erinnern.

Ich habe den Schuß gehört. Dann ist Jacobs wieder zu uns in den Wagen gestiegen und hat gesagt: »Also gut, ich hab' das Schwein fertiggemacht.« Dann sind wir abgehauen.

Später haben sie mich dann an der Helen Bar abgesetzt, ungefähr fünfzig Meter von der Tankstelle entfernt. Was sie mit dem Auto angestellt haben, weiß ich nicht. Einige Zeit später habe ich gehört, sie hätten es verschrottet. Was mit dem Gewehr passiert ist, kann ich beim besten Willen nicht sagen.[26]

Wie nicht anders zu erwarten, hat Ritchie diese Aussage niemals vor einem Gericht wiederholt. Er wurde als Zeuge der Anklage in einem Detroiter Hotel untergebracht; es gelang ihm jedoch, die beiden Polizeiwachen, die ihm beigestellt waren, zu täuschen, so daß er entfliehen konnte, während sie ihn im Bad wähnten. Ritchie entkam dann nach Kanada, wo er seine Geschichte angeblich als einen Unsinn abtat, den er der UAW nur aufgebunden habe, um die 25 000 Dollar zu bekommen. Angesichts der unzweifelhaften Fähigkeit der Mafia, selbst schwerbewachte Zeugen kaltzustellen und der Zusammenarbeit weiter Detroiter Polizeikreise mit dem Syndikat erscheint ein solcher Widerruf indes schwerlich glaubhaft. Denn bevor man sich mit der Mafia anlegt, gibt es allemal empfehlenswertere Möglichkeiten, zu Geld zu kommen. Und so rechtfertigen die Umstände dieses Falles in der Tat die Annahme des UAW, daß Ritchie richtig ausgesagt – und die Mafia versucht hat, den vorbildlichen Gewerkschafter Walter Reuther umzubringen.

Die Ermordung des
UAW-AFL-Präsidenten John Kilpatrick

Nicht anders als Reuther und seine mit der CIO assoziierte UAW-Gewerkschaft geriet auch die der American Federation of Labor angehörende UAW-AFL-Gewerkschaft mit der Mafia in Konflikt. Ein Mitglied dieser Gewerkschaft beschrieb die damalige Situation in einem Brief an George Meany, der während der Untersuchung des Senats verlesen wurde:

Als ich in New York lebte, arbeitete ich in einer Fabrik, in der die Automobilarbeiter-Gewerkschaft der AFL vertreten ist... Die Gewerkschaft wird dort von dem Ex-Zuchthäusler John Dio und seinen Henkersknechten geleitet. Auf einer Versammlung erhob ich einmal Einspruch gegen einen korrupten Vertrag. Hinterher riefen mich diese Ganoven zu Hause an und erklärten, wenn ich meine Kinder liebe, dann solle ich besser den Mund halten... Ich bin kein Held, und so nahm ich mir die Warnung zu Herzen. Wir zogen dann nach Chicago, und ich fand wieder eine Anstellung in einem Unternehmen..., in dem die UAW-AFL die gewerkschaftlichen Interessen wahrnimmt. Diesmal war es noch schlimmer als zuvor. Ein stadtbekannter Gangster namens Angelo Inciso leitet die Gewerkschaft dort... Man riet mir, den Mund zu halten, andernfalls würde ich die Treppe hinuntergestoßen.[27]

Angelo Inciso, der Boß des UAW-AFL-Ortsverbands 286 in Chicago, war in der Tat ein Gangster und enger »Geschäftspartner« des Chicagoer Obermafioso Tony Accardo; er hatte bereits eine stattliche Anzahl von Verhaftungen und Verurteilungen hinter sich. Als Inciso jedoch begann, den Bezirk 286 auszuplündern, rief dies John Kilpatrick, den internationalen Präsidenten der UAW-AFL, auf den Plan, der den Mafioso kurzerhand aus der Gewerkschaft rausschmiß. Kilpatrick unterstützte auch die gerichtliche Verfolgung Incisos durch die Bundesbehörden, die diesem im Juni 1960 eine zehnjährige Freiheitsstrafe eintrug.

Obschon rechtmäßig verurteilt, hatte Inciso noch immer veruntreute Gewerkschaftsgelder in Höhe von nahezu 500 000 Dollar in seinem Besitz; Kilpatrick strengte ein zivilrechtliches Verfahren gegen ihn an, um diesen Betrag zurückzubekommen. Der Detroiter Polizeichef George Edwards beschrieb später, was geschah, als die Sache vor Gericht kam:

> Am 28. April 1961 stand John A. Kilpatrick um zehn Uhr morgens im achten Stock des Chicagoer County-Gebäudes auf dem Korridor vor dem Gerichtssaal. Plötzlich kam Inciso auf ihn zu und fauchte: »Ich werde dich umbringen.« Als Kilpatrick unter dem Einfluß der Drohung einen Schritt zurücktrat, erklärte Inciso: »Das werde ich nicht persönlich machen, sondern jemanden beauftragen.«[28]

Sechs Monate später, am 20. Oktober, wurde Kilpatrick tot in seinem Wagen aufgefunden; hinter seinem linken Ohr klaffte eine Schußwunde. Zwei Männer wurden festgenommen und wegen des Mordes verurteilt. Einer der beiden deutete an, Incisos rechte Hand, Ralph Pope, habe den Mordauftrag erteilt. Diese Aussage wollte allerdings kein anderer Zeuge bestätigen, und so blieben Pope und Inciso von einer gerichtlichen Verfolgung verschont. »Wieder einmal erwies die massive Einschüchterungspolitik der Mafia ihre Wirksamkeit«, erklärte Polizeichef Edwards.

Aber obgleich die großen Mafia-Bosse ein weiteres Mal ungestraft davonkamen, war die Verurteilung der beiden Mörder Kilpatricks bereits ein gewaltiger Triumph. Denn seit 1934 war keiner der in die Tausende gehenden Morde der Mafia durch eine Verurteilung gesühnt worden. Dieser Erfolg war jedoch kein Zufall. Als Justizminister Robert Kennedy von Kilpatricks Ermordung erfuhr, wies er sein Ministerium unverzüglich an, »herauszufinden, wer hinter dem Mord steht und ihn dingfest zu machen«.[29] Fünfzig FBI-Agenten wurden nun nach Chicago entsandt, und so kam es, daß das amerikanische Bundeskriminalamt erstmals in seiner Geschichte in einer Mordsache gegen das organisierte Verbrechen in Chicago ermittelte.

Und tatsächlich bekämpfte die Kennedy-Administration die Mafia landesweit, wie es Bürgermeister Cermak in Chicago, die Gebrüder Reuther in der UWA-CIO und John Kilpatrick in der UAW-AFL getan hatten. Harry Anslinger, der Bundesbeauftragte für Rauschgiftbekämpfung, stellte 1963 fest, daß diese

Entschlossenheit, das organisierte Verbrechen auszulöschen, in den gesamten Vereinigten Staaten erhebliche Auswirkungen gehabt hat. Die Gangster rennen um ihr Leben.[30]

Teil I

Eine Serie von Mordanschlägen

Am Freitag, dem 22. November 1963, verließ Präsident Kennedy kurz nach 11.50 Uhr morgens in einer Wagenkolonne den Flughafen Love Field in Dallas Richtung Innenstadt. Er saß gemeinsam mit seiner Frau Jacqueline, dem Gouverneur von Texas, John Connally, dessen Frau Nelly sowie zwei Geheimdienstbeamten im zweiten Wagen der Kolonne. Als die Präsidentenlimousine um 12.30 Uhr von der Elm Street in die Houston Street einbog, fiel plötzlich eine Serie von Schüssen. Präsident Kennedy wurde an der Schulter getroffen und Gouverneur Connally im Rücken; etliche Sekunden später drang eine Kugel in Präsident Kennedys Kopf ein. Der tödlich getroffene Präsident wurde nun eilends ins Parkland Hospital gefahren, wo er um 13.00 Uhr für tot erklärt wurde.

Fünfzehn Minuten später wurde der Polizist J. D. Tippit erschossen, als er in Oak Cliff, einem Stadtteil von Dallas, seinen Streifenwagen neben einem Fußgänger anhielt. Kurz vor 14.00 Uhr nahm die Polizei Lee Harvey Oswald fest, der im texanischen Schulbuchdepot arbeitete, weil man ihn beider Morde verdächtigte. Am nächsten Tag erklärte ein Polizeisprecher, die Sache sei »erledigt«: Oswald habe Präsident Kennedy ohne fremde Unterstützung von einem im sechsten Stock an der südöstlichen Ecke des Schulbuchdepots gelegenen Fenster aus erschossen; außerdem habe man am Tatort ein Gewehr und drei Kugeln gefunden. Oswald behauptete, er sei unschuldig und rief immer wieder: »Ich bin doch nur der Sündenbock.«[1]

Am Sonntag, dem 24. November, wurde Oswald kurz nach elf durch das Untergeschoß des Polizeipräsidiums von Dallas zum Ausgang geführt; er sollte in das Bezirksgefängnis verlegt werden. Millionen Fernsehzuschauer wurden Zeugen, als um 11.21 Uhr der Nachtclubbesitzer Jack Ruby aus Dallas nahe dem Ausgang auf Oswald zustürzte und ihn mit einem 38er Revolver tödlich verletzte. Der Polizei erzählte Ruby, er habe Oswald in einem Anfall von Trauer und Wut über Präsident Kennedys Tod erschossen.

Als Oswalds Unschuldsbekundungen durch Rubys Revolver zum Schweigen gebracht worden waren, hatte der soeben erst vereidigte Präsident Lyndon B. Johnson nichts Eiligeres zu tun, als den Fall abzuschließen. »Unmittelbar im Anschluß an das Attentat«, so heißt es in dem 1976 veröffentlichten Bericht des Senats-Ermittlungsausschusses, drängte die Regierung das FBI, »eine Stellungnahme abzugeben, derzufolge Oswald ein Einzeltäter gewesen sei«.[2] Und in der Tat – an dem Tag, da Oswald starb, gaben sowohl FBI-Direktor J. Edgar Hoover als auch der stellvertretende Justizminister Nicholas Katzenbach der Meinung Ausdruck, es sei jetzt notwendig, »die Öffentlichkeit davon zu überzeugen, daß Oswald der wahre Attentäter sei«.[3] Katzenbach sprach sich überdies dafür aus: »Wir sollten den Spekulationen über Oswalds Motiv ein für allemal ein Ende bereiten.«[4]

Wie in einem FBI-Memorandum vom 29. November nachzulesen ist, erklärte Präsident Johnson an diesem Tag gegenüber Hoover, man werde die »unbesonnenen Ermittlungen« nur unterbinden können, wenn man einen hochkarätig besetzten Untersuchungsausschuß einsetze. Noch am selben Tag erließ Johnson eine Durchführungsverordnung, in welcher er die Einrichtung eines Ausschusses verfügte, der das Attentat untersuchen solle. Zum Vorsitzenden dieser Kommission bestimmte er den Richter am Obersten Bundesgericht Earl Warren. Während die vom Präsidenten ernannte Kommission zusammentrat, gab Hoover Informationen an die Presse weiter, denenzufolge Oswald »als psychopathischer Einzeltäter« Präsident Kennedy umgebracht hatte.[5] Zehn Monate später veröffentlichte die Warren-Kommission ihren Abschlußbericht und gelangte zu dem verbindlichen Urteil: Oswald war ein einsamer, geistesgestörter Attentäter, und Ruby hatte sich aus eigenem Entschluß und ohne fremde Hilfe zum Rächer des Präsidenten gemacht.

Aber die beruhigenden Ergebnisse, zu denen die Kommission gelangt war, erwiesen sich spätestens in dem Moment als wenig glaubhaft, als die durch den Untersuchungsausschuß zusammengetragenen Beweismittel der Öffentlichkeit zugänglich gemacht und sofort einer intensiven Prüfung unterzogen wurden. In Büchern und führenden Zeitschriften, auf juristischen und medizinischen Tagungen erklärten die Kritiker, die Kommission habe aus dem von ihr selbst vorgelegten Beweismaterial völlig falsche Schlüsse gezogen. Bereits 1966 schlossen sich Persönlichkeiten wie William F. Buckler, Richard Cardinal Cushing, Walter Lippmann, Arthur Schlesinger jr., aber auch das *Life*-Magazin, die *London Times* sowie die Amerikanische Akademie für forensische Wissenschaften dem Ruf nach einem neuen Untersuchungsverfahren an. 1976 glaubten zufolge einer Gallup-Umfrage vier von fünf Amerikanern, daß die Ermordung Präsident Kennedys ein Komplott gewesen sei.

Im September 1976, mehr als zehn Jahre nachdem im Kongreß erstmals ein neues Ermittlungsverfahren verlangt worden war, gründete der Kongreß das House Assassinations Committee und beauftragte diesen Ausschuß, die Morde an Präsident Kennedy und Reverend Martin Luther King jr. neuerlich zu untersuchen. Als das Komitee zwei Jahre später seine Anhörungen beendete, konnte es geradezu dramatische neue Beweismittel dafür vorlegen, daß die Ermordung Präsident Kennedys doch ein Komplott gewesen sei. Diese neuen Ergebnisse bestätigten in der Öffentlichkeit bereits seit langem gehegte Zweifel an der offiziellen Darstellung der angeblichen Ereignisse vom 22. November 1963. Dies verlieh der beängstigenden Frage danach, welche Kräfte seit jenem Tag den Kurs der Vereinigten Staaten bestimmten, neue Bedeutung.

Im Unterschied zu den Aussagen jener Zeugen, die gehört und beobachtet haben, daß Schüsse aus dem [texanischen Schulbuch-]Depot abgefeuert worden sind, hat die Kommission keine eindeutigen Beweise dafür finden können, daß noch aus einer anderen Richtung geschossen worden wäre.[1]

Die Warren-Kommission in ihrem Bericht von 1964

Nach wissenschaftlichen Kriterien durchgeführte akustische Analysen haben mit hoher Wahrscheinlichkeit ergeben, daß zwei Schützen auf Präsident Kennedy gefeuert haben.[2]

Das House Assassinations Committee in seinem 1979 vorgelegten Bericht

2. Kreuzfeuer auf der Dealey Plaza

»Sie können nicht gerade behaupten, daß Dallas Sie nicht mag«, sagte Nelly Connally zu Präsident Kennedy, während die Präsidentenlimousine an jenem sonnigen Freitagmorgen, dem 22. November 1963, die Houston Street in nördlicher Richtung entlangrollte.[3] Um 12.30 Uhr bog die Limousine nach links in die Elm Street ein und fuhr an dem Gebäude des texanischen Schulbuchdepots Ecke Houston/Elm Street vorüber. Rechter Hand wurde die Elm Street auf diesem Teil durch eine ansteigende Grasböschung begrenzt. Weiter vorne führte sie unter einer Eisenbahnüberführung hindurch und traf dann auf den Stemmons Freeway. Nelly Connally blickte durch die Unterführung Richtung Freeway und sagte zu Jacqueline Kennedy: »Wir haben es fast geschafft. Es ist gleich da vorne.«[4]

S. M. Holland stand zu diesem Zeitpunkt auf der Eisenbahnbrücke. Der Signalwärter überblickte von dort aus das ganze Geschehen. Während er die Wagenkolonne beobachtete, hörte er plötzlich eine Reihe von Schüssen. Holland blickte nach links zu dem zirka 1,50 Meter hohen Lattenzaun oben auf der Grasböschung; dieser Zaun bildete die südliche und östliche Begrenzung eines Parkplatzes der Bahngesellschaft. Sein Blick richtete sich instinktiv auf eine etwa fünfzig Meter entfernte Gruppe von Bäumen, die ungefähr dort standen, wo der Zaun einen Linksknick machte. In diesem Augenblick – so berichtete Holland einige Stunden später in einer eidesstattlichen Erklärung, sah er »eine kleine Rauchwolke unter den Bäumen aufsteigen«.[5] Vor der Warren-Kommission sagte er später aus: »Es fiel ein Schuß ... Und dann sah ich etwa zwei Meter über dem Boden eine Rauchwolke, direkt unter jenen Bäumen.«[6]

Holland war nicht der einzige, der diese Beobachtung machte. Sechs weitere Bahnarbeiter, die oben auf der Überführung standen – Richard C. Dodd, Clemon E. Johnson, Austin L. Miller, Thomas J. Murphy, James L. Simmons und Walter L. Winborn –, erklärten ebenfalls, sie hätten, unmittelbar nachdem sie die Schüsse gehört hätten, an der gleichen Stelle ein Rauchwölkchen gesehen. Dieser Rauch ließ sich nicht als Abgas oder Dampf erklären oder anderweitig als bedeutungslos abtun.* Zudem hatten etliche Zeugen, die sich in jenem Bereich aufhielten, Schießpulver gerochen. Senator Ralph Yarborough, der Sekunden nach den Schüssen bei Rückenwind an dem Lattenzaun vorüberfuhr, berichtete: »[...] man konnte das

---

* Johnson meinte, der Rauch, den sie gesehen hätten, sei vielleicht von einem Motorrad verursacht worden, das ein Polizist neben der Straße zurückgelassen habe. Holland sagte allerdings aus, er habe den Rauch bereits gesehen, bevor der Polizist mit dem Motorrad aufgetaucht sei. Andere haben die Alternative angeboten, der Rauch sei in Wirklichkeit Dampf gewesen. Aber die einzige Dampfleitung weit und breit war an der Eisenbahnbrücke angebracht und befand sich somit praktisch unter den Füßen der Zeugen und keineswegs in der Nähe des Zaunknicks. Wieder andere meinten, daß das »rauchlose Pulver«, wie es in modernen Waffen Verwendung findet, tatsächlich keinen Rauch erzeugt.[7] Aber tatsächlich ist die Bezeichnung »rauchloses Pulver« genauso übertrieben wie das Prädikat »kernlose Pampelmuse«. Eine Reihe von Waffenexperten, die das House Assassinations Committee vorgeladen hatte, sagten aus, daß auch der Treibstoff moderner Munition »nicht völlig verbraucht oder verbrannt wird. Infolgedessen werden Rückstände und Rauch freigesetzt.«[8]

Pulver im Wagen riechen.« Angeblich hat er den Geruch noch bis zum Parkland Hospital in der Nase gehabt.[9] Der Streifenpolizist Joe M. Smith aus Dallas roch das Schießpulver jenseits des Zaunes auf dem Parkplatz der Bahngesellschaft. Smith war sofort zu dem Zaun hinübergerannt, als ein Passant ihm zugerufen hatte: »Sie schießen aus den Büschen da drüben auf den Präsidenten.«[10]

Direkt im Anschluß an die Schüsse sprangen die Bahnarbeiter Holland, Simmons und Dodd über eine Dampfleitung und rannten über die Dächer der auf dem Bahn-Parkplatz abgestellten Autos zu jener Stelle des Lattenzauns, wo sie den Rauch hatten aufsteigen sehen. Sie entdeckten dort zwischen dem Zaun und einem Lieferwagen, der unmittelbar auf der westlichen Seite des Zaunknicks geparkt war, »auf engstem Raum etwa hundert Fußabdrücke«, die in alle Richtungen wiesen.[11] Vor der Warren-Kommission sagte Holland später, er habe den Eindruck gehabt, »daß jemand dort lange Zeit gestanden haben« müsse.[12] Holland bemerkte auch zwei Schmutzflecken auf der Stoßstange, »als ob jemand seine Schuhe daran abgestreift oder auf der Stoßstange gestanden« hätte, »um über den Zaun zu gucken«.[13] Simmons bestätigte dies,[14] und Dodd fügte noch hinzu: »Es waren dort Fußspuren, und Zigarrettenkippen lagen auch herum; jemand muß auf der Stoßstange gestanden und über den Zaun geschaut haben.«[15]

Auch zahlreiche andere Zeugen versicherten, daß von dieser Stelle aus ein Schuß abgegeben worden sei. Einer von ihnen war William Newman jr., der gemeinsam mit seiner Frau und zwei Kindern in der Elm Street am Straßenrand gestanden hatte, genau am Rande der Grasböschung. Er hatte von dieser Stelle aus die Wagenkolonne des Präsidenten beobachtet. Gegenüber dem Bezirkssheriff von Dallas sagte Newman am 22. November unter Eid aus:

Der Wagen des Präsidenten bog von der Houston Street aus nach links in die Elm Street ein..., urplötzlich gab es einen Knall, ganz offenbar ein Gewehrschuß... Dann warfen wir uns auf den Grasboden, da wir das Gefühl hatten, uns in der unmittelbaren Schußlinie zu befinden. [...] Ich dachte, der Schuß sei aus dem Garten direkt hinter mir gekommen.[16]

Newman und seine Frau warfen sich zu Boden und schützten dadurch je eines ihrer Kinder.

Mary Elizabeth Woodward stand ebenfalls unweit der New-man-Familie am Straßenrand und beobachtete die Wagenko-lonne. Als der Wagen des Präsidenten näher kam, so berichtete Frau Woodward am 22. November einem Reporter, »ertönte plötzlich rechts hinter uns ein entsetzlicher, ohrenbetäuben-der Krach«.[17] Rechts hinter ihr befand sich aber der Latten-zaun. Frau Woodward warf sich dann zusammen mit der Fami-lie Newman und drei anderen Männern, die sich auch an dieser Stelle aufhielten, zu Boden.

Gordon Arnold, der gerade die Grundausbildung bei der Ar-mee hinter sich hatte, stand zirka einen Meter vor dem Zaun auf der Böschung, als die Wagenkolonne herankam. Er spürte eine Kugel an seinem linken Ohr vorbeisausen und hörte dann ein Krachen, als ob er »direkt unter einer Gewehrmündung« stehe. Arnold warf sich zu Boden, wie man es ihm beigebracht hatte und hörte dann, wie ein weiterer Schuß über ihn hinweg-fegte.[18]

Einige Gesetzeshüter aus Dallas lenkten sofort die Aufmerk-samkeit auf den nördlich an den Zaun angrenzenden Bahn-parkplatz und auf das übrige Gelände der Bahn. Kurz nachdem die Schüsse gefallen waren, gab Jesse E. Curry, der Polizeipräsi-dent von Dallas, über Funk den Befehl: »Schicken Sie einen Mann oben auf die Unterführung [die Eisenbahnüberführung] und sehen Sie nach, was da oben passiert ist.«[19] Bill Decker, der Bezirkssheriff von Dallas, der gemeinsam mit Curry im vorder-sten Wagen der Kolonne saß, verlangte über Funk: »Schicken Sie alle verfügbaren Männer meiner Abteilung auf den Bahn-parkplatz und lassen Sie sie feststellen, was dort geschehen ist.«[20] Seine Untergebenen eilten daraufhin auf den hinter dem Zaun gelegenen Bahnparkplatz.

Aber diese offiziellen Direktiven wären gar nicht nötig gewesen. Unmittelbar nachdem die Schüsse gefallen waren, rannten – wie durch Zeugen und Fotos gleichermaßen bestätigt wird – Dutzende von Polizisten und Umstehenden die Grasböschung hinauf. Darunter waren auch zwei Polizisten aus der Motorradstaffel, die die Wagenkolonne begleitete. Einer von ihnen fuhr über den Bordstein und dann die Böschung hinauf, der andere ließ sein Motorrad auf der Elm Street liegen und rannte mit gezogener Pistole die Böschung hinauf. Von der Ecke Houston/Elm Street, das heißt aus dem Bereich des texanischen Schulbuchdepots, bewegte sich ebenfalls eine große Menschenmenge Richtung Grasböschung. Das Schulbuchdepot selbst hingegen erregte anfangs bei den Umstehenden überhaupt keine Aufmerksamkeit. Nur wenige Minuten nach Abgabe der Schüsse waren mindestens fünfzig Polizisten damit beschäftigt, den Bahnparkplatz und das sich anschließende Bahngelände zu durchsuchen.

Vier dieser Polizisten – die Hilfssheriffs des Bezirks Dallas L. C. Smith, A. D. McCurley, J. L. Oxford und Seymour Weitzman – berichteten später, Umstehende hätten von Rauch oder von Schüssen gesprochen, die sie in der Nähe des Lattenzauns beobachtet hätten. Als Weitzman die Böschung hinaufgerannt kam, hörte er jemanden sagen, daß »von der anderen Seite des Zauns aus ein Feuerwerkskörper oder ein Schuß abgefeuert worden sei«.[21] Weitzman schwang sich über den Zaun hinüber auf den Parkplatz, wo ein Bahnarbeiter ihm berichtete, die Schüsse seien »in jenem Teilbereich des Zaunes gefallen, wo sich einige Büsche befinden«.[22] Der Bahnarbeiter erklärte überdies, daß »er den Eindruck gehabt habe, jemand werfe etwas durch einen der Büsche«.[23] Weitzman traf schließlich unweit des Zaunknicks auf Holland, Simmons und Dodd und sah an dieser Stelle »zahlreiche Fußabdrücke, deren Sinn ich mir zunächst nicht erklären konnte, denn sie wiesen in alle Richtungen«.[24]

Weitere Zeugenaussagen bestätigten den Verdacht, daß ein Schütze von der rückwärtigen Seite des Zaunes aus gefeuert hatte. Lee Bowers, der auf einem knapp fünf Meter hohen Bahnhäuschen stationiert war, beobachtete, wie weniger als eine halbe Stunde vor dem Attentat drei Wagen auf das Bahngelände fuhren, obwohl die Polizei das Gebiet abgeriegelt hatte. Zwei der Autos hatten keine texanischen Kennzeichen, und eines davon, ein 1961er oder 62er Chevrolet Impala, war bis zu den Fenstern hinauf mit Schmutz bedeckt. In dem Chevrolet ebenso wie in dem dritten Wagen saß je ein einzelner männlicher Fahrer; einer von ihnen hielt etwas in Mundhöhe, was wie ein Mikrophon oder Telephon aussah. Als die Wagenkolonne in Bowers Sichtweite kam, bemerkte dieser zwei Männer, die hinter dem Lattenzaun standen. Sie waren die einzigen Menschen in der Umgebung, die der seit fünfzehn Jahren bei der Bahn beschäftigte Mann nicht kannte. Als die Schüsse fielen, wurde Bowers Auge von »einem Lichtblitz oder einer Rauchwolke« oder jedenfalls von »etwas Ungewöhnlichem« gefesselt, das an der Stelle vor sich ging, wo die beiden Fremden standen.

J. C. Price beobachtete die Wagenkolonne des Präsidenten vom Dach des unweit des Schulbuchdepots gelegenen Terminal-Annex-Gebäudes aus. Unmittelbar nachdem die Schüsse gekracht hatten, sah Price einen Mann, der mit Höchstgeschwindigkeit von dem Zaun in Richtung Bahngelände rannte. Price bemerkte, daß der Mann etwas in der rechten Hand hielt, was »ein Gewehr hätte sein können«.[25]

In unmittelbarem Anschluß an die Schüsse traf der Polizist Joe M. Smith auf dem Parkplatz hinter dem Zaun auf einen verdächtigen Mann. Vor der Warren-Kommission sagte Smith aus, der Mann habe »sich [gegenüber Smith] als Geheimdienstagent ausgewiesen«,[26] als der Polizist mit gezogener Pistole auf ihn zuging. Noch ein anderer Zeuge berichtete, er sei auf einen Mann gestoßen, der sich durch seine Marke als Geheimdienstagent ausgewiesen habe. Aber nach Auskunft des Geheimdienstchefs James Rowley und der am Tatort anwesenden Agenten hatten sich sämtliche Geheimdienstleute wie es die Vorschrift verlangte in unmittelbarer Nähe der Wagenkolonne aufgehalten, und keiner von ihnen war auf dem Bahnparkplatz postiert gewesen. Es gibt also guten Grund zu der Annahme, daß irgendwer gefälschte Geheimdienstmarken bei sich getragen haben muß, für die kaum jemand anderer als ein entfliehender Attentäter Verwendung gehabt haben dürfte.

1966 unternahm Professor Josiah Thompson vom Haverford-College eine gründliche Überprüfung der im Zusammenhang mit der Dealy-Plaza-Schießerei vorliegenden Zeugenaussagen, Photographien, medizinischen Dokumente und sonstigen Beweismittel. Thompson richtete seine Aufmerksamkeit insbesondere auf solche Indizien, die dafür sprachen, daß der Schütze hinter dem Zaun gestanden hatte. Er befaßte sich also in erster Linie mit den Aussagen und den unmittelbaren Reaktionen der Umstehenden, mit der Wahrnehmung von Rauch oder dem Geruch von Schießpulver, dem raschen Eintreffen zahlreicher Polizisten auf diesem Gelände und auch mit den Begegnungen der beiden Polizisten mit einem Phantom-Geheimdienstagenten. Insbesondere interessierte er sich für den Rauch, die Fußabdrücke und die Zigarettenkippen, die den unmittelbar vor Ort anwesenden Bahnarbeitern ins Auge gefallen waren. Um sich noch einmal über alle Einzelheiten dieser Beobachtungen ins Bild zu setzen, interviewte Thompson am 30. November 1966 den Signalwärter S. M. Holland.

Holland berichtete Thompson, es seien vier Schüsse gefallen, die beiden letzten sehr rasch nacheinander. Nach dem dritten oder vierten Schuß hatte er gesehen, wie eine weiße Rauchwolke unter den Bäumen aufstieg. Die Wolke hing über dem Lattenzaun, zirka drei bis fünf Meter westlich des Zaunknicks.

Dann erzählte Holland Professor Thompson, was er wenige Minuten später hinter dem Zaun entdeckt hatte:

Ich bin dann zu der Stelle hinübergelaufen, wo ich den Rauch gesehen und den Schuß lokalisiert hatte. [...] Na ja, wissen Sie, es hatte an jenem Morgen geregnet, und auf der rückwärtigen Seite des Lieferwagens entdeckte ich auf der ganzen Länge des Fahrzeugs – schätzungsweise – vier- oder fünfhundert Fußabdrücke.[27]

Er fuhr dann fort: »Und auf der Stoßstange fanden sich in einem Abstand von zirka zwanzig bis dreißig Zentimetern zwei Stellen, die aussahen, als hätte sich dort jemand die Schuhe abgekratzt; und dann waren da noch zwei mit Erde beschmierte Stellen – so als hätte da jemand obendrauf gestanden.«[28] Den Eindruck, den die Fußabdrücke damals auf ihn gemacht hatten, umriß Holland so: »Es sah aus wie ein gefangener Löwe, der im Käfig unruhig auf- und abgeht.«[29]

Hollands Feststellungen fanden Eingang in Thompsons vielbeachtetes Werk *Six Seconds in Dallas*, das 1967 erschienen ist. In diesem Buch bemerkt Thompson, daß zahlreiche im Hinblick auf die Dealy-Plaza-Schüsse bestehende Fragen keine Antwort gefunden haben. Aber »was den Schuß anbelangt, der hinter dem Zaun abgefeuert worden ist«, so seine Schlußfolgerung, »so sprechen alle Indizien lückenlos dafür, daß von dort tatsächlich ein Schuß abgegeben worden ist«. Die Details »lassen sich vielleicht noch zusammenfügen«, heißt es weiter bei Thompson, sei es durch »eine künftige Untersuchung, eine plötzliche Offenbarung oder die geduldige Arbeit anderer Forscher und Historiker«.[30]

Elf Jahre später, im März 1978, erfuhr das House Assassinations Committee von der Existenz eines Koffers voller Aufzeichnungen und Berichte, die die Polizei von Dallas 1963 angefertigt hatte. Dieser Koffer befand sich inzwischen in der Obhut eines ehemaligen Direktors der Kriminalpolizei. Unter den Materialien befand sich auch eine Tonbandaufzeichnung des Polizeifunks vom Tag des Kennedy-Attentats. Auf dem Band war auch eine zehn Sekunden lange Sequenz peitschender Knalle zu hören, die durch das Funkgerät eines Polizeimotorrads übertragen worden war, dessen Mikrophon sich wegen eines defekten Knopfes nicht hatte ausschalten lassen. Abschriften der Funksprüche sowie Zeugenaussagen bezüglich der Funkübertragungen der Polizei am Tag des Attentats, die bereits aus den Jahren 1963 und 1964 stammten, bestätigten die Authentizität der Tonbandaufzeichnung. Überdies konnte man aufgrund einiger per Tonband festgehaltener Zeitangaben den genauen Zeitpunkt ermitteln, zu dem die seltsamen Knalle aufgezeichnet worden waren – nämlich einige Sekunden nach 12.30 Uhr, das heißt exakt in dem Augenblick, als die Schüsse gefallen waren.

Um über den Ursprungsort der auf Präsident Kennedy abgefeuerten Schüsse Aufschluß zu gewinnen, beauftragte das House Assassinations Committee zwei prominente Akustik-Experten, die Tonbandaufzeichnungen zu analysieren. Einer dieser beiden Sachverständigen war Dr. James Barger, der Chef-Wissenschaftler der Firma Bolt, Beranek und Newman in Cambridge, Massachusetts; er zeichnete für die erste Expertise verantwortlich. Er hatte bereits ein akustisches Gutachten für die Marine erstellt, dessen Gegenstand die exakte Lokalisierung von U-Booten gewesen war. Aufgrund von Tonbandaufzeichnungen hatte er ferner im Auftrag eines Bundesgeschworenengerichts, das mit der Aufklärung der Schüsse befaßt war, die 1970 an der Kent-State-Universität gefallen waren, die genauen Ursprungsorte der damaligen Schüsse bestimmt. Der zweite Sachverständige war Professor Mark Weiss vom Queens College der City-Universität in New York. Er unterzog Dr. Bargers Arbeit einer Prüfung und brachte eine nochmals verfeinerte Untersuchungsmethode zur Anwendung. Professor Weiss, der dem Komitee von der Amerikanischen Gesellschaft für Akustik empfohlen worden war, hatte mit Dr. Barger bereits in der Expertengruppe zusammengearbeitet, die Richter John Sirica 1973 mit der Untersuchung der Watergate-Tonbänder beauftragt hatte.

Am 11. September 1978 trug Dr. Barger, nachdem er zuvor die Tonbandaufzeichnungen vom Tag des Attentats mit Aufnahmen von Testschüssen verglichen hatte, dem Komitee seine Ergebnisse vor. Er gelangte zu der Schlußfolgerung, daß es sich bei vier der seltsamen Geräusche (von denen die drei letzten 1,65, 7,56 und 8,32 Sekunden nach dem ersten zu hören waren) wahrscheinlich um Schüsse handle, die von der Dealy Plaza aus abgegeben worden seien. Die Schußpositionen benannte er wie folgt: Schüsse eins, zwei und vier aus dem Schulbuchdepot, Schuß drei von der Grasböschung aus. Jeder dieser vier Tonimpulse wurde verschiedenen Testverfahren unterzogen. Diese Tests sollten all jene Geräusche isolieren, die nicht eindeutig als Schüsse zu identifizieren waren. Angesichts des vorliegenden Datenmaterials konnte Dr. Barger den Ursprungsort des dritten Schusses nur mit einer Wahrscheinlichkeit von fünfzig zu fünfzig angeben.

Das House Assassinations Committee wandte sich nun mit der Frage an Professor Mark Weiss und dessen wissenschaftlichen Mitarbeiter Ernest Aschkenasy, ob die Vertiefung von Dr. Bargers Arbeit eine Entscheidung über den Standort des Schützen der dritten Kugel zulasse. Die von Weiss und Aschkenasy vorgeschlagene verfeinerte Methode bezog die Anwendung grundlegender Verfahren der physikalischen Analyse ein. Diese Verfahren sollten es gestatten, die Angaben von Dr. Barger hinsichtlich der Position des Mikrophons und des Standortes, von wo aus der dritte Schuß abgefeuert worden war, zu präzisieren. Diese Verfeinerungen würden den Unsicherheitsfaktor noch einmal um das Sechsfache reduzieren und somit zu einem wesentlich tragfähigeren Ergebnis führen. Nachdem Weiss und Aschkenasy auf der Grundlage dieses Verfahrens mehr als zwei Monate lang Experimente und Berechnungen angestellt hatten, gaben sie präzise Auskunft sowohl über die Schuß- als auch die Mikrophonposition. Das aufgrund dieser Angaben errechnete Echo entsprach exakt dem dritten auf dem Tonband festgehaltenen Impuls. Sie hatten damit den »akustischen Fingerabdruck« eines Schusses ermittelt, der von der Grasböschung aus in Richtung auf die Präsidentenlimousine abgefeuert worden war.

Am 29. Dezember 1978 präsentierten Weiss und Aschkenasy in einer dramatischen öffentlichen Sitzung ihre Ergebnisse dem House Assassinations Committee. Professor Weiss erklärte bei dieser Gelegenheit, er könne aufgrund der vorliegenden Ergebnisse »mit einer Wahrscheinlichkeit von 95 Prozent oder sogar noch mehr« sagen, daß der dritte Schuß von der Grasböschung aus abgefeuert worden sei. Aschkenasy fügte hinzu:

> Wir konnten die Zahlen nicht widerlegen. [...] Wir haben immer wieder die gleichen Zahlen erhalten, die hinsichtlich unserer Fragestellung stets aufs neue in die gleiche Richtung wiesen.[31]

Nachdem er Gelegenheit erhalten hatte, sich mit dieser neuen akustischen Expertise zu befassen, wurde Dr. Barger abermals als Sachverständiger vorgeladen. Er pflichtete seinen beiden Kollegen bei, »die Wahrscheinlichkeit, daß es sich um einen von der Grasböschung aus abgegebenen Schuß handelt, beträgt 95 Prozent und mehr«.[32]

Die von Weiss, Aschkenasy und Barger vorgetragene wissenschaftlich fundierte Überzeugung, daß einer der Schüsse von der Grasböschung aus abgefeuert worden sei, wurde in der Folge von drei Kritikern in Frage gestellt. Der erste dieser Kritiker war Anthony Pellicano, ein Privatdetektiv aus Chicago, der unaufgefordert vor dem House Assassinations Committee eine entsprechende Stellungnahme abgab. Pellicano brachte einige Zeit später im Zusammenhang mit der Verteidigung des Autoherstellers John DeLorean ein umstrittenes Tonband ins Spiel, dessen Inhalt Larry Flynt, der Herausgeber des Hustler-Magazins, dann der Presse zuspielte. Dr. Barger konnte Pellicanos Kritik kurze Zeit später vor dem Komitee als völlig gegenstandslos belegen.

Die beiden folgenden Kritiken wurden von seiten des Justizministeriums vorgetragen. Sie finden sich in einer knappen Antwort auf die vom House Assassinations Committee vorgebrachte Empfehlung, das Ministerium möge sich doch mit der Klärung der im Rahmen des Anhörungsverfahrens aufgetauchten neuen Verdachtsmomente befassen. Die erste dieser beiden Kritiken berief sich auf ein vom FBI im November 1980 vorgelegtes Gutachten, demzufolge die akustischen Ergebnisse, auf die sich das Komitee stützte, »als wertlos zu betrachten«[33] seien. Das FBI-Gutachten geriet indes rasch in Vergessenheit, nachdem der Vorsitzende des Komitees sowie die an der akustischen Expertise beteiligten Wissenschaftler scharf gerügt hatten, das FBI habe die vom Komitee in Auftrag gegebene wissenschaftliche Analyse »vollständig mißverstanden«.[34]

Als so die FBI-Kritik gegenstandslos geworden war, gab das Justizministerium bei einem Sachverständigengremium der Nationalen Akademie der Wissenschaften ein weiteres Gutachten in Auftrag. Die Leitung dieses Gremiums wurde Luis Alvares angetragen, einem Wissenschaftler, der noch nie damit hinter dem Berg gehalten hatte, daß er von der Theorie, das Kennedy-Attentat sei ein Komplott gewesen, gar nichts halte. Alvares besaß immerhin die Fairneß, dieses Angebot nicht anzunehmen, aber er wurde Mitglied der Forschergruppe.

In dem Gutachten, das die Sachverständigen am 14. Mai 1982 vorlegten, hieß es: »[...] die akustischen Analysen haben keinerlei Anzeichen dafür erbracht, daß der Schuß von der Grasböschung aus abgegeben worden ist.«[35] Diese neue Expertise verwies auch auf einen Punkt, den bereits Pellicano angeführt hatte, auf den Umstand nämlich, daß auf dem Tonband während der zwei Minuten, die auf den Zeitpunkt folgten, zu dem nach Auffassung des Komitees die Schüsse gefallen waren, keine Sirene zu hören war. Dr. Barger hatte aber bereits früher darauf hingewiesen, daß der Polizist mit dem defekten Mikrophon nach dem Anschlag hinter der Wagenkolonne zurückgeblieben war, wie durch ein UPI-Photo bestätigt wurde. Außerdem sei sein Mikrophon so ausgerichtet gewesen, daß etwaige Sirenen gegebenenfalls von dem Motor seiner Maschine übertönt worden wären. Obwohl die Sachverständigen eine Reihe durchaus bedenkenswerter Kritikpunkte gegen die Methodik der vom House Assassinations Committee beauftragten Wissenschaftler vortrugen, beriefen sie sich selbst auf äußerst komplizierte und in sich widersprüchliche Annahmen und begingen selbst zahlreiche Irrtümer. In einem Brief vom 18. Februar 1983 erwähnte Dr. Barger rätselhafte Geräusche, die auf dem von den Experten der Nationalen Akademie der Wissenschaften verwendeten Tonband zu hören seien. Er wies ferner darauf hin, die Sachverständigen des Justizministeriums hätten »die zahlreichen Beweismittel nicht berücksichtigt, die unsere ursprünglichen Ergebnisse bestätigen«. Barger war auch weiterhin davon überzeugt, daß die Resultate der vom House Assassinations Committee in Auftrag gegebenen akustischen Untersuchungen, denenzufolge sich ein Schütze auf der Böschung befunden haben mußte, korrekt seien.[36]

Tatsächlich gab es noch weitere Faktoren, die Bargers, Weiss' und Aschkenasys Schlußfolgerungen bestätigten. Die Positionen, in denen sich das Motorrad nach ihren Berechnungen zum Zeitpunkt des Anschlags befunden hatte, entsprachen genau dem Kurs und der Geschwindigkeit, mit der die Wagenkolonne über die Houston Street gefahren war. Ein Streifenbeamter der Polizei von Dallas sagte aus, daß er sich mit seinem Motorrad genau an der angegebenen Stelle befunden habe, als die Schüsse gefallen seien. Er bestätigte ferner, daß sein Mikrophon tatsächlich so ausgerichtet gewesen sei, wie die Wissenschaftler es errechnet hatten. Überdies ließ sich in jedem der auf dem Tonband festgehaltenen Impulse – einschließlich des dritten Schusses – eine für überschallschnelles Gewehrfeuer charakteristische N-Welle nachweisen.

Das wichtigste Ergebnis indes war die genaue Lokalisierung jener Stelle der Grasböschung, von der aus der Schütze gefeuert haben mußte. Nach Aufschluß der akustischen Berechnungen befand sich diese Stelle hinter dem Lattenzaun, knapp drei Meter westlich des Zaunknicks. Das war genau *einen halben bis zwei Meter* von jener Stelle entfernt, wo S. M. Holland und einige seiner Kollegen, wie sie ein Dutzend Jahre früher ausgesagt hatten, die verdächtigen Spuren gesehen haben wollen: die kleine Rauchwolke, die verschmutzte Stoßstange des Lieferwagens, Zigarettenkippen und zahllose Fußabdrücke. Von Oswalds angeblicher Schußposition hingegen war diese Stelle mehr als hundert Meter entfernt. Und in dem Augenblick, als die Schüsse abgefeuert wurden, befand sich diese Position aus der Perspektive der Präsidentenlimousine vorne rechts, wenngleich mindestens eine Kugel von hinten traf. Das akustische Gutachten ergab daher nach Feststellung des House Assassinations Committee »mit hoher Wahrscheinlichkeit, daß zwei Schützen auf Präsident John F. Kennedy gefeuert haben«.[37] »Die logische und wahrscheinliche Schlußfolgerung sei es daher«, so das Komitee, daß Präsident Kennedy »einem Komplott« zum Opfer gefallen sei.[38]

Ein dritter Schütze ist möglicherweise auf einer Photographie der Elm Street zu sehen, die der pensionierte US-Luftwaffenmajor Phillip Willis unmittelbar nach dem ersten Schuß gemacht hat. Auf diesem Photo sind der Lattenzaun auf der Grasböschung, eine Betonmauer ganz in dessen Nähe sowie ein Schatten zu sehen, der wirkt wie der Oberkörper eines Menschen, der sich hinter der Mauer verbirgt. Nachdem sie diese Figur einer Computer-Analyse unterzogen hatten, gelangte eine Gruppe von Foto-Spezialisten zu der Ansicht, daß es sich »in der Tat höchstwahrscheinlich um einen erwachsenen Menschen handelt, der hinter der Mauer steht«.[39] Die Sachverständigen wiesen zudem darauf hin, daß die Figur auf einem kurze Zeit später entstandenen Photo des gleichen Motivs nicht mehr zu sehen sei und daß die Konturen, die Größe und die Hautfarbe- und Konsistenz der Figur auf einen erwachsenen Menschen hindeuteten.

Natürlich hätte die Person, die auf Willis Photo zu sehen war, auch ein harmloser Bürger sein können, der Präsident Kennedy einmal mit eigenen Augen sehen wollte. Weshalb jedoch hätte ein solcher Mensch sich hinter einer Betonmauer verbergen sollen, hätte ihm die nur einige Schritte entfernte Grasböschung doch einen viel günstigeren Blick auf die Wagenkolonne gestattet? Eine unheilvollere Alternative wird durch einen undeutlich zu erkennenden Gegenstand nahegelegt, der auf dem Photo direkt neben der Figur zu sehen ist. »Unmittelbar im Bereich der Hände«, so die vom Komitee

61

bestellten photographischen Sachverständigen, »ist zweifelsfrei ein langgestreckter gerader Gegenstand zu erkennen.«[40]*

Unbeirrbare Anhänger der von der Warren-Kommission verfügten Glaubenslehre freilich ziehen aus der durch wissenschaftliche Gutachten mehr als wahrscheinlich gemachten Existenz von wenigstens zwei Attentätern nur den Schluß, daß in diesem Fall eben mehr als ein Verrückter an diesem sinnlosen Melodram beteiligt gewesen sei. Wie einer dieser Anhänger 1967 erklärte, ist der Nachweis, daß mehrere Attentäter an dem Mord beteiligt waren, »durchaus nicht sensationell: Er bedeutet lediglich, daß Oswald einen Komplizen gehabt haben muß.«[43] Einer von Sirhans Anwälten trug 1971 ein ähnliches Argument vor, um die Indizien zu entkräften, die dafür sprachen, daß noch ein zweiter Schütze auf Robert Kennedy gefeuert hatte. Falls ein solcher Attentäter existiere, erklärte der Anwalt, so habe dieser jedenfalls nichts mit seinem Klienten zu tun, »der aus einem Augenblicksimpuls heraus die Waffe gezogen« und dem Senator eine Kugel in den Kopf geschossen habe.[44]

Aber das Ergebnis der vom Kongreß durchgeführten Untersuchung, derzufolge das Kennedy-Attentat ein Komplott gewesen ist, warf in den Augen der meisten Amerikaner nur um so bohrendere Fragen auf. War Lee Harvey Oswald lediglich ein

---

* Im Hinblick auf die Position des Schützen, der Präsident Kennedy den tödlichen Kopfschuß beibrachte, existieren widersprüchliche Beweismittel. Aber der gesunde Menschenverstand wird sich angesichts des nach links/hinten gewandten Kopfes des Präsidenten, wie er auf Abrahams Zapruders bekannten Filmbildern zu sehen ist, für die Grasböschung entscheiden. Außerdem trat aus dem Hinterkopf des Präsidenten eine große Menge Blut und Gehirnmasse aus. Der Polizist Bobby W. Hargis, der sich zum Zeitpunkt des Attentats mit seinem Motorrad am linken hinteren Ende der Präsidentenlimousine befand, wurde so stark mit Blut und Gehirnsubstanz bespritzt, daß er zunächst »glaubte, [er sei] getroffen worden«.[41] Jesse Curry, der Polizeipräsident von Dallas, konstatierte: »Nach der Richtung zu urteilen, in der das Blut und die Gehirnmasse des Präsidenten aus dessen Kopf austraten, kann man sich des Eindrucks nicht erwehren, daß einer der Schüsse eher von vorne als von hinten abgefeuert worden ist.«[42]

einkalkuliertes Opfer einer weit größeren Konspiration, der von unter Druck gesetzten Regierungs- und Behördenvertretern zum Alleinschuldigen abgestempelt worden war, um die Sache möglichst rasch aus der Welt zu schaffen? War das Attentat tatsächlich von einer Gruppe durchgeführt worden, die auch früher schon unter Beweis gestellt hatte, daß sie imstande war, hohe staatliche und gesellschaftliche Repräsentanten zu ermorden, die Präsident Kennedy bekanntermaßen haßte und die ein rationales Motiv gehabt hätte, ihn zu ermorden? Ein Umstand, der auf diese Möglichkeit hindeutet, ist eine ganze Serie unheimlicher Vorfälle, die sich nach dem Attentat ereigneten.

Man kann nicht in einer Gesellschaft leben, in der die letzte Lösung aller Probleme darin besteht, jemanden umzubringen; und genau dies ist die Reaktion des organisierten Verbrechens, wann immer eine Schwierigkeit auftaucht.[1]

Mafia-Überläufer Michael Raymond 1971 in einem Anhörungsverfahren des Senats

Das Komitee ist gestern Zeuge geworden [...], daß allzuhäufig die Angst das beherrschende Gefühl jener Menschen ist, die in Fragen des organisierten Verbrechens von den entsprechenden staatlichen Stellen befragt werden. Diese Angst muß man ehrlicherweise als berechtigt anerkennen. Tatsächlich möchte ich an dieser Stelle anmerken, daß [...] zwischen 1961 und 1965 [...] mehr als 25 Personen, die in Gerichtsverhandlungen gegen das organisierte Verbrechen aussagen wollten, von jenen umgebracht worden sind, denen daran gelegen war, diese Zeugen an einer Aussage zu hindern.[2]

G. Robert Blakey, der juristische Chefberater des House Assassinations Committee, in einer Bemerkung über einen eingeschüchterten Zeugen des Komitees

3. Der Tod hält große Ernte

Am 17. Dezember 1969 stellte ein Bundesgeschworenengericht den Bürgermeister von Newark, Hugh Addonizio, Mafia-Boß Anthony Boiardo sowie dreizehn andere Personen unter Anklage, weil diese gemeinschaftlich 1,5 Millionen Dollar aus Firmen herausgepreßt hatten, die sich um Aufträge der Stadt beworben hatten. Einige Zeit nach dieser Anklageerhebung schrieb Michael Dorman in seinem Buch *Pay-off*, es stehe zu befürchten, daß die Mafia die gerichtliche Verfolgung der Angeklagten durch Gewaltanwendung unterlaufen werde. Ein gefährdeter Zeuge der Anklage, der von Boiardo bedroht worden war, wurde unter Bewachung gestellt. Einer der Angeklagten »kam durch einen mysteriösen Unfall ums Leben«, nachdem er sich mit dem Staatsanwalt getroffen und diesem seine Kooperation zugesagt hatte.[3] Ein weiterer Zeuge der Anklage starb ebenfalls durch einen Autounfall. Einer der Angeklagten »starb nach offiziellen Auskünften an einem Herzinfarkt«.[4]

Zu einer ähnlichen Gewaltorgie, wie sie so charakteristisch für das organisierte Verbrechen sind, kam es auch im Anschluß an das Kennedy-Attentat.

Drei Journalisten

Nicht anders als etliche ihrer europäischen Kollegen hegten auch einige amerikanische Zeitungsleute schon sehr bald den Verdacht, daß die Mafia bei dem Kennedy-Attentat die Finger im Spiel gehabt habe. Man lese nur das offizielle Protokoll einer Befragung, die das FBI am 12. Dezember 1963 mit Morton William Newman von den *Chicago Daily News* durchführte. Newman hatte sich mit dem Attentat in Dallas befaßt und mit Kollegen über eine Geschichte diskutiert, in der er über die Unterweltkontakte Jack Rubys berichten wollte:

> Newman informierte uns darüber, daß infolge dieser Geschichte, über die offenbar bereits Gerüchte in Umlauf waren, einige Leute in den Nachrichten-Medien zu der Ansicht gelangt sind, daß möglicherweise das »Syndikat« Oswald angeheuert hat, Präsident Kennedy zu ermorden.
>
> Ferner erklärte er, daß [Rubys Schwester] Eva Grant, als sie nach Jack Rubys Festnahme bei der Polizei gewesen sei, beim Weggehen sinngemäß festgestellt habe, daß Jack nicht verstehe, weshalb »Kennedy umgebracht worden ist, wenn sogar ein Mann wie [der Mafia-Abtrünnige] Valachi am Leben bleiben darf«.[5]

Aber die Mafia-Kontakte, die man Ruby letztendlich nachweisen konnte, fanden in der amerikanischen Presse mehr als zehn Jahre lang keinen Widerhall. Die folgende Kette von Ereignissen vermag vielleicht zum Teil den Grund hierfür zu erklären.

Am Abend des 24. November 1963, einem Sonntag, suchten der preisgekrönte Journalist Bill Hunter vom *Long Beach Press Telegram* (Kalifornien) und der Reporter Jim Koethe vom *Dallas Time Herald* Jack Rubys Wohnung auf. Sie sprachen dort mit Rubys Mitbewohner George Senator und den Rechtsanwälten Jim Martin und Tom Howard, die Ruby allesamt an diesem Tag im Gefängnis besucht hatten.

Fünf Monate später wurde Hunter von einem Polizisten im Pressezimmer des Polizeigebäudes von Long Beach, Kalifornien, durch einen Herzschuß getötet. Der Polizist behauptete anfangs, ihm sei die Waffe entglitten und als er sie habe auffangen wollen, habe sich ein Schuß gelöst. Er widerrief diese Aussage später, als ein ballistisches Gutachten ihn der Falschaussage überführte.

Jim Koethe wurde am 21. September 1964 in seiner Wohnung in Dallas von einem nicht identifizierten Angreifer durch einen gezielt gegen die Kehle geführten Karateschlag getötet. Seine Wohnung wurde von oben bis unten durchsucht. Koethe hatte gemeinsam mit zwei anderen Journalisten an einem Buch über das Kennedy-Attentat gearbeitet.

Rechtsanwalt Tom Howard verstarb im Mai 1965 im Alter von 48 Jahren angeblich an einem Herzinfarkt; eine Autopsie wurde nicht vorgenommen.

Rubys Mitbewohner George Senator sagte vor der Warren-Kommission aus, nach dem 24. November habe er befürchtet, man werde ihn zusammenschlagen oder töten. Senator erklärte, er sei während der folgenden zehn Tage in einem solchen Panikzustand gewesen, daß er »Angst gehabt habe, zweimal am gleichen Ort zu übernachten«, und jede Nacht in der Wohnung eines anderen Freundes geschlafen habe.[6]

Dorothy Kilgallen, eine namhafte Kriminal-Reporterin, reiste nach Dallas, um in der Sache Recherchen anzustellen. Im

März 1964 erhielt sie die Erlaubnis, in einem Richterzimmer des Polizeipräsidiums von Dallas mit Jack Ruby ein Exklusivinterview zu führen. Der Autor Joachim Joesten schrieb über ihr außerordentliches Interesse an dem Fall:

[Die Entdeckung, daß] die Kolumnisten [des *New York Journal American*] Bob Considine und Dorothy Kilgallen im Oswald-Fall weitere Nachforschungen anstellen und die offizielle Theorie in Frage stellen, war erfrischend und gab zu Hoffnungen Anlaß. [...] Am 14. April 1964 erschien im *Journal American* ein Artikel von Miss Kilgallen, in dem sie zahlreiche für die Polizei von Dallas nicht eben angenehme Fragen aufwarf [...][7]

Es ist durchaus möglich, daß sich gewisse Kreise durch Kilgallens Interesse gestört gefühlt haben; in einem weiteren Artikel behauptete sie sogar, Jack Ruby sei ein Gangster.

Am 8. November 1965 starb Dorothy Kilgallen im Alter von 52 Jahren in ihrer New Yorker Wohnung. Acht Tage später wurde der Konsum von Babituraten und Alkohol als Todesursache angegeben. Zwei Tage später verstarb auch ihre enge Freundin Earl Smith. Ergebnis der Autopsie: Todesursache unbekannt. Der texanische Zeitungsredakteur Penn Jones berichtete, daß »Frau Kilgallen kurz vor ihrem Tod einer Freundin in New York anvertraut habe, sie werde in fünf Tagen nach New Orleans reisen und den Fall in großem Stil noch einmal aufrollen«.[8]

Hank Killam

Die Warren-Kommission stellte Spekulationen darüber an, daß ein gewisser John Carter »ein möglicher Verbindungsmann« zwischen Ruby und Oswald gewesen sei,

der zur gleichen Zeit wie Oswald in der North Beckley

Avenue lebte. Carter war mit Wanda Joyce Killam befreundet, die Jack Ruby schon, kurz nachdem er 1947 nach Dallas gezogen war, kennengelernt und von Juli 1963 bis Anfang November des gleichen Jahres für ihn gearbeitet hatte.[9]

Im Zentrum dieser möglichen Ruby-Oswald-Verbindung stand Hank Killam, Wandas Ehemann, der gemeinsam mit John Carter als Anstreicher gearbeitet hatte.

Am 17. März 1964 wurde Hank Killam mit durchschnittener Kehle tot in dem zerschmetterten Schaufenster eines Kaufhauses in Pensacola, Florida, aufgefunden. Die 1967 von Bezirksanwalt Carl Harper durchgeführte Untersuchung des Falls fand in der gesamten US-Presse regen Widerhall. Im Rahmen dieser Ermittlungen wurden auch Killams Familienangehörige befragt. Nach Angaben seines Bruders Earl hatte Hank erklärt, er sei aus Dallas fortgegangen, weil er »beständig von ›Agenten‹ und ›Verschwörern‹ ausgequetscht« werde.[10] Er war dann »nach Pensacola, anschließend Tampa und wieder zurück nach Pensacola gezogen, um diesen ›Agenten‹ zu entkommen«.[11] Earl Killam erklärte vor Reportern, daß Hank zwei Tage vor seinem Tod zu ihm gesagt habe: »Ich bin ein toter Mann, ich werde nicht noch mal woanders hingehen.«[12] Und Hanks Mutter berichtete, daß dieser am Tag seines Todes früh um vier Uhr einen Anruf erhalten habe. Er habe sich dann angezogen und das Haus verlassen; danach sei ein Auto weggefahren, »obwohl er gar keinen Wagen besaß«.[13]

Die Polizei stufte den Todesfall als Selbstmord ein, der örtliche Leichenbeschauer als Unfall. Hanks Frau hingegen hielt einen Selbstmord für ziemlich unwahrscheinlich, und sein Bruder Earl erklärte: »Haben Sie je von einem Mann gehört, der Selbstmord begeht, indem er durch die Scheibe eines Schaufensters springt?«[14]

Am 20. November 1963 wurde eine zusammengeschlagene und übel zugerichtete Frau aufgefunden, die in der Nähe von Eunice, Louisiana, auf einer Landstraße lag. Es handelte sich um Rose Cheramie, eine Heroinabhängige und Prostituierte, die bereits zahlreiche Festnahmen hinter sich hatte. Sie wurde in das nahe Jackson, Louisiana, gelegene State Hospital gebracht, wo sie von einem Attentat auf Präsident Kennedy sprach, das zwei Tage später geplant sei.

Im Laufe der Jahre verwiesen verschiedene mit der Aufklärung des Kennedy-Attentats befaßte Individuen und Stellen auf ihre diesbezügliche Bemerkung; unter anderem ein Polizist, der mit der Untersuchung zu tun hatte, die von dem Bezirksstaatsanwalt von New Orleans, Jim Garrison, durchgeführt wurde. Vielleicht am glaubwürdigsten ist die Aussage von Dr. Victor Weiss, der 1963 am Louisiana State Hospital als Arzt tätig war. Dr. Weiss sagte 1978 einem Repräsentanten des House Assassinations Committee, daß

ihn am Montag, dem 25. November 1963, der Kollege Dr. Bowers gebeten habe, eine Patientin aufzusuchen, die am 20. oder 21. November eingeliefert worden sei. Dr. Bowers erzählte Weiss angeblich, die Patientin, Rose Cheramie, habe bereits vor der Ermordung Präsident Kennedys erklärt, daß dieser getötet werden solle. Weiss befragte Frau Cheramie nun zu ihrer diesbezüglichen Feststellung. Sie erzählte ihm, sie habe für Jack Ruby gearbeitet. Sie konnte zwar keine spezifischen Details über das gegen Präsident Kennedy geplante Komplott mitteilen, hatte jedoch behauptet, »in Unterweltkreisen sei davon die Rede gewesen«, daß Kennedy umgebracht werden solle.[15]

Am 4. September 1964 wurde Frau Cheramie auf einer Überlandstraße nahe Big Sandy in Texas von einem Auto überfahren und getötet. Der Fahrer erklärte, er habe die Frau plötzlich vor sich auf der Straße liegen sehen. Sein Versuch, ihr noch auszuweichen, sei mißlungen, und so sei er direkt über ihren Schädel gefahren.

Lee Bowers

Wie bereits weiter oben erwähnt, war der Bahnarbeiter Lee Bowers am Morgen des 22. November 1963 ganz in der Nähe der Dealy Plaza auf einem zirka fünf Meter hohen Kontrollturm stationiert. Von seinem Standplatz aus beobachtete er während dieser Stunden eine Reihe ungewöhnlicher Vorkommnisse. Bowers beschrieb sowohl vor dem FBI als auch vor der Warren-Kommission, was er gesehen hatte, und wiederholte seine Aussagen in einem auf Film und Tonband aufgezeichneten Interview, das er am 31. März 1966 einem Privatmann, der sich mit der Aufklärung des Kennedy-Attentats befaßte, gab.

Wie der *Midlothian Mirror* (Texas) berichtete, erhielt Bowers eine Reihe von Todesdrohungen. Er schloß noch eine hohe Lebensversicherung ab, bevor er durch einen ungewöhnlichen Autounfall in Midlothian, Texas, ums Leben kam. Am Morgen des 9. August 1966 kam sein Auto nach Auskunft von zwei Zeugen von der Straße ab und prallte gegen einen Brückenpfeiler aus Beton. »Der Arzt aus Midlothian, der Bowers versorgte, erklärte, dieser habe keinen Herzanfall gehabt und daß Bowers sich seiner Ansicht nach in einem ›seltsamen Schockzustand‹ befunden habe.«[16]

Warren Reynolds und Acquilla Clemons

Aus seinem Auto, das er einen Block westlich der Stelle, wo der Polizist J. D. Tippit aus Dallas erschossen worden war, abgestellt hatte, sah Warren Reynolds, wie Tippits Angreifer an ihm vorüberlief. Die Warren-Kommission konstatierte in ihrem Bericht, daß Reynolds, als er vom FBI befragt wurde, den Mann nicht positiv identifizieren konnte, aber

in der Folge sagte er vor einem Vertreter der Kommission aus und erklärte, als man ihm zwei Photos von Oswald zeigte, daß dies der Mann sei, den er gesehen habe.[17]

Erstaunlicherweise hat die Kommission allerdings eine unheimliche Serie von Geschehnissen zu erwähnen vergessen, die Reynolds plötzlicher Gewißheit vorhergegangen waren.

Am 23. Januar 1964, zwei Tage nach seinem ersten Gespräch mit dem FBI, ging Reynolds um zirka 9.15 Uhr abends in das Tiefgeschoß der Autofirma hinunter, bei der er angestellt war. Er drehte den Lichtschalter an, aber im Raum blieb es dunkel; die Birne war entfernt worden. Wie es in dem FBI-Bericht heißt: »Da er glaubte, die Birne sei hinüber, ging er weiter nach unten zum Sicherungskasten und wurde, während er diesen gerade öffnen wollte, von einer 22kalibrigen Waffe in den Kopf getroffen.«[18] Glücklicherweise überlebte er den Anschlag. Die Ermittlungen der Polizei ergaben, »daß Reynolds nicht beraubt wurde«;[19] dennoch hatte der Angreifer mehr als drei Stunden in dem Tiefgeschoß gewartet, bevor er Reynolds niederschoß.

Am 3. Februar 1964 wurde Darrell Garner festgenommen, weil man ihn verdächtigte, auf Reynolds geschossen zu haben. Garner wurde jedoch wieder entlassen, als Nancy Jane Mooney zwei Tage später unter Eid erklärte, daß sie zum fraglichen Zeitpunkt mit Garner zusammen gewesen sei. Aber dann wurde Nancy Jane Mooney, wie es in dem FBI-Bericht heißt, »am 13. Februar 1964 um 2.45 Uhr früh wegen Störung der öffentlichen Sicherheit und Ordnung festgenommen. [...] Nachdem man sie im Stadtgefängnis von Dallas in eine Zelle geführt hatte, erhängte sich Nancy Jane Mooney mit ihrer Hose«.[20]

Als er im Juli vom FBI und dem juristischen Sachverständigen der Warren-Kommission befragt wurde, sagte Reynolds aus, daß man nach seiner Ansicht auf ihn geschossen habe,

weil er Zeuge gewesen sei, wie der Mann, der Tippit niederge-
schossen habe, geflohen sei. Reynolds erklärte ferner, »da man
ihm nach der Ermordung Präsident Kennedys einen Kopfschuß
beigebracht habe, habe er Angst gehabt«.[21] Er berichtete außerdem, daß drei Wochen nach seiner Entlassung aus dem Krankenhaus jemand versucht habe, seine zehnjährige Tochter zu
entführen. Etwa zur gleichen Zeit hatte jemand die Birne aus
der Verandabeleuchtung seines Hauses herausgeschraubt.
Reynold gab zu, durch diese Vorfälle eingeschüchtert worden
zu sein, und gab der Meinung Ausdruck, sie stünden in einem
Zusammenhang mit den Geschehnissen des 22. November.

Im Juli 1964 war Reynolds – wie die Kommission so hübsch
konstatierte – schließlich bereit, Tippits Mörder als Lee Harvey Oswald zu identifizieren.

Eine weitere Augenzeugin des Tippit-Mordes, Acquilla Clemons, wurde von unabhängigen Ermittlern befragt. Sie erwähnte, der Mann sei ein »ziemlich kleiner Typ« und »ziemlich wohlgenährt« gewesen[22], eine Beschreibung, der Oswald
beim besten Willen nicht entsprach. Frau Clemons berichtete
überdies, daß nur zwei Tage nach den Kennedy- und Tippit-
Morden ein Mann, der auf sie wie ein Polizist gewirkt habe, zu
ihr nach Hause gekommen sei. Sein Anliegen: »Er erklärte mir
nur, es sei für mich am besten, wenn ich meinen Mund hielte,
weil mir andernfalls etwas geschehen könne.«[23]

Albert Bogard

Albert G. Bogard war Verkäufer in der Lincoln-Mercury-Ver-
tretung im Zentrum von Dallas. Bogard sagte aus, daß am
Nachmittag des 9. November 1963 ein Mann in den Verkaufsraum gekommen sei und gefragt habe, ob er eine Probefahrt mit
einem Mercury Comet machen könne. Der Mann sei dann
ziemlich verwegen mit dem Wagen durch die Stadt gefahren.
Seinen Namen gab er mit Lee Oswald an, und diesen Namen
trug Bogard in eine Karteikarte ein. Als Bogard am 22. Novem-

ber erfuhr, daß »Oswald einen Polizisten erschossen hatte«[24], zerriß er die Karte in Gegenwart anderer Verkäufer. Seinen Kollegen erklärte er: »Den Kunden können wir vergessen, denn der geht erst mal in den Knast.«[25]

Bogard unterzog sich auf eigenen Wunsch einem vom FBI überwachten Lügendetektor-Test, und seine Aussage wurde in wesentlichen Teilen von drei anderen Angestellten der Autoniederlassung bestätigt. Einer dieser Angestellten gab gegenüber dem FBI an, daß er sich ebenfalls des Namens Oswald entsinnen könne und diesen Namen bereits vor dem Attentat notiert habe. Bogard und die übrigen Angestellten berichteten, der besagte Kunde habe ihnen erklärt, daß er in Kürze einen neuen Job antreten werde, augenblicklich jedoch weder über Bargeld noch über ein Guthaben verfüge. Im Laufe der folgenden zwei oder drei Wochen erwartete er jedoch angeblich einen bestimmten Geldbetrag. Er habe dann noch sarkastisch bemerkt, er werde wohl wieder nach Rußland gehen müssen, um in den Besitz eines Autos zu kommen.

Was diesen Bericht so außerordentlich aufschlußreich macht, ist die Tatsache, daß Oswald überhaupt nicht Auto fahren konnte, und daß zwei andere Zeugen Aussagen machten, die einen Besuch Oswalds in der Autoniederlassung am 9. November von vornherein ausschlossen. Tatsächlich sollte Oswald sich nach Auskunft verschiedener Gewährsleute an Orten aufgehalten haben, an denen er unmöglich gewesen sein konnte. All dies wiederum deutete darauf hin, daß irgendwem daran gelegen gewesen sein muß, den Eindruck zu erwecken, Oswald habe sich an diesen verschiedenen Plätzen aufgehalten.

In einem Gespräch, das ein Privatmann, der sich mit dem JFK-Attentat befaßte, am 4. April 1966 in Dallas mit Bogards Verkäuferkollegen Oran Brown führte, beschrieb dieser, was Bogard zugestoßen war:

Wissen Sie, ich habe Angst zu sprechen. [...] Bogard wurde von einigen Männern so schlimm zusammengeschlagen, daß er einige Zeit im Krankenhaus verbringen mußte, und das war, nachdem er seine Aussage gemacht hatte. Dann hat er plötzlich die Stadt verlassen, und seither habe ich weder etwas über ihn noch von ihm gehört. [...] Ich vermute, er hat wohl etwas Wichtiges gesehen, und ich glaube, es gibt da einige Leute, die nicht wollen, daß wir reden. Schauen Sie sich nur den Taxifahrer an, der unlängst ermordet worden ist [William Whaley, der Oswald kurz nach dem Attentat gefahren hatte], und die Reporter.[26]

Brown wäre wahrscheinlich noch weniger willens gewesen, den Mund aufzumachen, hätte er gewußt, wie Bogard schließlich enden würde. Am 14. Februar 1966 wurde Bogard in Hallsville, Louisiana, tot in seinem Wagen aufgefunden. Ein Schlauch führte vom Auspuff in den Wageninnenraum. Offiziell sprach man von Selbstmord.

Roger Craig

Roger D. Craig, ein Hilfssheriff aus Dallas, der sich während des Attentats auf der Dealy Plaza aufgehalten hatte, meinte, Oswalds ganzes Verhalten deute auf eine Verschwörung hin; er widersprach deshalb der offiziellen Rekonstruktion des Attentatsablaufes. Kurze Zeit später bereits war Craig, der noch 1960 vom Amt des Bezirkssheriffs zum »Mann des Jahres« ernannt worden war, in Dallas eine *persona non grata* und wurde bald darauf aus dem Dienst entlassen. 1967 reiste Craig nach New Orleans und gab dem dortigen Bezirksstaatsanwalt Jim Garrison wichtige Hinweise. Als er wieder nach Dallas zurückgekehrt war, wurde auf ihn geschossen; er erlitt einen Streifschuß am Kopf. 1973 wurde sein Auto in West-Texas von der Straße abgedrängt, wobei er sich eine schwere Rückenverletzung zuzog. 1974 wurde Craig von einem Fremden mit einem Gewehr in die Schulter geschossen, als jemand in Waxahachie, Texas, an seiner Wohnung läutete und er die Tür öffnete.

Eine mögliche Erklärung dieser drei Vorfälle bietet der CBS-Fernsehproduzent Peter Noyes:

> Craig tauchte eine Zeitlang unter, nachdem einer der wenigen Freunde, die ihm im Kreis der Gesetzeshüter noch geblieben waren, ihn davon in Kenntnis gesetzt hatte, daß die Mafia einen Preis auf seinen Kopf ausgesetzt habe.[27]

Am 15. Mai 1975 wurde Craig in der Wohnung seines Vaters in Dallas erschossen aufgefunden. Der Vertreter der Mordkommission fand einen augenscheinlichen Abschiedsbrief und erklärte, Craig habe sich die tödliche Wunde selbst beigebracht. Craig war noch kurz vor seinem Tod in Radio- und Fernsehsendungen aufgetreten und hatte dort seinen Standpunkt in der Frage des JFK-Attentats dargelegt.

Johnny Roselli und George DeMohrenschilt

Zwei Männer, die möglicherweise im Besitz wichtiger Informationen über die Ermordung Präsident Kennedys gewesen sind, wurden just zu dem Zeitpunkt umgebracht, als sie von Ermittlungsbeamten des Kongresses befragt werden sollten. Johnny Roselli war eine Mafia-Figur von der Westküste. Er war Anfang der sechziger Jahre in erheblichem Maße an dem von der Mafia und der CIA gemeinsam entwickelten Plan beteiligt, den kubanischen Premier Fidel Castro zu ermorden. Mitte der siebziger Jahre fing der nun alternde Mafioso, der mit dem Oswald-Mörder Jack Ruby verbandelt war, plötzlich an, Ruby »einen unserer Jungs« zu nennen; er behauptete außerdem, Ruby habe den Auftrag gehabt, Oswald auszuschalten und so zum Schweigen zu bringen. Roselli wiederholte diese Aussagen, die an anderer Stelle noch ausführlich diskutiert werden, vor Freunden, aber auch gegenüber Ermittlungsbeamten des Senats und ebenso gegenüber dem Journalisten Jack Anderson sowie einem Zeitungsherausgeber. Einige Monate, nachdem er

1976 in einer Geheimsitzung des Senats-Untersuchungsausschusses ausgesagt hatte, wurde Rosellis zerstückelte Leiche in einem Ölfaß unweit von Miami in der Biscayne Bay gefunden.

George DeMohrenschilt war mit Oswald befreundet. Sein Name taucht sowohl in regierungsamtlichen als auch in privaten Dokumenten über den Kennedy-Mord verschiedentlich auf. Am 29. März 1977 wurde er erschossen aufgefunden, kurz nachdem das House Assassinations Committee versucht hatte, zu ihm wegen einer Vorladung Kontakt aufzunehmen.[28] Wieder ein angeblicher Selbstmord.

Mehr als ein Dutzend weiterer Zeugen sind fast sämtlich eines gewaltsamen oder unnatürlichen Todes gestorben.

Die oben beschriebenen Todesfälle tragen sämtlich den Stempel einer Organisation, die mögliche Zeugen routinemäßig tötet oder einschüchtert, um ihre Verbrechen zu verschleiern. Und die Fingerabdrücke dieser Organisation waren auch im Zusammenhang mit dem Tod eines weiteren Hauptzeugen unübersehbar, der in New Orleans gestorben war.

Man kann gerade angesichts des äußerst fragwürdigen Hintergrundes des Bezirksstaatsanwaltes über Jim Garrisons Motive nur rätseln [...]. [...] Garrison wurde von der Mafia umworben, er bekam von der Mafia regelmäßig Geld und behauptete zugleich von sich, er sei der Mann, der das Verbrechen des Jahrhunderts aufgeklärt habe.[1]

Peter Noyes, CBS-Fernsehproduzent in Los Angeles

4. Intrige in New Orleans

Im Februar 1967 nahm die Frage nach den Hintergründen des Kennedy-Mords eine dramatische Wendung. Ursache hierfür war die sensationelle Mitteilung des Bezirksstaatsanwaltes von New Orleans, Jim Garrison, er habe ein Mordkomplott aufgedeckt und werde die Schuldigen zur Rechenschaft ziehen. Die Presse machte sehr rasch den Piloten David Ferrie, eine bizarre Figur, der für Carlos Marcello, den Mafia-Boß von New Orleans gearbeitet hatte, als einen von Garrisons Hauptverdächtigen aus und setzte alle Hebel in Bewegung, um ihn zu finden. Unter den Reportern, die Ferries Spur aufnahmen, war auch George Lardner jr. von der *Washington Post*, der am Freitag, dem 22. Februar, von Mitternacht bis 4.00 Uhr früh mit dem Verdächtigen sprach. Das Drama erreichte einen neuen Höhepunkt, als Ferrie später an jenem Tag mit einer Gehirnblutung in seiner Wohnung aufgefunden wurde.

In ihrem weiteren Verlauf wurde die Zielrichtung der von Garrison geleiteten Ermittlungen – wie wir noch sehen werden – immer fragwürdiger. Aber die von Garrison in New Orleans aufgezeigten Verdachtsmomente führten seine Kritiker auf eine faszinierende Spur, die direkt zu dem Mafia-Boß Carlos Marcello hinführte.

Die Verbindung David Ferries zu Marcello war – so das *Look Magazine* – »eng« und »wohlbekannt«. Ferrie kannte Marcello gut, er telefonierte mehrfach mit ihm und hat Marcello nach Auskunft verschiedener Quellen nach dessen Deportation nach Guatemala zurück in die Vereinigten Staaten geflogen. Besonders eng waren Ferries Bande zu dem Mafia-Boß im Herbst 1963, als Ferrie von dem Anwalt G. Wray Gill im Zusammenhang mit Marcellos Deportationsfall zur Mitarbeit herangezogen wurde. Außerdem half Marcello Ferrie finanziell bei der Eröffnung einer Tankstelle, die dieser 1964 betrieb.

Ferrie war ein rabiater Antikommunist und in erster Linie auf zwei Feldern tätig, wie es in diesen Kreisen nicht ungewöhnlich war, nachdem Castro die lukrativen Spielcasinos der Mafia auf Kuba enteignet hatte. Er versorgte den kubanischen Revolutionsrat (CRC), eine Anti-Castro-Organisation, mit flugtechnischen Informationen, Waffen und Geld. Und er arbeitete mit Männern wie Guy Banister zusammen, einem Privatdetektiv, der eine führende Rolle bei den ultrarechten Minutemen spielte. Wie es in einem FBI-Bericht vom April 1961 heißt, ist Ferrie möglicherweise selbst im Rahmen seiner Anti-Castro-Aktivitäten für Marcello als Geldüberbringer tätig gewesen.

Wie seine Komplizen in den Reihen des organisierten Verbrechens und in Anti-Castro-Kreisen, haßte auch Ferrie Präsident Kennedy. Als er nach Kennedys Tod vom FBI verhört wurde, gab Ferrie zu, er habe Kennedy nach der Invasion in der Schweinebucht sowohl öffentlich als auch privat »hart kritisiert«.[2] Ferrie behauptete, eine tatsächliche Mordabsicht habe ihm fern gelegen, er habe jedoch möglicherweise »die Redensart ›Man sollte ihn erschießen‹« verwendet.[3] Ferrie räumte überdies ein, daß er gesagt habe, jedermann könne sich irgendwo in den Büschen verbergen und den Präsidenten erschießen.

Das fragwürdige Alibi, das Ferrie für den 22. November und für die Tage danach hatte, schließt kaum die Möglichkeit aus, daß er nicht vielleicht doch den in seiner »Redensart« enthaltenen Wunsch in die Tat umgesetzt hätte. Sowohl Carlos Marcello als auch Rechtsanwalt G. Wray Gill – dessen Sekretär, sowie der FBI-Agent Regis Kennedy – sagten übereinstimmend aus, daß Ferrie zum Zeitpunkt des Attentats bei der Verhandlung von Marcellos Deportationsfall in New Orleans anwesend gewesen sei. Aber der einzige der vier selbst nicht in den Marcello-Fall verwickelten Männer war der FBI-Agent Kennedy – der Marcello eigenartigerweise nur äußerst nachlässig überwacht und dessen geradezu absurde Behauptung weitergemeldet hatte, der bekannte Mafioso verdiene seinen Lebensunterhalt als Tomatenhändler und Grundstücksmakler. Kennedy und Marcello erklärten übereinstimmend, Ferrie sei am 22. November um 12.30 Uhr bei Marcellos Verhandlung im Gerichtssaal anwesend gewesen. Gill und sein Sekretär hingegen behaupteten, Ferrie sei zu jenem Zeitpunkt in Gilles Kanzlei gewesen.

Gegenüber FBI-Ermittlern sagte Ferrie aus, er selbst und zwei Freunde hätten zur »Feier« von Marcellos Freispruch aus einer Augenblickslaune heraus beschlossen, »eine Autofahrt zu unternehmen und jagen und trinken zu gehen«.[4] »Nur zur Entspannung«, so fuhr Ferrie fort, sei er dann gemeinsam mit Alvin Beaubœuf und Melvin Coffey in einem schweren Unwetter die paar hundert Meilen nach Houston und Galveston in Texas gefahren – in der Hoffnung, dort Schlittschuh laufen und Gänse jagen zu können.[5] Aber Ferries diesbezügliche Aussage wurde erheblich erschüttert. Nach Auskunft eines Zeugen in Texas taten die drei Männer alles andere als Schlittschuh laufen. Auch wäre es für sie nicht so ohne weiteres möglich gewesen, auf die Gänsejagd zu gehen, da sie Ferrie zufolge überhaupt keine Gewehre bei sich hatten. Laut der widersprüchlichen Aussagen zweier Hotelgästelisten hielten sich Ferrie und seine Freunde während eines Zeitraums von zwölf Stunden zwischen dem 23. und 24. November auch noch in Houston und gleichzeitig in Galveston auf.

Zweierlei ist jedoch eindeutig klar. Erstens: Ferrie war wenige Stunden nach, wenn nicht gar zum Zeitpunkt des gegen Präsident Kennedy verübten Attentats in Texas. Zweitens: Während exakt dieser Stunden nahm Ferrie mehrmals Kontakt mit Marcello und dessen Anwalt G. Wray Gill auf. Einige dieser Kontakte waren Telefongespräche, die Ferrie von verschiedenen texanischen Orten aus mit Gill führte. Ferrie telefonierte ebenfalls mit dem Town und Country Motel, Marcellos Hauptquartier in New Orleans – und zwar vom Alamotel in Houston aus, einem weiteren von Marcellos Besitztümern. Vielleicht am aufschlußreichsten allerdings waren die Zusammenkünfte von Ferrie und Marcello am 9. und 16. November auf der Churchill-Farm, die ebenfalls dem Mafioso gehört. Ferrie behauptete später, bei dieser Gelegenheit habe man lediglich »eine Strategie für Marcellos Gerichtsverhandlung« entwickelt.[6]

Auch im Zusammenhang mit der Präsentation von Ferries Alibi spielte Marcello wiederum eine Rolle. Alvin Beaubœuf sprach am 25. November 1963 zunächst ganz offen mit FBI-Vertretern über Ferrie; das änderte sich jedoch, als man auf die Reise zu sprechen kam, die Ferrie gemeinsam mit seinen beiden Freunden kurz nach dem Attentat nach Texas unternommen hatte. Beaubœuf weigerte sich nun plötzlich, ohne Gills Beistand weitere Auskünfte zu geben. Am selben Tag noch wurde Beaubœuf zusammen mit Layton Martens in New Orleans festgenommen; Martens hatte während der Texasreise der drei Männer mit Ferrie in Kontakt gestanden. Als die beiden nun über Ferrie befragt wurden, weigerten sie sich, ohne den juristischen Beistand eines gewissen Jack Wasserman, eines weiteren Marcello-Anwaltes, irgendeine Auskunft zu erteilen. Als Ferrie sich an diesem 25. November in New Orleans den Behörden stellte, um seine Aussage zum Kennedy-Attentat zu machen, brachte er als seinen juristischen Beistand niemand anderen als Gill mit.

Der anfänglich von der Polizei gegenüber Ferrie gehegte Verdacht erwies sich also als durchaus begründet. Er hatte offene

Drohungen gegen den Präsidenten ausgestoßen. Sein Alibi für den Zeitraum vom 22. bis 25. November war in sich nicht schlüssig, ja es war sogar widersprüchlich und hing auf eine eigentümliche Weise von den juristischen Erwägungen der Marcello-Anwälte ab. Überdies hatte Ferrie zu, aber auch bereits vor diesem Zeitpunkt enge Beziehungen zu dem Mafia-Boß unterhalten und war mit diesem an den beiden Sonntagen vor dem Attentat sogar persönlich zusammengetroffen. Diese enge Verbindung war besonders aufschlußreich im Lichte der Kontakte, die Ferrie zu einem weiteren Hauptverdächtigen unterhalten hatte.

Lee Harvey Oswald

Der damals 24 Jahre alte Lee Harvey Oswald war gemeinsam mit seiner Frau Marina und seinen beiden Töchtern im Oktober 1963 von New Orleans nach Dallas gezogen. Er war kein besonders guter Schütze und hatte kein offensichtliches Motiv, Präsident Kennedy umzubringen. Gleichwohl wurde Oswald nach dem Attentat von Dallas bemerkenswert rasch verhaftet, zum alleinigen Attentäter ernannt und dann durch Jack Rubys Revolver ein für allemal zum Schweigen gebracht.

Diese rasche Verhaftung und Verurteilung ließen Oswald in den Augen der Öffentlichkeit zunächst unumstößlich als den Mörder Präsident Kennedys erscheinen. Aber die nicht zu übersehende Widersprüchlichkeit der polizeilichen Ermittlungsergebnisse sowie die Aussagen der Zeugen, die einen Schützen auf der Grasböschung gesehen haben wollten, lassen die Rolle, die Oswald im Zusammenhang mit den Geschehnissen des 22. November zukommt, fragwürdig erscheinen. Spielte Oswald vielleicht wirklich nur die Rolle des Sündenbocks, wie er behauptet hat, hatte man ihn möglicherweise nur engagiert und ihn mit der Durchführung irgendeines kompromittierenden Auftrages betraut, damit er um so leichter mit dem Attentat in Verbindung zu bringen sei? Falls man ihm

aufgetragen hatte, einige Schüsse auf die Wagenkolonne abzu-
feuern – hat er diesen Auftrag tatsächlich ausgeführt, oder ist er
in letzter Minute ausgestiegen, weil er die Falle ahnte, die man
ihm gestellt hatte? War Oswald tatsächlich Marxist, wie einige
seiner Handlungen nahezulegen scheinen, oder sind die zahlreichen Kontakte, die er zu Anti-Castro-Elementen unterhielt,
der wahre Ausdruck seiner politischen Grundeinstellung?

Dies sind in der Tat provozierende Fragen, aber Tausende
offizieller Dokumente und Dutzende unabhängiger Ermittlungen haben endgültige Antworten nicht zu geben vermocht.
Und alle weiterreichenden Versuche, in den Oswald-Sumpf
einzutauchen, erweisen sich als unproduktiv im Vergleich zu
den Beweisen, die bezüglich des Werdegangs und der Verwicklung einer anderen Schlüsselfigur in das Attentat vorliegen,
und diese Figur ist Jack Ruby. Gleichwohl hat das House Assassinations Committee eine Reihe von Fakten zum Vorschein
gebracht, die sehr wohl Licht auf Oswalds Hintermänner werfen, ganz gleich, welche Rolle ihm selbst bei dem Attentat
zukommt.

Die Umstände, unter denen er einmal wegen Störung der
öffentlichen Ordnung festgenommen wurde, enthalten bereits
einen deutlichen Hinweis auf Oswalds Hintermänner. Am
9. August 1963 verteilte dieser in New Orleans für das »Fair-
Play-for-Cuba«-Komitee Pro-Castro-Flugblätter. Er geriet dabei mit drei Exilkubanern in einen Streit und wurde gemeinsam mit diesen festgenommen. Oberflächlich betrachtet,
scheint dieser Vorfall Oswalds kommunistische Neigungen
und seine Bereitschaft zu unterstreichen, zur Förderung seiner
Überzeugungen auch völlig unberechenbare Aktionen durchzuführen.

Zwei Aspekte von Oswalds Festnahme indes deuten noch
auf ganz andere Verwicklungen hin. Erstens: Das Gebäude 544
Camp Street, die Adresse, die auf Oswalds Pro-Castro-Flug-
blättern verzeichnet war, diente lediglich kubanischen Anti-
Castro-Aktivisten als Niederlassung – darunter dem Kubanischen Revolutionsrat, Guy Banister und David Ferrie. Außer-

dem berichtete das House Assassinations Committee, Oswald habe 1963 mit einer ganzen Reihe von Anti-Castro-Aktivisten zu tun gehabt, und das ungeachtet seiner angeblichen Pro-Castro-Haltung.

Der zweite interessante Aspekt von Oswalds Festnahme ist der Helfer, der ihm hinterher beistand. Oswald wurde von Emile Bruneau gegen Kaution aus dem Gefängnis geholt. Bruneau war Inhaber eines Getränkeladens, staatlicher Beauftragter für den Boxsport und Vertrauter Nofia Pecoras, der seinerseits einer der drei engsten Mitarbeiter Marcellos war. (Wie wir noch sehen werden, wurde Pecora einen Monat vor der Ermordung Präsident Kennedys von Jack Ruby angerufen.) Bruneau war ebenfalls mit einem anderen Mafia-Adlaten Marcellos bekannt. Überdies erhielt Oswald am Abend nach seiner Festnahme Besuch von seinem Onkel Charles F. »Dutz« Murret, der lange mit ihm sprach und ihm sagte, was er tun müsse, um wieder freizukommen. Murret, ebenfalls eine der kriminellen Figuren im Reich des New Orleanser Mafia-Bosses Marcello, hatte tatsächlich von jeher auf seinen Neffen einen starken Einfluß ausgeübt.

Seit frühester Kindheit hatte Oswald, dessen eigener Vater zwei Monate vor der Geburt seines Sohnes gestorben war, Onkel »Dutz« Murret als eine Art Ersatzvater betrachtet. Oswald lebte bis zum Alter von drei Jahren, aber auch während anderer Perioden seiner Kindheit und frühen Jugend bei Murret und dessen Frau Lillian. Nachdem Oswald und seine Mutter eine eigene Wohnung bezogen hatten, besuchte der Junge die Murrets mindestens einmal pro Woche. Und auch während der Jahre, die er bei der Marine und in der Sowjetunion verbrachte, ließ Oswald den Kontakt zu den Murrets nie abreißen.

Vor der Warren-Kommission sagte Murret 1964 aus, daß er nach Lees Rückkehr aus der Sowjetunion auf Distanz zu seinem Neffen gegangen sei. Aber aus den Unterlagen geht hervor, daß ihr enger Kontakt nicht unterbrochen wurde. Im April 1963 kehrte Oswald nach New Orleans zurück und wohnte bei den Murrets, während er nach einer Stellung und einer Wohnung für seine Familie Ausschau hielt. Oswald und seine Frau Marina trafen während des ganzen Jahres 1963 häufig mit den Murrets zusammen. Während dieses Zeitraums lieh Murret seinem Neffen Geld, fuhr ihn im Auto umher und half ihm auch anderweitig. Einer dieser zahlreichen Kontakte datiert vom Juli 1963, als Oswald gemeinsam mit Charles und Lillian Murret nach Mobile, Alabama, reiste, um deren dort lebenden Sohn zu besuchen. Während des Aufenthalts in Mobile hielt Oswald einen Vortrag über seine Erfahrungen in Rußland. »Dutz« Murret kam für die Reisekosten auf.

Angesichts Murrets langjähriger und lukrativer Tätigkeit als Buchmacher, der dem von Marcello kontrollierten illegalen telefonischen Wettdienst angeschlossen war, ist der enge Kontakt, den er zu Oswald unterhielt, durchaus von Bedeutung. Murret, der laut FBI-Akten seit den vierziger Jahren in New Orleans illegale Spielhöllen unterhalten hatte, arbeitete eng mit Sam Saia zusammen, einer der wichtigsten Figuren der illegalen Spielerszene in New Orleans, der seinerseits wiederum ein Vertrauter Carlos Marcellos war. Eine Reihe von Zeugen sagten vor dem House Assassinations Committee aus, Murret habe wahrscheinlich auch noch mit anderen Mafia-Figuren aus der Unterwelt New Orleans' zu tun gehabt, so auch mit Marcello selbst. Oswald war durchaus über die kriminellen Aktivitäten seines Onkels informiert und sprach 1963 sogar mit seiner Frau Marina darüber.

Murret war indes nicht der einzige Kontakt, den Oswald zu kriminellen Kreisen unterhielt. Oswald war in der Gegend der Exchange Alley in New Orleans aufgewachsen, einem Zentrum berüchtigter Unterwelttreffs und von der Mafia kontrollierter Spielhöllen. Die High-School, die er besuchte, galt in informierten Kreisen »gleichsam als die Alma mater jener Jugendlichen, die häufig hier ihre diversen Unterweltkarrieren begannen«.[7] Außerdem war Marguerite Oswald, Lees Mutter, viele Jahre lang eng mit dem Mafioso Sam Termine befreundet gewesen, der wiederum mit Carlos Marcello auf vertrautem Fuß stand. Dem Bericht des House Assassinations Committee zufolge hatte Termine sogar »davon gesprochen, er sei als Chauffeur und Leibwächter für Marcello tätig, obgleich er eigentlich als Beamter bei der New Orleans State Police in Diensten stand«.[8] (Vergleichbare Mafia-Polizei-Verknüpfungen sind sowohl in New Orleans als auch in Chicago immer wieder bekannt geworden.) Als Marguerite Oswald in dieser Sache vom House Assassinations Committee befragt wurde, lehnte sie es zweimal ab, irgendwelche detaillierten Auskünfte über Termine zu erteilen.

Die familienbedingten Unterweltbeziehungen Oswalds, die auch im Anschluß an seine Verhaftung vom 9. August zutage traten, vermitteln ein ganz anderes Bild als das des unberechenbaren promarxistischen Einzeltäters, wie er im Warren-Report dargestellt ist. Dieses Bild wurde aber auch durch Sylvia Odio, eine wohlhabende Exilkubanerin, erschüttert, die den vielleicht wichtigsten der zahlreichen Hinweise gab, die Oswald mit der Anti-Castro-Bewegung in Verbindung brachten.

Frau Odio berichtete vor der Warren-Kommission, zwei Monate vor Präsident Kennedys Ermordung hätten drei Männer – zwei Latinos und ein Amerikaner – sie in ihrer Wohnung in Dallas aufgesucht und sie um finanzielle Unterstützung der Anti-Castro-Bewegung ersucht. Der Amerikaner sei ihr als »Leon Oswald« vorgestellt worden. Am nächsten Tag rief einer der beiden Latinos Frau Odio an und erklärte ihr, daß er den Amerikaner für die Sache der Exil-Untergrundkämpfer gewinnen wolle. Er bezeichnete den Amerikaner als einen verrückten Ex-Marineangehörigen. Er erzählte ihr ferner, der Amerikaner habe gesagt, daß man »Präsident Kennedy nach der mißlungenen Invasion in der Schweinebucht hätte umbringen sollen«.* Als Frau Odio nach dem Attentat Oswald im Fernsehen

---

* Sowohl die Anti-Castro-Aktivisten als auch die Mafia waren sauer auf Präsident Kennedy, als die von der CIA zugesagte Luftunterstützung der Invasion ausblieb (siehe Kapitel 15). Eine Gewährsperson hat dem Verfasser geschildert, wie der hartgesottene Mafioso, mit dem die Frau damals zusammenlebte, auf einen Fernsehbericht über die gescheiterte Invasion reagierte. Als er von der

sah, bestätigte sie, daß »jener Leon Oswald«, mit dem sie zusammengetroffen war, tatsächlich mit dem angeblichen Attentäter identisch gewesen sei.

Die Warren-Kommission verwarf Frau Odios Aussage aufgrund der widersprüchlichen und später bezweifelten Erklärung eines anderen Zeugen und unter Verweis auf wenig schlüssige Indizien, denenzufolge Oswald zum Zeitpunkt des erwähnten Treffens an einem anderen Ort gewesen sein soll. Nachdem das House Assassinations Committee Frau Odio abermals vorgeladen und ihre Aussage nach allen Seiten hin überprüft hatte, gelangte es zu der Überzeugung, daß sie die Wahrheit gesagt habe. Das Komitee konstatierte, daß Frau Odios Schwester Annie, die bei dem damaligen Treffen anwesend gewesen war, deren Darlegungen bestätigte; es entdeckte überdies weitere Umstände, die Frau Odios Glaubwürdigkeit untermauerten.

Die Verbundenheit Oswalds sowohl mit Kreisen des organisierten Verbrechens als auch mit der Anti-Castro-Bewegung wurde auch noch einmal durch seine Bekanntschaft mit dem des Attentats verdächtigen David Ferrie unterstrichen. Die Bekanntschaft der beiden reichte vermutlich bis Mitte der fünfziger Jahre zurück. Oswald war zu diesem Zeitpunkt Offiziersanwärter in einer Einheit der Zivilen Luftüberwachung von Louisiana, und diese Einheit wurde von Captain David Ferry kommandiert. Verschiedene Zeugen sagten vor dem House Assassinations Committee aus, daß Oswald und Ferrie zur gleichen Zeit in derselben Einheit gewesen seien; einer behauptete dies sogar »mit Sicherheit«. Sechs weitere vom Komitee für »glaubwürdig und sachdienlich« befundene Zeugen erklärten, daß Ferrie und Oswald ganz sicher Anfang September 1963, weniger als drei Monate vor dem Attentat, zusammen in Clinton, Louisiana, gewesen seien.

fehlgeschlagenen Invasion erfahren habe, so die besagte Dame, habe er sie traurig angesehen und gesagt: »Mädchen, er hat gerade sein eigenes Todesurteil unterschrieben.«[9]

Diese Begegnung Anfang September führte immerhin zwei der Ermordung Präsident Kennedys Verdächtige zusammen: David Ferrie und Lee Oswald, die von der Notwendigkeit eines solchen Mordes gesprochen hatten und zudem mit jenen Kreisen in Verbindung standen, die ein Motiv zu einem solchen Attentat hatten. Ein dritter Verdächtiger, der ebenfalls in New Orleans auftauchte, war Eugene Hale Brading.

Eugene Hale Brading

Sowohl die Ergebnisse der ballistischen Untersuchungen als auch Zeugenaussagen legen die Vermutung nahe, daß sich der Schütze einer der am 22. November abgefeuerten Kugeln in einem von drei die Dealy Plaza säumenden Gebäuden befunden haben muß: dem Archiv-, dem Gerichts- oder dem Dal-Tex-Gebäude. Insbesondere das zuletzt genannte Anwesen wurde von der Polizei unmittelbar nach dem verhängnisvollen Attentat vom 22. November durchsucht, und die Wahrscheinlichkeit, daß ein Schütze sich dort aufgehalten hat, wurde durch die prompte Festnahme von zwei Verdächtigen unterstrichen.

Ein Mann, der eine schwarze Lederjacke und schwarze Handschuhe trug, wurde von zwei Polizisten aus dem Haus geführt. Er wurde dann unter den Buhrufen der Menge in einem Polizeiwagen abtransportiert. Im Polizeibericht heißt es lediglich, der Mann habe sich »ohne plausiblen Anlaß«[10] in dem Gebäude aufgehalten und sei der Dienststelle des Bezirkssheriffs von Dallas überstellt worden. Es ist kaum zu glauben, aber weitere Hinweise auf diesen Verdächtigen lassen sich den Polizeiunterlagen nicht entnehmen.

Der andere Mann dagegen, der kurz nach dem Attentat im Dal-Tex-Gebäude festgenommen wurde, präsentierte der Polizei eine bürgerlich-gepflegte Erscheinung und hatte eine blitzblanke Erklärung für seine Anwesenheit. Er wies sich als Jim Braden, ein 48 Jahre alter Kalifornier aus, der in Dallas in

Ölgeschäften zu tun habe. Braden erklärte seine Anwesenheit in dem Dal-Tex-Gebäude, indem er genau schilderte, wie er sich direkt nach dem Attentat auf Präsident Kennedy auf die Suche nach einem öffentlichen Telefon begeben habe. Nach Auskunft der Dienststelle des Bezirkssheriffs von Dallas hingegen hatte er sich bereits zum Zeitpunkt des Attentats innerhalb des Gebäudes befunden. Braden belegte Identität und Wohnsitz durch Vorlage eines kalifornischen Führerscheins und einer Kreditkarte, und so ließ man auch ihn ohne Feststellung seiner Fingerabdrücke oder weitere Ermittlungen wieder laufen.

Die Festnahme Bradens am Tag des Attentats fand erst 1969 größeren Widerhall, als das kalifornische Kraftfahrzeugamt die Nummer des Führerscheins überprüfte, den er der Polizei in Dallas vorgelegt hatte. Dabei stellte sich heraus, daß »Jim Braden« ein geänderter Name war, der erstmals auf einem neuen Führerschein verzeichnet war, den ein gewisser Eugene Hale Brading im September 1963 beantragt hatte. Tatsächlich hatte Eugene Brading bereits in den Jahren zuvor viermal den Namen gewechselt. Den Grund für Bradings zahlreiche Namenswechsel förderte Peter Noyes zutage, Produzent bei der CBS-TV-Tochter KNTX in Los Angeles. Seine diesbezüglichen Informationen verdankte Noyes sowohl Bundes- als auch lokalen Polizeibehörden – unter anderem der Polizei von Los Angeles, die Brading am Abend von Robert Kennedys Ermordung verhört hatte, um zu erfahren, was ihn an diesem Tag nach dem zirka 150 Kilometer von seinem Wohnort entfernten Los Angeles geführt habe. Da man es für möglich hielt, daß er in beide Kennedy-Attentate verwickelt sei, stellte die Polizei von Los Angeles einen ausführlichen Bericht über Brading zusammen.

Dabei stellte sich heraus, daß Brading sowohl in »Mafia- und Ölkreisen« verkehrte als auch »mit ›rechtsextremen‹ Industriellen und Politikern« aus Dallas und Umgebung – konstatierte Robert Houghton, der Chefdetektiv der Polizei von Los Angeles.[11] Am auffälligsten waren Bradings Verbindungen zu

Kreisen des organisierten Verbrechens, beispielsweise seine Kontakte zu den Mafiabossen Eugene und Clyde Smaldone aus Denver. Brading stand ebenfalls auf vertrautem Fuß mit dem kalifornischen Killer James Fratianno, mit Harold – »Happy« – Meltzer und Joe Sica, allesamt Mafiamitglieder, sowie mit weiteren Unterweltfiguren. In Bradings Vorstrafenregister waren 35 Festnahmen registriert sowie Verurteilungen wegen Einbruchs, Buchmacherei und Unterschlagung. Als Präsident Kennedy erschossen wurde, befand Brading sich gerade zur Bewährung auf freiem Fuß. Wie der kalifornische Fernsehproduzent Noyes zusammenfassend erklärte, war Brading »ein Mann, der seit Jahren mit der Mafia verbunden« war.[12]

Auch die Begründung für seine Anwesenheit im Dal-Tex-Gebäude, die »Jim Braden« am 22. November 1963 anläßlich seiner Verhaftung der Polizei von Dallas aufgetischt hatte, hielt einer kritischen Prüfung nicht stand. Als er im Zusammenhang mit der Ermordung Robert Kennedys in Los Angeles von der dortigen Mordkommission verhört wurde, erklärte Brading, er habe vor dem Bundesamt für Bewährungsfragen gestanden und die Wagenkolonne Präsident Kennedys beobachtet. Er spezifizierte dann seine Aussage noch und behauptete, er habe in seiner unmittelbaren Nähe die Bewährungshelferin »Mrs. Flowers« gesehen. Roger Carroll indes, der Chef des Bewährungsamtes in Dallas, berichtete, die gesamte Belegschaft seiner Behörde sei geschlossen in die Harwood Street hinübergegangen, um die Wagenkolonne anzusehen, weil man vom Amt aus kaum etwas von dem Geschehen habe sehen können. Und Carroll stellte weiterhin fest, daß weder im November 1963 noch später je eine »Mrs. Flowers« in seiner Behörde tätig gewesen sei. Gleichermaßen widersprochen wurde Bradings Behauptung, daß er am Abend des 22. November von Dallas aus nach Houston weitergereist sei: Nach den Aufzeichnungen des Bundesbewährungsamtes ist er erst vier Tage später in Houston eingetroffen.

Interessant ist auch, wo sich Brading am Tag vor dem Attentat aufgehalten hat. Als Brading sich am 21. November bei

Roger Carroll, dem Chef der örtlichen Bewährungsbehörde, gemeldet hatte, hatte er erklärt, »er plane« während seines Dallas-Aufenthaltes »Lamar Hunt und einige andere Ölspekulanten« zu treffen.[13] Brading behauptete später, daß er Lamar Hunt in Wirklichkeit überhaupt nicht aufgesucht habe, bestätigte jedoch, daß drei seiner Geschäftspartner Hunt am 21. November 1963 einen Besuch abgestattet hätten. Diese drei Männer waren Roger Bauman, Morgan Brown und Duane Nowlin – die allesamt beste Beziehungen zur Unterwelt unterhielten.

Weitere Informationen steuerte Paul Rothermal bei, ein ehemaliger FBI-Agent, der zum damaligen Zeitpunkt Sicherheitschef bei Hunt Oil in Dallas war. Rothermal berichtete, in dem Besucherverzeichnis des Unternehmens vom 21. November sei aufgeführt, daß Bauman, Brown, Nowlin »und Freund« Lamar und Nelson Hunt an diesem Tag aufgesucht hätten. Rothermal erklärte, seiner Ansicht nach sei Eugene Brading dieser »Freund« gewesen. Dieser Kontakt ist deshalb erwähnenswert, weil am 22. November in den *Dallas Morning News* eine schwarz umrandete Anzeige erschienen war, in der Präsident Kennedys Politik scharf kritisiert wurde; zu den Finanziers dieser Anzeige gehörte neben anderen auch Nelson Hunt. Und Nelsons Vater, H. L. Hunt, ein ebenfalls in Dallas ansässiger Ölmagnat und Rechtsextremist, soll angeblich vor dem schicksalhaften Besuch des Präsidenten auf einer Party unter Bezugnahme auf diesen erklärt haben, daß es »keine Möglichkeit gibt, diese Verräter aus der Regierung zu entfernen, es sei denn, man legt sie um«.[14]

Bradings Reisen führten ihn auch nach New Orleans und brachten eine weitere interessante Querverbindung ans Tageslicht. Während der diversen Besuche, die er dieser Stadt im Herbst 1963 abstattete, wohnte er im Marquett Building, in dem ein Ölgeologe sein Büro hatte, Zimmer 1706, und dorthin ließ er sich auch seine Post nachsenden. Einmal informierte Brading sogar das Bewährungsamt, daß er in Zimmer 1706 jenes Gebäudes zu erreichen sei. G. Wray Gill, Marcellos Rechtsbeistand, den auch David Ferrie im Herbst 1963 frequentierte, hatte sein Büro in Zimmer 1707. Aber die Aktivitäten, die Brading, Ferrie und Ferries Bekannter Oswald in diesen Monaten entfalteten, wurden in der Folge durch die Tricks eines anderen Mannes in New Orleans verdunkelt.

Jim Garrison

Spätestens 1967 war die Glaubwürdigkeit der von der Warren-Kommission vertretenen Einzeltäter-Theorie unter dem Ansturm zahlreicher kritischer Ermittlungen mehr oder minder zusammengebrochen. Dem Kongreß war eine von zahlreichen prominenten Amerikanern getragene Resolution zugeleitet worden, in der eine neuerliche Überprüfung der von der Warren-Kommission vorgelegten Ergebnisse verlangt wurde. Und die amerikanische Öffentlichkeit, die 1963 die Einzeltäter-Theorie fast einstimmig akzeptiert hatte, verwarf diese Hypothese nach einer Louis-Harris-Meinungsumfrage von 1966 mit knapper Zweidrittelmehrheit.

Aber die kritische Durchleuchtung des Kennedy-Falles fand im Februar 1967 ein vorläufiges Ende, als Jim Garrison, der Bezirksstaatsanwalt von New Orleans, in einer dramatischen Erklärung behauptete, er habe ein Attentatskomplott aufgedeckt. Im Zuge dieser sensationellen Ankündigung wurden die im Kongreß zugunsten einer neuen Untersuchung laut gewordenen Stimmen vom allgemeinen Lärm schon bald übertönt. In der Annahme, der Bezirksstaatsanwalt sei auf eine echte Spur gestoßen, begaben sich zahlreiche führende Leute, die an der Aufklärung des Kennedy-Attentats interessiert waren, umgehend nach New Orleans, um auf den bereits rollenden Zug aufzuspringen.

Dank der Bemühungen dieser Männer wurden von Garrisons Dienststelle etliche wohlbegründete Informationen weitergegeben. Aber während die von ihm vertretene Argumentationslinie sichtbar wurde, erschienen seine Vorwürfe immer bizarrer und die Richtung, in die er das Verfahren lenkte, zunehmend fragwürdig. Besonders absurd war die Anklage, die Garrison gegen seinen Hauptverdächtigen, einen gewissen Clay Shaw, erhob. Shaw war vor seiner Pensionierung einer der Direktoren des New Orleans International Trade Mart gewesen; er war ein zurückhaltender Liberaler, der sich überwiegend mit der Restaurierung von Häusern im alten französischen Quartier befaßte und ansonsten Theaterstücke schrieb. Die Jury brauchte kaum eine Stunde, um die von Garrison gegen Shaw erhobenen bizarren Vorwürfe zu entkräften.

Wie Walter Sheridan, ein ehemaliger Berater Robert Kennedys, in einem NBC-Fernsehbericht über das New Orleanser Untersuchungsverfahren feststellte, war Garrisons ganzes Verfahren nichts weiter als »ein gigantisches Täuschungsmanöver« samt »Bestechung und Einschüchterung von Zeugen«.[15] Über die Einzelheiten erschienen Berichte in *Newsweek*, der *New York Times*, dem *Look Magazine*, der *Saturday Evening Post*, einer NBC-Sondersendung und in Edward J. Epsteins Buch *Counterplot*. Die Methoden, die in dem Verfahren zur Anwendung gelangten, umfaßten nach Auskunft der vorgenannten Quellen zugesagte oder tatsächlich ausgezahlte Geldbeträge, Geschenke, einen Posten bei einer Luftfahrtgesellschaft, die Finanzierung eines privaten Clubs, Heroin und eine kostenlose Urlaubsreise nach Florida. Garrison und seine Helfershelfer schreckten auch vor Todesdrohungen und der Anordnung von Gefängnisstrafen nicht zurück, sie versuchten Beweismittel in Clay Shaws Haus zu schleusen und wiesen unter Hypnose- oder Drogeneinfluß stehende Personen an, völlig aus der Luft gegriffene Beschuldigungen nachzuplappern.

Obgleich Garrison gegen eine bunte Mischung von Exilkubanern, CIA-Agenten, Minutemen, Weißrussen und Nazis die abstrusesten Vorwürfe erhob, vermied er auffälligerweise jeglichen Hinweis auf die des Attentats hauptverdächtige Mafia. So bezog Garrison sich beispielsweise lang und breit auf Zeugenaussagen über Rubys Anti-Castro-Aktivitäten und bezeichnete ihn als »CIA-Mann« oder »CIA-Agenten«. Über Rubys Verbindungen zum organisierten Verbrechen verlor Garrison kein Wort. Die von ihm zitierten Zeugenaussagen hingegen enthalten nicht die geringsten Anspielungen auf die CIA. Sehr wohl jedoch verweisen sie im Zusammenhang mit Rubys kubanischen Aktivitäten und seinen Nachtklub-Operationen immer wieder auf die »Mafia« oder das »Syndikat«. Seltsamerweise fand es Garrison auch nicht nötig, die engen und gewiß nicht zufälligen Verbindungen zu erwähnen, die David Ferrie, sein Hauptverdächtiger, zu dem Mafia-Boß Carlos Marcello unterhielt.

Aber solche Verbindungen waren für Garrison von untergeordneter Bedeutung, behauptete er doch sogar in einer landesweit ausgestrahlten Fernsehsendung, Marcello sei ein »respektabler Geschäftsmann« und im übrigen gebe es in New Orleans überhaupt kein organisiertes Verbrechen. Garrison vertrat die Ansicht: »Die Leute machen sich Sorgen wegen des organisierten Verbrechens, aber die wirkliche Gefahr geht vom politischen Establishment aus, das immer größere Macht gegen das Individuum in seinen Händen konzentriert.«[16] Ein Reporterteam des *Life Magazine*, das Zweifel an Garrisons angeblicher Unkenntnis der Aktivitäten des organisierten Verbrechens hegte, fragte ihn nach Frank Timothy, einer berüchtigten Unterweltfigur in Garrisons eigenem Bezirk. Garrison behauptete, er habe nie etwas von ihm gehört, und rief – um die Farce auf die Spitze zu treiben – in Gegenwart der Journalisten einen Mitarbeiter an. Garrisons Mitarbeiter »bestätigte seinem Boß dann auch prompt«, daß Timothy »einer der größten Buchmacher in New Orleans« sei.[17]

Es sollte sich indes zeigen, daß der Bezirksstaatsanwalt durchaus über intime und sehr direkte Kenntnisse der Unterweltszene verfügte. Während der ersten Jahre in seinem Job machte Garrison persönlich Pershing Gervais zu seinem Chefermittler. Gervais war nachgewiesenermaßen ein enger Vertrauter Carlo Marcellos. Er war zuvor bei der Polizei von New Orleans, wo man ihn gefeuert hatte, nachdem er zweimal die für seine Kollegen bestimmten Lohnzahlungen gestohlen hatte. Das *Life Magazine* berichtete 1967, Gervais habe während dreier Aufenthalte in dem von der Mafia kontrollierten Sands Hotel in Las Vegas freie Unterkunft und ein Kreditvolumen von 5000 Dollar in Anspruch genommen. Eine von Garrison eingereichte Quittung war von dem Marcello-Adlaten Mario Marino persönlich unterzeichnet, der sich auf den Fünften Verfassungszusatz berief, als er in dieser Sache befragt werden sollte. Und im Juni 1969 erlag, wie *Life* berichtete, Marcellos Schutzgeldeintreiber Vic Carona während einer politischen Zusammenkunft in Garrisons Haus einem Herzschlag.

Während seiner ganzen Karriere stellte Garrison immer wieder seine Treue gegenüber seinem nachweislichen Freund Carlos Marcello unter Beweis. Seine Loyalität wurde auch Anfang der sechziger Jahre sichtbar, als Garrison, der als Reformkandidat zum Distriktstaatsanwalt gewählt worden war, in dem an die Bourbon Street angrenzenden Nachtklubbezirk aufräumte. Er verschonte nämlich mit seinen Razzien ganz gezielt die von Marcello kontrollierten Nachtklubs. Zwischen 1965 und 1969 gewann Garrison lediglich sieben Verfahren gegen Marcello-Gangster. In 84 solcher Fälle hingegen stellte er das Verfahren ein, darunter immerhin eine Anklage wegen versuchten Mordes, drei Entführungen und eines Totschlagsdelikts.

1971 schließlich stand Garrison unversehens selbst unter Anklage, weil er angeblich für die Protektion des illegalen Glücksspiels jährlich 50 000 Dollar erhalten hatte. Die gegen Garrison in einem Steuerhinterziehungsverfahren vorgebrachten Beweise waren »hieb- und stichfest«, so US-Justizminister Gallinghouse, als fünf seiner Mitangeklagten vor Gericht plötzlich gegen ihn aussagten. Die Korrektheit der Zeugenaussagen wurde von IRS-Steuerfahndern bestätigt, die Garrison in vier Fällen bezichtigten, daß Bestechungssummen von je 1000 Dollar an ihn gegangen seien und authentische Tonbandaufzeichnungen der Bestechungstransaktionen vorlegen konnten. Aber Garrison wurde freigesprochen, wahrscheinlich aufgrund der Zahlung weiterer Bestechungsgelder in Höhe von 50 000 und 10 000 Dollar, deren Zweck es war, das Verfahren zu manipulieren und Beweismittel zu vernichten. Dieses Prozeßergebnis wies erhebliche Übereinstimmungen mit dem Freispruch Marcellos vom 22. November 1963 in einer Betrugssache auf; damals wurde einem Geschworenen ein Bestechungsgeld von 1000 Dollar angeboten, und der Hauptbelastungszeuge machte geltend, er habe Angst, umgebracht zu werden.

Obwohl Garrison, der heute als Richter tätig ist, nach wie vor vehement jede Verbindung zum organisierten Verbrechen bestreitet, ist – nach Auskunft zahlreicher Quellen – seine enge Beziehung zum Marcello-Clan durch sein Verhalten und seinen persönlichen Umgang immer wieder bestätigt worden. Tatsächlich wurde Garrison noch 1987 mit den beiden Marcello-Brüdern Sammy und Joe jr. im »La-Louisiane«-Restaurant in New Orleans gesichtet. Joe jr. ist angeblich jetzt, da Carlos im Gefängnis sitzt, der regierende Mafia-Boß von Louisiana.

Angesichts von Garrisons Vertrautheit mit der Marcello-Organisation und der eigentümlichen Blindheit, die er in dem von ihm initiierten Kennedy-Verfahren im Hinblick auf eine Beteiligung der Mafia an den Tag legte, stellt sich die Frage, warum er das Kennedy-Attentat denn neu aufgerollt hat. Tatsächlich deuten die falschen Anschuldigungen, die Garrison gegen den Kalifornier Edgar Eugene Bradley erhoben hat, auf die Möglichkeit hin, daß der ehemalige Bezirksstaatsanwalt von New Orleans ganz gezielt darauf hingearbeitet hat, die Verwicklung der Mafia in das Kennedy-Attentat zu kaschieren. In den Unterlagen der Polizei von Los Angeles wird besagter E. Eugene Bradley als der Mann bezeichnet, »den Garrison mit Eugene Hale Brading verwechselt hat«.[18] In der Tat gab es so viele Übereinstimmungen zwischen Bradley und Brading, daß Garrisons Anklage wirklich ausreichte, um in die über Brading vorliegenden Berichte Verwirrung zu bringen. Aber ein professioneller Gesetzeshüter hätte wissen müssen, daß Bradley, ein unbescholtener Kalifornier, und der Dal-Tex-Gangster Brading nicht identisch sein konnten.

Ein weiterer Zwischenfall ließ eine Einflußnahme der Mafia auf das von Garrison initiierte Kennedy-Untersuchungsverfahren noch wahrscheinlicher erscheinen. Am 3. März 1967 – die Mafia und die Transportarbeitergewerkschaft hatten damals gerade eine Kampagne gestartet, um den ehemaligen Boß der vorgenannten Gewerkschaft aus dem Gefängnis freizubekommen[19] – versuchte James – »Buddy« – Gill den Zeugen der Staatsanwaltschaft, Edward Partin, durch eine Geldofferte dazu zu bewegen, seine Aussage gegen Hoffa zu widerrufen. Gill, der in dieser Mafia-Intrige den Mittelsmann spielte, war früher einmal persönlicher Referent und enger Vertrauter des vormaligen Senators Russell Long gewesen. Long seinerseits war ein alter politischer Weggefährte Garrisons, der in der von Marcello koordinierten Kampagne zur Befreiung Hoffas ebenfalls die Hände im Spiel hatte.

Während Gill sich also an Partin heranmachte, informierte er diesen darüber – ganz offensichtlich, um ihn zusätzlich unter Druck zu setzen –, daß Garrison vorhabe, Partin im Kennedy-Untersuchungsverfahren vorzuladen. Am 23. Juni 1967 meldete der WJBO-Rundfunksender in Baton Rouge, »daß die Dienststelle des Bezirksstaatsanwalts von New Orleans im Zusammenhang mit der Untersuchung des Kennedy-Attentats Ermittlungen gegen Partin eingeleitet« habe.[20] Der Sender berief sich auf einen Garrison-Mitarbeiter, der erklärt habe, daß ein Mann Oswald und Ruby während ihrer angeblichen Treffen in New Orleans chauffiert habe, und daß Garrisons Dienststelle die »Möglichkeit überprüfe, ob dieser Mann nicht Partin gewesen« sei.[21]

Garrison verfügte also über ähnliche Verbindungen zur Unterwelt wie die des Attentats verdächtigen David Ferrie, Lee Oswald und Eugene Brading. Dieses Grundmuster sowie die bereits geschilderten Fälle, in denen prominente öffentliche Persönlichkeiten von der Mafia ermordet wurden, aber auch die ballistischen Hinweise auf ein Komplott und schließlich die Ermordung zahlreicher irgendwie in das Kennedy-Attentat involvierter Zeugen legen eine Frage nahe: Hatte das organisierte Verbrechen bei dem Kennedy-Attentat die Hände im Spiel? Ein klares Ja scheint auf diese Frage angesichts der exakten Mordpläne gegen die Kennedys, wie sie bereits in den Sommermonaten des Jahres 1962 von drei hohen Mafiabossen klipp und klar beim Namen genannt worden waren, unausweichlich.

Kuba war verloren. Solange Kennedy im Weißen Haus sein würde, bestand auch keinerlei Chance, es zurückzubekommen. [...], [Hoffa] stand unter Anklage. Nevada war bedroht. Von Küste zu Küste wurden ihre Aktivitäten durchleuchtet und bekämpft wie nie zuvor. Und jetzt war sogar die [Drogen-] Verbindung nach Indochina gefährdet [...] Es stellte sich also die Frage, ob das organisierte Verbrechen unter den Gebrüdern Kennedy noch weitere fünf Jahre überleben werde.[1]

Robert Sam Anson, Fernsehproduzent und politischer Korrespondent.

5. Motive und notwendige Mittel

Für die Aufklärung eines Verbrechens sind zwei Erwägungen von vorrangiger Bedeutung: Wer ist der Nutznießer und wer ist imstande, es zu begehen? Im Fall der Ermordung Präsident Kennedys erfüllte die Mafia, wie ich im folgenden zeigen werde, beide Voraussetzungen, denn sie war durch den unerbittlichen Feldzug, den die Kennedy-Administration gegen das organisierte Verbrechen führte, in ihren Aktivitäten behindert und kochte deshalb vor Zorn. Der Rachedurst der Mafia fand auch in Invektiven gegen John und Robert Kennedy seinen Ausdruck, wie sie 1962 und 1963 von der elektronischen Überwachung des FBI aufgezeichnet wurden. Er trat aber noch bedrohlicher in den präzisen Attentatsplänen und -voraussagen der Mafiabosse Carlos Marcello und Santos Trafficante sowie des mit ihnen verbündeten Chefs der Transportarbeitergewerkschaft, Jimmy Hoffa, zutage. Überdies verfügte die Mafia traditionell über den Hang und die Fähigkeit, aus verzweifelten Situationen durch Mord einen Ausweg zu finden.

Ein Justizminister bekämpft das
Verbrechen

Als Robert Kennedy am Anfang seiner politischen Karriere als juristischer Sachverständiger für ein Senatskomitee tätig war, dem es oblag, die Versorgung der Armee kritisch zu prüfen, wurde er erstmals mit den Machenschaften der amerikanischen Spitzenvertreter des Verbrechens konfrontiert. Wie Kennedy 1956 feststellte, fand das Komitee heraus, daß die Versorgung mit Uniformen von »einigen der führenden Gangstern der Ostküste besorgt wurde [...] Wir entdeckten, daß Korruption, Gewalt und Erpressung Bestandteil all ihrer Aktivitäten war.«[2] Einige Monate später wies der Journalist Clark Mollenhoff Kennedy darauf hin, daß das organisierte Verbrechen die Transportarbeitergewerkschaft infiltriert habe – eine Gewerkschaft, von der Kennedy anfangs »nur den vagen Eindruck« hatte, sie sei »groß und knallhart«.[3] Diese Information führte zur Einsetzung eines speziellen Senatskomitees, das sich unter Vorsitz von Senator John McClellan und mit Robert Kennedy als Berater daranmachte, diese Infiltration der Gewerkschaften zu untersuchen. Während der folgenden Anhörungen kamen die Brutalisierung der Mafia und die Plünderung der Gewerkschaften ans Tageslicht und erregten den Abscheu einer amerikanischen Öffentlichkeit, die eine solche Unterwerfung noch nicht als selbstverständlich hinnehmen wollte. Kennedy selbst war zutiefst erschüttert über den unmittelbaren Einblick, den er bei dieser Gelegenheit in die unmenschlichen Praktiken der Mafia gewann.

Während Robert Kennedy in den späten fünfziger Jahren einen ausdauernden Kampf gegen die Unterwanderung der Gewerkschaften durch das organisierte Verbrechen führte, wurde die Mafia von seiten des fragmentierten und ineffizienten Justizministeriums und des FBI-Direktors, der es ablehnte, gegen das organisierte Verbrechen vorzugehen, kaum behelligt. Aber als R. Kennedy 1961 in der Regierung seines Bruders das Amt des Justizministers antrat, war es mit der bürokratischen Lethargie vorbei. Wie Victor Navasky in seinem Buch *Kennedy Justice* mitteilt, richtete Robert Kennedy seine schier unerschöpfliche Energie und fachliche Kompetenz nun auf »die völlige Vernichtung der Verbrechersyndikate«:[4]

> Da man jetzt über einen direkten Draht nach oben verfügte, schwärmten die Mitarbeiter der Abteilung »Organisiertes Verbrechen« über das ganze Land aus, spürten Spielhöllen auf, schlossen die illegalen Wettbüros der Buchmacher, stellten korrupte Bürgermeister und Richter vor Gericht und gingen so der Reihe nach ihre ganze »Abschußliste« durch.[5]

Justizminister Kennedy war in diesem Kampf an allen Fronten mit dabei. Laut William Geoghegan, einem früheren Mitarbeiter des Justizministeriums, brachte Kennedy »fünf Gesetzesentwürfe mit solcher Eile durch den Justizausschuß, daß niemand auch nur eine Chance hatte, sie richtig zu lesen«.[6] Harry Anslinger, der das Referat für Drogenbekämpfung leitete, charakterisiert das Vorgehen des Justizministers wie folgt:

> Er reiste durch das Land und traf mit unseren Agenten zusammen; dabei forderte er sie nachdrücklich auf, die großen Rauschgifthändler dingfest zu machen [...] Er kannte die Namen aller Unterweltgrößen in allen Distrikten, und in privaten Zusammenkünften mit Gesetzeshütern in allen Teilen des Landes zählte er ihre Namen der Reihe nach auf und fragte, welche Fortschritte im Einzelfall erzielt worden seien [...] Er verlangte, daß etwas getan werde, und er setzte das auch durch.[7]

Unter Robert Kennedys Leitung hatte sich die Abteilung des Justizministeriums, die für die Bekämpfung des organisierten Verbrechens zuständig war, bis 1963 vervierfacht, die Liste der Mafiosi, gegen die ermittelt wurde, war von vierzig auf mehr als 2300 Personen angewachsen, und die Zahl der Verurteilungen von Unterweltfiguren hatte sich mehr als vervierfacht.

Aber noch immer war Justizminister Kennedy nicht zufrieden. Im Oktober 1963 schrieb er im *New York Times Magazine:*

Es wäre indes ein schwerer Fehler, die Fortschritte, die wir auf Bundes- und auf lokaler Ebene erzielt haben, zu überschätzen [...] Vor uns liegt noch eine sehr umfangreiche und schwierige Aufgabe. Wir müssen noch unseren wichtigsten Bundesgenossen im Kampf gegen das organisierte Verbrechen mobilisieren: eine empörte, genau informierte und unerbittliche Öffentlichkeit.[8]

Aber bereits als Kennedys Ausführungen im Druck erschienen, wurde die für den letzten vernichtenden Angriff notwendige öffentliche Empörung sehr wirksam mobilisiert. Denn während des im Oktober jenes Jahres von Robert F. Kennedy koordinierten Anhörungsverfahrens, in dem sich der Senat mit der Frage des organisierten Verbrechens befaßte, setzte Joseph Valachi, ein Abtrünniger aus der New Yorker Mafia-Familie Genovese, das ganze amerikanische Volk via Fernsehen über die Praktiken der Mafia in Kenntnis:

Sie riefen uns [die Neurekrutierten] dann alle gleichzeitig herein. [...], auf dem Tisch lagen ein Revolver und ein Messer [...] Ich wiederholte ein paar Worte, die sie mir vorsagten. [...] Er [Salvatore Maranzano] erklärte uns dann, daß sie von der Waffe und dem Messer leben und durch die Waffe oder das Messer sterben. [...] Das also waren die Regeln der Cosa Nostra. [...] Dann gab er mir ein Stück Papier, und ich mußte es verbrennen. [...] So werde auch ich brennen, wenn ich die Organisation verrate.[9]

Tatsächlich gab es vor und nach Valachi mehr als ein Dutzend weiterer Mafiamitglieder und -zuarbeiter, die die innere Struktur der Organisation beschrieben haben. Aber die kühne Mißachtung, die Valachi gegenüber der von der Mafia verfügten

Schweigepflicht an den Tag legte, demoralisierte die Organisation doch ganz erheblich. Seine durch Hunderte von Namen und die bewiesenermaßen korrekte Schilderung Dutzender von Morden angereicherte Zeugenaussage, die man wochenlang im Fernsehen verfolgen konnte, traf die amerikanische Öffentlichkeit wie ein Schlag. Zudem gelobte Justizminister Kennedy während dieses herbstlichen Anhörungsverfahrens feierlich, daß man den Kampf gegen das organisierte Verbrechen noch verstärken werde. Nach Auskunft des Journalisten Robert Anson hatte Kennedy »bereits begonnen, einen massiven Frontalangriff« gegen das Mafia-Bollwerk Las Vegas vorzubereiten. Zu diesem Zweck wollte er »alle Ermittlungsbehörden der US-Bundesregierung einsetzen, angefangen vom FBI bis hin zur Steuerfahndung«.[10]

Wenngleich die Mafia auf Robert Kennedys Antikriminalitätskampagne voll Wut reagierte, betrachtete sie doch seinen Bruder, den Präsidenten, als die eigentliche Ursache ihres Problems. Ende der fünfziger Jahre war John F. Kennedy als Senator Mitglied des von McClellan geleiteten Komitees gewesen. Schon damals hatte er gegenüber dem von ihm so bezeichneten »das ganze Land bedrohenden, straff organisierten und höchst wirksam operierenden inneren Feind«[11] die gleiche Einstellung gehegt wie Robert. Der Präsident gab dem Kampf gegen das organisierte Verbrechen seine persönliche Unterstützung und räumte ihm die höchste innenpolitische Priorität ein. Hätte man zu diesem Zeitpunkt den Justizminister Kennedy umgebracht, so hätte Präsident Kennedy keine Mühe gescheut, um die Verantwortlichen zur Rechenschaft zu ziehen und die Arbeit seines Bruders fortzusetzen. Würde man indes die Unterstützung des Präsidenten ausschalten, dann wäre Robert Kennedy faktisch »nur mehr irgendein Rechtsverdreher« – wie ihn Jimmy Hoffa am 24. November 1963 hämisch charakterisierte.[12]

Die Wut der Mafia auf die Kennedys wurde auch offenbar, als das FBI 1962 und 1963 die führenden Figuren des organisierten Verbrechens systematisch abhörte. Die Aufzeichnungen dieser Lauschangriffe wurden 1978 vom House Assassinations Committee veröffentlicht. Der Mafiaboß von Buffalo, Stefano Magaddino, beschwerte sich damals: »Sie wissen einfach alles. Sie wissen, wer die Hintermänner sind. Sie kennen die Amici [Mitglieder], sie kennen die Capodecina [Kapitäne, Kommandanten], sie wissen, daß es eine Kommission [den US-Gesamtvorstand] gibt.«[13] In einem späteren Gespräch erklärte er: »Sie sollten die ganze [Kennedy-] Familie umbringen.«[14] Die Chicagoer Mafiosi und die politischen Sachwalter des organisierten Verbrechens beschwerten sich darüber, daß in den einzelnen Ortsverbänden praktisch nichts mehr laufe und überboten sich gegenseitig in ihren Verwünschungen gegen die Kennedys. In Philadelphia tobte der Mafia-Komplize Willie Weisberg: »Bei Kennedy sollte irgendein Bursche ein Messer nehmen. [...] Jemand sollte den [Obszönität] umbringen. [...] Jemand muß diesen [Obszönität] fertigmachen.«[15] Und der New Yorker Mafioso Michelino Clemente erklärte: »Bob Kennedy wird nicht aufhören, bis er uns alle im ganzen Land ins Gefängnis gebracht hat.«[16] Clemente äußerte ferner, daß sich die Situation nicht ändern werde, »solange sich der Vorstand nicht zusammensetzt und dem Ganzen ein Ende bereitet«.[17]

Carlos Marcellos Attentatsplan

Insbesondere ein Mitglied des nationalen Mafiavorstands war von tiefstem Zorn gegen die Kennedys erfüllt und hatte dazu noch genügend Macht und Einfluß, das Komplott, dem der Präsident in Dallas zum Opfer fallen sollte, zu koordinieren.

Als Oberhaupt der »ersten Mafia-Familie«, die sich in den achtziger Jahren des neunzehnten Jahrhunderts in New Orleans festgesetzt hatte, gehört Carlos Marcello heutzutage zu den mächtigsten Mafiabossen der Vereinigten Staaten. Ausdruck dieser exponierten Stellung ist der außerordentliche finanzielle und politische Erfolg, der ihm während seiner inzwischen drei Jahrzehnte währenden Herrschaft in Louisiana beschieden gewesen war. Die *Saturday Evening Post* berichtete 1964, daß das Jahreseinkommen der Mafia »sich auf zirka 1,114 Milliarden Dollar beläuft, weshalb sie als das bei weitem bedeutendste Wirtschaftsunternehmen gelten muß«.[18] Wie Aaron Kohn, der Direktor der Kriminalpolizei von New Orleans 1970 vor dem Kongreß aussagte, basierte Marcellos Verbrecherorganisation

> auf der Mitwirkung öffentlicher Organe, einschließlich der Polizei, diverser Sheriffs und Friedensrichter, Staatsanwälte, Bürgermeister, Gouverneure, Richter, Ratsmitglieder, Genehmigungsbehörden, einzelstaatlicher Parlamentsabgeordneter und wenigstens eines Kongreßmitglieds.[19]

Kurz, Marcello »kontrollierte den Staat Louisiana«, wie das *Life Magazine* 1970 ohne Umschweife behauptete.[20] Obwohl er gegenwärtig eine zehnjährige Haftstrafe wegen Bestechung verbüßt, erteilt Marcello vom Gefängnis aus nach wie vor seine Befehle, während seine Brüder das kriminelle Imperium der Familie managen.

Aber Marcellos Einfluß reicht weit über seinen Heimatstaat hinaus. Das *Wall Street Journal* bezeichnete ihn einmal als »den unbestrittenen Patriarchen der Cosa Nostra in Louisiana und der nahen Golfküstenregion«.[21] Tatsächlich ist er im Laufe der Jahre in so verschiedenen Regionen wie Kalifornien, Las Vegas, Indiana und Kuba aktiv gewesen. Im Zusammenhang mit dem Kennedy-Attentat sind seine engen Verbindungen zu Unterweltfiguren in Dallas und in anderen Gegenden von Texas von Interesse. So hat Marcello beispielsweise mit zwei führenden Mafiosi in Dallas, Joseph Civello und Joseph Campisi, einen intensiven telefonischen Kontakt gepflegt (und diese beiden wiederum hatten mit Jack Ruby zu tun – wie wir später noch sehen werden). Falls in Dallas ein großes Gemeinschaftsprojekt der Mafia zur Ausführung gelangt ist, dann hat ganz sicher der Regionalboß Carlos Marcello die Fäden gezogen.

Bevor Kennedy zum Präsidenten gewählt wurde, erfreute sich Marcello geringer öffentlicher Einmischung in seine »Geschäfte«, wie es für seine Profession charakteristisch ist. Vor seiner jüngsten Inhaftierung bekam er nur ein einziges Mal ernstlich Schwierigkeiten mit dem Gesetz, und zwar 1930 im Alter von dreißig Jahren. Damals wurde er wegen Körperverletzung und Raub zu neun bis vierzehn Jahren Gefängnis verurteilt. Aber bereits 1935 – er hatte zu diesem Zeitpunkt noch nicht einmal fünf Jahre hinter Gittern gesessen – wurde er von O. K. Allen, dem Gouverneur von Louisiana, begnadigt. Während der folgenden Jahre wurde Marcellos Unterweltkarriere durch eine Reihe von Gesetzesübertretungen markiert, für die er jedoch nie zur Rechenschaft gezogen wurde. Zwei der Straftaten, die er sich während dieser Zeit zuschulden kommen ließ, waren Drogenhandel und ein tätlicher Angriff in Mordabsicht gegenüber einem Polizisten. Als er schließlich 1938 des Drogenhandels überführt werden konnte, zahlte er statt des festgesetzten Strafgeldes in Höhe von 76 830 Dollar nur 400 Dollar und saß lediglich zehn Monate einer eigentlich bedeutend längeren Gefängnisstrafe ab. Obwohl 1953 ein Ausweisungsverfahren gegen ihn eröffnet wurde und die Senatoren Kefauver, Mundt, Curtis und Ervin nachfolgend auf seine Ausweisung drängten, führte Marcello die Behörden mit seinen endlosen Verzögerungstaktiken an der Nase herum. Im Laufe der Zeit wendete er für Anwalts- und Gerichtskosten soviel Geld auf wie noch niemand zuvor in einem vergleichbaren Fall.

Aber mit der Wahl John F. Kennedys zum Präsidenten fand Marcellos Freifahrt ein vorläufiges Ende. Noch vor der offiziellen Amtseinführung des Präsidenten ließ der designierte Justizminister Robert Kennedy den großen Mafiaboß aus Louisiana vom Justizministerium genau unter die Lupe nehmen, und nur drei Monate nach der Amtsübernahme Präsident Kennedys wurde Marcello auf Anordnung Robert Kennedys festgenommen, in Handschellen gelegt und – gemäß einem bereits seit langem rechtsgültigen Ausweisungsbescheid – ohne viel

Federlesen nach Guatemala ausgeflogen. Als der wutschnaubende Mafiaboß illegal wieder in die Vereinigten Staaten einreiste und seine Anwälte gegen den Bescheid Einspruch einlegen ließ, hieß ihn das von Kennedy geleitete Justizministerium mit Klagen wegen Betrugs, Meineids und illegaler Wiedereinreise willkommen. Außerdem intensivierte das FBI entsprechend Robert Kennedys Anweisungen seine Ermittlungen im Fall Marcello.

Im November 1963 wurde Marcello von der Betrugsanklage freigesprochen. Zuvor war das Verfahren durch angebliche Geschworenenbestechung und massive Morddrohungen eines Hauptbelastungszeugen in der Durchführung schwer beeinträchtigt worden. Der Freispruch wurde genau drei Stunden nach jenem Ereignis bekanntgegeben, das Marcellos endgültige Befreiung von jedem Gesetz dokumentierte – der Ermordung Präsident Kennedys. Der folgende Bericht gibt uns einen ersten Hinweis darauf, daß auch ein solcher Mord durchaus im Bereich von Marcellos Denken und Handeln lag. Dieser Hinweis findet sich erstmals in dem 1969 erschienenen Buch *Grim Reapers* des Pulitzer-Preis-Gewinners und ehemaligen Zeitungsredakteurs Ed Reid. Der Informant war Edward Becker, ein Geschäftsmann und früherer Privatdetektiv. Becker bestätigte die Richtigkeit der von Reid publizierten Aussagen und ergänzte dessen Angaben 1978 vor dem House Assassinations Committee um weitere Einzelheiten.

Im September 1962 war Becker gemeinsam mit einem Geschäftspartner, Carl Roppolo, mit Marcello zusammengetroffen. Die beiden Geschäftsleute wollten ein Ölzusatzmittel auf den Markt bringen und suchten einen Finanzier. Roppolo war mit Marcello gut bekannt, deshalb war es unproblematisch, mit diesem einen Termin zu arrangieren. Die Zusammenkunft fand in einem elegant möblierten Büro in einem Haus auf der Churchill-Farm statt, Marcellos fast tausend Hektar großem Landsitz nahe New Orleans. Reid berichtet, das Gespräch habe mit dem Austausch von Unterweltgalanterien begonnen, und während der Scotch reichlich floß, sei die Atmosphäre entspannt und vertraulich geworden. Carlos Stimmung habe sich jedoch schlagartig geändert, als man auf den Feldzug der Regierung gegen das organisierte Verbrechen zu sprechen gekommen und Robert Kennedys Name gefallen sei:

»Livarsi na petra di la scarpa.« Mit schriller Stimme stieß Carlos den Racheschrei der Mafia hervor: »Nimm einen Stein aus meinem Schuh!«

»Macht euch keine Sorgen wegen dieses kleinen Bobby-Hurensohns«, bellte er. »Um den werden wir uns schon kümmern.«[22]

Becker erklärte vor dem House Assassinations Committee, Marcello sei sehr wütend gewesen und habe »ganz klar gesagt, er werde die für die Ermordung Präsident Kennedys notwendigen Vorkehrungen treffen«.[23] Marcello verdeutlichte seine Auffassung, indem er Präsident Kennedy mit einem Hund und den Justizminister mit dessen Schwanz verglich. »Der Hund wird nicht aufhören, dich zu beißen, selbst wenn du ihm den Schwanz abschneidest«,[24] konstatierte Marcello, aber der Hund werde sterben, wenn man ihm den Kopf abtrenne. Marcello bot aber auch eine weniger allegorische Erklärung für die Auswahl des Opfers an. In der vom FBI erstellten Zusammenfassung eines Gesprächs mit Reid heißt es in diesem Zusammenhang:

Sie konnten Bobby nicht umbringen, weil der Präsident andernfalls zu ihrer Ergreifung Polizei und Armee in Bewegung gesetzt hätte. Andererseits würde Bobby wegen des neuen Präsidenten sein Amt als Justizminister verlieren, wenn der Präsident nicht mehr am Leben wäre.[25]

Becker sagte vor dem House Assassinations Committee aus, daß Marcellos Plan, Präsident Kennedy zu ermorden, durchaus ernstgemeint und durchdacht geklungen habe. Marcello habe sogar auf die Art und Weise angespielt, in der er den Plan in die

Tat umzusetzen gedenke. Laut Becker deutete Marcello an, man werde einen Außenseiter zur Erledigung dieser Aufgabe einsetzen, so daß seine eigenen Leute mit dem Verbrechen nichts zu tun haben würden.

Obwohl Becker sich durch Marcellos Worte beunruhigt fühlte, glaubte er damals nicht, daß dieser imstande sein würde, seinen Plan in die Tat umzusetzen. Er sei damals daran gewöhnt gewesen, daß in Unterweltkreisen etwaige Feinde mit solch wüsten Beschimpfungen überhäuft würden. Wie es in dem Bericht des House Assassinations Committee heißt, sei Becker jedoch nach dem Attentat

rasch zu der Überzeugung gelangt, daß Carlos Marcello möglicherweise tatsächlich hinter dem Mord stand. Zu dieser Ansicht kam er, weil Lee Oswald aus New Orleans stammte und wegen Jack Rubys angeblicher Unterweltverbindungen. Becker stellte fest: »In Mafiakreisen ist man allgemein der Meinung, daß Ruby das Werkzeug irgendeiner Mafiagruppe ist.« Becker erklärte ferner, er habe nach dem Attentat erfahren, daß »Oswalds Onkel, der früher eine Bar besessen hat, irgendwie mit dem von Marcello kontrollierten System von Spielhöllen zu tun hatte. Er hat für die Mafia in New Orleans gearbeitet.«[26]

Als er am 11. Januar 1978 vor dem House Assassinations Committee aussagte, behauptete Marcello, das von Becker erwähnte Treffen beziehungsweise die von diesem angesprochene Diskussion habe überhaupt nicht stattgefunden. Aber zwei Argumente, die Marcello zur Unterstützung seiner Behauptung vorbrachte, waren ganz und gar nicht überzeugend. Erstens behauptete Marcello entgegen seinen eigenen ausdrücklichen Bekundungen und im Widerspruch zu den Feststellungen anderer Gewährsleute, er habe bis zu seiner Ausweisung im April 1961 keinerlei Ressentiments gegen Robert Kennedy gehegt. Zweitens sagte Marcello aus, er benutze die Churchill-Farm lediglich zum Jagen, nie jedoch für Zusammenkünfte. Dieser zweiten Behauptung widersprach Marcellos »Mitarbeiter« David Ferrie. Er berichtete dem FBI, er sei am 9. und 16. November 1963 mit Marcello auf eben diesem Landsitz zusammengetroffen, um »eine Strategie für Marcellos Prozeß zu entwickeln«.[27]

Wenngleich der Mafioso die Richtigkeit von Beckers Ausführungen bestritt, so klangen dessen Darlegungen über die von Marcello geäußerte Absicht, Präsident Kennedy ermorden zu lassen, durchaus glaubhaft. Becker wiederholte vor dem House Assassinations Committee: »Es ist damals wahr gewesen, und es ist heute wahr. Ich bin dort gewesen.«[28] Der Buchautor Ed Reid erklärte vor dem Komitee, er glaube, daß Becker vertrauenswürdig und verläßlich sei und bereits früher »ungewöhnlich verläßliche« Informationen über das organisierte Verbrechen beschafft habe.[29] Auch unabhängige Zeugen bestätigten, Becker sei im September 1962 nach New Orleans gereist und Beckers Geschäftspartner Carl Roppolo sei ein enger Vertrauter von Carlos Marcello. Auch Julian Blodgett, ein ehemaliger FBI-Agent und Chefermittler des Distriktstaatsanwalts von Los Angeles, für den Becker Anfang der sechziger Jahre gearbeitet hatte, gab eine wichtige Erklärung ab. Blodgett sagte vor dem House Assassinations Committee, Becker sei aufrichtig und zudem einer der »präzisesten« Männer der ganzen privaten Ermittlungsbranche. Blodgett erklärte, daß er Beckers Bericht über das Treffen mit Marcello für wahr halte.

Santos Trafficante prophezeit
ein Attentat

Falls Carlos Marcello den nationalen Mafiavorstand dazu aufgefordert hat, die Ermordung Präsident Kennedys in die Wege zu leiten, dann hat er wahrscheinlich in dem Mafiaboß von Tampa, Santos Trafficante jr., einen beredten Fürsprecher gefunden.

Genau wie sein enger Freund Marcello, besaß auch Trafficante bis zu seinem Tod im Jahre 1987 viele Jahre lang bedeutende Macht. Sein Einfluß reichte bis auf die Bahamas und in die Karibik. Der Status, den Trafficante innerhalb der Mafia genoß, wird auch durch seine Teilnahme an zwei Mafiatreffen im Staat New York deutlich: der Zusammenkunft von 1957 in Apalachin und dem Minikonklave von 1966 im La-Stella-Restaurant in Queens. Zum Beweis ihrer engen Verbundenheit saß Trafficante während des letztgenannten dieser beiden Treffen im Kreise von dreizehn weiteren führenden Mafia-Figuren an Marcellos linker Seite.

Trafficante war in den fünfziger Jahren eine der führenden Figuren in dem von der Mafia kontrollierten Glücksspielimperium auf Kuba gewesen. Nachdem Castro die einschlägigen Lokalitäten geschlossen hatte, war Trafficante maßgeblich an dem von der Mafia und der CIA gemeinsam unternommenen Versuch beteiligt, den kubanischen Ministerpräsidenten umzubringen. Trafficante war auch eine Schlüsselfigur des weltweiten Drogenhandels, was möglicherweise den Besuch zu erklären vermag, den er 1968 Singapur, Hongkong und Südvietnam abstattete. Der Mafiaboß aus Florida wird deshalb von zwei außenpolitischen Initiativen schwerlich begeistert gewesen sein, die Präsident Kennedy im Herbst 1960 unternahm: vom vorsichtigen Versuch, mit Castro zu einem Ausgleich zu kommen sowie dem Befehl, 1000 amerikanische Soldaten aus Vietnam abzuziehen, einem der bedeutendsten Stützpunkte des internationalen Drogenhandels. Aber noch mehr bedroht fühlte sich Trafficante durch den Feldzug, den die Kennedy-Regierung an der »Heimatfront« gegen das organisierte Verbrechen eröffnet hatte. Seinem diesbezüglichen Unwillen machte er 1963 in obszönen Schmähworten Luft, die vom FBI über eine Wanze mitgehört wurden.

In seinem 1979 veröffentlichten Bericht hat das House Assassinations Committee auf die Bereitschaft des Mafiabosses Trafficante hingewiesen, sich an einem Mordkomplott gegen Präsident Kennedy zu beteiligen:

Die Bedeutung, die Santos Trafficante im nationalen Syndikat des organisierten Verbrechens zukommt – insbesondere im internationalen Drogenhandel – sowie seine Rolle als Hauptverbindungsglied der Mafia zu kriminellen Elementen innerhalb der kubanischen Exilgemeinde, verschaffte ihm die Möglichkeit, ein Mordkomplott gegen Präsident Kennedy zu schmieden. [...] Vor dem Komitee räumte Trafficante ein, er sei an dem gescheiterten CIA-Komplott gegen Castro beteiligt gewesen, ein Eingeständnis, das seine Bereitschaft zum politischen Mord offenbart.[30]

Ein Vorfall ließ diese Vermutung zur Gewißheit werden.

Während ein betrunkener Carlos Marcello im September 1962 auf seinem Landsitz Churchill Farm von seinen Attentatsabsichten gegen den Präsidenten sprach, ließ sich auch Trafficante im Scott-Byron-Motel in Miami Beach zu unbedachten Äußerungen hinreißen. Trafficante tat seine diesbezüglichen Vorstellungen während eines Treffens mit José Aleman jr. kund, einem wohlhabenden Exilkubaner, mit dem er wegen eines Darlehens der Transportarbeitergewerkschaft in Höhe von 1,5 Millionen Dollar verhandelte. Nach Alemans 1976 in der *Washington Post* zitierten Aussage habe Trafficante seiner Verbitterung Luft gemacht, als man auf die beiden Kennedy-Brüder zu sprechen gekommen sei:

Haben Sie mitbekommen, wie sein Bruder Hoffa erledigt hat, einen Gewerkschafter, der kein Millionär ist, sondern ein Freund der Arbeiter? Er weiß offenbar nicht, daß Vorfälle dieser Art nicht ganz ungefährlich sind. Merken Sie sich meine Worte: Dieser gute Mann Kennedy ist in Schwierigkeiten, und er wird genau das bekommen, was er verdient.[31]

Als Aleman andeutete, Kennedy werde wahrscheinlich wiedergewählt werden, entgegnete Trafficante: »Nein, José, er wird sein blaues Wunder erleben.«[32]

Aleman erklärte, er habe dem FBI von diesem und weiteren

Gesprächen Mitteilung gemacht und sei kurz nach dem Attentat vom FBI in dieser Sache ausführlich befragt worden. Nach Auskunft der *Washington Post* haben zwei FBI-Agenten, George Davis und Paul Scranton, »ihre zahlreichen Kontakte mit Aleman zugegeben, sich jedoch geweigert, zu Alemans Unterhaltung mit Trafficante Stellung zu beziehen«.[33] Scranton sagte, er könne in dieser Sache ohne eine entsprechende Genehmigung keinen Kommentar abgeben und er »wolle der Bundeskriminalpolizei keine Schwierigkeiten bereiten«.[34]

Trafficante wurde am 16. März 1976 vom House Assassinations Committee vernommen. Dabei richtete man auch die Frage an ihn, ob er Pläne zur Ermordung Präsident Kennedys gekannt oder diskutiert habe. Der Mafiaboß weigerte sich, über diesen Punkt Auskunft zu erteilen und berief sich auf sein durch die Verfassung verbrieftes Recht der Aussageverweigerung. Er hüllte sich gleichermaßen in Schweigen, als man wissen wollte, ob er Jack Ruby in Kuba besucht habe. »Zahlreiche Hinweise sprachen dafür«, so das Komitee, daß eine solche Begegnung 1959 »stattgefunden hat«.[35] Als Trafficante in der Folge Straffreiheit zugesichert wurde, gab er zu, mit Aleman wegen eines Darlehens der Transportarbeitergewerkschaft zusammengetroffen zu sein. Er bestritt indes, jemals Präsident Kennedys Ermordung vorhergesagt zu haben.

Aleman wurde vom Komitee am 27. September 1978 unter Eid vernommen und gab den Inhalt seines Gespräches mit Trafficante genau so wieder wie die *Washington Post*. Insbesondere wiederholte Aleman die drohenden Worte, die Trafficante gegen Präsident Kennedy ausgestoßen hatte – einschließlich der Wendung ». . . er wird sein blaues Wunder erleben«.[36] Ungeachtet der ausdrücklichen Furcht vor einem Racheakt Trafficantes, die er bekundete, sagte Aleman aus, er habe diese Bemerkung damals dahingehend interpretiert, daß Kennedy »wegen des hohen republikanischen Stimmenanteils« sein blaues Wunder erleben werde.

In zwei früheren Gesprächen mit Mitarbeitern des Komitees allerdings hatte Aleman eindeutig erklärt, er habe diese und weitere Feststellungen Trafficantes eindeutig so verstanden, daß Präsident Kennedy noch vor der Wahl von 1964 ermordet werde. Nach Auskunft eines Mitarbeiters des Komitees hatte Aleman erklärt, Trafficante habe »keine Mutmaßungen hinsichtlich eines Attentats angestellt, sondern er habe vielmehr gewußt, daß Kennedy getötet werde«.[37] Einem anderen Mitarbeiter berichtete Aleman, er habe vermutet, »daß auch Hoffa an der Vernichtung Kennedys maßgeblich beteiligt sein werde«.[38]

Jimmy Hoffas Attentatspläne

Eines ist ganz sicher: Wenn sich von den Komplizen der Mafia jemand an einem Mordkomplott gegen Präsident Kennedy beteiligt hat, dann ganz gewiß der noch nicht lange verstorbene Boß der Transportarbeiter James Riddle Hoffa.

Hoffa stand der Mafia nahe, seit er die Organisation dazu eingeladen hatte, sich der Transportarbeitergewerkschaft zu bemächtigen. Er hatte dann die Gewerkschaft zu einem »Mafiaunterstützungsverein« umgemodelt und ihren für die im Zentrum der USA gelegenen Bundesstaaten bestimmten Pensionsfonds (Central States Pension Fund) dem gierigen Zugriff der Mafia zugänglich gemacht. Hoffa stand insbesondere Carlos Marcello und Santos Trafficante nahe,[39] den beiden Anführern einer massiven Kampagne, die die Mafia damals unternahm, um den Boß der Transportarbeiter vor dem Gefängnis zu bewahren. Neben Marcello, Trafficante und Sam Giancana, dem Mafiaboß von Chicago, war Hoffa eine der wichtigsten Adressen des von Robert Kennedy gegen das organisierte Verbrechen geführten Feldzugs. Hoffa machte keinerlei Hehl aus dem Abscheu, den er gegen Robert und John F. Kennedy empfand. So erlitt Hoffa beispielsweise am 22. November 1963 einen Wutanfall, als er erfuhr, man habe an diesem Tag aus Ehrerbietung für Präsident Kennedy im Hauptquartier der Transportarbeitergewerkschaft die Arbeit eingestellt.

Auch gegenüber Edward Partin, einem seiner führenden Mitarbeiter, dem er volles Vertrauen entgegenbrachte, ließ sich Hoffa zu hämischen Äußerungen über die Kennedys hinreißen. Partin, ein Repräsentant der Transportarbeiter in Louisiana, war seit 1957 einer von Hoffas Vertrauten gewesen. Der Gewerkschaftsboß hatte an Partins Loyalität nie gezweifelt. Und dieser erklärte bei einer späteren Gelegenheit: »Hoffa hat immer geglaubt, weil ich aus Louisiana sei, habe mich Marcello automatisch in der Westentasche.«[40] Als Hoffas Äußerungen über Robert Kennedy im Sommer 1962 von Wutausbrüchen in konkrete Morddrohungen umschlugen, war Partin so schockiert, daß er sich den Behörden anvertraute. Er erwies sich in der Folge als äußerst ergiebiger Zeuge und gab detaillierte Auskünfte über Gespräche, die Hoffa mit seinen Untergebenen geführt hatte. Die Korrektheit seiner Angaben konnte verschiedentlich bestätigt werden. Auch einen vom FBI durchgeführten Lügendetektor-Test bestand Partin »mit Bravour« und konnte so seine Glaubwürdigkeit untermauern.

Gegenüber den Bundesbehörden erklärte Partin, Hoffa habe ihm gegenüber erstmals im Juli oder August 1962 in seinem Büro in Washington über eine Ermordung Robert Kennedys gesprochen. Hoffa fragte Partin damals, ob dieser etwas von Plastiksprengstoff verstehe und sprach von der Möglichkeit, eine Bombe in Kennedys Auto oder Wohnung zu werfen. Ferner sagte Hoffa zu Partin: »Ich muß etwas gegen diesen Hurensohn Robert Kennedy unternehmen. Er muß weg.«[41] Hoffa sprach auch davon, er wisse, wo man einen Schalldämpfer für ein Gewehr bekommen könne. In einem vom FBI mitgeschnittenen Telefongespräch richtete Hoffa an Partin die Bitte, dieser möge Plastiksprengstoff nach Nashville bringen. Hoffa stand dort vor Gericht, weil er angeblich von einem Lastwagenunternehmen Hunderttausende von Dollars an Bestechungsgeldern erhalten hatte.

Ein zweiter Mordplan, den Hoffa mit Partin diskutierte, wies überraschenderweise Ähnlichkeit mit jenem auf, der schließlich gegen Präsident Kennedy zur Ausführung gelangte. Wie es in dem Bericht des House Assassinations Committee heißt, hatte Hoffa »von der möglichen Verwendung eines einzelnen Schützen« gesprochen, »der mit einem mit Zielfernrohr ausgestatteten Gewehr bewaffnet sein müsse [...], ein Attentäter, der weder zur Transportarbeitergewerkschaft noch zu Hoffa selbst in Beziehung gebracht werden könne«.[42] Weiter hatte er erklärt, »daß es ratsam sei, das Attentat irgendwo im Süden durchführen zu lassen«, da man in diesem Fall voraussichtlich extreme Rassisten für den Mord verantwortlich machen werde.[43] Zudem sprach Hoffa davon, »es sei möglicherweise wünschenswert, Robert Kennedy während einer Fahrt im offenen Wagen erschießen zu lassen«.[44]

Nach Auskunft des vom House Assassinations Committee vorgelegten Berichts sagte Partin ferner aus, »Hoffa sei der Ansicht gewesen, daß man die von der Bundesregierung gegen die Transportarbeitergewerkschaft und das organisierte Verbrechen eingeleiteten Ermittlungen am wirksamsten durch die Ermordung des Justizministers stören könne«.[45] Aber wie Hoffas Busenfreund Carlos Marcello kurz darauf, im September 1962, bemerkte, war die Ermordung des Präsidenten ein weit logischerer Schritt. Und Partin hielt es für durchaus denkbar, daß schließlich aus dem von Hoffa entwickelten Mordplan gegen den einen Kennedy schließlich ein Komplott gegen den anderen der beiden Brüder geworden sei. Partin konstatierte, daß Hoffa »Jack [= John] ebensosehr haßte wie Bobby. [...] Schließlich war er der Mann, ohne dessen Zustimmung Bobby machtlos gewesen wäre.«[46] Hoffa »ging schon in die Luft«, wenn der Name Präsident Kennedys »auch nur erwähnt wurde«.[47]

Sowohl das FBI als auch das House Assassinations Committee gelangten zu der Auffassung, daß Partin Hoffas Attentatspläne gegen Robert Kennedy wahrheitsgetreu dargestellt habe. Tatsächlich berichtete das Komitee, »das Justizministerium habe noch weitere Beweise für die Korrektheit von Partins Enthüllungen entdeckt, und diese Hinweise deuten darauf hin, daß Hoffa des öfteren ausdrücklich die Möglichkeit erwogen hat, den Bruder des Präsidenten umzubringen«.[48] Und der Buchautor Stephen Brill erwähnt, daß Hoffas engster Mitarbeiter, Harold Gibbons, seinen Boß ebenfalls über die Möglichkeit habe sprechen hören, Robert Kennedy ermorden zu lassen.

Eine Achillesferse

Wenngleich sich die von Marcello, Trafficante und Hoffa geschmiedeten Mordpläne in erster Linie an dem Feldzug der Kennedys gegen das organisierte Verbrechen entzündet hatten, so wurden sie doch teilweise auch durch eine tragische persönliche Angriffsfläche verursacht, die der Präsident bot. Ob sich die Mafia vornehmlich von der Angst vor der Vergeltung der Regierung oder von einer eigentümlichen moralischen Dynamik leiten läßt, sei dahingestellt; jedenfalls nimmt sie im allgemeinen nur tödliche Rache an jenen, die sich in ihren Augen zuvor auf irgendeine Weise kompromittiert haben. Wie G. Robert Blakey und Richard Billings in *The Plot to Kill the President* behaupten, ist man, »wie es heißt, außer Gefahr, solange man nicht ›mit ihnen schläft‹, das heißt, solange man keine Gefälligkeiten von ihnen annimmt, sei es Geld oder Sex«.[49]

Ein Fleck auf der moralischen Weste Präsident Kennedys war die kolportierte Verwicklung des Familienpatriarchen Joseph Kennedy in den illegalen Alkoholschmuggel der Prohibitionszeit. Ein weiterer solcher Fleck war die Unterstützung, die die Mafia John F. Kennedy während der Präsidentschaftswahlen von 1960 hatte angedeihen lassen. Am Wahlabend telefonierte der Präsidentschaftskandidat mit Richard J. Daley, dem Bürgermeister von Chicago, der ihm berichtete: »Mit ein wenig Glück und mit der Unterstützung einiger enger Freunde werden Sie Illinois nehmen«, einen für den Sieg entscheidenden Bundesstaat. Und tatsächlich konnte Kennedy Illinois gewinnen, nachdem der von der Mafia kontrollierte »West Side Bloc« in letzter Minute in den Wahlbezirken von Cook County die Wähler zu seinen Gunsten mobilisierte. Deshalb erklärte der Mafioso Mickey Cohen: »Gewisse Leute in der Chicagoer Organisation wußten, daß sie John Kennedy durchdrücken mußten. [...] John Kennedy war die beste Wahl. Aber niemand in meinem Metier hatte die geringste Ahnung, daß er Bobby Kennedy zum Justizminister ernennen würde.«[50]

Für diese beiden »Verbindungen« zur Unterwelt trug Präsident Kennedy keinerlei persönliche Verantwortung, auch unterhielt er keinerlei Beziehungen zu dieser Szene. Der dritte Berührungspunkt mit der Mafia allerdings wog wesentlich schwerer. Dabei handelte es sich um eine Affäre mit einer Frau, die gleichzeitig Mätresse eines Mafioso war. Denn durch diese Liebelei ging Kennedy – nach Balkeys und Billings Auffasssung – in den Augen der Mafia des Nimbus der Unberührbarkeit verlustig und erschien diesen Kreisen plötzlich wie jemand, mit dem sie nach ihren Regeln umspringen konnten.

Kennedy begegnete Judith Campbell, einer geschiedenen, eleganten jungen Frau mit Filmambitionen – Typ Glamor-Girl – im Februar 1960. Er war zu diesem Zeitpunkt noch Senator, und sie hatte gerade ein Verhältnis mit Frank Sinatra. Sinatra, der mit mehreren Mafiosi auf vertrautem Fuß stand, machte Judith Campbell und John F. Kennedy miteinander bekannt und wurde so zum Urheber einer zwei Jahre währenden Affäre der beiden, die während dieser Zeit in den verschiedensten Teilen des Landes immer wieder zusammentrafen. Als Belege für die Liaison der beiden können ein Scheck über 2000 Dollar gelten, den Kennedy Judith Campbell ausstellte, aber auch die zirka siebzig Telefongespräche, die er – nach Auskunft der entsprechenden Verzeichnisse des Weißen Hauses – zwischen 1960 und 1962 mit ihr führte. Während dieser ganzen Zeit unterhielt Campbell engen Kontakt zu wenigstens drei prominenten Unterweltfiguren: John Roselli, Sam Giancana und Giancanas Geschäftspartner Paul – »Skinny« – D'Amato. Nach eigenem Eingeständnis hatte sie während der letzten sechs Monate ihrer Beziehung mit Kennedy zugleich auch eine Affäre mit Giancana.

Kennedys Techtelmechtel mit Judith Campbell fand erst im März 1962 ein Ende, als das FBI vier Monate lang das Verzeichnis der mit dem Weißen Haus geführten Telephonate überprüfte und dabei auf die von Judith Campbell angemeldeten Telephonate stieß, die Kennedys Sekretärin im Weißen Haus entgegengenommen hatte. Im März 1962 aßen Kennedy und FBI-Direktor Hoover gemeinsam zu Mittag. Zwei Stunden später führte Kennedy sein letztes Gespräch mit Frau Campbell. Im folgenden Sommer ließ der Präsident seinen Kontakt zu Frank Sinatra abkühlen. Diese Entwicklung durchkreuzte die Hoffnung des Sängers, Kennedy werde den Hubschrauberlandeplatz und den Seitenflügel, um den Sinatra sein Haus in Palm Springs eigens für den Präsidenten erweitert hatte, in Anspruch nehmen. »Ich kann dort nicht hingehen [...], solange Bobby diese Ermittlungen [gegen Giancana] anstellen läßt«, erklärte Kennedy gegenüber seinem Schwager Peter Lawford.[51]

Meistermörder

Nachdem Präsident Kennedy seine freundschaftlichen Beziehungen zu Judith Campbell und Frank Sinatra abgebrochen hatte, begriff die Mafia, daß sie alle Hoffnungen auf ein Arrangement aufgeben müsse. War man in diesen Kreisen schon wegen des Feldzugs der Kennedys gegen das organisierte Verbrechen verzweifelt und aufgebracht genug, so befürchtete man nach dem im Oktober 1963 sogar vom Fernsehen übertragenen Valachi-Verhör sogar noch weit drastischere Maßnahmen der Bundesbehörden. Am 22. November 1963 indes waren die Probleme der Mafia unversehens gelöst – und zwar durch ein Attentat, das die drei engen Bundesgenossen Marcello, Trafficante und Hoffa 1962 innerhalb eines Zeitraums von drei Monaten übereinstimmend avisiert und vorhergesagt hatten. Daß die Mafia über die notwendigen »technischen« Voraussetzungen zur Durchführung dieses Mordes verfügte, wird auch durch ihre Jahrhunderte zurückreichende »Hinrichtungs«-

Tradition dokumentiert, die bis zum heutigen Tag lebendig geblieben ist.

Zwar herrscht in informierten Kreisen die Überzeugung vor, daß jedes Mitglied der Mafia zu irgendeinem Zeitpunkt einen Menschen töten muß, gleichwohl wird diese Kunst in Vollendung nur von gutdotierten Mord-Kommandos praktiziert, wie sie sich jede der »Familien« leistet. Egal ob das Opfer erwürgt und dann zur Einschüchterung anderer auf eine Müllkippe geworfen wird, ob man ihm einen dünnen Eiszapfen durch das Ohr in das Gehirn stößt, um den Eindruck einer natürlichen Hirnblutung zu erwecken, ob man ihm mit einem Baseballschläger das Gesicht zertrümmert, um andere zu warnen, ob man es zu Hause erschießt und ausraubt, um einen ganz »normalen Raubüberfall« vorzutäuschen oder ob man es in einer öffentlichen Versammlung zusammenschießt, die Mafia verfügt über Hunderte von Profis, die einen solchen Auftrag mit der nötigen Könnerschaft erledigen. Ganz gleich, ob es sich bei dem Opfer um einen kooperationswilligen Zeugen handelt, um einen Mafia-Abtrünnigen, einen Rundfunksprecher, einen Journalisten, einen Polizisten, einen Gewerkschaftler oder um einen exilierten südamerikanischen Demokraten, die Mafia ist stets in der Lage, die von ihr ausersehenen Opfer mit Hilfe der besten verfügbaren Killer und Waffen planmäßig zu eliminieren.

Obwohl es im allgemeinen an ortsansässigen Talenten nicht mangelt, lassen die großen Mafiabosse wichtige Aufträge vielfach von den besten Profis der USA erledigen. Dazu Vincent Teresa, ein Mafia-Überläufer aus Neuengland:

Die Idee, Killer aus anderen Mafia-Regionen zu importieren, ist nicht gerade neu. Anastasia schickte Killer [aus der berüchtigten »Murder Inc.«] in alle Teile des Landes, wo sie die Aufträge der regionalen Mafia-Unterorganisationen erledigten. Heute hat jeder Mafia-Bezirk seine eigenen Hinrichtungskommandos, die bei Bedarf vermietet werden. Ob in Chicago, New York, Montreal, Newark oder Boston – in all diesen Städten gibt es Mordkommandos, in denen Männer aktiv sind, die ein regelmäßiges Wochengehalt beziehen, nur um für den Fall bereitzustehen, daß wieder einmal ein Mord fällig ist.[52]

Teresa nannte in drei Fällen, in denen die Killer anderer »Familien« zum Einsatz gekommen waren, sowohl die Mörder als auch die Opfer beim Namen und warf so ein Schlaglicht auf dieses im nationalen Maßstab operierende Killer-Netzwerk. Er erwähnte auch einen Fall, in dem die Killer seiner Mafia-Familie auf Carlos Marcellos Ersuchen nach New Orleans geschickt worden waren. Teresa wußte allerdings nicht zu sagen, auf welches Opfer es Marcello damals abgesehen hatte.

Warren Rogers, der Leiter des Washingtoner Büros von *Look*, schrieb 1969:

Falls Präsident Kennedy einer Verschwörung zum Opfer gefallen ist [...], dann fällt der Hauptverdacht auf die Cosa Nostra. Die Mafia selbst ist eine Verschwörung, und sie verfügte über die notwendige Infrastruktur, die Hinrichtungserfahrung, die erforderlichen professionellen Killer, und sie hatte ein Motiv.[53]

Wie das House Assassinations Committee es formulierte: Marcello, Trafficante, Hoffa und die Mafia insgesamt »hatten ein Motiv, die Gelegenheit und die Mittel«, das Attentat vom 22. November durchführen zu lassen.[54] Eine vom Fernsehen direkt übertragene Hinrichtung, die zwei Tage später stattfand, ließ diese Möglichkeit zu mehr als einer Vermutung werden.

Teil II

Verbindungsmann der Mafia in Dallas

Der zwingende Verdacht, daß die Mafia Präsident Kennedy ermordet hat, erhält aus einer weiteren Quelle zusätzliche Nahrung: einer detaillierten Dokumentation des Hintergrunds und der Aktivitäten eines Gangsters nämlich, der in das Verbrechen verwickelt war. Dieser Gangster ist Jack Ruby, und die erwähnten Dokumente hat das FBI zusammengetragen; sie befinden sich heute im US-Nationalarchiv. Die entsprechenden Akten enthalten Tausende von Dokumenten, in denen eine geradezu verwirrende Fülle von Details aufbewahrt ist. Wenn man jedoch die wesentlichen Informationen aus dieser Fülle herausfiltert, Zeugenaussagen miteinander vergleicht und die auftauchenden Namen mit jenen Namen vergleicht, die in den Dokumenten über das organisierte Verbrechen verzeichnet sind, dann begreift man rasch, daß dies umfangreiche Aktenmaterial tatsächlich die Verantwortung der Mafia für das Attentat belegt.

Ich werde das Ruby-Material hier in drei Schritten präsentieren. Zunächst möchte ich mich mit Rubys Aktivitäten vor 1963 befassen, wobei sich eindeutig herausstellen wird, daß er ein langjähriger Mafiafunktionär gewesen ist. Im nächsten Teil des Buches werden wir uns dann mit dem Zeitraum zwischen dem 22. und 24. November 1963 auseinandersetzen. Dabei wird zweifelsfrei nachgewiesen, daß Ruby Oswald nicht im Affekt erschossen hat, sondern als Bestandteil einer sorgfältig koordinierten Verschwörung. Dann folgt ein drei Kapitel langes Zwischenspiel, das einer weiteren Vertiefung unserer Hin-

tergrundkenntnisse dient. Und im fünften Teil werden wir uns
dann dem 23. April 1963 zuwenden, dem Tag, als Präsident
Kennedys Dallas-Besuch offiziell angekündigt wurde. In diesem Teil wird auch gezeigt werden, daß in den folgenden Monaten die Zahl der Telephongespräche, die Ruby mit zahlreichen Mafiosi – darunter vielen von Marcellos, Trafficantes und
Hoffas engen Freunden – im ganzen Land führte, geradezu
dramatisch angestiegen ist. Dabei wird zudem offenbar, auf
welche Weise diese Gangster die fraglichen Kontakte, das
heißt ihr ausgewachsenes Komplott, systematisch vertuscht
haben. Und schließlich wird sich zeigen, wie diese Serie von
Mafia-Kontakten sich zeitlich nahtlos mit den Vorbereitungen
auf das Kennedy-Attentat zusammenfügt.

Es ist gleichwohl wichtig, sich zu vergegenwärtigen, daß
Ruby in diesem Komplott keinesfalls eine dominierende Rolle
gespielt hat. Vielmehr ist seine Rolle in etwa der Funktion
eines Vorarbeiters oder eines Bühneninspizienten vergleich-
bar. Für die spektakuläre Ermordung Oswalds, den letzten Akt
seines Auftritts, erschien er deswegen besonders geeignet, weil
er innerhalb des Syndikats eine Art Sonderrolle spielte. Denn
Ruby war nicht so eng mit der Mafia verbunden, daß man aus
seinem Auftreten sogleich auf eine Verwicklung dieser Organisation hätte schließen können. Zugleich jedoch stand er dem
Syndikat so nahe, daß die Drahtzieher von ihm die Einhaltung
des Schweigegebots erwarten konnten – und eine weitere Exe-
kution sich damit erübrigte.

Aber letztlich brach diese wacklige Konstruktion zusammen, denn die nach dem Attentat angestellten Untersuchungen brachten Rubys Verbindungen mit der Mafia an den Tag.
Zu dem Zeitpunkt der letzten offiziellen Befragungen, denen
Ruby sich zu unterziehen hatte, brachte er nicht mehr die
kriminelle Loyalität oder Unempfindlichkeit auf, weiterhin
über das furchtbare Komplott zu schweigen, zu dessen Komplizen er sich gemacht hatte.

Um die Verbindungen, die Ruby zur Mafia unterhielt, zu
veranschaulichen, werde ich im folgenden auf der Grundlage

der Untersuchungsergebnisse des House Assassinations Committee eine knappe Charakterisierung der Mafia geben. Diese Darstellung verdanken wir Ralph Salerno, der vor seiner Pensionierung für die New Yorker Polizei als Experte für das organisierte Verbrechen tätig war. Die *New York Times* schrieb einmal über ihn, daß er »in dem Ruf steht, mehr über die Mafia zu wissen als irgendein anderes Nichtmitglied«.[1]

Es gibt in den USA eine bundesweit operierende konspirative kriminelle Organisation, die von ihren Mitgliedern als La Cosa Nostra bezeichnet wird. Diese Organisation besteht aus Gruppen, die bei den Mitgliedern als »Familien« bekannt sind. An der Spitze dieser Familien steht jeweils ein Führer, der auch als Boß oder mit dem italienischen Wort als »capo« bezeichnet wird. Jede Familie hat außerdem einen stellvertretenden Boß, der dem Anführer direkt nachgeordnet ist und als Unterboß oder mit dem italienischen Wort als »sottocapo« bezeichnet wird. In jeder Familie gibt es den Rang eines Beraters oder »consigliere«, an den sich alle Mitglieder der betreffenden Familie jederzeit wenden können. Die Familien wiederum setzen sich aus Untereinheiten zusammen, sogenannten »Decina«. [...] Geführt werden diese Untereinheiten von einem »Caporegime«. [...] Diese Position wird auch häufig mit dem anglisierten Wort »captain« bezeichnet. Die einzelnen Mitglieder einer Familie werden häufig »Mitglied«, »Soldat« oder »gemachter Mann« genannt.

In Fragen von politischer Bedeutung und im interfamiliären Verkehr sind die einzelnen Familien der Entscheidung eines Nationalrates unterworfen, dessen Mitgliederzahl variieren kann und der sich aus den Anführern der wichtigsten Familien konstituiert. Jene Familien, die keinen Repräsentanten in diesen Rat entsenden, können ihre Interessen durch ein Mitglied des Rates vertreten lassen.

Andere Bezeichnungen, mit denen insbesondere Außenstehende dieses Syndikat oder dessen einzelne Familienverbände häufig benennen, sind: die Mafia, die Organisation, die Clique, die Jungs, das Büro, der Arm.

Es gibt Regeln, die zwar den Mitgliedern bekannt, gleichwohl nirgendwo niedergeschrieben sind. Kurierdienste werden von Verwandten und Freunden übernommen. [...] Die Organisation verfügt über ein hochentwickeltes System im voraus verabredeter Treffpunkte und Telephonkontakte, die es den Mitgliedern gestatten, Informationen auszutauschen und dennoch der elektronischen Überwachung zu entgehen.

Die Organisation nimmt in ungewöhnlich hohem Maße unmittelbar Einfluß auf politische Entscheidungen. Sie zahlt Wahlkampfunterstützung und erkauft sich so das politische Wohlwollen der betreffenden Kandidaten [...].

Sie ist auf allen Ebenen von Regierung und Verwaltung vertreten. Sie sorgt dafür, daß Verwandte durch Wahl oder Ernennung in maßgebliche politische Positionen gelangen. Sie versucht, auf Regierungsentscheidungen Einfluß zu nehmen. Sie verfügt über eine Lobby, die darauf sieht, daß die Gesetzgebung möglichst ihren Interessen entspricht [...].

Sie führt Kampagnen gegen Kandidaten, die ihren Interessen zuwiderhandeln. Die Bosse der einzelnen Familien lassen die Anführer anderer Familien ermorden, um sich an deren Stelle zu setzen. Sie lancieren Öffentlichkeitskampagnen, in denen sie sich beispielsweise gegen die Diffamierung der Italiener zur Wehr setzen. Von der Mafia oder der Cosa Nostra ist jedoch bei diesen Gelegenheiten mit keinem Wort die Rede.

Sie treffen mit kleinen und großen Gewerkschaftsfunktionären illegale Verabredungen. Sie kassieren Gebühren für die Vermittlung von Gewerkschaftsdarlehen. Sie betreiben Subventionsschwindel.

Sie unterhalten ein eigenes Ermittlungssystem. [...] Sie setzen Informanten oder Zeugen massiv unter Druck oder lassen diese umbringen. Sie täuschen Krankheiten vor – einmal sogar eine Entführung –, um sich der strafrechtlichen Verfolgung zu entziehen. Sie zahlen Bestechungsgelder und bedienen sich anderer Formen der Korruption. Auch die Erpressung gehört zu ihrem Repertoire. Sie versuchen Einfluß auf die Berichterstattung der Medien zu nehmen.[2]

Auf das Eindringen der Mafia in die USA nahm erstmals 1890 ein Bundesgeschworenengericht in New Orleans Bezug. Es hieß dort: »Die Existenz einer als Mafia bezeichneten Geheimorganisation konnte zweifelsfrei nachgewiesen werden.«[3] Seither konnten »ihre Existenz, ihre Struktur, ihre Aktivitäten und ihre personelle Zusammensetzung immer wieder detailliert aufgedeckt werden«, wie es in einem regierungsamtlichen Bericht von 1972 heißt.[4] Ihre Struktur und ihre Arbeitsweise sind in zahlreichen Anhörungs- und Gerichtsverfahren bis ins einzelne bloßgelegt worden. Die entsprechenden Informationen verdanken wir erstens den Zeugenaussagen Dutzender von Mafia-Abtrünnigen, zweitens der elektronischen Überwachung und Aufzeichnung zahlreicher einschlägiger Unterredungen von Mafia-Mitgliedern, drittens den in Tausenden von Gerichtsverfahren und im Verlauf zahlloser Verhaftungen durchgeführten Ermittlungen und viertens den im Zusammenhang mit den Zusammenkünften des nationalen Mafiavorstands angestellten polizeilichen Untersuchungen. In vielen Fällen hätten Mafiaangehörige die Gelegenheit gehabt, die gegen sie vorgebrachten Anschuldigungen zu widerlegen, sie haben es indes fast stets vorgezogen, sich auf ihr Recht der Aussageverweigerung zu berufen.

Um es noch einmal klarzustellen: Im Rahmen der vorliegenden Untersuchung bezeichnet das Wort »Mafia« ausnahmslos die spezifische kriminelle Organisation, deren Struktur in dem vorstehenden Salerno-Zitat beschrieben worden ist. Wann immer vom »Syndikat« oder vom »organisierten Verbrechen« die Rede ist, so ist damit ein größeres Konglomerat gemeint, das sich aus der Mafia und ihren Tausenden von – ethnisch beliebigen – Untergruppierungen zusammensetzt, die als semiautonome Satelliten fungieren. Da die Mafia mit diesen Untergruppierungen und Satelliten eng zusammenarbeitet, bezieht sich die Unterscheidung zwischen der »Mafia« und dem »organisierten Verbrechen« vornehmlich auf den Unterweltstatus der betroffenen Kriminellen und nicht so sehr auf ihre kriminellen Aktivitäten selbst. Zur Bezeichnung der Mafia-unabhängigen kriminellen Szene verwenden wir ansonsten die Bezeichnungen »Verbrecher« oder »Unterwelt«, wie sie allgemein verwendet werden.

An dieser Stelle sei mir im Hinblick auf den italienischen Ursprung der Mafia – auf den ja auch Ralph Salerno verwiesen hat, der selbst italienischer Abstammung ist – noch eine abschließende Bemerkung gestattet. Die Mafia ist eine Aberration, die die Menschen ihres eigenen historischen, ethnischen und sozialen Umfelds bis aufs Blut ausgesaugt hat, bevor sie sich in einem neuen Territorium festsetzte. Die völlig abwegige Behauptung, die offene Auseinandersetzung mit dieser Organisation sei eine Beleidigung der Italiener, ist in erster Linie den Köpfen in die Enge getriebener Mafiosi entsprungen.

Jack Ruby [...] wäre selbst unabhängig von den Geschehnissen in Dallas eine Figur der Zeitgeschichte
geworden und zwar ganz einfach deshalb, weil er mit
der Geschichte des organisierten Verbrechens in Chicago eng verknüpft ist.[1]

Peter Dale Scott, Universität von Kalifornien,
Berkeley

6. Der Werdegang eines Gangsters

Jack Rubys Kontakte zum organisierten Verbrechen reichen
bis in seine frühe Zeit in Chicago zurück. Die Geschichte
dieser Verwicklung beleuchtet sowohl den Hintergrund des
späteren Attentats als auch die Struktur und die Machenschaften des organisierten Verbrechens in Amerika. Überdies ist
Rubys Werdegang ein fesselndes persönliches Drama, dessen
absoluten Höhepunkt Rubys letzte Aussage vor der Warren-
Kommission darstellt.

Jugendkriminalität und erste Kontakte
zur Unterwelt

Jack Rubenstein wurde 1911 als Sohn von Joseph und Fanny
Rubenstein in einem armen jüdischen Viertel in Chicago geboren. Während seiner Kindheit und Jugend lebte er mit seiner
Familie in verschiedenen Wohnungen in ähnlichen Vierteln,
die meist an italienische Quartiere angrenzten. 1923 wurde er
als »schwer erziehbar« von einem Chicagoer Jugendgericht in
ein Erziehungsheim eingewiesen; die folgenden vier oder fünf
Jahre verbrachte er in derartigen Heimen. Ohne den stabilisie-
renden Einfluß eines intakten Familienlebens ließ sich der
junge Ruby – wie nicht anders zu erwarten – von dem blenden-

den Prohibitionsreichtum der Gangster mehr beeindrucken als von den heuchlerischen Grundsätzen des korrupten Rechtssystems der Capone-Ära.

Seine ersten Kontakte zu den Kreisen des organisierten Verbrechens verdankte Ruby einem prominenten Mentor. Der Boxer Barney Ross, einer von Rubys Freunden, berichtete dem FBI, er habe sich 1926 mit einer Gruppe von zirka zwölf Jugendlichen angefreundet, der auch Jack Ruby angehörte. Ross berichtete weiter, daß Mitglieder dieser Gruppe in der Folge mit Al Capone bekannt geworden seien, der ihnen hie und da einen Dollar für »völlig harmlose kleine Botengänge« zusteckte.[2] Gegenüber dem FBI erwähnte Ross außerdem, daß Ruby »möglicherweise ebenfalls harmlose kleine Erledigungen für Capone besorgt hat«.[3]

Rubys Mitgliedschaft in dieser Gruppe junger Capone-Günstlinge währte eine Reihe von Jahren und brachte ihn mit weiteren kriminellen Kreisen in Berührung. Drei Zeugen gaben an, Ruby habe um 1940 der auf der South Side operierenden »Dave Miller Gang« angehört, an deren Spitze der Chicagoer Boxschiedsrichter Dave Miller stand. Die Warren-Kommission befaßte sich kurz mit diesen frühen Aktivitäten Rubys und kam auch darauf zu sprechen, daß Ruby gemeinsam mit anderen Mitgliedern der Miller-Gang mehrfach Versammlungen des pronazistischen *Bundes* gesprengt habe. Sie unterließ es indes, darauf hinzuweisen, daß Miller ein stadtbekannter Glücksspielboß mit langem Vorstrafenregister war.

In Dave Millers Boxschule, wo Ruby häufig herumhing und der Boxer Barney Ross sein Training absolvierte, hatte der junge Mann zahlreiche Gelegenheiten, weitere wichtige Gangster kennenzulernen. Ross konnte Ralph Capone, Matty Capone, Murray Humphreys, Frank Nitti, Sam Hunt und Tony Capezio zu seinen Fans zählen – allesamt berüchtigte Mitglieder der Capone-Gang. Ein weiterer Ross-Anhänger war Al Capone persönlich, der für einige der ersten Kämpfe, die Ross bestritt, sämtliche Karten aufkaufte und sie an andere Fans verschenkte.

Ruby war damals auch häufig in der Empfangshalle und im Sportclub des Sherman Hotels anzutreffen. Einer seiner Freunde berichtete dem FBI, daß Ruby »mit einer Reihe von Leuten, die jene beiden Orte frequentierten, Wetten abschloß«.[4] Nach Auskunft desselben Freundes sind die ehemaligen Sportclubbesucher »gegenwärtig im H&H-Restaurant in der North La Salle Street anzutreffen«.[5] In einem zeitgenössischen FBI-Bericht wird das H&H »als ein bekannter Treffpunkt der Chicagoer Buchmacher, Spieler, Kredithaie und kleinen Gauner« charakterisiert.[6] Maish Baer, der Geschäftsführer des H&H-Restaurants, der mit Ruby bekannt war, wurde von einem Komitee des US-Senats als »assoziiertes« Mitglied der Chicagoer Mafia identifiziert. (Baer wurde 1977 ermordet, nachdem er »angeblich die Empfehlung mißachtet hatte, sich aus dem Geschäft mit Wucherkrediten herauszuhalten, in dem die Mafia ebenfalls engagiert war«.[7]

Ruby lernte sehr rasch von seinen neuen Freunden, was auch aus dem Umstand ersichtlich wird, daß er bereits mit neunzehn Jahren wegen des Handels mit den Raubdrucken von Noten verhaftet wurde. Er wurde zu dreißig Tagen Gefängnis verurteilt, weil er nach eigenen Angaben »dem Richter nicht erzählen wollte, wer seine Hintermänner waren«.[8] Und sein aufblühender krimineller Charakter war durch keinerlei feste Beschäftigung befleckt. Einer seiner alten Freunde konstatierte: »Ruby hatte offenbar niemals finanzielle Schwierigkeiten, und seine früheren Freunde haben sich oft gefragt, wie er sein Einkommen bestreite.«[9]

1933, einem wegen der Aufhebung der Prohibitionsgesetze für die Chicagoer Mafia mageren Jahr, machte sich Ruby gemeinsam mit einigen Kumpels aus der Nachbarschaft auf den Weg, um der Santa-Anita-Rennbahn in Los Angeles einen Besuch abzustatten. Diese Rennbahn wurde vor dem Kefauver-Komitee von Zeugen als Mafia-Treffpunkt bezeichnet. Nachdem Ruby sich einige Monate in der Nähe dieser Rennbahn aufgehalten hatte, reiste er weiter nach San Francisco. Dort war er für den »Spieler« Frank Goldstein tätig und verbrachte seine Zeit mit einem Gangster-»Kollegen« aus Chicago namens Solly Schulman.

Der Gewerkschaftsrepräsentant

1937 kehrte Ruby nach Chicago zurück und war dann bis 1940 im Ortsverband 20467 der Gewerkschaft des Alteisenwaren- und Abfallhandels aktiv. Anfangs war Ruby für die Eintreibung der Beiträge zuständig, im Laufe der Zeit avancierte er dann zu einem der führenden Gewerkschaftsfunktionäre. Paul Dorfman, ein anderer hoher Gewerkschaftsfunktionär des Bezirks 20467, erzählte dem FBI, daß Ruby seiner Ansicht nach »nie ein ordentlicher Angestellter der Gewerkschaft gewesen sei, sondern sein Einkommen von den Beitragsgeldern abgezweigt habe«.[10] Dorfman berichtete außerdem, daß er in der Gewerkschaftskasse noch ungefähr sechs Cents vorgefunden habe, als er 1940 Rubys Funktion übernommen habe.

Ruby dagegen behauptete, er habe für die Gewerkschaft gearbeitet, weil er »schon immer eine soziale Ader gehabt habe«.[11] Aber er war für die Funktion eines Gewerkschaftsbosses etwa genausogut qualifiziert wie sein Bruder Hyman – der von einem Chicagoer Jugendgericht einmal als »unverbesserlicher« Straftäter bezeichnet worden war – für eine durch Protektion erreichte hohe politische Position im Umkreis des Gouverneurs Horner geeignet war. Eine plausiblere Erklärung für Rubys Gewerkschaftsaktivitäten lieferte Paul Roland Jones, ein Mafioso und langjähriger Bekannter Rubys. Jones erklärte gegenüber dem FBI, er »sei darüber informiert, daß das Syndikat an dieser Gewerkschaft interessiert sei, und er nehme an, daß Rubys Verbindungen in diesem Zusammenhang zu sehen seien«.[12] Tatsächlich beschlagnahmte der Staat Illinois zu der Zeit, da Ruby in der Ortsgruppe seinen »Amtsgeschäften« nachging, sämtliche Bücher und Unterlagen des Ortsverbandes und zwar mit der Begründung, die Gewerkschaft diene dem »organisierten Verbrechen lediglich als Fassade«.[13] Die AFL-

CIO gelangte zu derselben Auffassung und vertrat den Standpunkt, »daß es sich bei der ganzen Geschichte vornehmlich um eine Ausplünderungsaktion«[14] handle. Die *Chicago Tribune* wies auf »die Infiltration des Ortsvereines durch kriminelle Elemente« hin.[15] Jones sagte vor dem FBI ferner aus, daß Ruby »vom Syndikat akzeptiert und seine geschäftlichen Aktivitäten von diesem kontrolliert werden«.[16]

Am 8. Dezember 1939 wurde Leon Cooke, der Begründer des Ortsverbands 20467, unter nicht eindeutig geklärten Umständen erschossen. Nach Auskunft eines von Rubys Freunden war Cooke, der Sohn eines Alteisenhändlers, der etwas für die Arbeiter tun wollte, »ein sehr hochstehender Mensch«.[17] Rubys Schwester Eva Grant erklärte, daß »Cooke ein sehr angesehener Rechtsanwalt gewesen ist. Und deshalb haben sie ihn umgebracht.«[18]

Unmittelbar nach der Ermordung Cookes übernahm Paul Dorfman, der berüchtigte Verbindungsmann der Chicagoer Mafia zu den Gewerkschaften, die Ortsgruppe und brachte sie unter die Kontrolle der Transportarbeitergewerkschaft. In einem einige Zeit später vom Senat eingeleiteten Untersuchungsverfahren wurden die Leiter der Ortsgruppe 20467 als »Verbindungsleute zwischen Hoffa und der Unterwelt« bezeichnet und der Bereicherung im Amt, der körperlichen Gewaltanwendung und des Mordes bezichtigt. Als Senator McClellan Dorfman um Auskunft über seine Position und Funktion innerhalb des Ortsverbands bat, berief sich dieser auf den fünften Verfassungszusatz.

Die Rolle, die Ruby im Zusammenhang mit der Übernahme des Ortsverbands 20467 durch die Mafia spielte, wurde auch in einem Gesprächsprotokoll der Gewerkschaftsleitung sichtbar, das zwei Monate nachdem Dorfman den Vorsitz übernommen hatte, verfaßt worden war. Sein Name erschien in einer ganz offensichtlich hierarchischen Auflistung der Ortsverbandsleitung nach Dorfmans an zweiter Stelle. Und diese Führungsposition hatte Ruby inne, bis die AFL zeitweilig wiederum die Führung des Ortsverbands übernahm. Überdies deutet ein Bericht der Chicagoer Mordkommission auf die Möglichkeit hin, daß Ruby etwas mit dem Mord zu tun gehabt haben könnte. In dem Bericht heißt es, daß Ruby am Tag des Cooke-Mordes verhaftet »und zu Ermittlungszwecken in Polizeigewahrsam genommen worden« sei.[19] Die Annahme, Ruby sei damals der Tat verdächtig gewesen, wird auch durch eine Bemerkung Lenny Patricks gestützt, eines Bekannten von Ruby, der behauptete, daß »im Zusammenhang mit dem Cooke-Mord gegen Rubenstein ermittelt wurde, der Verdacht sich jedoch als unbegründet erwies«.[20] Aber seltsamerweise ist in dem Bericht des Chicagoer Morddezernats weder die Rede davon, warum Ruby damals festgenommen wurde, noch findet Erwähnung, zu welchem Ergebnis die Ermittlungen geführt haben.* Es ist also gar nicht eindeutig klar, ob sich der gegen Ruby bestehende Verdacht tatsächlich als gegenstandslos erwiesen hat.

Ebensowenig wird Ruby durch die von ihm selbst und Paul Dorfman verbreitete Behauptung reingewaschen, der Gewerkschaftsfunktionär John Martin habe Cooke im Streit erschossen. Obwohl die Warren-Kommission diese Behauptung wie ein Faktum behandelte, stützte sie sich in ihrer Auffassung lediglich auf die Angaben eines Journalisten von der *Chicago Tribune*, der von einem Artikel gesprochen hatte, in dem Martin als der mutmaßliche Mörder bezeichnet worden sei.

Dieser Artikel wurde indes von der Kommission weder insgesamt noch auszugsweise geprüft. Und aus dem Bericht des *Tribune*-Journalisten geht hervor, daß die in dem Artikel verbreiteten Informationen von Ruby selbst stammten!

Da Rubys Unschuld also nicht schlüssig nachzuweisen ist –

---

* Berichte und Dokumente über Mafiosi sind immer wieder aus den Akten der Chicagoer Polizei verschwunden. Der Chicagoer Journalist Ovid Demaris erwähnte zahlreiche derartige Vorkommnisse. Er wies ferner darauf hin, daß in einem Fall die Chicagoer Polizeibeamten von vornherein darauf verzichteten, über einen bestimmten Gangster einen Bericht anzufertigen, weil solche Aufzeichnungen »ja ohnehin aus den Akten gestohlen und innerhalb einer Stunde an den Ganoven verkauft würden«.[21] Über ähnliche Verhältnisse in anderen amerikanischen Städten liegen ebenfalls Berichte vor.

im Zusammenhang mit dem Cooke-Mord wurde er immerhin als einziger Verdächtiger festgenommen –, kommt der folgenden Mitteilung erhebliches Gewicht zu. Wir verdanken sie David Byron, einem Industrie-Manager und Bekannten Rubys. Byron berichtete dem FBI, er könne sich daran erinnern, in einer Chicagoer Zeitung gelesen zu haben, daß Ruby

Vorsitzender einer »Schrotthändler-Gewerkschaft« in Chicago gewesen ist. [...] Dann wurde jemand erschossen, und Rubenstein wurde vorgeworfen, in die Sache verwickelt zu sein. Er wurde festgenommen und in Chicago verurteilt und war dann [...] »ein bißchen über ein Jahr« im Gefängnis.[22]

Das organisierte Verbrechen im Chicagoer Nachtklubviertel

Nachdem er beim Ortsverband 20467 ausgeschieden war, hielt sich Ruby durch alle möglichen Gelegenheitsgeschäfte über Wasser; auch war er längere Zeit arbeitslos. Nach eigener und nach Auskunft von Verwandten verkaufte er zwischen 1941 und 1943 von Spielbrettern über Nippes und Kurzwaren praktisch alles. Was in Wahrheit hinter diesen Geschäften steckte, deutete sein Bekannter, Paul Roland Jones, an. Jones teilte dem FBI mit, er habe Hyman Rubenstein, Jacks Bruder, einmal den Namen eines Alkoholschwarzhändlers in Oklahoma gegeben. Jones sagte ferner aus, Hyman habe diesen Kunden dann von Chicago aus mit Whisky versorgt, »und zwar in Kisten, die laut Aufschrift angeblich *Salz- und Pfefferstreuer*** enthielten«.[23] Einer von Rubys damaligen Geschäftspartnern war Ben Epstein, der – bevor er sich 1951 zur Ruhe setzte – als Buchmacher tätig war und in den dreißiger Jahren gemeinsam mit Ruby »Geschäfte« gemacht hatte.

---

* Hervorhebungen stammen in allen Fällen, in denen nicht ausdrücklich auf das Gegenteil verwiesen wird, vom Autor.

Aber diese Geschäfte wickelte Ruby nur neben seinen Aktivitäten in den Chicagoer Stripteaseclubs ab, die seit Jahrzehnten von der Mafia kontrolliert werden.* Einen Hinweis auf Rubys einschlägige Aktivitäten verdanken wir John Cairns, der zwischen 1942 und 1947 einen Musicboxverleih betrieb. Zu seinen Kunden zählte auch die McGovern-Bar, nach Auskunft des FBI »ein Buchmacher-Etablissement, das in erster Linie von Spielern und Ganoven frequentiert wurde«.[25] Die Kriminalpolizei von Illinois bezeichnete das Lokal als notorischen Kriminellentreff. Cairns erklärte dem FBI, er habe Jack Rubenstein häufig in dieser Bar gesehen. Später erkannte er ihn auf Photos wieder, auf denen der Mörder Lee Oswalds zu sehen war. Cairns behauptete, Rubenstein sei auch »mit den anderen Gästen der McGovern-Bar gut bekannt gewesen«. Er habe überdies munkeln hören, daß Ruby »mit dem Narkotikahandel in jener Gegend zu tun« habe.[26] Cairns berichtete ferner, ihm sei damals zu Ohren gekommen, daß Ruby an einer Striptease-Bar in der North Clark Street »beteiligt« sei »oder dort wenigstens eine Art Geschäftsführerposition innegehabt« habe.[27]

Edward Morris jr., der zu jener Zeit ebenfalls in Chicago lebte, berichtete dem FBI, Ruby habe Anfang der fünfziger Jahre Ecke Walton/Clarks Street den Torch Club geführt. Morris identifizierte Ruby anhand von Photographien und erinnerte sich in dem Zusammenhang an den Namen Rubenstein »oder so ähnlich«. Jack Kelly, der in den vierziger und fünfziger Jahren sporadisch mit Ruby zu tun hatte, erklärte, Ruby habe 1945 oder 1946 im Gaity Club Wettscheine für Pferderennen verkauft. Robert Lee Shorman, der Ruby in Dallas gekannt

* In einem kurz vor 1969 veröffentlichten Bericht einer Bundesbehörde heißt es: »Kriminelle Kreise kontrollieren zahlreiche Etablissements, in denen harte Alkoholika ausgeschenkt werden, und sämtliche Stripteasebars in den [sechs] wichtigsten Chicagoer Vergnügungsvierteln.«[24] Tatsächlich lenkten die *Chicago Daily News*, die 1964 eine Serie über die Mafia veröffentlichten, die Aufmerksamkeit insbesondere auf einen Nachtklub, der angeblich nicht vom Clan kontrolliert wurde.

hatte, sagte, Ruby habe ihm erzählt, er habe in Chicago und Umgebung mit Würfelspielen sein Geld verdient. Auch Shorman bestätigte also Rubys illegale Spielaktivitäten. Eine interessante Aussage machte auch Maish Baer, der Chicagoer Mafiakreisen nahestand und erklärte, er selbst und Ruby seien Ende der vierziger Jahre im Bereich Maxwell Street Market als »Zuhälter« aktiv gewesen.

Gerade weil eine Reihe von Bekannten Ruby anhand von Photos identifiziert und ihn auch namentlich genannt hatten, überraschte um so mehr die von einigen der Befragten vorgebrachte Behauptung, Ruby werde mit einem anderen Mann verwechselt – einem gewissen »Harry Rubenstein«. Nach Angaben des Geschäftsführers des Club 19, Leo Denet, war dieser »Harry Rubenstein« und nicht Jack in den vierziger Jahren in dem Chicagoer Nachtclubbezirk aktiv gewesen. Das gleiche behauptete auch Nate Zuckerman, der damals für James Allegretti arbeitete, den das FBI als »eine der führenden Figuren des örtlichen organisierten Verbrechens« bezeichnete.[28] Diese Version wurde auch nachdrücklich von Frank Loverde vertreten, der nach Feststellung des FBI der Chicagoer Mafia angehörte »und auf der Chicagoer North Side Striptease-Shows organisierte«.[29] Loverde behauptete steif und fest, Ruby habe mit dem organisierten Verbrechen in Chicago nichts zu tun gehabt. Er gab ferner der Meinung Ausdruck, »die [FBI-] Beamten seien der irrigen Auffassung, die Ermordung Oswalds stehe irgendwie in Verbindung mit dem organisierten Verbrechen«.[30] Er wies darauf hin, daß viele Leute in Chicago Ruby mit Harry Rubenstein verwechselten, der nach Loverdes Aussage 1946 einen Mann umgebracht hatte, aus Chicago verschwunden und angeblich nach Texas gegangen war. Loverde weigerte sich, dem FBI irgendwelche Einzelheiten über Harry Rubenstein mitzuteilen.

Aber offenbar hat Loverde da doch einiges durcheinandergebracht, denn der einzige Harry Rubenstein, den das FBI auftreiben konnte, sagte aus, daß er zwischen 1925 und 1963 kontinuierlich in Chicago gelebt habe und noch nie in Texas gewesen sei. Dieser Harry Rubenstein zählte eine Reihe von Nachtclubs auf, die er entweder geleitet oder in eigener Regie geführt hatte, erwähnte jedoch weder den Torch Club noch den Gaity Club oder das McGovern's – die drei Bars, in denen Ruby nach Aussage verschiedener Zeugen aktiv gewesen war. Die letzten Zweifel an Rubys Identität wurden von drei weiteren Personen ausgeräumt, die ihn gekannt hatten und bezeugen konnten, daß er in dem Chicagoer Nachtclubbezirk aktiv gewesen war. Deshalb kann man mit Sicherheit davon ausgehen, daß der als Spieler, Nachtclubbesitzer beziehungsweise -manager und mutmaßlicher Narkotikahändler beschriebene Mann ohne Zweifel Jack Ruby gewesen ist.

Obwohl Ruby während der Zeit seines Militärdienstes, den er zwischen 1943 und 1946 ableistete, seine Nachtcluboperationen suspendieren mußte, behielt er gleichwohl seinen Lebensstil nach Möglichkeit bei. Der Korporal von Rubys Ausbildungseinheit war ein gewisser Hershey Colvin, der behauptete, er sei »während der Ausbildungszeit Rubys engster Vertrauter gewesen«. An den Wochenenden war er angeblich mit Ruby häufig gemeinsam nach New Orleans gefahren. Rubys Bruder Hyman bezeichnete Colvin als »professionellen Spieler«, der als Karten-Austeiler fungierte und »möglicherweise Wetten auf Pferde annahm«.[31] Die Seriosität dieser Auskunft wird durch den Umstand untermauert, daß Colvin am 26. November 1963, als er vom FBI befragt wurde, in dem in Ganovenhänden befindlichen Vertigo Key Club in Chicago beschäftigt war. Einen weiteren Hinweis auf Rubys Hauptinteresse verdanken wir Urban Roschek, mit dem er zusammen diente. Roschek erklärte vor dem FBI, Ruby habe zu ihm gesagt, daß »er ihm nach dem Krieg in Chicago einen Job in der Wett-Szene besorgen könne, der zirka 200 Dollar die Woche bringen werde«.[32]

Die harmlosen Auskünfte
von »Rubys Chicagoer Freunden«

Rubys frühe Unterweltverbindungen erhalten eine besondere Bedeutung im Lichte einer völlig phantastischen Schlußfolgerung, zu der die Warren-Kommission gelangte. In dem von der Kommission vorgelegten Bericht über Rubys frühe Jahre in Chicago heißt es: »Es finden sich keine Hinweise darauf, daß er je in kriminelle Aktivitäten verwickelt gewesen wäre.«[33] Um ihre eigene Auskunft nicht Lügen zu strafen, verzichtete die Kommission zudem darauf, die in diesem Kapitel vorgetragenen Zeugenaussagen – die ausnahmslos den Akten der Kommission selbst entnommen sind – auch nur zu erwähnen.

Aber Rubys Verbindung mit der Chicagoer Unterwelt ließ sich durch das Verschweigen der Tatsachen gleichwohl nicht völlig verheimlichen, denn über diese Kontakte war bereits zuviel geschrieben worden. Deshalb war die Kommission besonders darauf bedacht, solche Verbindungen in Abrede zu stellen. Und dieses Urteil stützte sich lediglich auf die folgenden Feststellungen:

> Nahezu sämtliche Chicagoer Freunde Rubys haben erklärt, daß er keine engeren Verbindungen zu Kreisen des organisierten Verbrechens gehabt habe. Außerdem haben zahlreiche bekannte Chicagoer Kriminelle – so unzuverlässig ihre Aussagen auch sein mögen – solche Kontakte entschieden geleugnet.[34]

Natürlich ist es lächerlich zu erwarten, daß solche Männer wie die Chicagoer Mafioso John Capone, James Allegretti und Frank Loverde etwaige Mafia-Verbindungen Rubys offenbart hätten, sofern sie davon Kenntnis gehabt hätten – und wie vorauszusehen, ließen sie auch nichts Derartiges verlauten. Aber der erste Satz in der vorstehend zitierten Feststellung der Kommission, in dem von den »Chicagoer Freunden Rubys« die

Rede ist, überzeugt nur so lange, wie man nicht die elf in einer dem Text beigefügten Fußnote aufgezählten Dokumente überprüft und sie mit anderen Quellen vergleicht.

Einer dieser »Chicagoer Freunde« war Lenny Patrick, der Ruby aus unheilvollen Verwicklungen befreite, indem er dem FBI erklärte: »Egal wie intensiv Sie auch ermitteln, Sie werden nichts in Erfahrung bringen, da er [Ruby] mit nichts etwas zu tun hatte.«[35] Und Lenny Patrick ist natürlich rein zufällig ein berüchtigter Syndikats-Killer, der in einem Bericht des US-Senats als ein Mafia-Komplize aus Chicago bezeichnet wird. In einem Bericht über das organisierte Verbrechen wurde er als mutmaßlicher »Experte für Unterweltexekutionen« bezeichnet, »der etliche der wichtigeren Syndikatsmorde geplant hat«.[36] Ein zweiter der erwähnten Freunde »gibt zu, mit Lenny Patrick bekannt zu sein«.[37] Ein dritter war als Buchmacher tätig, ein vierter als Spieler und Mitarbeiter einer in Ganovenbesitz befindlichen Bar. Ein fünfter war ein Chicagoer Barbesitzer, der aus jener Gang hervorgegangen war, die einst kleine Erledigungen für Al Capone getätigt hatte; ein sechster war als Rubys Partner im Handel mit Glücksspielutensilien aktiv gewesen. Angesichts des unterschlagenen Hintergrunds des Mafia-Killers Patrick und der übrigen »Chicagoer Freunde Rubys« erscheint der Umstand, daß die Kommission etwaige Verbindungen Rubys zur Unterwelt in Abrede stellte, in einem völlig anderen Licht.

Die Kommission ließ sich im Zusammenhang mit Rubys Verbindungen zur Unterwelt während der Jahre, die er in Dallas zugebracht hatte, zu einer ähnlich grotesken Mißachtung der tatsächlichen Beweislage hinreißen: »Zahlreiche Zeugen haben ausgesagt, daß Ruby mit den Aktivitäten [des organisierten Verbrechens] nichts zu tun gehabt habe.«[38] Einer dieser »zahlreichen Zeugen« war Joseph Campisi, eine der führenden Mafia-Figuren in Dallas. Ein weiterer dieser Zeugen war Roy Pike alias Mickey Ryan, der im Herbst 1963 häufig mit Ruby zusammen gewesen war und der für den 22. November kein hieb- und stichfestes Alibi hatte. Ein dritter Gewährsmann ist der Gewerkschaftsfunktionär Irwin Mazzei. Daß die Kommission in diesem Zusammenhang ausgerechnet auf Mazzei verweist, ist schier unglaubwürdig, denn die einzige Passage seines Gespräches mit dem FBI, die sich auf Rubys Unterweltverbindungen bezieht, hat folgenden Wortlaut. Er erklärt, er wisse

> nichts über seinen [Rubys] Hintergrund, seine Verbindungen zu kriminellen oder Spielerkreisen oder zur Polizei, was er nicht von Ruby selbst gehört habe. Ruby habe erwähnt, er habe in Chicago Verbindungen zum »Syndikat« und zur Gewerkschaftsszene unterhalten und in Chicago auch für das »Syndikat« gearbeitet.[39]

Es ist in der Tat bizarr, daß die Warren-Kommission ausgerechnet Mazzei als jemanden darstellte, der Ruby von Unterweltverbindungen freigesprochen habe, obwohl Mazzei doch in seiner Aussage ausführlich auf Rubys nämliche Verbindungen aus der Jugendzeit in Chicago eingegangen war. Aber seine kriminellen Aktivitäten in Chicago stellten für Ruby lediglich die Grundausbildung für seine spätere Syndikatskarriere dar, die ernstlich begann, als sich die Mafia in großem Stil daranmachte, die reichen Claims des amerikanischen Westens auszuplündern.

Aus Ratten waren inzwischen starke, fast allmächtige Nager geworden, Herren eines unsichtbaren Imperiums, dessen unvorstellbare Milliardengewinne selbst die Profite der Automobilindustrie Detroits übertrafen. Dieser enorme Reichtum [...] gab den Nagern in den dunklen Anzügen die Mittel, Wolkenkratzer in New York zu erwerben, Makler- und Bankhäuser unter ihre Botmäßigkeit zu bringen, mit großen Industrien und Dienstleistungsbetrieben in Konkurrenz zu treten, Hotel- und Motelketten zu übernehmen, mit Stahl und Öl zu handeln, auf den Automatenmarkt zu drängen, Rennbahnen zu kontrollieren und Kleider- und Fleischfabriken für sich arbeiten zu lassen.

Wo immer sie auch auftauchten, die Herren dieser Unterwelt brachten den Gifthauch ihres Geldes und ihre verderbten Taktiken mit sich. Ein Geschäftsbesitzer wollte ihre Automaten nicht bei sich aufstellen? – Brechen wir ihm die Knochen und erteilen wir ihm eine Lektion. Eine Gewerkschaft zeigte sich nicht kooperationswillig? – Kaufen wir doch ihren Geschäftsführer, oder warum ermorden wir ihn nicht gleich? Eine Bank konnte ein Wucherdarlehen nicht zurückzahlen? – Unterschieben wir ihr doch gefälschte Unterlagen anstelle ihrer guten Sicherheiten – plündern wir doch ihre Kasse, bis sie bankrott ist. Die Fleischpreise waren hoch? – Nun, Pferde sind billig, des gleichen verendete und kranke Kühe [...]

Solche Dinge sind geschehen, geschehen jetzt und werden wohl auch weiterhin geschehen.[1]

Fred Cook, Journalist

7. Die Eroberung der Stadt Dallas

Zwar ist Texas bereits seit langem ein beliebter Tummelplatz des organisierten Verbrechens, Dallas jedoch ist in dieser Hinsicht besonders berüchtigt. Wie Experten vor dem Kefauver-Komitee aussagten, erlebten »alle Abarten des illegalen Glücksspiels, einschließlich der Haftung für Verluste der Buchmacher in den dreißiger und frühen vierziger Jahren in Dallas eine hohe Blütezeit«.[2] Und als Steve Guthrie 1946 zum Sheriff von Dallas County gewählt wurde, waren in der Stadt »der Prostitution, dem Glücksspiel und sonstigen illegalen Aktivitäten Tür und Tor geöffnet«.[3] Der Höhepunkt dieser Entwicklung war erreicht, als die Stadt »im Monat durchschnittlich zwei bis drei Morde zu verzeichnen hatte, die den Eindruck systematischer Hinrichtungen erweckten«.[4]

In den Kreisen der Chicagoer Mafia setzte sich nun die Ansicht durch, daß es höchste Zeit sei, diese lukrativen Jagdgründe der straffen eigenen Kontrolle zu unterwerfen, wie es der Clan bereits im Rahmen seiner Westexpansion in Städten wie St. Louis, Detroit und Kansas City vorexerziert hatte. Einen außerordentlich genauen Eindruck von diesem Sturmangriff der Mafia auf Dallas vermittelte der Polizei-Lieutenant George Butler dem Kefauver- und dem McClellan-Komitee.

Nach Butlers Aussage »trafen die Jungs aus Chicago 1946 bei uns ein, machten sich ein Bild von der Situation und beschlossen, sich nicht nur Dallas, sondern den Staat Texas und den ganzen Südwesten gefügig zu machen«.[5] Ungefähr zwanzig Mafiosi aus Chicago reisten an, darunter die Ganoven Danny Lardino, Paul Labriola, James Weinberg, Martin Ochs, Marcus Lipsky und Paul Roland Jones, die von dem hochrangigen Chicagoer Mafioso Pat Manno mit den nötigen Geldmitteln ausgestattet waren. Während Lipsky die vier wichtigsten Betreiber von Wettbüros und Spielhöllen in Dallas und Umgebung umbringen [...] und jedermann davon in Kenntnis setzen wollte, was für ein harter Typ er sei«,[6] hielt Jones es für klüger, sich mit den Staatsgewalten zu arrangieren. Jones konnte seine Linie durchsetzen, und so eröffnete er Verhandlungen mit dem neugewählten Sheriff Guthrie und mit Lt. George Butler, die insgeheim den Polizeipräsidenten von Dallas informierten und die Gespräche auf Tonband aufzeichneten.

Jones bot Sheriff Guthrie an, dieser könne einen wesentlichen Anteil an den Gewinnen einstreichen, wenn er in seinem Bezirk illegale Glücksspieloperationen und Buchmacherei dulde, die Installierung von Spielautomaten zulasse und Karten- und Würfelspiele unter der Hand gestatte. Wie Jones später dem FBI berichtete, »habe man im wesentlichen ganz einfach verabredet, daß das Syndikat in Dallas County künftig das Sagen habe, daß der Sheriff Befehlsempfänger und daß das Syndikat für die Bereitstellung der Leute zuständig sei, die zur Durchführung der Operationen benötigt würden«.[7] Der Mafia war außerdem sehr daran gelegen, einen Fuß in die Gewerkschaften hineinzubekommen. Nach Butlers Darstellung hatte es sich der Clan insbesondere zum Ziel gesetzt, »sämtliche Lastwagenfahrer der Nation gewerkschaftlich zu organisieren«. Das nächste Ziel sei es dann gewesen, »*die Industrie und selbst die Regierung in die Knie zu zwingen*«.[8]

Im Verlauf der Bestechungsverhandlungen erklärte Jones gegenüber Guthrie, daß dessen Gewinn sich auf jährlich 150 000 Dollar und mehr belaufen könne. Und bei der nächsten Wahl, so versprach Jones, werde die Mafia »sämtliche Konkurrenten durch Geldzuwendungen dazu bringen, auf eine Kandidatur zu verzichten, und für alle Wahlkampfkosten aufkommen«.[9] Überdies werde man für Guthrie Empfehlungsschreiben einflußreicher Leute aus dem ganzen Land besorgen.* Jones deu-

---

* Wie Michael Dorman in *Payoff* schreibt, »kontrollierte das organisierte Verbrechen« bereits in den fünfziger Jahren »in vielen Teilen Texas' die Wahlkampfmaschinerie. Mehr noch als die Ölmagnaten und die großen Bauunternehmen, denen es um öffentliche Aufträge zu tun war, trat das organisierte Verbrechen als Wahlkampffinanzier auf. Die Bosse einigten sich bereits lange

tete auch an, das Syndikat – das »überall in den USA, in Kanada und in Spanien engagiert sei«[11] – habe vergleichbare Arrangements bereits in St. Louis, Kansas City, New Orleans, Little Rock und zahlreichen weiteren Städten getroffen. Als Guthrie und Butler Jones fragten, ob sie vielleicht »einige der Leute treffen könnten, mit denen er sich gebrüstet hatte«, sorgte Jones dafür, daß Pat Manno nach Dallas kam, der zu jener Zeit angeblich der fünfthöchste Mafiaboß in Chicago war. Mannos Unterhaltung mit Butler, Guthrie und Jones wurde auf Tonband aufgezeichnet.

Eine »kleine Leuchte« bei der Chicagoer Mafia

Jack Ruby übersiedelte ebenfalls 1947 nach Dallas, nachdem er die Stadt zuvor einmal besucht hatte. Wenn es tatsächlich wahr ist, daß Jack Ruby von der Mafia aus Dallas fortgeschafft worden war, wie einige seiner Bekannten behauptet haben, dann hat er sich in Dallas allerdings in guter Gesellschaft befunden. Wie es in einem Bericht des FBI heißt, befanden sich nach Darstellung Sheriff Guthries zum Zeitpunkt der Schmiergeldverhandlungen

> zirka 25 Gangster und Ganoven aus Chicago in Dallas, die zwischendurch immer wieder einmal verschwanden. [...] Jack Ruby war damals in den Kreisen, die Guthrie bestechen wollten, angeblich »eine kleine Leuchte«. Rubys Name tauchte bei verschiedenen Gelegenheiten auf [...] und zwar im Zusammenhang mit der Übernahme eines schicken Restaurants, Ecke Industrial/Commerce Street in Dallas. [...] Im oberen Stock sollte dann eine Spielhölle eingerichtet

vor der jeweiligen Wahl auf ihren Kandidaten. Ihr Geld und Einfluß sowie die übrigen Mittel, über die sie verfügten, entschieden darüber, welche Kandidaten sich in welcher Rangfolge um öffentliche Ämter bewarben.«[10]

werden. [...] Über Ruby hieß es immer wieder, daß er das Restaurant führen werde.[12]

Guthrie behauptete: »Wenn die Tonbandaufnahmen noch was taugen, dann müßte Rubys Name bei verschiedenen Gelegenheiten zu hören sein.«[13]

Die Warren-Kommission erkannte Guthries Aussage bezüglich Rubys Mafia-Verbindungen nicht an und behauptete, daß »auf den 22 Tonbandaufzeichnungen, die von den Gesprächen zwischen Guthrie, Butler und Jones existieren, der Name Ruby nicht ein einziges Mal genannt wird«.[14] Aber mit dieser Behauptung stützte sich die Kommission lediglich auf »unvollständige Abschriften der Tonbänder«, und der Großteil der auf den Bändern aufgezeichneten Gespräche »war nicht mehr zu verstehen«, wie das House Assassinations Committee später feststellte.[15] Die Kommission fand es auch nicht der Erwähnung wert, daß ein FBI-Beamter, der diese unvollständigen Transkripte mit den Originalaufnahmen verglich, das unerklärliche Fehlen einer dieser Aufzeichnungen entdeckte.

Sheriff Guthries Aussage, in der er Ruby mit der Mafia-Gruppe aus Chicago in Verbindung brachte, wurde auch noch von anderer Seite bestätigt, so von Jack Wilner, einem Reporter der *Chicago Daily News*. Wilner erklärte, er habe aus Mafiakreisen erfahren, daß Ruby angeblich 1947 gemeinsam mit Nick St. John [Nick DeJohn], Paul Labriola, Marcus Lipsky und Paul Roland Jones den Versuch unternommen habe, in Dallas, Texas, in der Glücksspiel- und Wett-Szene Fuß zu fassen.[16] Alle erwähnten Männer waren an dem von Butler vor den beiden Senatskomitees erwähnten Unternehmen der Mafia beteiligt, sich in Dallas festzusetzen. In *The Washingtonian* zitierte der Journalist Milton Viorst noch eine andere Stimme, die von Rubys Mafia-Verbindungen zu berichten wußte:

Louis Kutner, ein Anwalt aus Chicago, der für das Kefauver-Komitee tätig gewesen ist, sagte, Ruby habe 1950 vor dem Kefauver-Stab ausgesagt. Im Verlauf der nachfolgenden Ermittlungen habe man dann erfahren, daß Ruby ein Abgesandter des Syndikats gewesen sei, den man nach Dallas geschickt habe, um dort als Verbindungsmann für die Chicagoer Mafia zu fungieren.[17]

Giles Miller, ein Geschäftsmann aus Dallas, der mit Ruby gut bekannt war, vermochte weiteres Licht in die Motive zu bringen, die Ruby dazu veranlaßt hatten, nach Dallas überzusiedeln:

> Jack Ruby saß häufig mit mir an einem Tisch und sprach davon, daß er von »ihnen« hier runtergeschickt worden sei – er sprach immer nur von »ihnen« und meinte damit das Syndikat in Chicago. Er beschwerte sich ständig darüber, daß man ihn wenigstens nach Kalifornien oder Florida hätte schicken können, wenn ihm schon das Exil nicht erspart bleibe.[18]

Obwohl die Bemühungen der Mafia, Sheriff Guthrie zu schmieren, sich als Fehlschlag erwiesen, gelang es ihr gleichwohl, Dallas ganz wie geplant zu erobern. Wie George Butler vor dem McClellan-Komitee aussagte, »übernahm die Chicago-Gang in der Folge Spielautomaten- und andere Vertriebssysteme der Unterhaltungsindustrie in Texas, Louisiana und Arkansas«,[19] so auch die Aufstellung von Flipper-Maschinen und Musicboxen. Schon 1957 wurde Dallas mit Joseph Civello die Ehre eines eigenen Mafiabosses zuteil. Civello repräsentierte die Stadt auch auf der berühmten Mafia-Zusammenkunft von Apalachin im Staat New York, und 1967 wurde Dallas in einem von den Bundesbehörden vorgelegten Bericht bereits als eines von 25 Mafia-Zentren in den USA bezeichnet.

Ruby ließ sich in der zweiten Hälfte des Jahres 1947 endgültig in Dallas nieder und ließ am 30. Dezember jenes Jahres seinen Namen offiziell von Jack Rubenstein in Jack Leon Ruby umändern. Seine ersten geschäftlichen Aktivitäten entfaltete er im Silver Spur Club – 1717 South Ervay –, den er jahrelang als Teilhaber leitete. Nach Lt. George Butlers Auskunft waren Ende der vierziger Jahre in diesem Club regelmäßig Paul Roland Jones und andere Chicagoer Mafiosi anzutreffen, die in den oben erwähnten Bestechungsversuch verwickelt waren. Während einer medizinisch-psychologischen Untersuchung nach seiner Inhaftierung sprach Ruby über den Silver Spur Club und erklärte:

> Man mußte einfach in diesem Club verkehren, wenn man wissen wollte, was so lief. Man konnte dort leichter jemanden finden, der einen von einer Mord- als von einer Diebstahlsanklage entlastete.[20]

1952 erwarb Ruby gemeinsam mit zwei Partnern das Bob Wills Ranch House Ecke Corinth/Industrial Street. Nachdem er in der zweiten Jahreshälfte für kurze Zeit nach Chicago gereist war, erwarb er eine Beteiligung am Vegas Club – 3508 Oakland. Schon bald war er obendrein als Leiter des Ervay Theaters und des Lokals »Hernando's Hideaway« tätig, und ein paar Jahre später handelte er außerdem mit Pizzateig und Medikamenten.

Ein Element von Rubys außerordentlicher »Geschäftstüchtigkeit« wird in der Art und Weise offenbar, wie er den Vegas Club in seinen Besitz brachte. Irving Alkana, der frühere Eigentümer des Clubs, erzählte dem FBI, daß Ruby sich Anfang der fünfziger Jahre zu einem Drittel in den Club eingekauft habe. Im April oder Mai 1954 habe Ruby ihn dann – so Alkana – während eines Streites um die Finanzen tätlich angegriffen und geschlagen. Im Zusammenhang mit dieser oder einer anderen

Auseinandersetzung bemerkte Ruby einmal: »Sie haben mich dann wegen versuchten Totschlags festgenommen.«[21] Alkana berichtete, zwei Monate nach dieser tätlichen Auseinandersetzung habe er Ruby die ihm noch verbliebenen Zwei-Drittel-Anteile verkauft und sei aus Dallas fortgezogen. Unterstützt wurde Ruby bei dieser Übernahme des Vegas Clubs von Joseph Locurto alias Joe Bonds, einem Gangster, der bereits sechs Festnahmen in drei Staaten zu verzeichnen hatte.

Obwohl Ruby sich ansonsten geschäftlich meist nur für kürzere Zeit auf bestimmte Projekte festlegte, blieb der Vegas Club bis November 1963 in seinem Besitz. Aber 1959 übernahm seine Schwester Eva Grant die Leitung des Clubs, und Ruby und sein Geschäftspartner Joe Slatin gründeten in der Commerce Street 1312 ½ den Sovereign Club, einen schicken Privatclub. 1960 wurde der Sovereign Club dann in den Carousel Club umgewandelt, einen öffentlichen Club, in dem Bier und Champagner ausgeschenkt, Pizza verkauft und Striptease-Vorführungen veranstaltet wurden. Jack Ruby und sein Partner Ralph Paul waren die Besitzer des Carousel Clubs, und Ruby führte das Lokal von dessen Eröffnung bis zum Tag des Attentats.

Während diese und ähnliche Unternehmungen Ruby eine Tarnung, aber auch eine Operationsbasis verschafften, galt sein eigentliches Interesse ebenso wie in Chicago anderen Aktivitäten.

Seit mindestens einem halben Jahrhundert haben wir es dem organisierten Verbrechen gestattet, seine Arme wie eine Krake gierig nach allen Teilen unseres Landes auszustrecken und sich überall in unserem Gemeinwesen festzusetzen. Es nimmt daher gegenwärtig – gemessen am Geldumsatz – unter den großen Unternehmen dieses Landes den ersten Rang ein. Mit Hilfe von Gewalt, Korruption und Betrug ist es der Unterwelt gelungen, sich als eine vielschichtige Wirtschaftsmacht zu etablieren und Dimensionen anzunehmen, die heutzutage das gesamte amerikanische Leben beeinflussen: unsere Werteordnung, unser Wirtschaftsleben, unser politisches System, die Entscheidungsprozesse unserer Regierung und sogar unsere freie Marktwirtschaft.[1]

Aaron Kohn, Direktor der städtischen Kriminalpolizei von New Orleans

8. Jack Rubys kriminelle Aktivitäten

Nachdem er sich in Dallas niedergelassen hatte, engagierte sich Jack Ruby in erster Linie auf den drei klassischen Hauptbetätigungsfeldern der Unterwelt, dem illegalen Glücksspiel, dem Drogenhandel und der Prostitution. Im Kontext seiner engen Verbindungen zur Mafia, aber auch zu korrupten Polizeikräften – wovon später noch die Rede sein wird – gründete sich sein Status als waschechter Mafioso ganz wesentlich auf die Aktivitäten, die er auf diesen drei Gebieten entfaltet hat. Am auffälligsten ist dabei Rubys Verwicklung in das illegale Glücksspiel – die seit Aufhebung der Prohibition bedeutendste Einnahmequelle der Mafia –, das in den meisten großen US-Städten durch die Mafia kontrolliert wird.

Im April 1959 fand die Polizei von Dallas bei dem Spieler Sidney Seidband eine Liste mit fünfzehn Namen, in der auch Ruby aufgeführt war. Von den fünfzehn auf der Liste verzeichneten Personen waren zwölf polizeibekannte Spieler, und zwei standen mit Spielern in enger Verbindung. Ruby wurde als einziger dieser Szene nicht zugeordnet. Daß er jedoch auf der Liste erwähnt war, verwundert angesichts der folgenden drei Berichte über seine illegalen Glücksspieloperationen nicht weiter.

William Abadie wurde am 6. Dezember 1963 von FBI-Agenten in Los Angeles ausfindig gemacht und befragt. Die Agenten erklärten ihm, daß sie »ihn wegen seiner Bekanntschaft und seines Umgangs mit Jack Ruby aus Dallas, Texas, aufgesucht hätten«.[2] Da er sich einem Gerichtsverfahren wegen Trunkenheit am Steuer entzogen hatte, war er nun erleichtert zu erfahren, daß die Beamten ihn nicht deswegen aufgesucht hatten. So erklärte Abadie, daß »er Ruby zwar kaum kenne, aber gerne bereit sei, so detailliert wie möglich Auskunft zu geben«.[3]

Abadie berichtete dann den FBI-Beamten, daß er Anfang März 1963 »von Rubys Geschäftsführer« für ungefähr sieben Wochen »als Spielautomaten- und Musicboxmechaniker eingestellt worden« sei.[4] Er erklärte ferner, daß er während seiner Zeit als Mechaniker »Ruby im Verkaufsraum des Automatenladens« gesehen habe.[5] Er fügte dann noch hinzu, daß er »einmal für ein paar Tage in einem von Rubys Etablissements als Buchmacher ›Wettscheine ausgestellt‹ habe«.[6] Auf die Frage nach Rubys politischem Standpunkt bekundete Abadie freimütig, Ruby und seine Glücksspiel-Mitarbeiter seien samt und sonders »Antiintegrationisten« gewesen, die »mit Negern grundsätzlich keine Wetten abschließen«,[7] eine zur damaligen Zeit in jenem Landstrich gewiß nicht ungewöhnliche Praxis.

Abadie sagte dann, für ihn sei es während der Zeit, da er in Rubys Automatenlager gearbeitet habe, »ganz klar gewesen, daß dieser in Dallas und in Fort Worth, Texas, über gute Verbindungen zu Kreisen des organisierten Verbrechens verfügen mußte«,[8] andernfalls hätten seine Glücksspielaktivitäten nicht einen solchen Umfang haben können. Das gleiche »gelte auch für Polizeikräfte in beiden Städten«.[9] Und Abadie berichtete weiter, »während er in Rubys Etablissement als Buchmacher tätig gewesen sei, habe er bisweilen Polizisten gesehen, die in dem Etablissement ein- und ausgegangen seien«.[10]

Der vom FBI verfaßte Bericht über die Befragung Abadies nimmt in dem im Nationalarchiv aufbewahrten Dokument 86 einen Raum von fünf Seiten ein. Aber die von der Warren-Kommission in Urkunde 1750 veröffentlichte Version dieser Aussage hat nur einen Umfang von vier Seiten. Die erste Seite des ursprünglichen Berichts, auf der von Abadies Anstellung in Rubys Geldautomatenlager und Buchmacher-Etablissement die Rede ist, fehlt. Diese Auslassung ist in der Tat äußerst befremdlich, insbesondere weil auf der unveröffentlichten ersten Seite Abadies Name und Adresse vollständig verzeichnet sind und noch weitere wichtige Daten, die ansonsten von politischen Untersuchungsausschüssen im Abschlußbericht routinemäßig veröffentlicht werden.

Jack Hardee, der zu jener Zeit in Alabama im Gefängnis von Mobile County einsaß, machte weitere Angaben über Rubys Glücksspielaktivitäten. Als er am 26. Dezember 1963 von FBI-Agenten befragt wurde, erklärte Hardee, »als er etwa ein Jahr zuvor in Dallas ein Büro für Kombinationswetten habe aufmachen wollen, habe man ihm geraten [...], zunächst Jack Rubys Einwilligung einzuholen, bevor er in Dallas aktiv werden könne«.[11] Man habe ihm überdies erzählt, daß »Ruby mit den Behörden des Bezirks ›eine Abmachung‹ getroffen habe«.[12] Hardy ist ein glaubwürdiger Zeuge, denn etliche seiner Angaben über Ruby haben sich in der Folge als durchaus korrekt erwiesen.

Harry Hall, ein nach Auskunft des Secret Service verläßlicher Zeuge, berichtete dem Secret Service und dem FBI, er sei Anfang der fünfziger Jahre an einem Projekt beteiligt gewesen, dessen Zweck es gewesen sei, reiche Texaner durch hochkarätige Wetten auszunehmen. In der Zusammenfassung dieser Aussage heißt es:

> Ruby drückte Hall gelegentlich ein Bündel Geldnoten in die Hand und machte ihn dann mit potentiellen Opfern bekannt. Dabei war Ruby mit vierzig Prozent an jedem Gewinn beteiligt [...], weil er angeblich gute Verbindungen zur Polizei unterhielt, so daß [für Hall] kein Grund bestand, sich wegen einer Festnahme zu sorgen.[13]

Hall teilte ferner mit, daß eines der Opfer, das sie mit Football-Wetten um eine große Summe erleichtert hätten, der texanische Milliardär H. L. Hunt gewesen sei. Hunt hatte – wie andere Zeugen bestätigten – regelmäßig ein illegales Spielcasino besucht und war dort in großem Maßstab betrogen worden. Hall berichtete auch, daß er anläßlich einer gemeinsamen Reise mit Ruby in Tulsa, Oklahoma, und Shreveport, Louisiana, gewesen sei. Dabei sei ihm aufgefallen, daß Ruby in diesen Städten »in Spielerkreisen gute Verbindungen zu haben schien«.[14]

Drogenhandel

Ein weiterer wichtiger Aspekt von Rubys Unterweltkarriere war der Drogenhandel. Nach Auskunft der entgegen ihren sonstigen Gepflogenheiten einmal mitteilsamen Warren-Kommission wurden 1947 »gegen Ruby, seinen Bruder Hyman sowie Paul Roland Jones Ermittlungen wegen Drogenhandels eingeleitet«.[15] Tatsächlich wurde Ruby in jenem Jahr im Zusammenhang mit diesem Fall von Beamten der Bundesrauschgiftfahndung verhört, wie in einem offiziellen Bericht nachzulesen ist, in dem auch von der »Mafia« die Rede ist. Ruby hingegen blieb ein Gerichtsverfahren erspart, während Jones verurteilt wurde, weil er sechzig Pfund Opium mit dem Flugzeug über die mexikanische Grenze eingeschleust hatte. Als Ruby jedoch den Bundesbehörden zehn Jahre später abermals auffiel, bestand kaum mehr ein Zweifel daran, daß er in ein Drogengeschäft von bedeutendem Ausmaß verwickelt war.

Am 20. Mai 1956 legte das FBI einen Bericht über die Aussage einer gewissen Eileen Curry an, die als Informantin für das FBI und die Polizei von Los Angeles arbeitete. Frau Curry erzählte den FBI-Beamten, sie sei Anfang des Jahres gemeinsam mit ihrem Freund James Breen nach Dallas gezogen, nachdem beide sich zuvor der gerichtlichen Verfolgung wegen Drogenhandels entzogen hatten. In Texas habe Breen ihr dann eröffnet, »er habe Verbindungen zu einem großen Drogenring bekommen, der zwischen Mexiko, Texas und dem Osten operiere«.[16] In dem Gespräch, das sie sieben Jahre vor dem Attentat mit dem FBI führte, sagte Frau Curry, »daß James es irgendwie geschafft hatte, mit Jack Ruby aus Dallas ins Geschäft zu kommen«.[17]

In einem weiteren Gespräch des FBI mit Eileen Curry, das stattfand, nachdem Ruby Oswald erschossen hatte, bekräftigte diese ihre Aussage von 1956 und teilte auch weitere Einzelheiten über Rubys Aktivitäten mit. Sie berichtete den FBI-Beamten, daß sie Anfang 1956 gesehen habe, wie Ruby mit dem Auto vor ihrer Wohnung auf dem Gaston Boulevard in Dallas vorgefahren und dann gemeinsam mit ihrem Freund James Breen wieder fortgefahren sei. Als Breen später am Tag zurückgekommen sei, habe er ihr erzählt, er habe »Ruby zu einem nicht genannten Ort begleitet, wo man ihm Filmaufnahmen von verschiedenen Grenzbeamten« sowie von Drogenfahndern und Kontaktleuten auf der mexikanischen Seite gezeigt habe.[18] Sie sagte außerdem, daß »Breen über die sich im Drogenhandel ganz offensichtlich bietenden Möglichkeiten ganz begeistert war«.[19] Frau Curry hatte Ruby verschiedentlich in ihrer eigenen Wohnung und in seinem Club gesehen und hatte ihn als Oswalds Mörder, den sie in Presse und Fernsehen gesehen hatte, sofort wiedererkannt; hinsichtlich seiner Identität bestand für sie nicht der geringste Zweifel.

Man kann die beiden detaillierten und in sich konsistenten Aussagen, die Eileen Curry vor dem FBI machte, nicht als belanglos abtun. Sie stehen im übrigen außerdem mit Rubys eigenen Erklärungen im Einklang und gewinnen weitere Plausibilität angesichts des engen Kontakts, den Ruby zu dem Rauschgifthändler Joseph Civello unterhielt. Darüber mehr im folgenden. Aber genau wie bei Rubys Buchmacheraktivitäten müssen wir auch bei seinen Drogengeschäften unser Augenmerk in erster Linie auf den Status richten, den er in diesen Kreisen besaß, denn immerhin spielte er eine beherrschende Rolle in einem Drogenring, »der zwischen Mexiko, Texas und dem Osten operierte«.[20] Genau wie Ruby von Abadie, Hardee und Hall als ein Mann beschrieben wurde, der in Dallas das Buchmachergeschäft und andere illegale Glücksspielaktivitäten kontrollierte, wurde er von Eileen Curry als Rauschgifthändler charakterisiert, der James Breen den Einstieg in die texanische Drogenszene ermöglichte.

Prostitution und sonstige kriminelle Aktivitäten

In das Bild des klassischen Gangsters passen auch Rubys Aktivitäten im Bereich der Prostitution. Der ehemalige Sheriff von Dallas County, Steve Guthrie, erklärte gegenüber dem FBI, Ruby habe »bereits seit seiner Ankunft in Dallas in seinem Club die Prostitution und andere illegale Aktivitäten gefördert«.[21] Jack Hardee, der Ruby 1962 kennenlernte, sagte aus, daß »Ruby für die Stripteasetänzerinnen und die anderen Frauen, die in seinem Club arbeiteten, als Zuhälter fungierte«, ihnen Freier zuführte und dafür die Hälfte ihrer Einnahmen einkassierte.[22] Dieses Arrangement erklärt auch eine Geldzahlung des Chicagoer Geschäftsmannes Larry Meyers. Meyers lernte die im Carousel tätige Stripteasetänzerin Joy Dale kennen und stellte dann einen Scheck über 200 Dollar an Jack Ruby aus, der von diesem Betrag die Hälfte an Dale weitergab.

Der Restaurantbesitzer Carl Maynard informierte das FBI darüber, eine seiner Kellnerinnen, die früher im Carousel gearbeitet hatte, habe ihm erzählt, daß »alle dort tätigen Frauen nach der Arbeit für 100 Dollar die Nacht der Prostitution nachgingen«.[23] Laut Maynard erhielt Ruby »einen gewissen Prozentsatz dieser Einnahmen«.[24] Joe Bonds, in den frühen fünfziger Jahren ein enger Vertrauter und Geschäftspartner Rubys, sagte dem FBI, daß Ruby manchen Polizisten in Dallas »Frauen zuführte«. Und Kenneth Dowe, ein Discjockey aus Dallas, erklärte, Ruby sei »im Bahnhofsviertel dafür bekannt gewesen, daß er auswärtigen Besuchern der Stadt Prostituierte vermittelte«.[25]

Während der Zeit, die Ruby im Carousel Club, seiner Operationsbasis, verbrachte, ging er anderen kriminellen Aktivitäten nach. Jack Marcus, ein Anwalt aus Chicago, unterhielt sich 1959 mit Ruby im Tropicana-Nachtclub in Havanna. Dem FBI erzählte Marcus, Ruby habe damals angedeutet, daß er »in seinem [Carousel-] Nachtclub ›alles‹ habe und daß man dort auch spielen könne«.[26] Andere Zeugen berichteten, daß Ruby auch außerhalb des Carousel-Clubs weitere kriminelle Aktivitäten verfolgte, einschließlich des Vertriebs gestohlener Rasierklingen und pornographischer Erzeugnisse,[27] zwei lukrative Einnahmequellen der Mafia.*

* Was an den relativ wenigen spezifischen Berichten über Rubys kriminelle Aktivitäten auffällt, sind die Aufenthaltsorte der Zeugen zum Zeitpunkt ihrer Befragung. William Abadie machte seine Aussage in Los Angeles, Jack Hardee in Mobile, Alabama, Harry Hall in Los Angeles, Eileen Curry in Los Angeles und Chicago und Carl Maynard in Burbank, Kalifornien. Fast alle übrigen Zeugen, die derartige Einzelheiten zu berichten wußten, lebten gleichfalls zum Zeitpunkt ihrer Befragung in großer Entfernung von Dallas. Dieser eigenartige Informationsmangel in Dallas paßt allerdings sehr gut zu dem Umstand, daß sämtliche Chicagoer Mafiosi Rubys Unterweltverbindungen strikt bestritten. Diese Tatsache legt die Vermutung nahe, daß in der Unterwelt von Dallas und in den Kreisen, die ihr nahestanden – also genau in jener Gruppe, die über Rubys kriminelle Aktivitäten am besten informiert war –, ein striktes Redeverbot verhängt worden war. Das ängstliche Verhalten, das jene an den Tag legten, die mit Ruby in Dallas am engsten zu tun hatten, und die Meineide, die sie schworen – worauf wir noch zu sprechen kommen werden – alles spricht für eine solche Annahme.

Die niederträchtigste kriminelle Handlung, deren Ruby sich schuldig machte, war natürlich Mord. Und wie noch zu zeigen sein wird, waren die Ermordung Oswalds wie auch Rubys sonstige kriminelle Aktivitäten von der Mafia gesteuert.

Die Mafia wird heutzutage in Filmen und Büchern häufig glorifiziert. Diese Neigung ist darauf zurückzuführen, daß die Ziele und Mittel dieser Leute in einem völlig falschen Licht gesehen werden. Sie sind der Abschaum der Erde.[1]

Der Mafia-Abtrünnige Patsy Lepera 1973 vor einem Untersuchungsausschuß des US-Senats

9. Jack Rubys Verbindungen zur Unterwelt

Abgerundet wurden Jack Rubys kriminelle Aktivitäten durch eine außerordentliche Vielzahl von Kontakten mit berüchtigten Unterweltfiguren überall in den USA. Einige von ihnen – etwa Paul Roland Jones, der Mafiaboß von Dallas, Joseph Civello, sowie der vielseitig verwendbare Mafia-»Spieler und -Mörder« Lewis McWillie – unterhielten zu Ruby langjährige Beziehungen. Andere jedoch, darunter zahlreiche von Marcellos, Trafficantes und Hoffas engen Vertrauten, standen mit Ruby nur während einer kurzen Periode in Verbindung: in den sieben Monaten zwischen der ersten Ankündigung von Präsident Kennedys Dallas-Besuch und dem Tag seiner Ermordung.

Auf den folgenden Seiten werde ich über den kriminellen Status der sechzehn wichtigsten Unterwelt- und Gewerkschaftsfiguren sprechen, mit denen Ruby in Kontakt stand. Diese Verbindungen Rubys zeigen überdeutlich, in welchem Ausmaß er mit den Kreisen des organisierten Verbrechens verbunden war. Die Kontakte, die er in der Periode unmittelbar vor dem Attentat unterhielt, werden später ausführlich analysiert und deshalb an dieser Stelle lediglich zusammenfassend referiert. Während in diesem Kapitel auf der einen Seite Rubys Mafia-Kontakte analysiert werden, ergibt sich zugleich aber auch ein Eindruck von dem Ausmaß, in dem die Mafia sich in den verschiedensten Bereichen der amerikanischen Gesellschaft festgesetzt hat. Dabei wird sich erweisen, daß das organisierte Verbrechen ganze Gewerkschaften beherrscht, Spielkasinos kontrolliert, von der medizinischen Betreuung alter Menschen profitiert und selbst im US-Senat über erheblichen Einfluß verfügt. Viele der in diesem Zusammenhang erwähnten Mafiosi sind noch immer aktiv.

Barney Baker, ein enger Vertrauter Jimmy Hoffas, war unter dessen direktem Kommando als »Organisator« für die Transportarbeitergewerkschaft tätig, bis er 1961 von einem Bundesgericht wegen seiner Unterweltaktivitäten zu einer Gefängnisstrafe verurteilt wurde.

Baker begann seine kriminelle Laufbahn Ende der dreißiger, Anfang der vierziger Jahre im New Yorker Hafenviertel. Er verdingte sich als Schläger für einen Glücksspiel- und Buchmacherring. Während dieser Zeit wurde er im Zusammenhang mit einer Unterwelt-Exekution verwundet und wegen einer anderen von der Polizei verhört und mußte sogar einmal wegen eines Hafenmordes untertauchen. Nachdem er Mitte der vierziger Jahre eine Weile als Leibwächter für die beiden Mafiosi Jake Lansky und Mert Wertheimer im Colonial-Inn-Hotel in Florida tätig gewesen war und einige Zeit für Bugsy Siegel in Las Vegas gearbeitet hatte, verfügte Baker über den notwendigen Hintergrund, um in der Transportarbeitergewerkschaft eine führende Rolle zu übernehmen. 1952 wurde er zum Vorsitzenden des Ortsverbandes 730 »gewählt« und war kurz darauf bereits als »Organisator« für den Dachverband tätig.

Baker übernahm bei der Gewerkschaft die Funktion des »vielseitig verwendbaren Schlägers« oder war, wie Robert Kennedy es ausdrückte, einer von Hoffas »reisenden Emissären der Gewalt«.[2] Das FBI bezeichnete ihn »als mutmaßlichen Schläger und Geldeintreiber im Dienste des Gewerkschaftsvorsitzenden James Riddle Hoffa«.[3] Das House Assassinations Committee charakterisierte ihn als einen »Gangster mit Verbindungen zum organisierten Verbrechen und zur Transportarbeitergewerkschaft«.[4] Baker unterhielt zahlreiche enge Kontakte zu berüchtigten Mafiosi im ganzen Land.[5]

Kontakte mit Ruby: Am 7. November 1963 telephonierte Baker von Chicago aus mit Ruby. Dieser rief Baker am nächsten Tag zurück. In Rubys Notizbuch wurde der Name »Barney« entdeckt, und daneben waren drei von Bakers Telephonnummern verzeichnet.

Joseph Campisi wird in den Akten der Bundesrauschgiftpolizei als Mitglied des organisierten Verbrechens geführt. Alles deutet darauf hin, daß er ein hochrangiges Mitglied der Mafia in Dallas ist. Ein weiterer Hinweis auf seinen hohen Status innerhalb der Mafiahierarchie ist auch seine enge Freundschaft mit Joseph Civello, dem ehemaligen Mafiaboß von Dallas, der die Stadt 1957 auf der Mafiazusammenkunft von Apalachin im Staat New York repräsentierte. Nach Auskunft eines FBI-Informanten war Campisi als Civellos Nachfolger vorgesehen. Eine ideale Ergänzung der engen Verbindung Campisis mit Civello und anderen Großkriminellen in Dallas sind die angeblich engen Kontakte, die er zu Staatsrichtern und Gesetzeshütern in Dallas unterhält.

Obwohl Campisi jahrelang mit illegalen Glücksspieloperationen in Verbindung gebracht wurde, wurde er nur einmal, 1944, wegen Mordes festgenommen. Campisi plädierte auf Notwehr, und so wurde erst gar nicht Anklage gegen ihn erhoben. Geschäftlich betätigte er sich in Las Vegas als Betreiber von Spielhöllen und als Partner in einer Versicherungsgesellschaft. Seit Ende der fünfziger Jahre war er überdies lange Zeit der Besitzer der »Egyptian Lounge«, einer Restaurant-Bar in Dallas. Sein Bruder Sam war bis zu seinem Tod im Jahr 1970 Teilhaber an dem Lokal. Das Etablissement war in Dallas als Gangstertreff so berüchtigt, daß man – nach Auskunft eines Beamten von der Kriminalpolizei Dallas – »nicht einmal hineingehen konnte, ohne vom FBI photographiert zu werden«.[6]

Aber am meisten interessierte sich die Polizei wegen seiner engen Freundschaft mit dem Marcello-Clan in Louisiana für

Campisi. Dieser war häufig zu Gast bei Carlos Marcello und dessen vier Brüdern, die angeblich ebenfalls der Mafia angehören. Außerdem geht aus den Telephonregistern der damaligen Zeit hervor, daß zwischen Unternehmen in New Orleans, die von Marcello kontrolliert wurden, und Campisis Egyptian Lounge ein reger fernmündlicher Kontakt bestand und ebenso zwischen Campisi und Carlos Marcello persönlich. Die Campisi-Marcello-Verbindung wurde von den Ermittlungsbehörden in Texas und Louisiana nachgewiesen und zudem von Campisi selbst bestätigt.

Kontakte mit Ruby: Rubys Schwester Eva Grant bezeichnete Campisi als engen Freund ihres Bruders. Rubys Mitbewohner George Senator nannte »einen Mr. Campisi, den Besitzer der Egyptian Lounge«, einen der drei engsten Freunde Rubys. Campisi selbst jedoch bereitete es offensichtlich Schwierigkeiten, eine in sich stimmige Auskunft über seine Beziehung zu Ruby zu geben. Am 6. Dezember 1963 äußerte Campisi gegenüber dem FBI, er habe Ruby seit 1948 flüchtig gekannt, »sich allerdings nie mit ihm angefreundet [...] und nie mit ihm näheren Umgang gepflegt«. Im übrigen wisse er »nichts über Rubys Lebensumstände und Umgang«.[7] 1978 hingegen konnte Campisi dem House Assassinations Committee sehr wohl detaillierte Auskünfte über Rubys Lebensumstände und Umgang erteilen. Er berichtete sogar, er habe Ruby einmal zu einer Grillparty eingeladen. Campisi gab auch widersprüchliche Auskünfte im Zusammenhang mit einer großen Geldsumme, die man bei Ruby fand, als dieser Oswald erschossen hatte.

Im Dezember 1963 gab Campisi gegenüber dem FBI zu, Ruby am 30. November 1963 im Bezirksgefängnis von Dallas besucht zu haben, wie auch den Polizeiunterlagen zu entnehmen war. Während jener Unterredung mit dem FBI erklärte Campisi, daß sein »letzter Kontakt mit Ruby« vor dem Besuch im Gefängnis am Abend vor dem Attentat stattgefunden habe, »als Ruby in der Egyptian Lounge ein Steak gegessen« habe.[8] 1978 indes widerrief Campisi diese Aussage und wollte Ruby am Abend vor dem Attentat nun doch wieder nicht gesehen haben.

Frank Caracci wurde 1970 in einem vom Justizausschuß anberaumten Anhörungsverfahren als »Cosa-Nostra-liierter« Glücksspieler und Betreiber eines Stripteaselokals bezeichnet. Das *Life*-Magazin nannte ihn einen »Marcello-Mafioso«, und im *Wall Street Journal* konnte man ebenfalls lesen, daß er »ein enger Vertrauter« Carlos Marcellos sei.

1969 war Caracci in einen Vorfall verwickelt, der wieder einmal deutlich macht, in welchem Ausmaß Marcello »den Staat Louisiana unter Kontrolle hat«, um noch einmal das *Life*-Magazin zu zitieren.[9] Im September jenes Jahres wurde Caracci verhaftet, als die Polizei eine im »Royal Coach Inn« in Houston, Texas, installierte Mafia-Spielhölle aushob. Gemeinsam mit Caracci wurden drei andere Männer festgenommen, die später allesamt gemeinsam mit dem Marcello-Clan auf der Hochzeit eines der Campisi-Söhne in Dallas gesichtet wurden. Die Festnahme war für einen von ihnen besonders peinlich, nämlich für Frank – »Tickie« – Saia, eine in den politischen, Geschäfts- und Sportlerkreisen Louisianas prominente Figur, bei dem man ein Bündel Wettscheine fand.

Als die Polizei das Verzeichnis der von der ausgehobenen Spielhölle aus geführten Telephonate unter die Lupe nahm, entdeckte sie einen regen telephonischen Kontakt mit Mafiagrößen im ganzen Land. Überdies waren auf der Liste Telephongespräche mit führenden Politikern Louisianas verzeichnet, so auch mit Saia, einem engen Freund von Senator Russel Long. Long hatte im übrigen dafür gesorgt, daß Saia bei der regionalen Niederlassung der US-Behörde für Mittelstandsförderung (U.S. Small Business Administration, SBA) einen hohen Beraterposten erhalten hatte. Bis 1974 waren nach Mitteilung der *New York Times* infolge der Infiltration der regionalen SBA-Niederlassung durch die Mafia in Louisiana »Millionen von SBA-Dollar in die Hände von nachweislich der Mafia nahestehenden Persönlichkeiten« geflossen.[10]

Angesichts der Tatsache, daß Saia wegen Glücksspiels aktenkundig geworden war und mit Caracci, Campisi und sogar Marcello auf vertrautem Fuß stand, erschien es seltsam, daß Senator Long ihm einen hohen Posten bei einer Bundesbehörde verschafft hatte. Einen nicht weniger befremdlichen Vorfall notierte der Expertenstab des House Assassinations Committee:

> Am 16. Juni 1961 wurde dem FBI gemeldet, daß ein US-Senator aus Louisiana möglicherweise versucht habe, zu Marcellos Gunsten [in das damals noch anhängige Ausweisungsverfahren] einzugreifen. Dieser Senator habe in der Vergangenheit angeblich »finanzielle Unterstützung von Marcello« erhalten und sei nun bemüht, einen bestimmten Beamten aus Louisiana in eine Schlüsselposition der Einwanderungs- und Einbürgerungsbehörde [INS] zu bringen, die es dem betreffenden Beamten gestatte, in der oben erwähnten Sache seinen Einfluß geltend zu machen.[11]

Der Passus »finanzielle Unterstützung von Marcello« bezog sich offensichtlich auf die massive Wahlkampfhilfe, die Senator Russel Long von Carlos Marcello erhielt. Von derartigen finanziellen Transaktionen ist jedenfalls nach Auskunft von *Life* 1951 in einem internen Bericht des Kefauver-Komitees die Rede gewesen.*

---

* Wie es in *Life* heißt, »haben zwei Generationen der Familie Long sich bestens mit der Mafia arrangiert«.[12] Diese Allianz begann 1934, als Huey Long, Russels Vater, »den New Yorker Mafiaboß Frank Costello dazu einlud, nach Louisiana zu kommen und gegen einen Anteil an den Gewinnen dort Spielhöllen zu begründen«.[13] Huey machte James Brocato, auch als »Diamond Jim« Moran bekannt, zu seinem persönlichen Leibwächter, einen Mann, der bereits wegen seiner Unterweltaktivitäten verurteilt worden und ein Vertrauter Carlos Marcellos war. Die Kontinuität der politischen Tradition wurde später offenbar, als Robert Brocato, ein Neffe des erwähnten James und Freund der Marcellos, zum Chef des Gesundheitsdezernats von New Orleans ernannt wurde. Aber auch sein offizieller Rang konnte Brocato 1971 nicht daran hindern, mit dem

Weitere Auskünfte über Caracci erteilte 1972 Aaron Kohn, der Direktor der städtischen Kriminalpolizei von New Orleans, vor einem Kongreßausschuß:

> Die beiden von Zerelli in Detroit und Marcello in Louisiana geführten Cosa-Nostra-Organisationen unterhielten enge Beziehungen. [...] Eine der wichtigsten Figuren innerhalb der Marcello-Organisation war Frank Caracci, der kürzlich wegen des dreifachen Versuches, einen Beamten des Bundesfinanzamtes zu bestechen, zu einer Gefängnisstrafe verurteilt worden ist. Dieser Mann wurde 1969 in Gesellschaft einiger Mitglieder von Zerellis Mafia-Clan in der Nähe von Detroit gesehen. In seiner Begleitung befand sich außerdem sein Schwager Nicholas J. Graffagnini aus Jefferson Parish in Louisiana.[14]

Kontakte mit Ruby: Caracci war eine jener Mafia-Figuren, mit denen Ruby offenbar nur in der Phase vor dem Attentat verkehrt hat. Wie später noch im einzelnen gezeigt wird, besuchte Ruby zwischen Juni und Oktober 1963 einen von Caraccis Nachtclubs in New Orleans, führte verschiedene Telephonate mit einem anderen von dessen Clubs und traf mindestens einmal persönlich mit Caracci zusammen.

Frank Chavez war ein wegen Behinderung der Justiz und versuchten Mordes verurteilter Gangster; er hatte eine Brandbombe geworfen. Dieser Hintergrund prädestinierte ihn geradezu für die Position des Vorsitzenden im Ortsverband 901 der Transportarbeitergewerkschaft in Puerto Rico. Auch empfahl er sich durch sein Vorleben James Riddle Hoffa, der ihn beauftragte, die dem AFL-CIO angeschlossene Gastronomiegewerkschaft unter Mafiakontrolle zu bringen. Dieser Auftrag war zu

---

Auto auf einen Verkehrspolizisten loszurasen, mit dem er wegen eines Verkehrsverstoßes eine lautstarke Auseinandersetzung gehabt hatte. Das Büro des Bezirksstaatsanwalts verzichtete gleichwohl auf eine Anklage.

Hoffas vollster Zufriedenheit erledigt, als im Februar 1962 im Hauptquartier der Gewerkschaft fünf Molotow-Cocktails in die Luft gingen und das gesamte Gebäude zerstörten.

Nach der Ermordung Präsident Kennedys schickte Chavez Robert Kennedy einen Brief, in dem er erklärte, er werde Geld für den Blumenschmuck von Lee Harvey Oswalds Grab spenden. 1964 und 1967 machte sich Chavez von Puerto Rico aus auf den Weg, angeblich um Robert Kennedy zu töten. Ein Jahr nach der letzten seiner beiden Reisen wurde er von einem seiner Leibwächter getötet.*

Kontakte mit Ruby: Zwischen 1960 und 1962 war Leopoldo Ramos Ducos für Chavez als »Organisator« des Ortsverbands 901 tätig. Vor dem FBI sagte Ramos Ducos am 27. November 1963, er habe gehört, wie Chavez »im Zusammenhang mit der Transportarbeitergewerkschaft den Namen Jack Ruby erwähnt« habe.[16] Ramos Ducos erklärte ferner, daß Chavez ihm im Herbst 1961 erzählt habe, »er habe eine Verabredung mit Richard Kavner, dem Internationalen Vizepräsidenten der Transportarbeitergewerkschaft, und mit Jack Ruby und noch einem weiteren Gewerkschaftsrepräsentanten«.[17] Kavner, den der Autor Dan Moldea als »eines der wichtigsten Mitglieder des Hoffa-Zirkels« charakterisiert und der »stets eine Waffe bei sich trug«, war in eine Reihe von Dynamitanschlägen verwickelt und in Puerto Rico für die Transportarbeitergewerkschaft tätig gewesen.

Auch in einem vom Justizministerium verfaßten Memorandum vom 26. November 1963 ist von »einer Verbindung zwischen Rubenstein [Jack Ruby], Frank Chavez und Tony Pro-

---

* Auf Chavez' Spuren wandelte Hector Aponte, ein Mitglied des Ortsverbandes 902, der später wegen Mordes und Brandstiftung verurteilt wurde. Er hatte am 31. Dezember 1986, dem Vorabend eines von der Transportarbeitergewerkschaft gegen das Plaza Hotel in San Juan ausgerufenen Streiks, das ganze Gebäude in Brand gesteckt. Das Feuer, das Aponte »in Absprache mit anderen«[15] gelegt zu haben eingestand, tötete 96 Menschen; ein Überlebender wurde später erschlagen aufgefunden. Ein weiteres Mitglied des Ortsverbandes wurde der Komplizenschaft angeklagt.

venzano« die Rede.[18] Der dritte der Genannten, nämlich Provenzano, war ein internationaler Vizepräsident der Transportarbeiter und *capitano* der Mafiafamilie Genovese. Er wurde 1963 wegen Erpressung verurteilt, 1978 wegen Mordes. Angesichts von Rubys vormaligem Engagement in einem der Chicagoer Ortsverbände, wo er gemeinsam mit Paul Dorfman gewirkt hatte, und seiner sonstigen Beziehungen zu der Transportarbeitergewerkschaft, von denen noch die Rede sein wird, erscheint eine solche Verbindung durchaus glaubhaft.

Joseph Francis Civello war in den fünfziger und sechziger Jahren der Mafiaboß von Dallas. Er war einer der 59 Delegierten, die anläßlich der 1957 in Apalachin im Staate New York veranstalteten Mafia-Zusammenkunft festgenommen worden waren. (Infolge seiner Inhaftierung konnte Civello sein »Amt« zwischenzeitlich nicht ausüben, und die zuständigen Ermittlungsbeamten vertreten den Standpunkt, daß die Familie Genovese aus New York stellvertretend Peter Pellegrino nach Dallas schickten, damit er während Civellos Abwesenheit die dortigen Mafia-Interessen schützte.) Civellos Vorstrafenregister reicht bis in das Jahr 1928 zurück und enthält beispielsweise eine Festnahme wegen Mordes und eine Verurteilung wegen eines Verstoßes gegen das Bundesdrogengesetz. Der in Louisiana geborene Civello war mit Carlos Marcello befreundet, mit dem er häufig Ferngespräche führte.

Kontakte mit Ruby: In einem Gespräch, das er am 14. Januar 1964 mit dem FBI führte, behauptete Civello, er habe Ruby beiläufig »seit etwa zehn Jahren« gekannt.[19] Aber genau wie sein Mafia-Kollege Joseph Campisi war Civello bestrebt, den Grad seiner Verbundenheit mit Ruby eher herunterzuspielen.

Aufschluß über die zwischen Civello und Ruby bestehende Verbindung konnte Bobby Gene Moore geben, der in Dallas aufgewachsen war und zwischen 1952 und 1956 verschiedentlich für Ruby in dessen Vegas Club als Pianist gearbeitet hatte. Nach dem Attentat fühlte sich Moore dazu veranlaßt, das FBI zu kontaktieren, weil er im Fernsehen gehört hatte, sein früherer Arbeitgeber habe keine Beziehungen zum organisierten Verbrechen unterhalten. Er wurde am 26. November 1963 in Oakland, Kalifornien, von FBI-Beamten befragt.

Moore berichtete dem FBI von Geschäften, an denen Ruby, zwei Polizisten aus Dallas und einige Figuren aus der örtlichen Unterweltszene beteiligt gewesen seien. Etliche seiner Hinweise führten Jahre später zu Festnahmen wegen der von ihm beschriebenen Aktivitäten. Am meisten Interesse verdient Moores Bericht über eine italienische Importgesellschaft in der Ross Avenue 3400 in Dallas; Moore war Anfang der fünfziger Jahre bei dieser Firma angestellt gewesen. Moore traf den Nagel auf den Kopf, als er dem FBI von seinem Verdacht berichtete, daß seine Arbeitgeber, Joseph »Cirello« und Frank LaMonte, möglicherweise Narkotika importiert hätten. Im Branchenverzeichnis von Dallas war der Laden in der Ross Avenue 3400 unter dem Namen eines Bruders von Mafiaboß Joseph Civello eingetragen. Der vom FBI als Joseph »Cirello« transkribierte Mann war also niemand anderer als Joseph Civello, zu dessen Tarnunternehmen unter anderem ein Öl-, Oliven- und Käse-Import/Export gehörte und dessen kriminelle Aktivitäten tatsächlich den Rauschgifthandel einschlossen.

Angesichts von Civellos Status innerhalb der Mafia gewinnt eine weitere Feststellung Moores an Bedeutung: In der Unterredung vom November 1963 berichtete dieser dem FBI, daß Ruby »*Cirello und LaMonte häufig besucht und regelmäßig Umgang mit ihnen gehabt hat*«.[20] Als LaMonte 1964 in dieser Sache vom FBI befragt wurde, gab er zu, Ruby seit den frühen fünfziger Jahren gekannt zu haben, was Moores Behauptung voll und ganz bestätigt. Weitere Bestätigung erhält sie durch den Schriftsteller Ovid Demaris, der berichtet, Civello habe zu ihm gesagt: »Ja, ich kannte Jack – wir waren Freunde –, und ich bin häufig in seinen Club gegangen.«[21]

Der in den Akten des Nationalarchivs aufbewahrte Bericht über Bobby Gene Moores Gespräch mit dem FBI hat eine Länge von zwei Seiten. Er wurde von der Warren-Kommission als Urkunde 1536 veröffentlicht. Aber die von der Kommission publizierte Version enthält nicht den geringsten Hinweis auf Rubys häufige Besuche bei dem Mafiaboß von Dallas, Joseph Civello. Fortgelassen war ebenfalls Moores aussdrücklich geäußerte Überzeugung, daß Ruby »mit der Unterwelt von Dallas in Verbindung stand«.[22]

Tatsächlich wurde in der Urkunde 1536 die ganze zweite Seite des im Nationalarchiv verwahrten Berichtes weggelassen, und drei Absätze der ersten Seite des Originals, in denen von Joseph »Cirello« die Rede war, *waren auf der ansonsten perfekten Photokopie dieser Seite nicht zu sehen.* Nachdem man auf diese Weise sieben der ursprünglich neun Absätze umfassenden Aussage Moores gestrichen hatte, waren dessen Darlegungen tatsächlich beinahe vereinbar mit der von der Warren-Kommission vertretenen Behauptung, es habe »zwischen Ruby und dem organisierten Verbrechen keine signifikante Verbindung gegeben«.[23]

Joseph Glaser war nach Auskunft von Jack Rubys Schwester Eva Grant einer der reichsten Buchmacher in New York und hatte »möglicherweise Kontakt zu Kreisen des organisierten Verbrechens«.[24] Diese Formulierung war typisch für Frau Grants milde und euphemistische Charakterisierung solcher Individuen wie Lewis McWillie, Lenny Patrick und Dave Yaras – die allesamt von unabhängigen Zeugen als Mafiosi und Mörder bezeichnet wurden.

Glasers Verbindungen zum Syndikat wurden erst unlängst wieder einmal von der *New York Times* bestätigt, die eine Serie über Sidney Korshak herausbrachte, einen mafiosen Anwalt aus Los Angeles. Die *Times* nannte Korshak in ihrer Serie »den wichtigsten Verbindungsmann zwischen dem organisierten Verbrechen und der großen Wirtschaft«[25] und berichtete ferner, daß höhere Beamte im Justizministerium ihn »den zehn mächtigsten Männern der Unterwelt« zurechnen.[26] Wie einflußreich er in der Unterwelt eigentlich ist, wurde 1961 offenbar, als Jimmy Hoffa die beste Suite im Riviere Hotel in Las Vegas räumen mußte, damit Korshak dort einziehen konnte.

Die *Times* berichtete weiter, daß die Associated Booking Corporation, eine Theateragentur, eines jener Unternehmen sei, die Korshak »mehr oder weniger vollständig kontrolliert«, eine Investition, »die er geheimzuhalten bestrebt gewesen ist«.[27] Wie die *Times* ferner notiert, hat

Joseph Glaser, der Präsident der Associated Booking Company, der drittgrößten Theateragentur des Landes, 1962 sämtliche »Stimm-, Eigentums- und Kontrollrechte«, die mit seiner Aktienmehrheit in dem Konzern verbunden waren, auf Mr. Korshak und sich selbst übertragen. Die Vereinbarung lief darauf hinaus, daß Mr. Korshak, der in den sechziger Jahren eher wie der Rechtsberater der Agentur erschienen war, nach Mr. Glasers Ableben im Jahr 1969 die Gesellschaft völlig seiner Kontrolle unterwerfen konnte.[28]

Kontakte mit Ruby: Am 5. August 1963 stattete Ruby Glaser in New York einen Besuch ab. Zehn Tage später tätigte Ruby zwei Telephonate mit Glaser.

Alexander Gruber bezeichnete sich gegenüber dem FBI als typischen Amerikaner, der nie einer anderen Organisation angehört habe »als der Demokratischen Partei und den Pfadfindern«.[29] Während die Warren-Kommission ein vom FBI erstelltes vier Seiten langes Protokoll über die Vernehmung Grubers veröffentlichte, in dem auch dieses Selbstlob enthalten war, unterschlug sie einen zwei Seiten langen FBI-Bericht, der selbst dem Nationalarchiv bis 1970 vorenthalten wurde. In diesem Bericht war vom kriminellen Vorleben Grubers die Rede, der immerhin in Illinois, Indiana und Kalifornien unter zwei verschiedenen Namen sechs Festnahmen und eine Verurteilung wegen schweren Diebstahls hinter sich hatte. Nach Auskunft von Seth Kantor, einem Mitglied des Pressecorps des Weißen Hauses, »arbeitete Gruber auch mit Frank Matula zusammen, der kurz nachdem er eine Gefängnisstrafe wegen Meineides verbüßt hatte, von Hoffa zum Funktionär bei der Transportar-

beitergewerkschaft gemacht wurde. Gruber unterhielt auch
nachweislich Verbindungen zu einigen Ganoven, die mit dem
Gangster Mickey Cohen zu tun hatten.

Kontakte mit Ruby: Al Gruber und Jack Ruby kannten sich
schon aus Chicago und hatten dort sogar ein Jahr zusammenge-
wohnt. Mitte November 1963 stattete Gruber Ruby nach zehn-
jähriger Trennung in Dallas einen ausgedehnten Besuch ab.
Außerdem rief Ruby Gruber drei Stunden nach dem Kennedy-
Attentat in Los Angeles an. Die zwei Männer gaben für diese
Kontakte völlig verschiedene Gründe an.

Paul Roland Jones war der Anführer jener Chicagoer Mafia-
Delegation, die in Dallas den bereits erwähnten Korruptions-
versuch unternahm, aber seine kriminelle Karriere weist noch
andere Höhepunkte auf. Sein erster bedeutender Gesetzesver-
stoß war die Ermordung eines Zeugen der Anklage in Kansas,
die ihm 1931 eine lebenslängliche Haftstrafe eintrug. Aber mit
entsprechender Unterstützung der Mafia gelang es Jones 1940,
von Gouverneur Husman begnadigt zu werden. Nachdem er
sich 1946 einem in Cleveland wegen eines schweren Verbrechens gegen ihn ausgestellten Haftbefehl entzogen hatte, begab sich Jones nach Dallas, um die dortigen Bestechungsverhandlungen der Mafia zu leiten. Noch während er mit allen
juristischen Mitteln gegen die 1947 gegen ihn ergangene Verurteilung ankämpfte, geriet er abermals mit dem Gesetz in
Konflikt, weil er sechzig Pfund Opium über die mexikanische Grenze geflogen hatte. 1960 wurde Jones im Zusammenhang mit der Texas-Adams-Oil-Company-Betrugsaffäre wegen
Meineids angeklagt.

Kontakte mit Ruby: Jones gab gegenüber dem FBI an, er habe
Ruby Ende der vierziger Jahre in Dallas ganz gut kennengelernt
und ihn danach bisweilen besucht. Er behauptete, seine Beziehung zu Ruby sei rein freundschaftlicher Natur gewesen, der
Umstand jedoch, daß auch Ruby im Zusammenhang mit
Jones' Verhaftung wegen Opiumhandels von der Bundesrauschgiftpolizei vernommen wurde, deutet möglicherweise in eine

andere Richtung. Jones kam auch eine Woche vor dem Kennedy-Attentat von außerhalb des Staates Texas nach Dallas und stattete Ruby in dessen Carousel Club einen Besuch ab.

Russel D. Matthews wurde in einem FBI-Bericht als Einbrecher, bewaffneter Räuber, Drogenhändler und Mörder bezeichnet. In den späten fünfziger Jahren arbeitete er für von der Mafia kontrollierte Casinos auf Kuba und ging dann in den sechziger Jahren in Dallas seinen Unterweltaktivitäten nach. Die *Dallas Morning News* meldete, daß »Matthews im Raum Dallas mehr als fünfzigmal von der Polizei festgenommen, aber nur einmal zu einer zweijährigen Gefängnisstrafe verurteilt worden ist – und zwar wegen Verstoßes gegen das Rauschmittelgesetz«.[30] Im Januar 1974 wurde Matthews im Zusammenhang mit einem angeblich bestehenden Plan, eine Reihe von Informanten zu töten, die über Korruptionsfälle im Rauschgiftdezernat der Polizei von Houston berichtet hatten, unter Strafandrohung zum Erscheinen vor einem Bundesgeschworenengericht aufgefordert. Gegenwärtig ist er im Horseshoe Club in Las Vegas angestellt.

Matthews ist ein Vertrauter der beiden Mafiosi Santos Trafficante und Joseph Campisi. Matthews und Campisi wurden 1978 sowohl in Dallas als auch in Las Vegas zusammen gesehen.

Kontakte mit Ruby: Vier Zeugen haben Matthews als einen Vertrauten beziehungsweise Freund Rubys bezeichnet. Am 3. Oktober 1963 wurde vom Carousel Club aus ein Telephonat mit einer Nummer in Shreveport, Louisiana, geführt. Adressatin des Anrufs war Elizabeth Matthews, Russels damalige Frau.

Lewis J. McWillie, der von der Polizei von Dallas als »Spieler und Mörder« bezeichnet wird, ist in den verschiedensten Bereichen für das Syndikat tätig gewesen. Nachdem er als junger Mann nach Dallas übergesiedelt war, wurde er in den vierziger Jahren in Dallas »in Spielerkreisen alsbald zu einer prominenten Figur«, wie es in einem FBI-Bericht heißt.[31] Aus den Unterlagen der Sozialversicherung geht hervor, daß McWillie 1942 und 1943 für die beiden mächtigsten Gangsterbosse in Dallas, Lester – »Benny« – Binion und Benny Bickers, im Southland Hotel gearbeitet hat, dessen Besitzer der Mafioso Sam Maceo war. Während der gesamten vierziger und fünfziger Jahre war McWillie im Raum Dallas als Betreiber etlicher Spielhöllen tätig, darunter des Top-of-the-Hill-Clubs, des Cipango's und eines am Jacksboro Highway 2222 in Fort Worth gelegenen Spieletablissements.

Von September 1958 bis Mai 1960 war McWillie Leiter des von der Mafia kontrollierten Tropicana-Hotels in Havanna. Weitere führende Mitarbeiter des Hotels waren die Mafiosi Giuseppe Cotrini, John Guglielmo, Norman Rothman, Willie Bischoff sowie Meyer und Jake Lansky. Nachdem er vom Castro-Regime aus dem Tropicana vertrieben worden war, hielt sich McWillie als »Geldwäscher« des Casinos im Capri-Hotel über Wasser, dessen bedeutendster Teilhaber Santos Trafficante war. Wie es in einem FBI-Bericht heißt, der sich jetzt im Nationalarchiv befindet, hatte McWillie während seiner Zeit in Havanna regelmäßigen Umgang mit Meyer und Jake Lansky, mit Santos Trafficante, Willie Bischoff, Dino Cellini und weiteren Mafiagrößen. Er wurde schließlich im Januar 1961 gemeinsam mit den übrigen Mafiosi aus Kuba vertrieben, die von ihm angehäuften Vermögenswerte wurden konfisziert.

Nach seiner erzwungenen Ausreise aus Kuba verbrachte McWillie etliche Monate auf den beiden Karibikinseln Aruba und Curaçao. Anschließend war er in leitender Funktion im Casino des Cal-Neva-Lodge-Hotels in Lake Tahoe, Nevada, tätig, jenem Hotel, an dem Frank Sinatra mit fünfzig Prozent beteiligt war. Sinatra mußte diese Beteiligung jedoch aufgeben, als sein Umgang mit Sam Giancana, dem Mafiaboß von Chicago, bekannt wurde. Kurz darauf bekleidete McWillie dann eine führende Position im Casino des Riverside-Hotels in Reno, das einigen Mafiosi aus Detroit gehörte. Nachdem das Hotel 1962 aus dem Pensionsfonds der Transportarbeiterge-werkschaft ein Darlehen über 2,75 Millionen Dollar erhalten hatte, meldete es den Konkurs an, und McWillie trat nun einen Posten im Thunderbird-Hotel in Las Vegas an. In allen diesen Stellungen arbeitete McWillie in leitender Position und war »für die Überwachung des Spielablaufs zuständig«.[32] McWillie war noch immer im Thunderbird tätig, an dem auch Meyer und Jake Lansky beteiligt waren, als Präsident Kennedy ermordet wurde. Zu dem Zeitpunkt, da McWillie 1978 vor dem House Assassinations Committee aussagte, war er im Casino des Holiday Inn in Las Vegas beschäftigt.

Kontakte mit Ruby: Ruby und McWillie selbst, aber auch andere Zeugen bestätigten, daß die beiden Männer enge Freunde gewesen seien. Ihr enges Verhältnis wurde auch angesichts einer ausgedehnten Reise sichtbar, die Ruby 1959 nach Kuba unternahm. Während dieses Aufenthalts traf Ruby häufig mit McWillie zusammen. Außerdem hatte Ruby nach eigenem Bekunden McWillie einmal vier Schußwaffen nach Kuba übersenden lassen. Und am 10. Mai 1963 ließ Ruby McWillie von Ray's Waffengeschäft in Dallas einen 38er Smith-and-Wesson-Revolver nach Las Vegas übersenden. Dies ergibt sich aus den Geschäftsunterlagen und wurde von Ruby und McWillie bestätigt. Im Verlauf der folgenden vier Monate rief Ruby McWillie achtmal im Thunderbird-Hotel in Las Vegas an.

Murray W. – »Dusty« – Miller war Vorsitzender der von der Transportarbeitergewerkschaft 1963 veranstalteten Südstaaten-Konferenz (Southern Conference). Später fungierte er als geschäftsführender Schatzmeister der Internationalen Transportarbeitergewerkschaft. Das House Assassinations Committee berichtete, daß Miller »mit zahlreichen Unterweltfiguren in Kontakt stand«.[33]

Kontakte mit Ruby: Am 8. November 1963 meldete Ruby ein R-Gespräch mit Miller an, der zu diesem Zeitpunkt im Eden-Roc-Hotel in Miami wohnte.

Lenny Patrick wurde in einem 1965 veröffentlichten Bericht des US-Senats als hochrangiger Komplize des Chicagoer Zweiges der Mafia im Status eines Nichtmitglieds bezeichnet. Zu seinen Aktivitäten zählten Verbrechen wie »Erpressung, schwere Körperverletzung und Mord«, außerdem Glücksspiel, die Vergabe von Darlehen gegen Wucherzinsen sowie Rauschgifthandel, den er angeblich auf der West Side in Chicago beherrschte.[34] In Ovid Demaris' Buch *Captive City* wird er als »der oberste Boß des organisierten Verbrechens im vierundzwanzigsten und fünfzigsten Bezirk« von Chicago bezeichnet.[35] Er verfügte über Beteiligungen an Hotels, Restaurants, Supermärkten, Spirituosenläden, einem Unternehmen für Aluminiumprodukte, einem Müllabfuhrunternehmen, einer Automatenfirma, einem Unternehmen zur Vermarktung von Dienstkleidung in der Industrie und im Versicherungswesen. In seiner Akte sind 28 Festnahmen vermerkt – unter anderem wegen Mordes –, eine 1933 erfolgte Verurteilung wegen Bankraubs und eine Verurteilung aus dem Jahr 1975 wegen Mißachtung des Gerichts.

Nach Auskunft eines FBI-Informanten stand Patrick auf vertrautem Fuß mit Sam Giancana, dem ehemaligen Mafiaboß von Chicago. Wie auch etliche andere von Rubys Freunden bei der Mafia war Patrick angeblich früher einmal an einem Spielcasino auf Kuba beteiligt. Aber am besten war Patrick als einer der führenden Killer des organisierten Verbrechens bekannt.

Kontakte mit Ruby: Gegenüber dem FBI erklärte Patrick, er sei mit Ruby in Chicago ein wenig bekannt gewesen, sei jedoch seit Anfang der fünfziger Jahre mit diesem nicht mehr in Kontakt gewesen. Nach Mitteilung von Rubys Schwester jedoch hat Patrick Ruby 1963 angerufen.

Aaron Kohn, der Direktor der städtischen Kriminalpolizei von New Orleans, bezeichnete Nofio J. Pecora als einen »Exhäftling mit einem langen Vorstrafenregister wegen Drogenhandels«, der eng mit Carlos Marcello zusammenarbeitete.[36] G. Robert Blakey, der juristische Chefberater des House Assassinations Committee, erklärte, daß »das FBI, das Justizministerium und die städtische Kriminalpolizei von New Orleans

Pecora als einen der drei engsten Mitarbeiter Marcellos ansehen«.[37] Die *New York Times* bezeichnete Pecora ebenfalls als engen Vertrauten Marcellos; sie berichtete ferner, Pecora habe von der Niederlassung der US-Behörde für Mittelstandsförderung in New Orleans ein Darlehen in Höhe von 210 000 Dollar erhalten.

Kontakte mit Ruby: Am 4. August und am 30. Oktober 1963 wurde in Dallas von einem unter Rubys Namen angemeldeten Telephon aus ein Gespräch mit einem Telephon in New Orleans geführt, das dort unter Pecoras Namen registriert war. Beide Gesprächsteilnehmer hatten zu ihren jeweiligen Apparaten einen fast exklusiven Zugang.

Johnny Roselli, eine prominente Mafiafigur, betätigte sich hauptsächlich in Las Vegas und Los Angeles. Der ehemalige Vertraute Al Capones[38] wurde 1944 zusammen mit anderen führenden Mafiosi verurteilt, weil sie versucht hatten, von den großen Filmstudios in Hollywood einen Betrag in Höhe von einer Million Dollar zu erpressen. Die Gruppe führte diesen Coup durch, indem sie die Gewerkschaft der Bühnenarbeiter unter ihre Kontrolle brachte und dann mit Hilfe massiver Streikdrohungen ihre beträchtlichen Geldforderungen durchzudrücken versuchte. Anfang der sechziger Jahre war Roselli maßgeblich an dem von der CIA und der Mafia gemeinsam gegen Fidel Castro geplanten Mordkomplott beteiligt. Im August 1976 wurde Rosellis Leiche in einem Ölfaß gefunden, das in der Biscayne Bay in Florida trieb; kurz zuvor hatte er noch in einer Geheimsitzung vor dem Untersuchungsausschuß des Senats ausgesagt.

Kontakte mit Ruby: Dem Kolumnisten Jack Anderson erzählte Roselli, daß er Ruby kenne und daß dieser »einer von unsern Jungs« sei.[39] Möglicherweise haben sich die zwei erstmals 1933 getroffen, als sie beide auf der damals gerade neueröffneten Santa-Anita-Rennbahn in Los Angeles ihren einschlägigen Aktivitäten nachgingen. Ruby und Roselli haben sich angeblich im Herbst 1963 zweimal in Miami getroffen.

Irving S. Weiner ist ein professioneller Bürge, der gewerblich Kautionen stellt. Sein Büro liegt nur einige Häuser vom Chicagoer Polizeipräsidium entfernt. Weiner ist nicht vorbestraft. Er ist eine der führenden Mafia-Figuren in Chicago und »gilt als der wichtigste Unterweltfinanzier im Mittleren Westen«.[40] »In einer vollständigen Liste seiner kriminellen Freunde«, so das House Assassinations Committee, »müßte eine beträchtliche Anzahl der führenden Männer des organisierten Verbrechens in den Vereinigten Staaten aufgeführt sein.«[41] Zu diesen Freunden gehören: Jimmy Hoffa, Santos Trafficante, Sam Giancana, Paul und Allen Dorfman, Sam Battaglia, Marshall Califano und der »Oberhenker«[42] Felix (»Milwaukee Phil«) Alderisio.

Weiners Aktivitäten veranschaulichen die Vorgehensweise der amerikanischen Mafia. Wie das House Assassinations Committee berichtete, bestand eine dieser charakteristischen Aktivitäten darin, »die Chicagoer Niederlassungen des nationalen Wohlfahrtprogramms und des daran angeschlossenen Systems für medizinische Betreuung [medicare] um hohe Geldbeträge zu betrügen«.[43] Dies geschah durch »Manipulation der entsprechenden Haushaltsmittel« und durch »Brandstiftung in Medicare-Kliniken; für den Schaden hatten dann die Versicherungen aufzukommen«.[44]

Weiner wird auch »mit Brandstiftungen in Restaurants und Nachtclubs in Verbindung gebracht, die zur Auszahlung hoher Versicherungssummen führten«.[45] Weiner hat auch gemeinsam mit Felix Alderisio drei fleischverarbeitende Unternehmen betrieben und sich als Grundstücksmakler betätigt. Ein von Weiner eröffneter Backfettvertrieb wurde 1961 von einem Chicagoer Richter geschlossen, nachdem verlautet war, daß die Firma ihr Produkt unter Gewaltandrohung in den Markt gepreßt habe. Als Alderisio später wegen Erpressung vor Gericht stand, wurde Weiner der Beihilfe angeklagt. In einem FBI-Bericht aus dem Jahr 1973 heißt es, »daß Weiner für die Gemeinde des organisierten Verbrechens in Chicago sämtliche in Las Vegas abgeschöpften Gewinne verwalte«.[46] Und in einem

1974 vom FBI angefertigten Transkript eines elektronisch mit-geschnittenen Gespräches, auf das auch das House Assassina-tions Committee Bezug nimmt, ist die Rede davon, »daß Wei-ner versucht hat, einen Repräsentanten des Justizministe-riums in Chicago durch ein Geldangebot zur Freilassung Sam Battiglias – eines ebenfalls zu den Kreisen des organisierten Verbrechens gehörigen Gangsters – aus dem Gefängnis zu be-wegen«.[47]

Wie viele von Rubys Mafia-Freunden und Ruby selbst war auch Weiner an den kubanischen Operationen der Mafia betei-ligt gewesen. So heißt es beispielsweise in einem FBI-Memo-randum von 1962, »daß Weiner sich damit gebrüstet hat, er habe zum Dank für die Dienste, die er Phil Alderisio, Santos Trafficante etc. erwiesen habe, eine erhebliche Beteiligung am Deauville- und am Capri-Spielcasino in Havanna erhalten. Dies wird von eingeweihten Kreisen bestätigt. Als Weiner zu-letzt über diese Beteiligung gesprochen hat, beklagte er sich heftig über den durch Castro verursachten Verlust eines gewal-tigen Vermögens.«[48]

Weiner war auch innerhalb der Transportarbeitergewerk-schaft aktiv, wie aus den zahlreichen Vermerken in den FBI-Akten hervorgeht, in denen er gemeinsam mit Jimmy Hoffa und dem Gewerkschaftsbonzen Allen Dorfman genannt ist. (Weiner war auch mit Dorfman zusammen, als dieser 1983 in Chicago im Unterweltstil exekutiert wurde.) Im Zusammen-hang mit einer 1959 durchgeführten Betrugsaktion wurde eine von Weiner geleitete Gesellschaft vom Vorstand der Trans-portarbeitergewerkschaft mit der Aufgabe betraut, die viele Millionen Dollar umfassenden Haftpflichtversicherungsbei-träge der Ortsgruppen zu verwalten. Aber die Vollmacht traf bereits einen Tag, bevor Weiner seine Gesellschaft überhaupt offiziell gegründet hatte, ein.

1974 wurde Weiner gemeinsam mit Allen Dorfman, zwei Treuhändern des gewerkschaftseigenen Pensionsfonds und an-deren Mafiosi in Chicago von einem Bundesgeschworenenge-richt wegen der Veruntreuung von mehr als 1,4 Millionen

Dollar belangt. Unter anderem ging es um ein dem Pensionsfonds der Gewerkschaft entnommenes Darlehen an eine Firma in New Mexico, die anschließend von der Mafia durch systematischen Kapitalabfluß bankrott gemacht worden war. Nach Schätzungen der Bundesbehörden hat sich die Mafia durch derartige Transaktionen auf Kosten der Transportarbeitergewerkschaft um wenigstens 385 Millionen Dollar bereichert. Wie es in dem Bericht des House Assassinations Committee heißt, »brach die ausgesprochen starke Position der Staatsanwaltschaft zusammen, als David Siefert, ihr Hauptbelastungszeuge, am 27. September 1974 kurz vor der Eröffnung des Verfahrens brutal ermordet wurde«.[49]

Kontakte mit Ruby: Ruby und Weiner hatten sich zumindest als Jugendliche in Chicago oberflächlich gekannt. Am 26. Oktober 1963 führte Ruby vom Carousel Club aus ein zwölfminütiges Telephonat mit Weiner in Chicago. Als er, drei Tage nachdem Ruby Oswald erschossen hatte, vom FBI vernommen wurde, weigerte sich Weiner, über das Telephongespräch Auskunft zu geben. Später wartete er mit einer Reihe widersprüchlicher Erklärungen auf.

Wie sein Kumpel Lenny Patrick war auch David Yaras in einer vom US-Senat in Auftrag gegebenen Aufstellung aller der Chicagoer Mafia nahestehender Krimineller verzeichnet. Er war insbesondere für die folgenden Verbrechen bekannt: »Erpressung, schwere Körperverletzung und Mord«.[50] Yaras, der vierzehn Festnahmen hinter sich hatte, wird von O. Demaris in *Captive City* »als Hauptverdächtiger im Zusammenhang mit etlichen Unterweltmorden« bezeichnet, als einer »von etwa einem Dutzend professioneller Killer, die strikt im Auftrag des Direktoriums arbeiten«.[51] Yaras gehörte auch einer Gruppe von Mafiosi an, die das FBI 1962 mittels einer Wanze abhörte, als die Gangster gerade ein Mordkomplott in Miami planten und sich über frühere Auftragsmorde unterhielten. Die von den Tonbandaufzeichnungen angefertigten widerwärtigen Transkripte enthalten genaue Auskünfte über Mafia-Hinrich-

176

tungen; sie wurden später vom *Life*-Magazin veröffentlicht, was dem bedrohten Opfer aller Wahrscheinlichkeit nach das Leben rettete.

Yaras verrichtete aber auch Botengänge zwischen Carlos Marcello und Santos Trafficante, den beiden Mafiabossen, die im Sommer 1962 über die Ermordung Präsident Kennedys gesprochen hatten. Yaras war überdies ein alter Intimus von Jimmy Hoffa, der sich etwa zum gleichen Zeitpunkt Gedanken über die Ermordung Robert Kennedys gemacht hatte. Gemeinsam waren Trafficante und Yaras federführend an der Gründung des Ortsverbands 320 der Transportarbeitergewerkschaft in Miami beteiligt. Wie der Autor Dan Moldea in *The Hoffa Wars* berichtet, »diente dieser Ortsverband der Mafia als Tarnung für zahlreiche ihrer Glücksspiel- und Drogenaktivitäten«.[52]

Genau wie Marcello, Trafficante, Hoffa, Ruby, Matthews, McWillie, Patrick, Roselli und Weiner hatte sich Yaras ebenfalls an Mafiaoperationen in Kuba beteiligt. Nach Auskunft von Charles Siragusa, einem Bundes-Rauschgiftfahnder, »führte Yaras auf der Insel eine Reihe von Glücksspieloperationen durch und fungierte nach Battistas Sturz als Verbindungsmann der Chicagoer Mafia zu den Kreisen der exilkubanischen Gemeinde«.[53] Das House Assassinations Committee berichtete, »daß Yaras angeblich einer der engsten Vertrauensleute des Chicagoer Mafiaführers Sam Giancana gewesen ist«.[54]

Yaras war auch an einer Eroberung beteiligt, die der Mafia die Kontrolle über das gesamte Buchmachergeschäft in den USA eintrug – nämlich an der Übernahme der *Continental Press*, des führenden telephonischen Wett-Annahmedienstes für Pferderennen der vierziger Jahre. Als sich die beiden Mafiosi Carlos Marcello und Jack Dragna 1946 in die regionalen Niederlassungen der *Continental* hineindrängten, versuchte James Ragen, der nationale Chef des Unternehmens, dem Angriff der Mafia standzuhalten. Zur gleichen Zeit brüstete sich Paul Roland Jones gegenüber Sheriff Guthrie und Lt. Butler in Dallas damit, daß seine Hintermänner gerade dabei seien, die

Continental zu übernehmen und daß Ragen nicht mehr lange zu leben habe. So war es dann in der Tat keine Überraschung, als Ragen kurze Zeit später in einen Hinterhalt geriet und angeschossen wurde. Sechs Wochen später wurde er mit Quecksilber vergiftet, das irgendwer einem Getränk zugesetzt hatte, obwohl sich an Ragens Krankenhausbett rund um die Uhr eine Wache aufhielt.

Lt. George Butler berichtete, er habe erfahren, daß die Mafia-Gruppe aus Chicago und insbesondere Dave Yaras für den Ragen-Mord verantwortlich seien. Tatsächlich wurden Dave Yaras, Lenny Patrick und William Block 1947 wegen des Ragen-Mordes unter Anklage gestellt. Die Anklage wurde jedoch fallengelassen, nachdem ein Zeuge ermordet, ein anderer entflohen war und zwei weitere ihre Aussage geändert hatten.*

Kontakte mit Ruby: Yaras sagte vor dem FBI, er habe mit Ruby in Chicago zirka fünfzehn Jahre lang gelegentlichen Umgang gehabt, seine detaillierten Angaben über Rubys Gewohnheiten und Persönlichkeit deuten jedoch auf eine nähere als nur beiläufige Bekanntschaft. Yaras bestätigte auch, daß Ruby Lenny Patrick gekannt habe.

Obwohl sich für das Jahr 1963 zwischen Yaras und Ruby keine unmittelbaren Kontakte nachweisen lassen, gibt es doch einen indirekten Hinweis auf eine solche Verbindung. Wie

* Ganz anders als das Geschick dieser drei Mafiosi gestaltete sich das Schicksal der beiden Polizisten Thomas E. Connell und William Drury aus Chicago, auf deren Arbeit sich die gegen die drei Gangster erhobene Anklage stützte. Als die beiden Polizisten den Chicagoer Mafioso Jake Guzik festnahmen, um ihn in dieser Angelegenheit zu verhören, traf bereits weniger als zwei Stunden später der Befehl ein, den Gangster wieder laufenzulassen. Connell und Drury hingegen wurden angeklagt, weil sie Guzik angeblich seiner Bürgerrechte beraubt hatten, und aus dem Polizeidienst entlassen. Drury kämpfte bis zum 25. September 1950 vor Gericht um seine Wiedereinstellung. Am folgenden Tag sollte er einem Ermittler des Kefauver-Komitees Auskunft erteilen. Am Abend des 25. September wurde er jedoch in seiner Garage erschossen. Auch Rechtsanwalt Marvin Bas, der ebenfalls vor dem Komitee aussagen sollte, wurde ein paar Tage, bevor die Anhörungen des Komitees in Chicago eröffnet wurden, ermordet.

bereits erwähnt, telephonierte Ruby am 7. und 8. November 1963 mit Barney Baker, einem Schläger, der für Jimmy Hoffa arbeitete. Zwei Wochen später, am 21. November 1963, dem Vorabend des Attentats, telephonierte Baker um 18.17 Uhr von seinem Privatapparat in Chicago aus mit einem »Dave« in Miami, Florida. Der »Dave«, den Baker mit R-Gespräch anrief, war nach den Aufzeichnungen der Telephongesellschaft niemand anderer als Rubys alter Freund, der Syndikatskiller Dave Yaras.

Aber noch zwei weitere Zeugen lieferten Hinweise auf Rubys Mafia-Verbindungen. Der Gastwirt Carlos Malone aus Louisville berichtete dem FBI, er habe in den beiden Sommern 1957 und 1958 gemeinsam mit Ruby die Ellis-Park-Rennbahn in Kentucky besucht. Malone kannte Rubys Namen und konnte ihn anhand eines Photos eindeutig identifizieren. In Begleitung der beiden Männer hatte sich damals ein gewisser Ellis Joseph befunden, ein vormaliger Polizist aus Louisville, der, weil er 1952 mit einem Diebstahl in Verbindung gebracht wurde, seinen Abschied von der Polizei genommen hatte. Malone erklärte, Joseph, der Ruby gut zu kennen schien, habe diesen »als einen Syndikat-Mann aus Chicago« charakterisiert.[55] Joseph erwähnte gegenüber Malone überdies, daß Ruby aus Syndikatkreisen eine Reihe von Renntips erhalten habe, und Malone beobachtete, daß Ruby an jenem Tag mehrmals seine Wetten gewann.

Nancy Perrin Rich, eine ehemalige Barfrau und Kellnerin im Carousel Club, sagte vor dem FBI aus, sie habe »in Rubys Nachtclub Syndikatmänner aus Chicago und St. Louis gesehen«.[56] Frau Rich »widmete sich der Unterhaltung dieser Männer und beobachtete, daß Ruby von ihnen Geld erhielt«.[57] Später erklärte sie unter Eid:

Ruby hatte verschiedene Männer zu Besuch – sowohl aus New York als auch aus Chicago und sogar aus Minneapolis . . . Mit einigen von ihnen wurde ich bekannt gemacht. Auch

bat man mich, mit einigen von ihnen auszugehen ... Ich hab'
sie kommen und gehen sehen.[58]

Aus dem Zusammenhang ihrer Ausführungen geht eindeutig
hervor, daß sie von Mitgliedern des Syndikats sprach. Frau
Rich war im übrigen nur eine unter Dutzenden von Zeugen, die
Rubys bemerkenswerte Verbindungen zu der anderen Seite der
kriminellen Szene in Dallas beobachteten – den örtlichen Polizeikräften nämlich.

Wir alle wissen, wo das Problem liegt. Sie bestechen den Richter, sie bestechen den Sheriff, und sie bestechen direkt oder indirekt auch die örtlichen Polizeikräfte.[1]

Senator Henry Jackson zu den Glücksspieloperationen des Syndikats

Die Ölbranche, die Politiker, die großen Baugesellschaften und das organisierte Verbrechen – man nenne dies Konglomerat Mafia, Cosa Nostra oder Syndikat –, sie sind in Texas allesamt in einem unentwirrbaren Knäuel wechselseitiger Gefälligkeiten groß geworden.[2]

Ramparts-Magazin

10. Jack Ruby und die Polizei von Dallas

Alle Ebenen der amerikanischen Regierung und Verwaltung sind von der Mafia unterwandert, wie auch die schätzungsweise fünfzehn Milliarden Dollar an Bestechungsgeldern belegen, die vom organisierten Verbrechen alljährlich aufgewendet werden. Kein Segment der Administration jedoch ist in solchem Maße korrumpiert wie die lokalen Polizeikräfte. Wie die Kriminalkommission von Massachusetts 1957 konstatiert hat, könnte der Hauptgeschäftszweig der Mafia, das illegale Glücksspiel, »ohne das Wissen und die Protektion der örtlichen Polizeikräfte in den einzelnen Städten und Gemeinden überhaupt nicht existieren«.[3] Und Rufus King, ein Experte auf dem Gebiet des organisierten Verbrechens, hat geschrieben, daß jene Elemente, die in einer Stadt oder Gemeinde das unerlaubte Glücksspiel kontrollieren, »in den meisten Fällen auch die örtlichen Polizeikräfte ihrer Kontrolle unterworfen haben«.[4]

Die Stadt Dallas kann geradezu als lupenreines Beispiel korrupter Mafia-Polizei-Beziehungen gelten. Selbst bevor die Mafia die Stadt Ende der vierziger Jahre eroberte, war nach Auskunft zweier Gewährsleute, die E. Reid und O. Demaris in ihrem Buch *Green Felt Jungle* zitieren, »die Polizei von den niedrigsten bis in die höchsten Ränge vollständig verdorben«. Gangster kontrollierten »den Sheriff, die Polizei, die Richter [...], einfach alles im ganzen Staat«.[5] Exemplarisch dafür, wie die Polizei sich gegenüber der illegalen Glücksspielszene verhielt, ist die kriminelle Karriere von Max Miller, einem der großen Buchmacher in Dallas, der seinen Geschäften jahrzehntelang ungestört nachging. Er wurde schließlich 1965 von den Bundesbehörden wegen illegalen Glücksspiels vor Gericht gestellt, die Behörden in Dallas indes hatten ihn seit 1949 völlig unbehelligt gelassen. Russel D. Matthews wiederum, der der Mafia nahestand, wurde von der Polizei in Dallas 59mal festgenommen, jedoch nur einmal wegen Verstoßes gegen das Bundesrauschmittelgesetz verurteilt. Somit hat Matthews also durchaus nicht übertrieben, als er einmal zu einem Kumpel sagte, daß er ganz Dallas in der Tasche habe (»Es ist meine Stadt«).

Alle Anzeichen sprechen dafür, daß die Korruption in Dallas ähnliche Ausmaße erreichte wie in Rubys Heimatstadt Chicago, wo die Mafia nach wie vor an der Beförderung von Polizisten mitwirkt und wo regelmäßig Polizeibeamte wegen Verbrechen – einschließlich Mord – verurteilt werden, die sie im Zusammenhang mit der Mafia begangen haben.* Während der

---

* Am 6. Dezember 1968 erschien im *Life*-Magazin unter der Überschrift »Korruption in der Nachtclubszene« ein Beitrag, in dem es hieß, eine der Hauptursachen für die Ausschreitungen der Chicagoer Polizei anläßlich des Parteitags der Demokratischen Partei von 1968 sei die zügellose Korruption der Polizeikräfte durch die Mafia gewesen. In dem Artikel wurden mehrere schokkierende Beispiele von Bestechung, Gefälligkeiten und Mafia-Kontakten angeführt. Zusammenfassend hieß es: »Bei der Polizei von Chicago herrscht ein Klima, in dem das organisierte Verbrechen sich in tropischem Wildwuchs ausbreiten kann.«[6]

fünfziger Jahre wurden im Raum Dallas zahlreiche Spielhöllen munter weiterbetrieben und zwar noch lange, nachdem infolge der vom Kefauver-Komitee ausgelösten hitzigen Diskussion die meisten derartigen Etablissements geschlossen worden waren. In der Tat wurde 1967 ein Lieutenant der Polizei von Dallas von den Bundesbehörden festgenommen, weil er sich als professioneller Buchmacher betätigte. Als das FBI in der Zeit vor den Spielhöllen-Razzien von 1972 dreißig Tage lang die Telephongespräche eines örtlichen Spielbosses mitschnitt, zeichnete es angeblich zugleich auch die Stimmen von wenigstens einem Dutzend Polizeibeamten aus Dallas auf.

Bill Decker, der Bezirkssheriff von Dallas, spielte angeblich in den Korruptionsunternehmungen der Mafia eine Schlüsselrolle. Während der Bestechungsverhandlungen der Mafia mit hohen Repräsentanten des öffentlichen Lebens gelang es der Polizei, am 7. November 1947 eine Bemerkung des Mafioso Paul Roland Jones aufzuzeichnen, der den damaligen Untersheriff Decker als einen »alten Alkoholschmuggler« bezeichnete. Sheriff Steve Guthrie fügte bei der Gelegenheit noch hinzu: »Wir alle wissen, daß Decker von [dem Gangsterboß] Bennie Binion bezahlt wird.«[7] Der bereits mehrfach erwähnte Lieutenant George Butler stimmte Guthries Aussage zu. Diese Einschätzung wird auch durch Deckers langjährige Bekanntschaft mit dem Ganoven Russel D. Matthews gestützt und durch seine Freundschaft mit dem Mafioso Joseph Campisi.

Unter diesen Umständen ist es keine sonderlich angenehme Vorstellung, daß sich ausgerechnet Sheriff Decker am 22. November 1963 in dem vor der Limousine Präsident Kennedys herrollenden Einsatzwagen befand. Decker zeichnete auch mitverantwortlich für die geplante Überführung Oswalds aus dem Polizeipräsidium von Dallas in ein Staatsgefängnis. Den vielleicht tiefsten Einblick in die in Dallas herrschende Komplizenschaft von Mafia und Polizei gewährte jedoch ausgerechnet Oswalds Mörder und Deckers Gefangener Jack Ruby. Wenngleich einige der Kontakte, die Ruby mit Polizeikreisen unterhielt, für einen Nachtclubbesitzer nicht ungewöhnlich

sein mögen, so lassen doch der Umfang und der Hintergrund
dieser Verbindungen auf weitreichende Verwicklungen schließen.

Polizeikontakte und -gefälligkeiten

Ruby war »mit fast allen Beamten der Polizei von Dallas gut
bekannt«, konstatierte einmal sein Freund Lewis McWillie.[8]
So seltsam dies angesichts der nahezu 1200 Beamten der Polizei von Dallas auch klingen mag, McWillies Behauptung
wurde von zahlreichen anderen Bekannten Rubys bestätigt.

»Ruby kannte jeden Polizisten in Dallas«, berichtete Robert
Craven.[9] »Er kannte die allermeisten Polizeibeamten«, erklärte Breck Wall[10] – »sämtliche Polizisten der Stadt«, behauptete Joseph Cavagnaro. Reagan Turnman sagte vor dem
FBI aus, daß Ruby »mit wenigstens 75 Prozent, wahrscheinlich
sogar achtzig Prozent« der Polizeibeamten bekannt gewesen
sei.[11]

Neben den zahlreichen Verbindungen, die Ruby mit den
Kreisen der Polizei von Dallas unterhielt, pflegte er – wie aus
Dokumenten hervorgeht, die bei ihm gefunden wurden – noch
eine Reihe anderer Kontakte zu Persönlichkeiten des öffentlichen Lebens. Auch fand man bei ihm die Visitenkarten des
Chefs des Rauschgiftdezernats in Austin, Texas, und die eines
Captains der gleichen Institution in El Paso. Ferner eine Visiten-
karte aus dem Polizeipräsidium von Chicago, Dauerausweise,
die zum Eintritt in den Carousel Club berechtigten und deren
Erhalt von den Empfängern – dem Assistenten des Bezirks-
staatsanwaltes von Dallas, dem Hilfssheriff von Garland und
dem Rathausbeamten Ray Hawkins – quittiert worden war.
Ebenfalls wurde eine Karte entdeckt, auf der neben Rubys
Namen das offizielle Siegel des Bezirks Dallas zu sehen war;
unterschrieben war es von Friedensrichter Glen W. Byrd. Der
Text einer Karte, ähnlich derjenigen, die man früher einmal im
Besitz des Capone-Gangsters Jack Zuta gefunden hatte, lautete:

An alle öffentlichen Organe: Bitte helfen Sie dem Unterzeichner dieses Papiers im Rahmen der Ihnen durch Ihre Amtspflichten gesetzten Grenzen nach Kräften.[12]

Ein Ort, an dem Ruby seine Kontakte zu den Beamten der Polizei von Dallas pflegte, war sein Carousel Club. Der Carousel Club »wurde von den meisten Beamten der Polizei von Dallas frequentiert«; die meisten von ihnen kannte Ruby »mit Vornamen«, wie eine seiner Animierdamen aussagte. Nach Auskunft des in Rubys Sovereign Club – jenem Club, den Ruby vor dem Carousel besaß – angestellten Proviantmeisters »kamen häufig uniformierte und zivile Polizeibeamte, aber auch Hilfssheriffs in den Sovereign Club, um sich mit Ruby zu unterhalten«.[13] Andere Zeugen berichteten, »daß zahlreiche Beamte der Polizei von Dallas im Carousel ein- und ausgingen«.[14] Diese Aussagen wurden von drei ehemaligen Beamten der Polizei von Dallas bestätigt.

James Rhodes, ein vormaliger Barmann im Carousel Club, berichtete dem FBI, Ruby habe »dem Barmann und den Bedienungen aufgetragen, Polizeibeamten für Speisen und Getränke, die diese im Club zu sich nahmen, niemals etwas zu berechnen«.[15] Die schon früher erwähnte Barfrau Nancy Perrin Rich sagte aus, daß Ruby die Order ausgegeben habe, jedem Angehörigen der Polizei von Dallas, der danach verlange, kostenlos harte Getränke auszuschenken, obwohl Ruby in seinem Club für harte Spirituosen überhaupt keine Lizenz besaß. Robert Shorman, der als Musiker im Carousel gearbeitet hatte, behauptete, er habe »im Laufe der Zeit zwischen 150 und 200 Polizisten im Carousel Club gesehen«, unter anderen auch Captain Will Fritz, den Leiter der Mordkommission. Keiner der Polizisten habe jedoch jemals ein Getränk bezahlt.[16] Fünf weitere Zeugen, darunter auch zwei Polizeibeamte, berichteten ebenfalls, daß Ruby den Mitgliedern der Polizei von Dallas routinemäßig Speisen und Getränke kostenlos zur Verfügung gestellt habe.

Andere Zeugen konnten sich an noch aufwendigere Gefälligkeiten erinnern. Herbert Kelly, der in Rubys Sovereign Club als Proviantmeister tätig war, berichtete dem FBI, daß Ruby jeden Sonntagabend »zirka acht Polizeibeamte mit teuren Gratisgetränken und -speisen bewirtete«.[17] James Rhodes sagte aus, er habe einmal im Carousel Club an der Bar gearbeitet, als Ruby eine Party »für dreißig bis vierzig Polizeibeamte« ausgerichtet habe. Ruby erzählte Rhodes damals, daß auch der Chef unter den Anwesenden sei, und Rhodes hatte den Eindruck, daß Ruby für sämtliche Kosten aufkam. Rhodes konnte sich auch an eine Party erinnern, die Ruby nach der Sperrstunde für vierzehn Mitglieder der Sittenpolizei veranstaltet hatte.

Janice Jones, eine ehemalige Bedienung im Carousel Club, erklärte gegenüber dem FBI, Ruby habe jedem Polizeibeamten, der um die Weihnachtszeit vorbeigekommen sei, eine Flasche Whisky geschenkt – angesichts der zahlreichen Polizeibeamten, mit denen Ruby bekannt war, eine ziemlich kostspielige Angelegenheit. Der Polizist Hugh Smith bestätigte, daß Ruby vielen seiner Kollegen Spirituosen geschenkt habe. Er wußte auch zu berichten, daß ein Junggeselle bei der Polizei von Dallas »verschiedentlich Rubys Wohnung benutzt hatte«.[18] Rubys Bekannter Joe Bonds bekundete gegenüber dem FBI, Ruby habe »Polizeibeamten Frauen zugeführt«.[19] Und Ray Singleton, der in Dallas ein Waffengeschäft besaß, erwähnte gegenüber dem FBI, Ruby sei einmal – in Begleitung eines Polizeibeamten – in seinen Laden gekommen, um einen Revolver zu kaufen.

Interessant sind auch Berichte, denen zufolge Ruby in seinen Nachtclubs außerhalb ihrer Dienststunden Polizisten als Rausschmeißer beschäftigte. Diese Praxis verstieß gegen die bei der Polizei von Dallas geltenden Dienstvorschriften. Möglicherweise vermag das auch zu erklären, weshalb sich der Polizeibeamte E. E. Carlson weigerte, mit dem FBI über diese Frage zu sprechen. Das paßte auch gar nicht zu Rubys eigenen Schläger-Qualitäten, die er häufig demonstrierte, indem er aufmüpfige Gäste ohne viel Federlesens aus dem Club herausbeförderte. Tatsächlich wiesen sechs Zeugen ausdrücklich darauf hin, daß Ruby selbst die Funktion des Rausschmeißers ausgeübt habe. Es entsteht somit ganz der Eindruck, als seien diese angeblichen Arbeitsverhältnisse lediglich eine Fiktion gewesen, die den Zweck erfüllte, Rubys Geldzuwendungen an die Polizisten, die seinen Club frequentierten, ein Mäntelchen der Legalität umzuhängen.

Immunität gegenüber dem Gesetz

Die Gefälligkeiten, die Ruby zahlreichen Polizisten erwies, verschafften ihm weitgehende Immunität gegenüber dem Gesetz, und zwar auch im Hinblick auf die Aktivitäten, die er in seinem Club entfaltete. James Barrigan, ein Nachtclubbesitzer aus Dallas, sagte vor dem FBI aus, Ruby habe in seinem Carousel Club illegal auch nach Mitternacht noch alkoholische Getränke ausgeschenkt, und zwar auch in Gegenwart von Mitgliedern der Polizei von Dallas. Rubys Freund Paul Roland erklärte, daß Ruby ohne Geldzuwendungen an Polizisten »seine Geschäfte nicht hätte durchführen und auch nicht so ›harte Darbietungen‹ hätte zeigen können«.[20] Die Carousel-Angestellte Joan Leavell berichtete, die Polizei von Dallas habe Ruby die Aufführungen von Shows gestattet, die wesentlich härter gewesen seien als die Darbietungen in anderen Clubs der Stadt,[21] und die Carousel-Stripperin Janet Conforto (»Jada«) behauptete gegenüber dem FBI, Ruby habe sich damit gebrüstet, daß man ihm »in seinem Club Dinge durchgehen« lasse, weil er mit so vielen Polizisten befreundet sei.[22]

Es war von Ruby bekannt, daß er »mindestens 25 verschiedene Personen tätlich angegriffen hatte«, wie es in einem vom 24. Februar 1964 datierten Memorandum von zwei Mitarbeitern der Warren-Kommission heißt.[23] Aber die Polizei war offenbar genausowenig bereit, Ruby wegen Körperverletzung festzunehmen wie wegen Verstoßes gegen seine Clubkonzession. John Wilson jr., ein Anwalt aus Dallas, sagte vor dem FBI aus, er habe einmal gesehen, wie Ruby in einer Bar ohne erkennbaren Grund einen Mann – wahrscheinlich sogar mit einem Schlagring – angegriffen und blutig geschlagen habe. Als einige Polizisten eingetroffen seien, hätten diese sofort den von Ruby verprügelten Mann festnehmen wollen und nicht etwa Ruby. Die Polizisten gingen gegen Ruby auch dann noch nicht vor, als Wilson sie über den Hergang des Geschehens in Kenntnis gesetzt hatte. Wilson hatte den Eindruck, daß die Beamten »nicht bereit waren, etwas gegen Ruby zu unternehmen«.[24]

Mrs. Paul Calgrove, die ebenfalls für Ruby gearbeitet hatte, berichtete, sie habe Ruby einmal wegen Körperverletzung bei der Polizei angezeigt. Die Beamten hätten sie nur gefragt, ob sie verrückt sei und sie wegen ihres Begehrens ausgelacht. Auch als sich die Carousel-Angestellte Nancy Rich einmal bei der Polizei beschwerte, daß Ruby sie gestoßen und verletzt habe, wurde sie von den Beamten gewarnt, durch eine Anzeige gegen Ruby werde sie sich nur in »größere Schwierigkeiten bringen, als ihr lieb sein« könne.[25] Nancy Rich sagte ferner aus, als sie einmal gegen Ruby habe Anzeige erstatten wollen, sei sie zweimal wegen falscher Beschuldigungen festgenommen worden. Die Polizeibeamten hätten ihr außerdem erklärt, daß ihr das Klima außerhalb von Dallas möglicherweise besser bekommen werde. Ein Zeuge behauptete vor dem FBI, Ruby habe sich in Anspielung auf diesen oder einen ähnlichen Vorfall einmal damit gebrüstet, er habe »soeben eine seiner Tänzerinnen aufgrund einer gegen ihn wegen Körperverletzung erhobenen Anzeige niedergeschlagen«.[26]

Auch seine eigenen Polizei-Akten bieten reichlich Anschauungsmaterial für die bevorzugte Behandlung, die Ruby von seiten der Ordnungshüter zuteil wurde. Ruby wurde zwischen 1949 und 1963 neunmal festgenommen: unter anderem wegen Körperverletzung, unerlaubtem Waffenbesitz und Konzessionsverstößen. Aber er wurde nur einmal verurteilt – und zwar 1949 – und kam mit einer Geldbuße von zehn Dollar davon. Die übrigen Festnahmen wurden in den Akten mit Bemerkungen kommentiert wie: »kein Verstoß«, »kein aktenkundiges Fehlverhalten«, »keine Wiederholungsgefahr«; in ei-

nem Fall wurde er sofort ohne weitere Umstände wieder freige-
lassen. Obwohl Ruby sich seit 1956 neun Verkehrsverstöße
zuschulden kommen ließ, ist in den Akten von Bußgeldern, die
er hätte zahlen müssen, keine Rede. Einige dieser Verkehrsde-
likte waren Mitverschuldung eines Zusammenstoßes, Geschwindigkeitsüberschreitung, Überfahren einer roten Ampel.
Wie es in einem untypischen Memorandum heißt, das die
Mitarbeiter der Warren-Kommission am 24. Februar 1964 vorlegten, entzog sich Ruby der Strafverfolgung »durch die Pflege
freundschaftlicher Kontakte zu Polizeibeamten, Staatsbe-
diensteten und sonstigen einflußreichen Persönlichkeiten
[...].«[27]

Die Behandlung, die Ruby im Zusammenhang mit einem
seiner Gesetzesverstöße zuteil wurde, ist charakteristisch für
die Sonderrechte, die er bei der Polizei von Dallas genoß. Am
5. Dezember 1954 um 1.30 Uhr nachts wurde Ruby von den
beiden Polizeibeamten E. E. Carlson und D. L. Blankenship
wegen Ausschanks alkoholischer Getränke nach der Sperrstunde festgenommen. In ihrem Bericht wiesen die beiden
Polizisten darauf hin, sie hätten Bier auf dem Tisch gesehen;
ein weiblicher Gast habe noch versucht, »die Bierflasche in die
Hand zu nehmen« und habe dann behauptet, »das Bier gehöre
ihr«.[28] In einem Gespräch mit einem Arzt berichtete Ruby über
seine Festnahme in jener Nacht und fügte dann, auf Carlson
und Blankenship Bezug nehmend, hinzu: »Aber dann stellten
sie fest, daß ich gute Freunde hatte, und am nächsten Abend
kamen sie zu mir, um sich mehr oder weniger zu entschuldi-
gen.«[29] Wie nicht weiter überrascht, wurde die Anzeige gegen
Ruby zwei Monate später zurückgenommen. In der von Henry
Wade, dem Bezirksstaatsanwalt von Dallas, verfaßten Mitteilung über die Einstellung des Verfahrens heißt es:

Im Polizeibericht ist davon die Rede, sie [Blankenship und
Carlson] hätten Gäste nach der Sperrstunde beim Alkohol-
genuß beobachtet. Beide Beamte haben inzwischen erklärt,
dies sei nicht korrekt und keiner der Gäste habe Bier konsu-

miert. Es wird daher empfohlen, das Verfahren mangels ausreichender Beweise einzustellen.[30]

Gleichwohl erklärten Carlson und Blankenship später gegenüber dem FBI übereinstimmend, ihr Polizeibericht sei korrekt gewesen. Blankenship äußerte, daß er nicht verstehe, warum das Verfahren eingestellt worden sei.

Verbindungen zwischen Polizei und Mafia

Der vielleicht auffälligste Hinweis auf die ungewöhnlich engen Verbindungen zwischen Ruby und der Polizei von Dallas jedoch sind seine häufigen Besuche im Polizeipräsidium. »Es war allgemein bekannt, daß Ruby beinahe jeden Tag einige Zeit im Polizeipräsidium verbrachte«, berichtete Benny Bikkers dem FBI am 24. November 1963.[31] Nach Auskunft von Herbert Kelly, dem Proviantmeister des Sovereign Club, »ging Ruby sehr häufig zum Polizeipräsidium hinüber, nachdem er zuvor einen Telephonanruf erhalten hatte«.[32] Tatsächlich hielt sich Ruby zwischen Donnerstag, dem 21. November, und Sonntag, dem 24. November, verschiedentlich im Polizeihauptquartier auf, wenngleich auch möglicherweise nicht in seinen üblichen Geschäften. Die zahlreichen Berichte über Rubys Polizei-Kontakte faßte die Carousel-Mitarbeiterin Nancy Rich prägnant zusammen:

Ich glaube kaum, daß es in Dallas einen Polizisten gibt, der nicht mit Jack Ruby bekannt ist. Er lebte ja praktisch auf dem Revier. Und sein Etablissement diente ihnen als Wohnzimmer.[33]

Rubys umfangreiche und oftmals irregulären Verbindungen zu Polizeibeamten weisen deshalb weit über korrupte Nachtclubpolitik hinaus. Angesichts dieser außerordentlich engen Beziehungen zur Polizei war es in der Tat gar nicht so abwegig, daß

Ruby »bei der Polizei von Dallas den Zahlmeister der Mafia« spielte, wie es Mickey Ryan, ein Bekannter Rubys, angeblich zunächst behauptet,[34] dann jedoch widerrufen haben soll.* Aber ganz ungeachtet der genauen Funktion, die Ruby im Korruptionsnetzwerk der Unterwelt auch gehabt haben mag, ist unbestreitbar, daß er bei der Installierung des Spielhöllen- und Wettbürosystems eine wichtige Vermittlerrolle gespielt hat. Um nur drei bereits erwähnte Meinungen wiederzugeben: Harry Hall erklärte gegenüber dem FBI, Ruby habe vierzig Prozent seiner, Halls, Spieleinnahmen erhalten, weil der Club-besitzer angeblich Einfluß bei der Polizei hatte, so daß er selbst [Hall] sich keine Sorgen wegen einer Verhaftung durch die Polizei zu machen brauchte.[36] William Abadie beobachtete, daß Rubys Spiel-Etablissement auch von Polizeibeamten fre-quentiert wurde, und zog daraus den Schluß: »Es war ganz offensichtlich, daß man sich im illegalen Glücksspiel auf die Weise, wie er es tat, nur engagieren konnte«, wenn man so-wohl über »Verbindungen zum organisierten Verbrechen« wie auch »zur Polizei« in Dallas und in Fort Worth verfügte.[37] Und Jack Hardee behauptete, man habe ihm gesagt, Ruby habe »ein Übereinkommen mit den County-Repräsentanten, und Dritte könnten ein solches Arrangement nur durch Rubys Vermitt-lung erhalten«.[38]

Obwohl der Begriff »Mafia-Polizei-Verbindungen« einen be-

* Ryan, alias Roy Pike, der im Herbst 1963 häufig mit Ruby zusammen war, konnte für die Zeit des Attentats nur ein sehr widersprüchliches Alibi vorwei-sen. Im Hinblick auf seine Aktivitäten zwischen dem 22. und 24. November konnte sich Ryan lediglich daran erinnern, daß er mit seiner Frau gerade fernge-sehen habe, als »er die Blitzmeldung von der Ermordung Präsident Kennedys gehört« habe. Die Carousel-Stripperin Nancy Powell hingegen sagte aus, sie sei mit Ryan und einem Freund Pete zusammengewesen – von Ryans Frau war dabei keine Rede –, als Ryan in einem Telephongespräch von dem Attentat erfahren habe. Sie gab die folgende Darstellung: »Dann kam [Ryan] aus dem Schlafzimmer und sagte, der Präsident sei gerade erschossen worden. Er ging direkt zum Fernseher hinüber und schaltete das Gerät ein.«[35] Ende November reiste Ryan von Dallas nach Kalifornien ab, nachdem er erst zwei Monate zuvor in die texanische Stadt gezogen war.

drohlichen Beiklang hat, besteht gleichwohl die Möglichkeit, Rubys Beziehungen zur Polizei vom menschlichen Standpunkt aus plausibel zu machen. Ruby genoß die Rolle des »Big Spender«, der ungestraft durch die Stadt flitzen, bei Polizeibeamten und anderen Staatsdienern seine Bestechungsgelder abliefern und sie sich durch die Gunst seiner Stripteasetänzerinnen verpflichten konnte. Jack Ruby, der Vorstadtzuhälter, hatte sich unversehens in einen großzügigen Wohltäter verwandelt und erkaufte nun als Mittelsmann das Wohlwollen seiner hochgestellten Klientel für die Elite der Gangster, die er bereits seit seiner Kindheit rückhaltlos bewundert hatte. Für die Mafia erfüllte Ruby eine nicht ganz risikolose Aufgabe, indem er mit absoluter Unbekümmertheit das Bestechungsnetz in einer Weise immer weiter ausdehnte, wie dies die Korruptionsspezialisten des organisierten Verbrechens wohl kaum vermocht hätten.

Aber ungeachtet dieser Unbekümmertheit war die von Ruby ausgeübte Funktion gleichwohl zutiefst mit den dunklen Machenschaften jener Organisation verquickt, in deren Auftrag er handelte. Und dann sollte in Dallas ein Unternehmen zur Durchführung gelangen, das auf die stille Duldung gewisser Polizeikreise angewiesen war und das von Jack Ruby die Einlösung der letzten Verpflichtung verlangte, die er durch seine Zusammenarbeit mit der Mafia eingegangen war.

Aus den [FBI-] Akten geht eindeutig hervor, daß die Warren-Kommission es völlig unverständlicherweise unterlassen hat, vom FBI entdeckte Hinweise darauf zu verfolgen, daß der Oswald-Mörder Jack Ruby Verbindungen zur Mafia unterhalten hat. Ruby hatte Kontakte zu Mafia-Kreisen in Chicago, New York, Los Angeles und Dallas und sogar – als Junge – zu dem berüchtigten Al Capone.[1]

Time-Magazin

War das FBI nicht hinreichend darüber informiert, daß Ruby erstens Mitglied des organisierten Verbrechens und zweitens Inhaber eines Stripteaseclubs war und nach übereinstimmender Aussage zahlreicher Zeugen Angehörige des politischen Establishments und der Polizei von Dallas mit Frauen und Alkoholika versorgte[?][2]

Der Kongreßabgeordnete Stewart McKinney zu einem FBI-Repräsentanten vor dem House Assassinations Committee

11. Der Gangster Jack Ruby

Ganz unabhängig von den Empfehlungen, die Rubys »Chicagoer Freunde« zu seinen Gunsten abgaben, läßt sich Rubys Verbindung zum organisierten Verbrechen schon allein aufgrund der in den vorhergehenden Kapiteln beschriebenen Aktivitäten, Kontakte und allgemeinen Lebensumstände nachweisen. Diese Zugehörigkeit wird ferner anhand einiger charakteristischer Persönlichkeitsmerkmale sichtbar, die sehr gut zu seinem Unterweltstatus passen.

Ruby spielte die Rolle eines klassischen Chicago-Gangsters. Er kleidete sich extravagant: Am Tag des Oswald-Mordes trug er eine Seidenkrawatte, die von einer vergoldeten Spange zusammengehalten wurde, einen importierten Ledergürtel, einen Ring mit drei Diamanten, eine vierzehnkarätige goldene Le-Coultre-Uhr, die mit Diamanten besetzt war, und seinen »Chicagoer Gangsterhut«. Bisweilen trug er außerdem an den Händen Messing- oder Aluminium-Totschläger, um so die natürliche Schlagkraft seiner Fäuste zu verstärken; in seinem Wagen wurden zwei Paar dieser gefährlichen Schlagwaffen gefunden. Einer seiner Bekannten charakterisierte Ruby als einen »ausgesprochenen Gangster und Zuhälter«, der ausschließlich »an seinen Geschäften und am Glücksspiel interessiert« gewesen sei. Ein enger Freund erklärte: »Er hat mich immer an einen Gangster erinnert [...], er erinnert mich an einen ausgewachsenen Ganoven.«[3] Und ein anderer von Rubys Freunden meinte, daß »die Leute ihn wegen seines Charakters immer sofort als Verbrecher eingeschätzt haben«.[4]

Rubys »hervorstechendster Charakterzug [...] war sein außerordentliches Interesse an jeglicher Art von Glücksspiel«, sagte dessen ehemaliger Mitarbeiter William Abadie vor dem FBI aus.[5] Ein vormaliger Bekannter berichtete, daß Ruby »hohe Einsätze wettet und häufig Telephon-Wetten auf Pferderennen und Basketballspiele abgeschlossen« habe.[6] Harry Hall zufolge gewann Ruby einmal 5000 Dollar durch eine Telephon-Wette bei einem Buchmacher in Montreal, die Hall dann aus Montreal abholen mußte. Rubys Wettleidenschaft zeigte sich auch im Sommer 1957, als er gemeinsam mit dem Mafioso Lewis McWillie das Pferderennen in Hot Springs in Arkansas besuchte.

Rubys Beziehung zu den Frauen war typisch für die Beschäftigung, der er nachging. Der Carousel-Mitarbeiter Larry Crafard berichtete, Ruby habe ihm erzählt, er unterhalte mit allen Frauen, die für ihn arbeiteten, sexuelle Beziehungen. Die Carousel-Stripperin Karen Carlin nannte einige ihrer Kolleginnen beim Namen, mit denen Ruby angeblich ins Bett ging. Eine weitere Club-Angestellte erklärte, Ruby sei »unentwegt hinter Frauen hergewesen« und habe ständig Verabredungen mit seinen weiblichen Angestellten und mit anderen Frauen gehabt.

Eine Frau sagte gegenüber dem FBI aus, Ruby habe versucht, sie zu vergewaltigen, als sie mit vierzehn Jahren als Bedienung in seinem Silver Spur Club gearbeitet habe.

Unter den Zeitungen und Büchern, die man bei Ruby entdeckte, wurden auch Artikel gefunden, die explizit auf sein Gewerbe Bezug nahmen. So wurde etwa in Rubys Wagen eine »fast vollständige« Ausgabe des *Wall Street Journal* vom 18. November 1963 entdeckt. Auf der Titelseite des Blattes war unter der Überschrift »Die Mafia und die Wirtschaft« ein Artikel abgedruckt, in dem auch von Joseph Civello die Rede war, mit dem Ruby bekannt war. Eine nicht mehr ganz vollständige Ausgabe des *New York Daily Mirror* vom 8. September 1963 wurde gleichermaßen in Rubys Wagen gefunden. Auf Seite elf dieser *Mirror*-Ausgabe war ein Artikel über den Mafia-Abtrünnigen Joseph Valachi abgedruckt. In dem Artikel war auch die Rede davon, daß eine Mafia-Figur »jemanden systematisch als Sündenbock aufgebaut und in ein Drogengeschäft verwickelt hatte«.[7]

Ruby hielt sich auch an den Mafiabrauch, große Geldsummen bei sich zu tragen, beziehungsweise beiseite zu schaffen. Die *Dallas Morning News* meldeten, Kriminalbeamte hätten bei der Durchsuchung von Rubys Wohnung am 24. November zwei dicke Geldbündel entdeckt; über die Höhe der Summe wurde nichts mitgeteilt. In den Inventarlisten der Polizei kann man nachlesen, daß Ruby mehr als 2000 Dollar in bar bei sich trug, als er Oswald erschoß. Unter seinen Besitztümern wurden auch Bankbeutel entdeckt, in denen sich weitere 1015,78 Dollar – vermutlich Clubeinkünfte – in kleinen Scheinen und Münzen fanden. Ein Drucker, der gelegentlich in Rubys Auftrag arbeitete, beobachtete, daß Ruby – als er einmal seine Brieftasche herauszog – zwischen fünf und zwanzig Hundertdollarscheine bei sich trug, eine für damalige Verhältnisse bedeutende Summe.

Rubys Umgang mit dem Geld deutet ebenfalls auf seinen »beruflichen« Erfolg hin. Wenn er auf Reisen war, stieg er in solchen Luxushotels ab wie dem Sheraton Lincoln in Houston und dem Hilton in New York. Johnny Branch, der Geschäftsführer des Empire Room in Dallas, sagte aus, Ruby habe sein Etablissement von Zeit zu Zeit besucht und unter den anwesenden Gästen wahllos Fünfdollarnoten verteilt. Selbst während seines letzten Jahres in Chicago, als er noch ein ziemlich kleiner Fisch war, wohnte Ruby im Congress Hotel – wo in den dreißiger Jahren auch Bürgermeister Cermak residiert hatte. Dennoch gab Ruby zwischen 1940 und 1956 bei der Sozialversicherung keinerlei Einkünfte an.

Tatsächlich setzte Ruby gegenüber den Finanzbehörden seine Einkünfte stets sehr niedrig an; zwischen 1956 und 1962 deklarierte er in seinen Steuererklärungen ein durchschnittliches Jahreseinkommen von 6000 Dollar. Aber die Steuerbehörde (IRS) fand seine Angaben offenbar nicht allzu verläßlich und verlangte von ihm 1963 eine Steuernachzahlung in Höhe von 44 000 Dollar. Seine Angst vor der Steuerfahndung, deren Neugierde schon so manchen von Rubys »Vorgängern« ins Gefängnis gebracht hatte,* ist vermutlich auch der Grund dafür, weshalb es über Rubys finanzielle Transaktionen nur so wenige Dokumente gibt. Und so ist es durchaus plausibel, daß Ruby in Dallas in einer kleinen Wohnung lebte, in Houston hingegen im Sheraton und in New York im Hilton residierte – und daß er einen 1960er Oldsmobile fuhr, allerdings von zwei Zeugen am Steuer eines Cadillac gesehen worden war.

---

* Seit so bekannte Figuren wie Al Capone, Frank Costello, Johnny Torrio, Waxey Gordon und Moe Annenberg wegen Steuerhinterziehung im Gefängnis gelandet waren, war es in Syndikatskreisen üblich geworden, nach außen hin ein bescheidenes Leben zu führen. Der große Boß Vito Genovese beispielsweise besaß nur ein bescheidenes Haus und ein ebensolches Auto. Das gleiche gilt für Meyer Lansky, der zwischen 1950 und 1953 ein Verfahren wegen Hinterziehung der Einkommenssteuer am Hals hatte. »Don Peppino«, ein vormaliger hoher Mafia-Boß aus Neuengland, fuhr aus Angst vor dem IRS in einem alten Chrysler umher, und Carlos Marcello, der Mafia-Boß von Louisiana, trieb die Sache auf die Spitze, als er einmal – er war zur Zahlung einer Strafe in Höhe von 76 830.– Dollar verurteilt worden – auf Armenrecht klagte und tatsächlich mit einem Bußgeld von 400.– Dollar davonkam.

Die zahlreichen Reisen, die Ruby durch das ganze Land führten, sind ein weiterer Hinweis auf seine durchaus üppige finanzielle Ausstattung. Nach Auskunft der Akten unternahm Ruby seit seinem Umzug nach Dallas im Jahr 1947 Reisen nach folgenden Städten: New York, Chicago, Los Angeles, San Francisco, Wichita, Tulsa, Hot Springs (Arkansas), Henderson (Kentucky), Las Vegas, New Orleans, Miami und Havanna (Kuba).

Ruby hatte in Chicago eine kriminelle Eliteausbildung genossen, anfangs zusammen mit einer Gruppe von Jungen, die für Al Capone kleine Erledigungen tätigten, dann durch seine Mitwirkung an der Ausplünderung einer Gewerkschaft und schließlich im Rahmen seiner Aktivitäten im Chicagoer Rotlichtbezirk. In den späten vierziger Jahren verdiente sich Ruby die ersten Lorbeeren als Mitglied jener Chicagoer Mafia-Delegation, die das organisierte Verbrechen in Dallas fest installierte. Innerhalb eines Zeitraums von fünfzehn Jahren verstarben zahlreiche Mitglieder dieser ursprünglichen Delegation, wurden ermordet oder gingen aus Dallas fort. So gelang es Ruby, der zusammen mit der Chicagoer Gang als »kleine Leuchte« in Dallas angefangen hatte, im Laufe der Jahre in den ausgewählten Kreis der dortigen »kriminellen Hoffnungen« aufgenommen zu werden.

Während der Jahre, die er in Dallas verbrachte, nahm Ruby regional und überregional Kontakt zu Dutzenden von Unterweltgrößen auf. Einige dieser Gangster waren die Marcello-Freunde Joseph Campisi, Frank Caracci und Nofio Pecora, die beiden Schläger aus den Reihen der Transportarbeitergewerkschaft Barney Baker und Frank Chavez, die berüchtigten Mafiosi Paul Roland Jones, Lewis McWillie, Lenny Patrick und Irwin Weiner sowie der Mafia-Boß von Dallas, Joseph Civello. Ein gemeinsames Interesse war möglicherweise der Grund für Rubys Besuche bei Civello, denn Civello wurde wegen etlicher Verstöße gegen das Rauschmittelgesetz verurteilt, und Rubys Name tauchte in den Akten der Bundesdrogenfahndung bis 1963 ebenfalls zweimal auf. In der Tat erscheint es unwahrscheinlich, daß Ruby einflußreich genug war, um – ohne Civellos Erlaubnis – neue Dealer in einen großen Rauschgiftring aufzunehmen, der zwischen »Mexiko, Texas und dem Osten« operierte.

Aber von allen kriminellen Bereichen, in denen Ruby sich betätigte, war zweifellos das lukrative Wett- und Spielmonopol der Mafia am wichtigsten. Wie drei glaubwürdige Zeugen – deren Aussagen durch andere Quellen gestützt werden – erklärt haben, unterhielt Ruby ein eigenes Spielautomatenlager sowie Buchmacheretablissements und fungierte als Kontaktmann zwischen Mafia, Polizei und den örtlichen Behörden. Es waren diese Stellung in den Kreisen des illegalen Glücksspiels sowie seine Verbindungen zur Mafia, denen Ruby seinen gehobenen Rang innerhalb des organisierten Verbrechens von Dallas verdankte.

Gleichwohl hat es möglicherweise eine Kluft zwischen seinem funktionalen Rang und seinem sonstigen Einfluß gegeben. In der Unterwelt von Dallas eröffneten sich dem Juden Ruby Möglichkeiten, wie sie ihm im »etablierteren« Osten oder Mittleren Westen – wo sich die Mafia konkurrierende ethnische Gangs entweder dienstbar gemacht oder sie ausgelöscht hatte – verschlossen geblieben wären. Figuren wie Meyer Lansky, Moe Dalitz, Mickey Cohen, Bugsy Siegel und andere prominente Mitglieder des Syndikats, die gleicher ethnischer Herkunft waren wie Ruby, konnten nur in Gebieten wie Kalifornien, Nevada, Florida, der Karibik oder auf den Bahamas nach oben kommen. Aber wie dem auch sei – zwischen dem harten Kern der Mafia und ihren Satelliten, wie wertvoll diese auch sein mögen, wird stets eine scharfe Trennlinie bestehen bleiben. So konnte zum Beispiel der inzwischen verstorbene Syndikatsfinanzier Meyer Lansky ohne die Zustimmung seiner Mafiaoberen, die ihn eine Zeitlang der permanenten Obhut von Vincent Alo (»Jimmy Blue Eyes«) unterstellten, einem Caporegime aus der Genovese-Familie, nicht in Aktion treten. Es spricht daher alles dafür, daß Ruby ungeachtet seiner Bedeutung für die Operationen der Mafia in Dallas letztendlich kaum etwas zu sagen hatte.

Teil III

Mord auf Stichwort

Es war am Sonntag morgen, dem 24. November 1963, zwei Tage nach der Ermordung Präsident Kennedys. Die Polizei traf letzte Vorkehrungen für die Überführung des Tatverdächtigen Lee Harvey Oswald vom Polizeihauptquartier in Dallas in das Bezirksgefängnis. Zu dieser Zeit befand sich Jack Ruby in der Innenstadt von Dallas in der Schalterhalle der Western Union, um Karen Carlin in Fort Worth, einer Amüsierdame aus seinem Carousel Club, telegraphisch 25 Dollar zu überweisen. Wie ihr Ehemann Bruce Carlin, Ruby, aber auch sie selbst übereinstimmend aussagten, hatte Karen Carlin Ruby um 10.19 Uhr telephonisch um das Geld gebeten, um die Miete zahlen und noch einige Lebensmittel einkaufen zu können. Ruby erhielt einen Beleg über den Betrag von 25 Dollar, auf dem als Zeitpunkt der Überweisung 11.17 Uhr vermerkt war, und begab sich dann zu dem einen Block entfernten Polizeipräsidium.

Drei Minuten später, um 11.20 Uhr – eine Stunde und zwanzig Minuten nach dem ursprünglich für Oswalds Überführung festgesetzten Zeitpunkt – wurde er aus seiner Zelle im Polizeipräsidium von Dallas abgeholt. In Begleitung einer Polizeieskorte wurde er durch das – von Reportern nur so wimmelnde – Tiefgeschoß zu einer Garageneinfahrt geführt. Die Überführung war bis ins Detail geplant worden, und nun hieß es, alles sei bereit. Als sich Oswald jedoch der Garageneinfahrt näherte, mußte er, wie L. D. Montgomery, ein Polizist aus der Eskorte, später aussagte,

stehenbleiben, weil das [Überführungs-] Fahrzeug noch nicht bereitstand. [...] Es hätte eigentlich schon dort sein sollen, aber als wir dort ankamen, war es noch nicht da. Deshalb mußten wir anhalten oder jedenfalls langsamer gehen und auf den Wagen warten.[1]

Als Oswald um 11.21 Uhr an der Garagenauffahrt auf das Transportauto wartete, stand plötzlich dort, wo eigentlich der Wagen hätte sein sollen, Jack Ruby. Ruby zog einen 38er Revolver aus der Tasche und feuerte einen tödlichen Schuß auf Oswald ab.

Die Ermordung Lee Harvey Oswalds vereinfachte die komplexen Hintergründe des Kennedy-Attentats in mehrfacher Hinsicht: Infolge der von Ruby angeblich im Affekt begangenen Tat erübrigte sich das lange und beschwerliche Gerichtsverfahren, das andernfalls durch Oswalds Unschuldsbeteuerungen heraufbeschworen worden wäre. Und all die unbeantworteten Fragen, die der 22. November aufgeworfen hatte, wurden nun durch eine Reihe von Geschehnissen, die sich am 24. November in dichter Folge ereignet hatten, in den Hintergrund gedrängt: das Telephonat, das Karen Carlin um 10.19 Uhr von ihrem Heim in Fort Worth aus mit Rubys Wohnung in Dallas geführt hatte, die um 11.17 Uhr erfolgte telegraphische Geldüberweisung Rubys an Karen Carlin und die Schüsse, die vor den Augen der ganzen Welt um 11.21 Uhr im Tiefgeschoß des Polizeipräsidiums gefallen waren. Auf den ersten Blick erschienen diese Vorfälle wie eine Serie unglücklicher Zufälle – und so stellte Ruby die Geschehnisse jenes Morgens auch dar.

Aber die Ermordung Oswalds gab Anlaß zu einer weiteren, weit beunruhigenderen Schlußfolgerung, denn Lee Harvey Oswald, ein Mann von höchst unterschiedlichen Loyalitäten, wurde nun durch Jack Ruby in den Hintergrund gedrängt – einen Mann, dessen eindeutiges Engagement sich beim besten Willen nicht verheimlichen ließ. Jack Ruby war ein professioneller Gangster, der schwerlich aus einem Impuls heraus ein Verbrechen begehen und hinterher aufrichtig über sein Motiv Auskunft erteilen würde. Und Jack Ruby war aufs innigste mit der Mafia verbunden – einer Organisation, die ein Motiv, die notwendigen Mittel und die offen bekundete Absicht hatte, Präsident Kennedy umzubringen.

Angesichts von Rubys Hintergrund drängte sich im Zusammenhang mit den Geschehnissen des 22. November eine geradezu natürliche Schlußfolgerung auf, zu der etliche europäische Beobachter auch ohne viel Umschweife gelangten: »Der professionelle Gangster, der den Präsidentenmörder aus patriotischer Empörung tötet [. . .], legt den Verdacht eines genau geplanten, verzweifelten Vertuschungsmanövers nahe.«[2] Diesen Verdacht äußerte konkreter und mit größerem Nachdruck 1970 auch der alternde Mafioso Johnny Roselli, der Ruby gekannt hatte. Roselli nannte Ruby »einen unserer Jungs« und behauptete, Ruby habe den Befehl erhalten, Oswald zu töten, um ihn zum Schweigen zu bringen. (Roselli, dessen Leiche 1976 in einem im Meer treibenden Ölfaß entdeckt wurde, nachdem er mit Ermittlungsbeamten des US-Senats gesprochen hatte, wurde offenbar das gleiche Schicksal zuteil.)

In diesem Teil des Buches werden wir die Hintergründe des Kennedy-Attentats durchleuchten, indem wir uns ausführlich mit der Ermordung Oswalds auseinandersetzen. Dabei wird sich erweisen, daß Rubys Angaben hinsichtlich seiner Aktivitäten in den Tagen vor und nach dem Attentat von A bis Z erlogen sind. Seine Behauptung, er habe Oswald aus Sympathie für die Kennedy-Familie umgebracht, ist nichts weiter als ein billiger Vorwand gewesen. Der Anruf bei den Carlins und die telegraphische Geldüberweisung sollten Rubys Darlegungen nur größere Glaubwürdigkeit verschaffen. Die Ermordung Oswalds war nichts weiter als eine bis in alle Einzelheiten geplante Hinrichtung. Diese Behauptungen werden auch durch die Angaben unterstützt, die Ruby selbst zuletzt vor der Warren-Kommission gemacht hat. Während seiner abschließenden Vernehmungen durch die Kommission deutete Ruby – wie auf Tonband festgehalten ist – an, er habe seine Aussage im voraus mit anderen abgesprochen; dann machte er sich über seine eigenen ursprünglichen Erklärungen lustig und behauptete, er könne die Wahrheit nicht sagen, weil sein Leben in Gefahr sei. Eine kleine Kostprobe:

> Wer sonst hätte sie [die Ermordung Oswalds] so auf die Sekunde genau planen können. Falls Oswalds Ermordung aber in dieser Weise geplant werden konnte, dann ist irgendwer im Polizeipräsidium dafür verantwortlich, die Information über Lee Harvey Oswalds Ankunft im Tiefgeschoß weitergegeben zu haben.[3]

Ganz sicher brauchte sich Ruby bezüglich der exakten zeitlichen Planung des Mordes oder der Existenz eines Komplotts keinen Spekulationen hinzugeben. Die erwähnte Verschwörung zeichnet sich vor dem Hintergrund der miteinander koordinierten Falschaussagen einiger völlig eingeschüchterter Zeugen nur um so deutlicher ab.

In der Unterwelt, mit der Ruby seit seiner Kindheit zu tun hatte, wird ein Zeuge, der vor Gericht aussagen soll, nur aus einem einzigen Grund ermordet: um ihn an einem Geständnis zu hindern und an der Nennung der Komplizen, mit denen gemeinsam er in der Vergangenheit möglicherweise ein Verbrechen begangen hat.[1]

Der Journalist Thomas Buchanan, der für das französische Magazin *L'Express* über den Jack-Ruby-Prozeß berichtete

12. Meineid und Vorsatz

In den offiziellen Vernehmungen nach der Ermordung Oswalds erteilten Ruby selbst sowie etliche Personen aus seinem Umkreis detailliert Auskunft darüber, was der Clubbesitzer vor dem Oswald-Mord getan hatte. Dabei ergaben sich schier endlose Widersprüche. Die in diesen Aussagen enthaltenen Hinweise auf ein Komplott sind geradezu überwältigend. Bei der kritischen Auseinandersetzung mit diesen Aussagen und den Ereignissen, die dem Oswald-Mord vorangingen, bietet es sich an, mit dem Nachmittag des Kennedy-Attentats zu beginnen.

Im Parkland Hospital

Vor dem FBI und der Warren-Kommission sagte Jack Ruby aus, daß er am Nachmittag des 22. November 1963, einem Freitag, im Gebäude der *Dallas Morning News* eine Anzeige aufgegeben habe und dann in den Carousel Club gegangen sei. Ruby behauptete, er sei an jenem Tag zu keinem Zeitpunkt im Parkland Hospital gewesen, wo Präsident Kennedy und Gouverneur Connally behandelt wurden.

Aber der Journalist Seth Kantor berichtete in den Scripps-Howard-Zeitungen ebenso wie vor FBI-Beamten und der Warren-Kommission, er habe Ruby am Freitag nachmittag ebendort gesehen. Kantor, der auch dem Pressecorps des Weißen Hauses angehörte, erklärte, er habe Ruby um 13.30 Uhr auf einem Korridor des Parkland-Hospitals getroffen, ihm die Hand gegeben und mit ihm gesprochen. Kantor war sicher, daß es Ruby war, da die beiden während Kantors Zeit als Reporter in Dallas recht gut miteinander bekannt geworden waren.

Kantor erklärte, daß er seine Aussage über die Begegnung mit Ruby im Parkland-Hospital jederzeit vor einem ordentlichen Gericht wiederholen werde. Denn er sei sich »unerschütterlich sicher«, daß sie stattgefunden habe. Er konnte noch den genauen Zeitpunkt und den Ort des Treffens angeben. Ferner erwähnte er, Ruby habe ihm ganz benommen die Hand gedrückt, »da er erst einige Minuten zuvor von den tragischen Ereignissen des Kennedy-Attentats erfahren hatte«. Außerdem habe Ruby sich bei ihm sofort »nach dem Befinden des Präsidenten« erkundigt.[2] Kantors Aussage wurde durch Wilma Tice, eine weitere Zeugin, bestätigt. Frau Tice erklärte, sie habe am Freitag nachmittag im Parkland-Hospital einen Mann gesehen, der von den Anwesenden mit »Jack« angesprochen worden sei. Anhand von Photos identifizierte sie diesen Mann als Ruby.

Und tatsächlich war Kantors von einer weiteren Zeugin bestätigte Auskunft über Rubys Besuch im Parkland-Hospital – wie das House Assassinations Committee erst unlängst bestätigt hat – aller Wahrscheinlichkeit nach korrekt.

Im Polizeipräsidium von Dallas

Später an jenem Tag, etwa gegen Mitternacht, war Ruby bei einer Pressekonferenz im Polizeipräsidium von Dallas zugegen. Wie heute noch auf einer Videoaufnahme zu hören ist, verbesserte Ruby den Bezirksstaatsanwalt Henry Wade, als dieser erklärte, Oswald habe dem »Free Cuba Committee« angehört – und rief: »Fair Play Cuba.«[3]

Aber die mitternächtliche Pressekonferenz war nicht das einzige Mal, daß Ruby während des Attentatswochenendes im Polizeipräsidium auftauchte. Detective August Eberhardt, der Ruby damals bereits seit fünf Jahren kannte, behauptete, er habe am Freitag zwischen 18 und 19.00 Uhr auf dem Korridor im dritten Stock des Polizeipräsidiums mit Ruby gesprochen. Detective Roy Standifer, der ebenfalls mit Ruby gut bekannt war, erklärte, er habe diesen gegen 19.30 Uhr am gleichen Ort gegrüßt. Die Begegnung fand kurz nach Standifers abendlicher Pause statt, die er gewöhnlich um 18.30 Uhr einlegte.

Der Fernsehreporter Vic Robertson jr., der ebenfalls zu Rubys Bekannten zählte, war ganz sicher, daß er gesehen habe, wie Ruby am frühen Freitag abend versucht hatte, die Tür zu Captain Fritz' Büro zu öffnen, wo Oswald verhört wurde. Robertson hörte dann eine Stimme, die sagte: »Sie können da nicht reingehen, Jack.«[4] John Rutledge, ein Reporter von den *Dallas Morning News*, sah Ruby an jenem Abend kurz vor 18.00 Uhr ebenfalls auf dem Gang vor Captain Fritz' Büro. Und noch ein anderer Zeuge hatte Ruby an jenem Freitag zwischen 16 und 17.00 Uhr im Polizeipräsidium von Dallas bemerkt.

Am Samstag, dem 23. November, suchte Ruby das Polizeipräsidium abermals auf. Diesmal wurde seine Anwesenheit im Rahmen einer fast witzig zu nennenden Begegnung von dem *France-Soir*-Mitarbeiter Phillippe Labro bemerkt, der später dem FBI die folgende Auskunft erteilte:

Ruby begegnete M. Labro und fragte ihn, wer er sei und wie er seinen Lebensunterhalt bestreite. M. Labro entgegnete Ruby daraufhin, er sei ein französischer Journalist. Ruby erwiderte darauf: »Oooh la la ... Folies-Bergères«, worin sich – nach Labros Auskunft – Rubys französische Sprachkenntnisse wahrscheinlich bereits erschöpften. Ruby überreichte M. Labro dann eine kleine Werbekarte seines Clubs »The Carousel«, auf der eine nackte Frau abgebildet war, und lud

ihn ein, gelegentlich bei ihm auf einen Drink vorbeizu-
schauen. [...] [M. Labro] hat keinerlei Zweifel an der Identität der Person, mit der er am 23. November 1963 gesprochen
hat.[5]

Möglicherweise hatte Ruby diese Begegnung vor Augen, als er
gegenüber einem medizinischen Experten feststellte: »Ich
habe sogar einige meiner Karten an die Zeitungsleute aus aller
Welt verteilt.«[6]

Thayer Waldo, ein Reporter aus Fort Worth, traf am Samstag
um 16.00 Uhr im Polizeipräsidium auf Ruby. Waldo behauptete, Ruby habe sich vorgestellt, ihm eine Karte überreicht und ihn und andere Zeitungsleute zum Trinken in seinen Club eingeladen. Der NBC-Nachrichtenproduzent Fred
Rheinstein sagte aus, er habe am Samstag nachmittag gegen
17.00 Uhr im Polizeipräsidium einen Mann gesehen, der »mit
großer Wahrscheinlichkeit Ruby gewesen ist«.[7] Dieser Mann
habe ein Büro betreten, in dem der Distriktsstaatsanwalt
Henry Wade angeblich gearbeitet habe und zu dem die Journalisten keinen Zutritt gehabt hätten. Der UPI-Photograph Frank
Johnston, der französische Journalist François Pelou sowie eine
Reihe anderer Zeugen sahen Ruby am Samstag nachmittag und
abend gleichermaßen im Polizeipräsidium.

Nach Rubys Darstellung indes suchte er das Polizeipräsidium am Attentatswochenende vor dem Sonntagmorgen nur
einmal auf, und zwar am Freitag während der Pressekonferenz.

»Keinerlei Anzeichen der Trauer«

Die ausgelassene Stimmung, die Ruby am Samstag nachmittag
– während er Carousel-Karten verteilte und die Journalisten
zum Trinken zu sich einlud – an den Tag legte, war typisch für
sein Befinden während des gesamten Attentatswochenendes.
Am Freitag abend im Polizeipräsidium erschien Ruby »alles
andere als gestreßt oder niedergedrückt«, bemerkte der Fern-

sehmann Vic Robertson jr. »Er wirkte geradezu glücklich, machte Witze und lachte.«[8] Und am Samstag morgen zeigte Ruby im KLIF-Rundfunksender »keinerlei Anzeichen der Trauer« und »schien froh darüber, daß die Beweise gegen Oswald sich immer mehr auftürmten«, konstatierte der Rundfunksprecher Glen Duncan.[9] Ruby habe bei dieser Gelegenheit sogar bekundet, daß Oswald ein gutaussehender Typ sei und Ähnlichkeit mit Paul Newman habe; auch habe er im Hinblick auf Oswald »keinerlei Bitterkeit zum Ausdruck gebracht«, so der Discjockey Russ Knight.[10] Johnny Branch, der Geschäftsführer des Empire Room, sagte aus, Ruby sei am Samstag abend gegen 22.00 Uhr in seinen Club gekommen, habe das Attentat mit keinem Wort erwähnt und – wie schon bei anderen Gelegenheiten – einige Fünfdollarnoten an andere Gäste verteilt.

Dem FBI erklärte Ruby, er habe den Freitag und den Samstag »in Trauer« verbracht. Er sagte, er habe geweint, als er die Nachricht vom Tod des Präsidenten erhalten habe, am Samstag nachmittag »sehr viel geweint«, und am Samstag abend sei er niedergeschlagen gewesen. Er behauptete, seine Trauer – von der in Wirklichkeit so wenig zu spüren gewesen war – sei durch seine große Liebe für den dahingemordeten Präsidenten und dessen Familie bedingt gewesen. Diese quälende Trauer über das Attentat habe ihn letzten Endes – so Ruby – »dem Wahnsinn nahe gebracht«. Als Oswald an jenem Sonntag morgen durch das Tiefgeschoß des Polizeipräsidiums geführt worden sei, habe er plötzlich wie unter einem Zwang auf ihn geschossen.

Aber eine handschriftliche Notiz, die Ruby für einen seiner Anwälte verfaßte, läßt diese Geschichte – um es in den Worten des House Assassinations Committee zu sagen – als »erlogenen juristischen Trick« erscheinen.[11] Die 1967 von *Newsweek* veröffentlichte Notiz an den Rechtsbeistand Joe Tonahill hatte den folgenden Wortlaut:

Joe, Sie sollten folgendes wissen. Tom Howard hat mir geraten, ich solle sagen, ich hätte Oswald erschossen, um Caroline und Mrs. Kennedy die Unannehmlichkeit eines Gerichtsauftritts in Dallas zu ersparen. OK?[12]

Und tatsächlich entsprachen die von Ruby zum Ausdruck gebrachten patriotischen Aufwallungen nicht im geringsten seinem Charakter. Harry Hall, der mit ihm in zahlreichen Glücksspiel-Operationen zusammengearbeitet hatte, behauptete gegenüber dem FBI: »Ruby war ein Typ, der an allem interessiert war, womit er Geld machen konnte.«[13] Hall konnte sich »beim besten Willen nicht vorstellen, daß Ruby etwas aus patriotischen Motiven getan hätte«.[14] Jack Kelly, der Ruby seit 1943 oberflächlich gekannt hatte, »spottete über die Annahme, Ruby habe Oswald aus patriotischen Motiven umgebracht«,[15] und Rubys Freund Paul Roland Jones hatte nach Auskunft des FBI ausgesagt,

> nach seinen Erfahrungen mit Ruby hege er erhebliche Zweifel daran, daß dieser die Kontrolle über seine Gefühle verloren und Oswald aus einem Augenblicksimpuls heraus getötet habe. Er war der Meinung, Ruby habe es für Geld getan [...][16]

Am meisten trug allerdings Ruby selbst nach seiner Verurteilung wegen vorsätzlichen Mordes am 7. Juni 1964 vor der Warren-Kommission zur Erhellung seiner »außerordentlichen emotionalen Erschütterung« bei. Er verwies auf eine Lobrede, die ein Rabbi in einer Sonntagmorgenpredigt auf Präsident Kennedy gehalten hatte. Ruby erinnerte sich, der Rabbi

> habe in seiner Ansprache darauf hingewiesen, daß Kennedy ein Mann gewesen sei, der vor keinem Kampf zurückgewichen und in alle Länder gereist sei, um bei seiner Rückkehr in sein eigenes Land hinterrücks erschossen zu werden [fing an zu weinen].[17]

208

Als er diese tränenreiche Rezitation beendet hatte, fügte Ruby an: »Ich muß ein großer Schauspieler sein, das sag' ich Ihnen.«[18]

Als in einer Sitzung der Warren-Kommission einen Monat später die Rede auf einen Lügendetektortest kam, dem Ruby sich unterzogen hatte, gab Ruby sogar einen noch kühneren Hinweis auf seine wahren Empfindungen. An einer Stelle bemerkte er: »Und sie haben mich auch nicht gefragt, warum ich denn nicht bei der Parade war, wenn ich Präsident Kennedy wirklich so sehr geliebt habe [gemeint war der Wagencorso des Präsidenten]?«[19] Ruby fuhr dann fort: »Es ist seltsam, daß ich Präsident Kennedy vielleicht gar nicht gewählt habe beziehungsweise überhaupt nicht zur Wahl gegangen bin und daß ich trotzdem eine so große Zuneigung zu ihm gehabt haben soll.«[20] Obwohl Ruby diese Bemerkung unter dem Vorwand vorbrachte, sich gegenüber nicht näher bezeichneten Kritikern verteidigen zu müssen, läßt sich sein Hinweis auf sein Wahlverhalten, über das er niemandem Rechenschaft schuldig war, nur als aufrichtiges Geständnis werten. Später ließ Ruby seine Maske ganz fallen, als er nämlich erklärte: »Und hier vor Ihnen steht ein Mann, der Präsident Kennedy bei den Wahlen seine Stimme nicht gegeben hat, der seinen Club drei Tage zumacht, der nach Kuba gefahren ist [...]«[21]

Einen Hinweis auf Rubys tatsächliche Empfindungen für die Kennedys können wir einem ABC-TV-Interview mit der Carousel-Stripperin »Jada« vom 24. November 1963 entnehmen:

Jada: »Ich habe Jack über die Kennedys reden hören, und ich hab' die ganze Zeit nachgedacht, und heute ist alles so verwirrend, aber ich glaube, er konnte Bobby Kennedy nicht ausstehen.«

Frage: »Können Sie sich noch daran erinnern, was er über den Präsidenten gesagt hat?«

Jada: »Ja, er hat im Anschluß an seine Bemerkung über Bobby etwas ähnliches über Jack [John F.] Kennedy gesagt [...]«[22]

Bei einem Mann wie Ruby ist es wirklich nicht weiter überraschend, daß er, wie ein typischer Mafioso, dem so hart vorgehenden Justizminister und dem Präsidenten feindlich gesonnen war, während er nach außen seine Liebe für die beiden Brüder kundtat. Aber die Lügen, die Ruby über die Motive von sich gab, die ihn angeblich veranlaßt hatten, Oswald zu erschießen und darüber, wo er sich während des Attentatswochenendes aufgehalten hatte, unterstreichen nur um so deutlicher den fragwürdigen Charakter seiner tatsächlichen Aktivitäten; dies gilt insbesondere für seinen Besuch im Parkland-Hospital am 22. November. Noch verdächtiger jedoch waren jene von ihm vorgetragenen Lügenmärchen, die von anderen – oftmals eingeschüchtert wirkenden – Zeugen bestätigt wurden, sowie eine Reihe von Vorfällen, die den Mord vom 24. November als eiskalt geplant erscheinen lassen.

Vor dem FBI sagte Ruby aus, er sei in jener Nacht von Freitag auf Samstag nach der Pressekonferenz im Polizeipräsidium direkt in das Studio der Rundfunkstation KLIF gefahren. Er erklärte, er sei dort gegen zirka zwei Uhr früh eingetroffen und etwa eine Stunde geblieben.

Aber in diesem Punkt widersprachen Rubys Angaben den Aussagen, die einige Mitarbeiter des KLIF-Senders sowie Ike Pappas – ein New Yorker Rundfunkreporter – vor der Polizei machten, ganz erheblich. Besonders problematisch war die von zwei KLIF-Mitarbeitern aufgestellte Behauptung, Ruby habe am frühen Samstag morgen im KLIF-Studio mit Pappas gesprochen. Pappas hingegen, der am Vorabend kurz mit Ruby zusammengetroffen war, behauptete nachdrücklich, daß Ruby nicht im KLIF-Studio gewesen sei, solange er selbst sich dort aufgehalten habe. Diese widersprüchlichen Aussagen erscheinen angesichts des Umstandes, daß Ruby mit dem KLIF-Chef Gordon McLendon und anderen Mitarbeitern des Senders gut befreundet war, doch recht seltsam.

Als er im Dezember 1963 vom FBI vernommen wurde, berichtete Ruby, er habe »die KLIF-Rundfunkstation am 23. November 1963 gegen drei Uhr früh verlassen und sei zum Ver-

lagsgebäude des *Dallas Times Herald* gefahren«.[23] Vor der Warren-Kommission indes widerrief Ruby später diese Geschichte
und sprach von einer Begegnung mit dem Polizisten Harry
Olsen und dessen Freundin Kathy Kay, einer Stripteasetänzerin im Carousel Club:

> Mr. Ruby: »Ich bin gegen zwei Uhr früh vom KLIF-Sender
> weggegangen und habe dann eine Stunde mit dem Polizisten
> und seiner Freundin zugebracht. Es muß also gegen Viertel
> nach drei gewesen sein. Nein, war es doch nicht. Ich hab'
> mich um die Zeit nicht gekümmert, aber es kann auch vier
> Uhr gewesen sein.
> Chefrichter Warren: »Das ist doch ganz egal.«
> Mr. Ruby: »Immerhin ein Unterschied von 45 Minu-
> ten.«[24]

Rubys ausdrücklicher Hinweis auf die zeitlichen Unstimmigkeiten, die im Zusammenhang mit seinen Angaben zu seiner
Begegnung mit Olsen zu verzeichnen waren, sollte möglicherweise den »improvisierten« Charakter seiner diesbezüglichen
Behauptungen aufdecken. Denn Olsen und Kathy Kay sagten
beide aus, sie seien am 22. November gegen Mitternacht von
einer Bar aus direkt zu Simons Garage hinübergegangen, die
sich ganz in der Nähe befunden habe, um mit dem Parkwächter
Johnny Simpson zu schwatzen. Frau Kay erklärte, sie habe
gemeinsam mit Olsen und Simpson in einem der in der Garage
abgestellten Wagen gesessen und sich unterhalten, als Ruby
vorbeigefahren sei. Sie hätten ihm zugewinkt, und Ruby habe
angehalten. Das sei etwa zwischen 0.30 Uhr und ein Uhr gewesen. Olsen behauptete, Simpson habe sich an dem nun folgenden Gespräch beteiligt, und er konnte sich angeblich sogar an
eine bestimmte Antwort erinnern, die Simpson auf eine bestimmte Bemerkung Rubys gegeben hatte.
Der Parkwächter Johnny Simpson hingegen präsentierte
eine völlig andere Geschichte. Er konstatierte vor dem FBI, daß
Olsen am 23. November gegen ein Uhr früh »an der Ausfahrt

von Simons Garage auf seine Freundin gewartet« habe.[25] Dann sei »die Freundin gekommen und zu Olsen in den Wagen gestiegen. Sie wollten gerade losfahren, aber offenbar sah das Mädchen Jack Ruby die Straße entlanggehen, und sie rief ihm einen Gruß zu.«[26] Simpson erklärte vor dem FBI, er habe »an dem Gespräch überhaupt nicht teilgenommen«.[27] Simpson behauptete, daß er mit Ausnahme einer Bemerkung, die er aufgeschnappt habe, nicht gehört habe, »worüber die drei gesprochen haben«.

Ruby hingegen sagte aus, er sei, nachdem er um zwei Uhr früh aus dem KLIF-Sender fortgegangen sei, an Simons Garage vorbeigefahren, habe ein lautes Hupen gehört und Olsen und Kathy Kay »völlig aufgedreht« in einem Wagen sitzen sehen. Von Simpson war in seiner Beschreibung dieser Begegnung mit keinem Wort die Rede.

Für eine weitere Verwirrung der im Zusammenhang mit diesem Vorfall zu verzeichnenden eklatanten Widersprüche sorgten die voneinander stark abweichenden Aussagen bezüglich seiner Dauer. Ruby behauptete, er sei eine Stunde mit Olsen und Kathy Kay zusammen gewesen. Olsen wiederum erklärte im Dezember 1963 gegenüber dem FBI, das am frühen Sonntag morgen zwischen ihm, Ruby, Simpson und Kathy Kay geführte Gespräch habe »etwa zehn Minuten« gedauert. Vor der Warren-Kommission hingegen berichtete Olsen später, das Gespräch habe »zwei oder drei Stunden« gedauert.[28]

Vieles spricht für die Korrektheit dieser letztgenannten Zeitangabe. Denn falls Ruby zwischen ein und vier Uhr mit Olsen und Kathy Kay beisammen gewesen ist, würde auch seine Behauptung, daß er bis zu den Zwei-Uhr-Nachrichten im KLIF-Sender gewesen sei, in einem andern Licht erscheinen. Die widersprüchlichen Angaben, die hinsichtlich der Rollen zu verzeichnen sind, die Kathy Kay und Simpson in diesem Zusammenhang zukamen, deuten im übrigen darauf hin, daß Frau Kay bei dieser Gelegenheit gar nicht anwesend gewesen ist und daß Simpson, wie er es auch gegenüber dem FBI behauptet hatte, die Begegnung nur von ferne gesehen hat.

Diese Begegnung mit Ruby am frühen Sonntag morgen war jedoch nur einer von etlichen Schwachpunkten, die das Alibi des Polizisten Harry Olsen für das Attentatswochenende aufwies. Olsen behauptete, er habe am Freitag, dem 22. November, den ganzen Tag lang ein Anwesen bewacht, an dessen Namen und Adresse er sich jedoch nicht erinnern konnte. Den Job hatte er angeblich durch Vermittlung eines Polizeikollegen erhalten, an dessen Namen er sich ebenfalls nicht erinnern konnte. Überdies erklärte Olsen zweimal, er habe seinen Dienst um zwanzig Uhr beendet. Kathy Kay hingegen sagte zunächst aus, Olsen habe seinen Wachdienst um 16.00 Uhr beendet, später behauptete sie dann, er habe um 18.00 Uhr aufgehört.

Was ihre Aktivitäten zwischen Freitag und Samstag abend anbelangte, erteilten Olsen und Kathy Kay nur sehr vage und dazu noch widersprüchliche Auskünfte. Beide erwähnten Personen, mit denen sie angeblich zusammengetroffen waren, an deren Namen sie sich allerdings nicht erinnern konnten. Beide wußten jedoch noch, daß sie Jack Ruby am Samstag abend vor dem Carousel Club gesehen hatten, der wegen des Wochenendes geschlossen war.

Über ihre Aktivitäten am Sonntag, dem 24. November, hingegen konnten die beiden präzisere Auskünfte erteilen. Olsen sagte aus, er habe den ganzen Sonntag bei Kathy Kay in deren Wohnung in Dallas verbracht. Abends gegen 21.00 oder 22.00 Uhr hätten sie dann Dealey Plaza besucht. Kathy Kay dagegen erklärte, sie habe am Sonntag, dem 24. November, gemeinsam mit Olsen dessen in dem 160 Meilen von Dallas entfernten Henrietta lebende Eltern besucht. Sie behauptete, sie seien gegen 16.00 Uhr aus Dallas weggefahren, hätten drei Stunden in Henrietta verbracht, seien gegen zirka 22.00 Uhr zurückgefahren und nach ihrer Ankunft in Dallas sofort ins Bett gegangen. Auch darüber, wie sie von der an jenem Morgen von ihrem gemeinsamen Freund Ruby mit geradezu unheimlicher Präzision durchgeführten Ermordung Oswalds Kenntnis erlangt hatten, gingen die Aussagen der beiden Zeugen auseinander.

Angesichts all dieser eklatanten Widersprüche drängt sich geradezu die Frage auf, ob der Verbleib des Polizisten Olsen während dieser Stunden und Tage nicht möglicherweise mit dem Mord in irgendeinem Zusammenhang steht.

Nach dem Attentat hatten es Olsen und Kathy Kay jedenfalls offenbar sehr eilig, aus Dallas fortzukommen. Auch gab Kathy Kay nach Rubys Festnahme ihre Arbeit im Carousel Club unverzüglich auf und trat bereits eine Woche später ein neues Engagement in Oklahoma City an. Tom Palmer, ein Gewerkschaftsfunktionär aus Dallas, sagte aus, Kathy Kay sei nicht an ihren Arbeitsplatz zurückgekehrt, weil sie nach eigenem Bekunden »Angst hatte und aus der Stadt verschwinden wollte«.[29] Palmer erklärte, als er Kathy Kay am Dienstag, dem 26. November, gesehen und zu ihr gesagt habe, daß ihr Vertrag noch gültig sei, habe sie ihm entgegnet: »Ist mir egal, ich will nur raus aus der Stadt. Mir gefällt's hier nicht mehr.«[30]

Am 7. Dezember 1963 kam Olsen mit seinem Auto von der Straße ab und krachte gegen einen Telegraphenmast, wobei er sich immerhin so schwer verletzte, daß er zwei Wochen im Krankenhaus verbringen mußte. Nach seiner Entlassung aus dem Krankenhaus nahm Olsen seinen Abschied von der Polizei von Dallas; gemeinsam mit Kathy Kay zog er am 1. Februar 1964 nach Kalifornien.

Eine photographische Expedition

Komplettiert wurden Rubys Aktivitäten an jenem frühen Samstag morgen – nach seiner Begegnung mit Olsen und seinem kurzen Ausflug zum Verlagsgebäude des *Times Herald* – durch eine seltsame Expedition, die er angeblich unternommen haben soll.

Jack Ruby, der Carousel-Mitarbeiter Larry Crafard und Rubys Mitbewohner George Senator sagten übereinstimmend aus, daß sie an jenem Samstag um vier Uhr früh gemeinsam aufgebrochen seien, um ein »Enthebt-Earl-Warren-seines-Amtes«-Schild zu photographieren, das nahe einer Schnellstraße aufgestellt war. Ruby behauptete, das Schild habe seine Aufmerksamkeit wegen seiner Ähnlichkeit mit einer Anti-Kennedy-Anzeige erregt, die am Freitag in der Zeitung erschienen sei. Hinterher, so behaupteten die drei Männer, hätten sie ein Postamt aufgesucht, um die Auftraggeber der unter einer Chiffre erschienenen Anzeige ausfindig zu machen; danach seien sie noch in dem Kaffeeausschank des Southland Hotels gewesen. Die Beschreibung dieser eigenartigen Exkursion fiel einigermaßen schlüssig aus, allerdings gab es hinsichtlich der Anwesenheit Crafards während bestimmter Phasen jener Expedition gewisse Unstimmigkeiten und ebenfalls bezüglich der Reihenfolge des Geschehens.

Aber es gab da noch ein größeres Problem. George Senator wurde am Sonntag, dem 24. November, vom FBI verhört, dem Tag, als Ruby Oswald erschoß – und genau einen Tag nach den oben beschriebenen Geschehnissen. Während dieses Verhörs erwähnte Senator den Ausflug mit keinem Wort, sondern erzählte lediglich, Ruby und er hätten sich in ihrer gemeinsamen Wohnung eine Zeitlang unterhalten und seien dann gegen 4.30 oder fünf Uhr ins Southland Hotel gegangen. Auch als Senator an jenem Sonntag in einem weiteren Verhör über seine Samstagmorgen-Aktivitäten berichtete, erwähnte er die angebliche Photo-Exkursion mit keinem Wort.

Während seiner Vernehmung durch die Warren-Kommission verhörte man Senator eingehend bezüglich der Diskrepanz zwischen seiner Aussage über die Photo-Exkursion und seiner ursprünglichen Stellungnahme. Er wurde sogar ins Kreuzverhör genommen, als er behauptete, er habe an diesen Ausflug anfangs nicht mehr gedacht. Wahrscheinlicher ist, daß Senator die Geschichte dieses Ausflugs – die geeignet war, die Herkunft von drei Photos des »Enthebt-Earl-Warren-seines-Amtes«-Schildes zu erklären, die Ruby bei seiner Festnahme bei sich hatte – erst nach dem 24. November erfahren hat. Und es ist überdies interessant, daß ausgerechnet jener Teil von Senators ursprünglicher Aussage, der von unabhängigen Zeugen bestätigt wurde, Rubys Besuch im Southland Hotel betraf. Dieses Hotel war bereits seit langem als Mafia-Treffpunkt bekannt und gehörte dem Mafioso Sam Maceo.

Tatsächlich war Senators gesamte Aussage über das Attentatswochenende mehr als fragwürdig. Selbst die Warren-Kommission fühlte sich zu der Feststellung genötigt, Senator sei »außerstande gewesen, über längere Zeitspannen, die er nicht mit Ruby verbracht hat, präzise Auskunft zu erteilen« und daß die Richtigkeit seiner Aussagen nicht bestätigt werden konnte.[31] Das House Assassinations Committee gelangte ebenfalls zu der Auffassung, Senators Auskünfte seien »extrem vage« und »in sich nicht schlüssig«.[32]

Auch verhielt Senator sich äußerst eigenartig, nachdem Ruby Oswald erschossen hatte. Während der auf diesen Mord folgenden zehn Tage lebte er in solcher Furcht vor einem Anschlag auf seine Gesundheit oder sein Leben, daß er »Angst hatte, auch nur zweimal am gleichen Ort zu übernachten« – und dies auch nicht tat.[33] Senator behauptete, für diese Furcht habe er keinen bestimmten Grund gehabt, und es habe sich dabei lediglich »um einen natürlichen Instinkt in dieser Situation« gehandelt.[34] Worauf der ihn verhörende Beamte erwiderte: »Und ich sage, diese Furcht war alles andere als natürlich.«[35]

Der Anwalt Jim Martin erklärte gegenüber dem FBI, Senator sei »vor Angst völlig außer sich« gewesen, und diese Furcht sei »einer der Hauptgründe dafür gewesen, weshalb dieser aus Dallas und Umgebung verschwunden« sei.[36] Martin war neben Senator, dem Anwalt Tom Howard und den Zeitungsleuten Bill Hunter und Jim Koethe in der Nacht des 24. November einer der Teilnehmer an dem Treffen in Rubys Wohnung. Vielleicht hatte Senator ja wirklich einen Grund, irgendeine Person oder Gruppe so sehr zu fürchten, daß er sich sogar weigerte, Auskunft darüber zu geben, vor wem er denn eigentlich soviel Angst gehabt hatte. Schließlich starben, wie bereits im Kapitel drei erwähnt, innerhalb von sechzehn Monaten nach dem Treffen in Rubys Wohnung drei der dort Anwesenden: Howard erlitt angeblich einen Herzinfarkt, und Hunter und Koethe wurden brutal ermordet.

Der Carousel-Mitarbeiter Larry Crafard verhielt sich in der Zeit nach dem Attentat ebenfalls äußerst merkwürdig. Am Samstag, dem 23. November, gegen Mittag reiste Crafard – ohne jemandem davon Mitteilung zu machen – aus Dallas ab und fuhr mit sieben Dollar in der Tasche per Stop nach Michigan. Etliche Tage später wurde er vom FBI in einem abgelegenen Teil jenes Staates aufgegriffen.

Die Planung des Oswald-Mordes

Die folgenden drei Begebenheiten betreffen die Frage von Rubys planmäßigem Vorgehen, deren Beantwortung für ein Verständnis des in diesem Buch neu aufgerollten Falles von so zentraler Bedeutung ist. Falls Ruby Oswald – mehr als eine Stunde nach dem ursprünglich für die Überführung festgesetzten Zeitpunkt – aus einem Augenblicksimpuls heraus erschossen haben sollte, nachdem er kurz zuvor Karen Carlin telegraphisch 25 Dollar überwiesen hatte, so kann es sich nur um die Tat eines durch die absurdesten Zufälle begünstigten Einzeltäters gehandelt haben. Sollte der Mord allerdings im voraus geplant gewesen sein, dann war Rubys Vorgehen – wie er auch selbst bekundet hat – »auf die Sekunde genau« festgelegt, so daß er sich genau zum richtigen Zeitpunkt an jener Stelle befand, wo eigentlich das Überführungsfahrzeug hätte plaziert sein sollen, als Oswald auf der Szene erschien.[37] In diesem Fall würde man die Überweisung an Karen Carlin, den Oswald-Mord und Rubys äußerst fragwürdiges Alibi als Teile eines mit Bedacht koordinierten Komplotts zu sehen haben.

Am Samstag, dem 23. November, führte Ruby gegen 13.30 Uhr von Nichols Garage aus ein Telephonat. Tom Brown, ein Mitarbeiter der Garage, berichtete später dem FBI, er habe gehört, wie Ruby während dieses Telephonats »den Teilnehmer am anderen Ende der Leitung über den Aufenthaltsort des

Polizeipräsidenten Curry informiert« habe.[38] Gegen 15 Uhr tätigte Ruby von der Garage aus ein weiteres Gespräch mit jemandem, den er »Ken« nannte. Garrett Hallmark, der Leiter der Autowerkstatt, hörte, wie Ruby über die Überführung Oswalds sprach. Ruby erkundigte sich bei dieser Gelegenheit über den genauen Zeitplan und erklärte in dem Zusammenhang: »Verlassen Sie sich darauf, daß ich da sein werde.«[39]

Ken Dowe von der KLIF-Rundfunkstation teilte später mit, daß Ruby am Samstag nachmittag bei ihm angerufen, sich nach der Oswald-Überführung erkundigt und angeboten habe, für den Sender über dieses Ereignis zu berichten. Aber angesichts der fragwürdigen Beziehungen, die Ruby zu Mitarbeitern des KLIF unterhielt, und der Widersprüche in Dowes Aussage ist die Seriosität dieser Darstellung zweifelhaft. So erklärte Dowe etwa gegenüber dem FBI, daß ihm der Name Jack Ruby bis zu jenem Telephongespräch am Samstag nachmittag »überhaupt nichts gesagt« habe. Später jedoch sagte Dowe dann aus, daß er bereits vor dem Attentat im KLIF-Sender mit Ruby bekannt gemacht worden sei und gehört habe, daß Ruby einen Nachtclub besitze und den Leuten aus der Schallplattenbranche bei Bedarf Frauen zuführe. Tatsächlich war während des Telephonats nicht zu überhören, daß Ruby mit seinem Gesprächspartner bekannt sein mußte, denn immerhin sagte er zu diesem: »Verlassen Sie sich darauf, daß ich da sein werde«, wobei er sich auf die Oswald-Überführung bezog,[40] und zwar ganz offensichtlich in einer ganz bestimmten Absicht.

Auch später offenbarte Ruby seine Pläne für die Oswaldüberführung noch einmal mit einem Telephongespräch, das von Wanda Helmick mitgehört wurde, einer Kellnerin im Bull-Pen-Drive-In-Restaurant in Arlington, Texas. Das Bull-Pen wurde von einem gewissen Ralph Paul geleitet, der finanziell am Carousel Club beteiligt war.

Frau Helmick sagte aus, sie habe am Abend des 23. November, einem Samstag, im Bull-Pen ein bis zwei Meter von einem Münzfernsprecher entfernt gesessen, als der Apparat gegen

20.00 oder 21.00 Uhr geklingelt habe. Weiter erklärte sie, eine andere Kellnerin habe das Gespräch angenommen und den Hörer mit den Worten »Es ist für dich. Es ist Jack.« an Ralph Paul weitergereicht.[41] Frau Helmick behauptete, Ralph Paul habe im Verlauf des Gesprächs »entweder gesagt: ›Bist du verrückt – eine Waffe?‹ oder etwas ähnliches, oder er hat etwas über ein Schießeisen gesagt«.[42] Frau Helmick war ganz sicher, daß Paul »etwas von einer Waffe gesagt hat, und er fragte ihn [Ruby], ob er verrückt geworden sei«.[43] Sie berichtete ferner, daß »sich diese Leute, für die ich damals arbeitete«, nach dem Oswald-Mord »bemühten, alles geheimzuhalten [...], irgendwie haben sie auch versucht, Ralph Paul zu verstecken«.[44]

Es ist schwierig, Pauls an Ruby gerichtete Bemerkungen nicht als Reaktion auf Rubys Entschluß zu verstehen, Oswald mit einem Revolver zu ermorden – wie er es am nächsten Tag dann ja auch getan hat. Und tatsächlich – als Ruby nach eigenem Bekunden im Tiefgeschoß des Polizeipräsidiums unversehens von dem Impuls durchzuckt wurde, den herbeigeführten Oswald zu töten, trug er praktischerweise gleich einen geladenen Revolver in der Hosentasche bei sich. Als Ruby am Montag, dem 25. November, erstmals vom FBI verhört wurde, »weigerte er sich zu erklären, warum er einen Revolver bei sich gehabt hatte, als er in die Stadt gekommen war«.[45] Einen Monat später indessen wies Ruby gegenüber dem FBI darauf hin, er habe »seinen Revolver« während des gesamten Attentatswochenendes »in seiner rechten Hosentasche bei sich getragen, weil er einen großen Geldbetrag bei sich gehabt« habe und in solchen Fällen stets eine Waffe bei sich führe.[46]

Während seiner Vernehmung durch die Warren-Kommission im folgenden Juni wurde Ruby abermals gefragt, ob er bereits vor der Ermordung Oswalds eine Waffe bei sich gehabt habe – insbesondere während der Pressekonferenz am späten Freitag abend. Bei dieser Gelegenheit erklärte Ruby: »Ich hab' damals gelogen. Nein, ich hatte keine Waffe bei mir.«[47] Ruby erklärte nun, er habe seine Waffe am Attentatswochenende an ihrem üblichen Platz – in einem kleinen Geldsack – verwahrt.

Fünf Zeugen aus seinem persönlichen Umkreis haben überdies bestätigt, daß Ruby seine Waffe selten woanders als in diesem Beutel aufbewahrt habe.

Als Ruby daher an jenem verhängnisvollen Sonntag morgen mit seinem Revolver im Tiefgeschoß des Polizeipräsidiums erschien, war dies nur der letzte Schritt in einem genau durchgeplanten Mordkomplott – dessen Einzelheiten er noch am Vorabend mit Ralph Paul besprochen hatte. Das erscheint auch im Lichte seines Verhaltens während der letzten Stunden vor dem Mord mehr als wahrscheinlich.

Falls es ein Komplott gegeben hat, dann ist dieses kleine Mädchen, das mich aus Fort Worth angerufen hat, darin verwickelt.[1]

Jack Ruby über die Carousel-Stripperin Karen Carlin; Auszug aus dem am 18. Juli 1964 im Bezirksgefängnis von Dallas durchgeführten Lügendetektortest.

Mrs. Carlin war sehr aufgeregt und verweigerte die Aussage. Sie erklärte mir, sie habe den Eindruck, daß Lee Harvey Oswald, Jack Ruby und weitere ihr unbekannte Personen in ein Mordkomplott gegen Präsident Kennedy verwickelt seien und daß sie umgebracht werde, falls sie den Behörden irgendwelche Mitteilungen mache.[2]

Geheimdienstagent Roger C. Warner über ein Verhör, das er am 24. November 1963 mit Karen Carlin durchgeführt hatte.

13. Das Komplott

Die telegraphische Überweisung der 25 Dollar an die Carousel-Stripperin Karen Carlin, die Ruby am Sonntag morgen um 11.17 Uhr vornahm, ist von zentralem Interesse für die Beantwortung der Frage, was Ruby vier Minuten später dazu bewog, Oswald zu erschießen. Wenn die Überweisung tatsächlich aus den von Ruby und Carlin genannten Gründen stattgefunden hat, dann läßt sich die Ermordung Oswalds nur als Affekthandlung interpretieren. Wenn die Überweisung jedoch lediglich ein Ablenkungsmanöver war, dann war der Mord Teil eines sorgfältig geplanten Komplotts – einer Verschwörung, in die sowohl Carlin als auch »jemand im Polizeipräsidium« verwickelt waren, wie Ruby in seiner überraschenden Aussage andeutete.

Zieht man Rubys Hintergrund in Betracht, sein erfundenes Alibi und die Indizien, die für sein planmäßiges Vorgehen sprechen, so ist seine Behauptung, er habe einer Person, die er zumal täglich sah, telegraphisch Geld in das nahe Fort Worth überwiesen, nicht sonderlich glaubwürdig. Gestützt wurde diese Geschichte immerhin durch die Erklärungen etlicher seiner Mitarbeiter und Freunde, die über zwei frühere Transaktionen zwischen Ruby und Carlin zu berichten wußten. So hatte Ruby Karen Carlin angeblich am Vorabend fünf Dollar geliehen. Außerdem hatte Carlin Ruby eine Stunde vor der telegraphischen Überweisung angerufen, um ihn – wie sie selbst bekundete – um weitere 25 Dollar zu bitten. In beiden Fällen jedoch waren Karen und Bruce Carlin die Hauptzeugen.

Die Carlins

Karen Carlin (»Little Lynn«) war im Oktober und November 1963 im Carousel Club als Stripteasetänzerin engagiert. Genau wie ihre Kolleginnen war Karen Carlin überdies angeblich für Ruby als Prostituierte tätig. Ganz offensichtlich war das zwanzigjährige Mädchen bestenfalls eine Schachfigur – eine äußerst widerstrebende Schachfigur – in einer Unterweltoperation von außerordentlicher Tragweite.

Während ihres ersten offiziellen Verhörs am 24. November 1963 »verweigerte [Karen Carlin] die Aussage«. Sie sprach die Vermutung aus, es handle sich um ein Komplott, und behauptete, »daß sie umgebracht werde, falls sie den Behörden irgendwelche Mitteilungen mache«.[3] Nach Auskunft des Geheimdienstagenten Roger C. Warner »wand sie sich auf ihrem Stuhl, stammelte unzusammenhängende Sätze und schien einem hysterischen Ausbruch nahe«.[4] Sie erklärte, sie werde nur »im Beisein ihres Ehemannes« eine Aussage machen, und bat dann darum, »sämtliche von ihr erteilten Auskünfte vertraulich zu behandeln, um sie im Fall eines Komplotts vor einem Racheakt zu schützen«.[5]

Karen Carlins Furcht ließ auch später nicht nach, wie daraus ersichtlich ist, daß sie bei Rubys Kautionsverhandlung wegen unerlaubten Waffenbesitzes festgenommen wurde. Und vor der Warren-Kommission machte sie eine weitere interessante Mitteilung:

Frage: »Erinnern Sie sich noch daran, daß, als Sie während des Ruby-Prozesses darauf warteten, als Zeugin vernommen zu werden, einige Gefangene aus dem Untersuchungsgefängnis ausbrachen und – glaube ich – ziemlich nahe an Ihnen vorüberliefen?«

Mrs. Carlin: »Ja.«

Frage: »Wissen Sie noch, was Sie gesagt oder vielmehr geschrien haben?«

Mrs. Carlin: »O mein Gott, sie sind hinter mir her!«

Frage: »Ja – wie aber sind Sie darauf gekommen, daß ›sie‹ hinter Ihnen her seien?«

Mrs. Carlin: »Weil ich Angst hatte, ich würde umgebracht, bevor ich vor Gericht aussagen könnte.«[6]

Nach Auskunft eines Berichtes wurde Karen Carlin kurz nach dem Prozeß »im Bett ihres Houstoner Hotels erschossen aufgefunden«.[7]

Karens Lebensgefährte, der 23 Jahre alte Bruce, wurde von Ruby als »Zuhälter« bezeichnet, mit dem Karen »angeblich verheiratet« sei. Diese Charakterisierung wurde von einem verläßlichen Informanten der Polizei von Dallas bestätigt, der eine Reihe von Prostituierten und Zuhältern beobachtete, die in Carlins Wohnung in Fort Worth ein und aus gingen. Nancy Powell, ebenfalls eine Stripteasetänzerin im Carousel Club, sagte aus, daß Bruce keiner Arbeit nachgehe und daß »Lynn schwanger sei und er sie ständig verprügele«.[8]

Die Aussage des Leiters der Zweigstelle der American-Guild-of-Variety-Artists in Dallas, Tom Palmer, gab weiteren Aufschluß über Bruce Carlins Charakter:

Frage: »Was hat Little Lynns Freund oder Ehemann oder was immer er auch ist für sie getan?«

[Die Antwort ist an dieser Stelle offenbar gelöscht.]

Mr. Palmer: »Das jedenfalls war mein Eindruck. Einen Beweis dafür hatte ich allerdings nicht.«

Frage: »Sonst noch irgend etwas, was er Ihrer Meinung nach für sie getan hat?«

Mr. Palmer: »Nicht daß ich wüßte, nein. Ich glaube, das war alles – und dann ließ er sie noch in einem Club arbeiten, wo er wahrscheinlich als ihr Manager auftrat und sie vielleicht als Prostituierte verkuppelte.«[9]

Die einzige Erklärung dafür, warum Palmers Antwort auf die erste Frage unkenntlich gemacht ist, ist das Thema, über das man zuvor gesprochen hatte: nämlich Diätpillen und Narkotika. Ein weiterer Hinweis auf Carlins kriminelle Verwicklungen war seine Gepflogenheit, verschiedene öffentliche Münzfernsprecher anzurufen, einschließlich eines Apparates in »Cy's-Wee-Wash-It«-Waschsalon in Hialeah, Florida.

Noch auffälliger war Bruce Carlins Alibi für das Attentatswochenende. Er sagte aus, er sei gemeinsam mit seinem Partner Jerry Bunker am 20. oder 21. November im Auftrag des »Motel Drug Service« auf eine Verkaufstour gegangen, um eine Reihe von Motels mit Arzneimitteln und Kurzwaren zu beliefern. Diese Firma hatte jedoch weder ein Büro noch eine Telephonnummer. Carlin behauptete, sie seien gemeinsam in einem Lieferwagen aus Dallas abgefahren, hätten den 21. November in Houston verbracht und seien in einem Motel in New Orleans gewesen, als sie von dem Attentat erfahren hätten. Als man ihn jedoch einem intensiven Verhör unterzog, konnte Carlin weder weitere Einzelheiten über die Reise mitteilen noch sich daran erinnern, was er am 23. November getrieben hatte. Carlin wußte nicht einmal mehr, daß Präsident Kennedy Houston am 21. November besucht hatte, obwohl er behauptete, an ebendiesem Tag dort gewesen zu sein und sogar ein paar Houstoner Zeitungen gekauft zu haben.

Eines der wenigen Details, an die sich Carlin angeblich mit Sicherheit erinnern konnte, war die zirka vierhundert Kilometer weite Reise, die er gemeinsam mit Jerry Bunker am 20. und 21. November in einem Auto unternommen haben wollte. Doch wurde die Korrektheit ausgerechnet dieser Aussage durch das Gesprächsregister der Telephongesellschaft widerlegt, denn am 20. November meldete Bunker um 21.42 Uhr von Houston aus ein R-Gespräch mit Carlin in Dallas an, dem vier Stunden später ein Telephonat folgte, das Carlin von *Houston* aus mit Dallas führte. Bunker hätte Carlin ganz gewiß nicht von Houston aus in Dallas angerufen, wenn beide gemeinsam in Houston angekommen wären.

Auch die Auskunft, die Bruce' Frau über den Aufenthalt ihres Mannes zum Zeitpunkt des Attentats erteilte, steht zu dessen eigener Aussage im Widerspruch:

Frage: »Können Sie sich noch erinnern, ob er sich an jenem Wochenende auf einer Reise befunden hat?«

Mrs. Carlin: »Nein, selbst daran kann ich mich nicht erinnern.«

Frage: »War er in der Stadt, als der Präsident ermordet wurde – können Sie sich daran noch erinnern?«

Mrs. Carlin: »Ja..., also das weiß ich nicht. Ich weiß nicht, ob er da war oder nicht, aber ich glaube, er war da.«[10]

Karen Carlins Unvermögen, über den Aufenthalt ihres Mannes zum Zeitpunkt des Attentats Auskunft zu geben, erscheint besonders zweifelhaft im Lichte einer Bemerkung, die der vormalige Gouverneur von Texas, John Connally, 1978 machte. Er sagte damals:

Fragen Sie jeden Erwachsenen von über dreißig Jahren in diesem Land oder, sagen wir, von über 35 Jahren, wo er sich gerade aufgehalten hat, als ihm die Nachricht von dem Attentat zu Ohren gekommen ist. Er wird imstande sein, Ihnen zu sagen, wo er damals gewesen ist, was er getan hat und mit wem er zusammen war. Ich habe nirgendwo auf der ganzen Welt diese Frage an einen Menschen gerichtet, der mir nicht hätte sagen können [...][11]

Bruce Carlin, der Zuhälter, und Karen Carlin, die Striptease-tänzerin aus dem Carousel Club, erwecken also nicht gerade den Eindruck besonders glaubwürdiger Zeugen. Die Auskünfte, die sie über den Abend vor dem Oswald-Mord erteilt haben, unterstreichen diesen Eindruck im übrigen nur noch.

Ein Fünf-Dollar-Darlehen für
Karen Carlin

Die Geschichte von den fünf Dollar, die Ruby am Samstag abend, dem 23. November, angeblich Karen Carlin geliehen hatte, erfüllte den Zweck, die telegraphische Überweisung der 25 Dollar vom nächsten Tag plausibler erscheinen zu lassen. Vielleicht haben deshalb so viele Zeugen auf diesen Vorgang hingewiesen: die Carousel-Stripperin Nancy Powell, Huey Reeves von Nichols Garage, Rubys Schwester Eva Grant sowie die Carlins und Ruby selbst. Aber die Darlegungen der genannten Personen wiesen erhebliche Widersprüche auf, denn nicht einmal ein einziger Aspekt dieses angeblichen Vorgangs wurde von den verschiedenen Zeugen auch nur annähernd gleich beschrieben – weder das Datum noch die Beteiligten, noch der Grund des Darlehens oder die Art und Weise der Geldübergabe. So ist es in der Tat nur auf der Grundlage einiger weniger gemeinsamer Elemente überhaupt möglich, zu dem Schluß zu gelangen, daß auch nur zwei der erwähnten Zeugen darum bemüht sind, über den gleichen Vorgang Auskunft zu erteilen.

Die Grundzüge der Geschichte: Karen Carlins Version des Geschehens war, daß sie am Samstag, dem 23. November, abends gemeinsam mit Bruce und der Carousel-Stripperin Nancy Powell in deren Wagen von Fort Worth nach Dallas gefahren sei. Sie seien dann gegen 20.30 Uhr in Nichols Garage angekommen, die unmittelbar an den Carousel-Club angrenzte. Dann sei sie zum Club hinübergegangen, um in der Abendvorstellung aufzutreten. Als sie den Club jedoch geschlossen vorgefunden habe, habe man beschlossen, wieder heimzufahren. Zunächst habe sie allerdings Ruby angerufen und ihn um ein kleines Darlehen gebeten, da sie alle drei pleite gewesen seien. Ruby habe dann mit dem Parkwächter Huey Reeves zu sprechen verlangt. Das Ergebnis sei gewesen, daß Ruby Reeves gebeten habe, Karen die fünf Dollar gegen eine Quittung auszuhändigen, und das habe Reeves auch getan.

Im folgenden werden einige der eklatantesten Widersprüche, wie sie die Aussagen der verschiedenen Zeugen durchziehen, wiedergegeben:

Über den Anlaß der Fahrt von Fort Worth nach Dallas: Karen Carlin behauptete, die drei seien am Samstag abend in der Meinung nach Dallas gefahren, daß der Carousel Club geöffnet sei. Sie erklärte, sie sei am Nachmittag des Vortags von Andrew Armstrong, einem Mitarbeiter des Clubs, angerufen worden, der sie darüber informiert habe, daß der Club am Freitag abend geschlossen, »am nächsten Abend jedoch wieder geöffnet« sei.

In seiner ersten Darstellung des Geschehens indes erklärte Armstrong gegenüber dem FBI, er habe Karen und die übrigen Carousel-Mitarbeiter am Freitag abend davon in Kenntnis gesetzt, daß »der Club am Freitag, Samstag und Sonntag abend geschlossen« sei.[12] Der Carousel-Angestellte Larry Crafard bestätigte, daß Armstrong von der Schließung am Samstag abend Kenntnis gehabt habe, bevor er die Mitarbeiter angerufen habe. Als er im April 1964 jedoch von der Warren-Kommission vernommen wurde, bestritt Armstrong kategorisch, daß er Karen Carlin überhaupt am Freitag nachmittag angerufen habe. Später widerrief Armstrong seine Aussage und präsentierte nun eine dritte Version der Vorgänge. Aber die diversen Revisionen seiner Aussage unterstreichen nur um so mehr, daß es am

Samstag abend keinerlei plausibles Motiv für die Fahrt zum Carousel Club gegeben hat.

Verkehrsmittel für die Fahrt nach Dallas: Karen Carlin hatte einige Schwierigkeiten damit, widerspruchsfrei zu erklären, wie sie denn nun am Samstag abend von Fort Worth nach Dallas gekommen sei:

Frage: »Wie sind Sie denn hingekommen?«

Mrs. Carlin: »Bus.«

Frage: »Fuhren Sie allein?«

Mrs. Carlin: »Nein..., ich bin gar nicht mit dem Bus gefahren. Ich bin mit Tammi True [Nancy Powell], einer anderen Stripteasetänzerin, gefahren.«[13]

Frau Carlins ursprüngliche Darstellung bezog sich auf die Geschichte, die sie dem FBI am 26. November erzählt hatte. Zu jenem Zeitpunkt hatte sie niemanden erwähnt, der sie auf ihrer Fahrt am Samstag abend begleitet hätte. Damals hatte sie nur gesagt, sie habe »Ruby angerufen, weil sie nicht genügend Geld für die Rückfahrt zu ihrer Wohnung in Fort Worth gehabt habe«.[14]

Die Geldübergabe: Karen, Bruce und der Parkwächter Huey Reeves sagten übereinstimmend aus, Karen habe an jenem Abend fünf Dollar von Reeves erhalten. Im Juni 1964 wurde Reeves dann eine – mit dem Zeitstempel »23. Nov. 1963, 22.33 Uhr« versehene – Quittung über den Betrag von fünf Dollar präsentiert, den Ruby angeblich an Karen Carlin gezahlt hatte. Reeves erklärte bei dieser Gelegenheit, er glaube, daß er die Quittung abgestempelt habe, konnte jedoch nicht mehr sagen, wann dies genau gewesen war. Zu einem früheren Zeitpunkt hatte Reeves allerdings berichtet, daß er Karen die fünf Dollar etwa gegen 19.30 Uhr ausgehändigt habe, er glaube jedoch nicht, daß er die Quittung abgestempelt habe. Seltsam mutet auch die Antwort an, die Reeves zunächst auf die Frage erteilt hatte, ob Karen in Begleitung gewesen sei, als sie an jenem Abend in die Garage gekommen sei:

Ich weiß nicht mehr, ob ihr Mann bei ihr war oder nicht. Lassen Sie mich nachdenken, schließlich wußte ich nicht, daß mir dies hier bevorstehen würde [...][15]

Die Geschichte der Geldübergabe wurde von Nancy Powell vollends verpatzt. Frau Powell behauptete, sie sei gemeinsam mit Karen in Nichols Garage gewesen, als diese mit Ruby telephoniert habe. Sowohl Nancy als auch Bruce sagten aus, daß sie während der Fahrt am Samstag abend nach Dallas eigentlich durchgehend mit Karen zusammen gewesen seien. Aber als sie von der Warren-Kommission nach den fünf Dollar gefragt wurde, die Karen angeblich erhalten hatte, bestritt Nancy, daß Karen überhaupt irgendwelches Geld bekommen habe:

Frage: »Hat sie auf dem Parkplatz irgendwelches Geld erhalten?«
Mrs. Powell: »Nein.«
Frage: »Waren Sie auch auf dem Parkplatz?«
Mrs. Powell: »Ja.«
[...]
Frage: »Erinnern Sie sich noch, ob an jenem Samstag abend Geld übergeben wurde?«
Mrs. Powell: »An sie?«
Frage: »Ja.«
Mrs. Powell: »Ich weiß nicht, woher sie es hätte bekommen sollen, denn sie war die ganze Zeit mit mir zusammen, und wir sind nirgendwo hingegangen, um Geld zu holen.«[16]

Mrs. Powell erklärte statt dessen, ihrer Erinnerung nach habe Karen in ihrem Gespräch mit Ruby um einen Betrag von 25 Dollar gebeten, und Ruby habe diesem Wunsch an jenem Abend nicht Folge leisten können, jedoch versprochen, das Geld am nächsten Tag zu schicken. Es scheint also ganz so, als hätte Nancy Powell die Geschichte des Fünf-Dollar-Darlehens vom Samstag abend mit der telegraphischen Überweisung der 25 Dollar vom Sonntag morgen verwechselt.

Die Datierung des Vorgangs: Ruby erklärte gegenüber dem FBI, daß er »ihr [Karen] am Freitag abend, dem 22. November 1963, fünf Dollar habe geben müssen, damit sie heimfahren konnte«.[17] Karen hingegen sagte aus, sie sei am Freitag, dem 22. November, den ganzen Abend zu Hause geblieben, so daß Ruby für den Vorgang vom Samstag abend ganz offensichtlich das falsche Datum angegeben hat. Immerhin mag man ihm zugute halten, daß ihn in diesem Fall einfach sein Gedächtnis im Stich gelassen hat. Schwerer indes wiegt die falsche Angabe des Datums, die wir bei drei anderen Zeugen konstatieren müssen – nämlich bei Andrew Armstrong, Eva Grant und Nancy Powell. Besonders dubios ist in diesem Zusammenhang die Tatsache, daß Nancy Powell darauf beharrte, zu dem fraglichen Vorfall sei es am selben Abend gekommen, als Ruby die Synagoge besucht habe, nämlich Freitag abend. Sie erklärte: »Vielleicht habe ich es von jemandem gehört, aber ich weiß, daß er an dem Tag [von Karens Fahrt] die Synagoge besucht hat [...] Das ist eine Tatsache, verstehen Sie?«[18] Möglicherweise war Nancy Powells Wunsch, Rubys Alibi zu untermauern, durch ihren Geliebten Ralph Paul angeregt, der an Rubys Nachtclub beteiligt war und am Samstag abend am Telephon zu diesem gesagt hatte: »Bist du verrückt – eine Waffe?«[19]

Wer hat denn nun eigentlich das Darlehen erhalten? Rubys Schwester Eva Grant war einer der Zeugen, die die angebliche Geldübergabe in Nichols Garage falsch datierten. Gleichwohl ist eindeutig klar, daß sie nur die Übergabe der fünf Dollar am Samstag abend an Karen Carlin gemeint haben kann, denn jene fünf Dollar waren nach Huey Reeves Auskunft das einzige Geld, das er jemals in Rubys Namen einem von dessen Angestellten geliehen hatte. Reeves hatte zwischen dem 22. und 24. November die Nachtschicht in Nichols Garage, das heißt, er arbeitete von 19.00 Uhr abends bis 7.00 Uhr früh, wie er es auch während des gesamten Jahres vor dem Attentat getan hatte.

Eva Grant verpatzte auch einen weiteren wichtigen Punkt ihrer Darstellung, als sie nämlich während ihrer Vernehmung voll Eifer behauptete:

Frage: »Also, Mrs. Grant, lassen Sie uns...«

Mrs. Grant: »Und [der Pianist des Vegas Clubs] Leonard Wood brauchte Geld, und ich glaube, das war am Freitag abend.«

Frage: »Ersparen Sie uns die Einzelheiten.«

Mrs. Grant: »Augenblick noch, das ist sehr wichtig.«

Frage: »Also gut.«

Mrs. Grant: »Er brauchte Geld, deshalb sagte ich, soweit ich mich erinnere – Jack war im Haus: ›Sag's den Jungs in der Garage neben dem Carousel Club – sag' ihm, wie du heißt, er steckt dir dann zehn Dollar in einen Umschlag.‹ Und dann rief Jack von zu Hause aus an [...]«[20]

Später erklärte Eva Grant, das Gespräch habe möglicherweise auch am Samstag, dem 23. November, abends stattgefunden und nicht am Freitag. Aber sie beharrte darauf, daß es Leonard Wood gewesen sei, der Pianist des von ihr geleiteten Vegas Clubs, der sie angerufen und um ein Darlehen gebeten habe, und sie behauptete, Ruby habe dann die Garage angerufen und die Instruktion erteilt, den genannten Geldbetrag für Leonard Wood bereitzustellen.

Mit dieser Aussage Eva Grants erreichen die diversen Darstellungen der zwischen Ruby und Karen Carlin getätigten Fünf-Dollar-Transaktion den Gipfel der Lächerlichkeit. Der zwischen diesen verschiedenen Versionen zu verzeichnende Mangel auch nur der grundlegendsten Übereinstimmungen zeigt eindeutig, daß der gesamte Vorgang ein Lügenmärchen gewesen ist, das lediglich die Funktion hatte, Rubys Alibi für den Sonntag morgen plausibel erscheinen zu lassen – aber selbst dieses Alibi hält einer gründlichen Überprüfung nicht stand.

Im Gesprächsverzeichnis der Telephongesellschaft ist für Sonntag, den 24. November 1963, 10.19 Uhr ein Telephonat registriert, das von der Wohnung der Carlins in Fort Worth aus mit Rubys Wohnung in Dallas geführt wurde. Ruby und die Carlins erklärten, daß Karen Ruby in diesem Telephonat um Geld für die Miete und den Einkauf von Lebensmitteln gebeten habe. Diese Bitte hätte die telegraphische Überweisung der 25 Dollar an Karen Carlin erklären können, die Ruby um 11.17 Uhr vornahm, gerade vier Minuten vor dem Oswald-Mord – wenn die Zeugen nicht im Zusammenhang mit dem Telephongespräch allesamt wieder einmal gelogen hätten.

Einen Hinweis darauf, daß auch dieses Telephonat nur »gestellt« war, lieferte die Aussage von Rubys Mitbewohner George Senator. Im April 1964 behauptete George Senator, Ruby habe seine Wohnung am Sonntag, dem 24. November, am Morgen etwa eine halbe Stunde, nachdem er einen Anruf von Karen Carlin erhalten habe, verlassen; mit dieser Aussage bestätigte er Rubys Darstellung der Ereignisse. Von sonstigen Aktivitäten, die Ruby an diesem Morgen unternommen hätte, bevor er in die Innenstadt fuhr, sagte Senator bei dieser Gelegenheit nichts. Aber als das FBI Senator an dem Sonntag, als Ruby Oswald erschoß, vernahm, hatte dieser lediglich erwähnt, Ruby habe die Wohnung um 10.30 Uhr verlassen, um einen seiner Hunde zum Carousel-Club zu bringen. Von einem Anruf Karen Carlins hingegen sprach er mit keinem Wort. *»Das einzige,* was Senator« – wie sich das FBI ausdrückte – »über Rubys Pläne für den Tag wußte, war, daß dieser den Hund in den Club bringen wollte.«[21]

Tatsächlich entsprach keine der beiden widersprüchlichen Aussagen Senators der Wahrheit, denn Ruby verbrachte den Sonntagvormittag nicht in seiner Wohnung, sondern in unmittelbarer Nähe des Polizeipräsidiums von Dallas; er kann den Anruf von Karen Carlin unmöglich erhalten haben. Dies ergibt sich jedenfalls eindeutig aus den Aussagen von drei Mitarbei-

tern eines Fernsehteams, die an jenem Morgen vor dem Polizeipräsidium stationiert waren, um die Übertragung der Übergabe
von Oswald vorzubereiten.

Ira Walker, ein Mitarbeiter der WBAP-Fernsehgesellschaft,
sagte aus, kurz nach 10.30 Uhr habe sich ein Mann dem Übertragungswagen genähert und gefragt: »Haben sie ihn [Oswald]
schon runtergebracht?«[22] Kurz nach dem Mord an Oswald sei
dann eine Großaufnahme von Rubys Kopf auf dem Monitor im
Übertragungswagen erschienen.[23] In dem Augenblick – so Walker – habe er in dem Mann sofort Ruby wiedererkannt:

> Also, ungefähr vier von uns in dem Übertragungswagen zeig-
> ten gleichzeitig auf ihn, ich meine, wir alle erkannten ihn
> zur gleichen Zeit.[24]

Walker erklärte, wegen der geringen Zeitspanne, die zwischen
dem Augenblick, da er den Mann gesehen habe, und dem Erscheinen der Großaufnahme auf dem Bildschirm verstrichen
sei, könne er mit Gewißheit sagen, daß der Mann mit Ruby
identisch gewesen sei. Und Walker bestätigte seine positive
Identifikation während des Ruby-Prozesses.

Warren Richey berichtete, während er sich oben auf dem
Übertragungswagen an seiner Kamera zu schaffen gemacht
habe, habe er erstmals gegen acht Uhr früh und dann wieder
gegen zehn Uhr einen Mann vor dem Polizeigebäude bemerkt.
Richey konstatierte, daß er »[bei sich selbst] ziemlich sicher
gewesen« sei, daß dieser Mann identisch mit Jack Ruby gewesen sei.[25] Er erklärte, er habe Ruby auf den Fernsehbildern und
den Nachrichtenphotos sofort wiedererkannt, ohne von dessen
augenblicklicher Identifizierung durch die Männer unten im
Übertragungswagen gewußt zu haben.

John Smith, der sich in dem Übertragungswagen aufhielt,
sagte aus, er habe am Sonntag morgen zwischen acht und zehn
Uhr zweimal einen Mann gesehen. Beim zweitenmal habe sich
der Mann dem Wagenfenster bis auf zirka einen Meter genähert und sich nach der Oswald-Überführung erkundigt. Als die

Großaufnahme von Rubys Gesicht auf dem Bildschirm erschien, brachte Smith das Gesicht unmittelbar mit dem Mann in Verbindung, den er zuvor gesehen hatte. »Vor mir selbst war ich davon überzeugt, daß es derselbe Mann war.«[26] Smith sagte weiter, daß er den Mann hundertprozentig als Ruby identifizieren würde, »wäre da nicht dieser Hut gewesen. [...] Ich konnte sein Haar nicht sehen und ebensowenig sein ganzes Gesicht.«[27] Als er gefragt wurde, ob er, »von dieser Einschränkung einmal abgesehen, sicher [sei], daß es sich um dieselbe Person gehandelt« habe, bejahte Smith dies.[28] In einer Vernehmung durch das FBI am 4. Dezember 1963 hatten Richey und Smith den Mann bereits – ohne Vorbehalt – als Ruby identifiziert.

Die von Walker, Richey und Smith gemachten Aussagen wurden von Donald C. Roberts, dem damaligen Westküsten-Redakteur des von NBC ausgestrahlten Huntley-Brinkley-Report, bestätigt. An jenem Morgen leitete er die von der in Dallas ansässigen NBC-Tochtergesellschaft WBAP-TV produzierte Übertragung. Roberts erklärte gegenüber dem FBI, daß drei WBAP-TV-Techniker

Ruby, unmittelbar nachdem dieser Oswald erschossen hatte, auf dem Bildschirm sofort erkannten und Roberts dies telephonisch mitteilten, bevor Rubys Name in den Medien auch nur einmal genannt worden war. Einige Techniker berichteten Roberts, sie hätten Ruby in der Nähe des vor dem Rathaus von Dallas [dem selben Gebäude, in dem auch das Polizeihauptquartier untergebracht war] plazierten Übertragungswagens gesehen, und zwar bereits zwei Stunden, bevor Oswald erschossen wurde [...][29]

Der Umstand, daß Ruby von den WBAP-TV-Mitarbeitern Walker, Richey und Smith gesehen wurde, beweist, daß er in den Stunden vor dem Mord in der Nähe des Polizeipräsidiums auf die Oswald-Überführung gewartet – und nicht etwa in seiner Wohnung mit Karen Carlin telephoniert hat. Dies wird auch durch die Aussagen von zwei weiteren Zeugen erhärtet.

Ray Rushing, ein Prediger aus Plano, Texas, versuchte am Morgen des 24. November, Oswald im Polizeihauptquartier einen Besuch abzustatten. In einem Gespräch mit Lt. Jack Revill von der Polizei von Dallas berichtete Rushing, er habe gegen 9.30 Uhr während einer Fahrt in einem der Aufzüge des Polizeipräsidiums ein kurzes Gespräch mit Jack Ruby geführt. Lt. Revill war von Rushings »Aufrichtigkeit« überzeugt und hielt dessen Aussage für wahr. Gleichwohl stellte er fest, daß der Bezirksstaatsanwalt Rushings »Aussage nicht brauchte, weil dieser Ruby am Morgen des Oswald-Mordes dort gesehen haben wollte«.[30]

Aber noch eine weitere Zeugin – Elnora Pitts – bestätigte, daß Ruby an jenem Morgen nicht in seiner Wohnung gewesen war. Sie sagte aus, sie habe während der letzten Wochen vor dem Attentat jeweils sonntags Rubys Wohnung saubergemacht. Frau Pitts erklärte, sie habe jeden Sonntagmorgen bei Ruby angerufen, um sich zu vergewissern, daß dieser ihr Kommen wünsche. Als sie Ruby jedoch am 24. November um kurz nach acht anrief, antwortete eine Männerstimme, und das Gespräch entwickelte sich wie folgt.

Stimme: »Was wollen Sie?«

Mrs. Pitts: »Was ich will? Hier spricht Elnora.«

Stimme: »Ja, also was . . ., brauchen Sie Geld?«

Mrs. Pitts: »Nein, ich wollte heute zu Ihnen kommen, um saubersumachen.«

Stimme: »Saubermachen?«

Mrs. Pitts: »Hier spricht Elnora.«

Stimme: »Ja – und was wollen Sie? [. . .]«

Mrs. Elnora: »Soll ich heute kommen?«

Stimme: »Ja, Sie können kommen, aber rufen Sie mich an.«

Mrs. Pitts: »Das tu' ich ja gerade [. . .]«[31]

Mrs. Pitts erklärte: »Er klang so fremd.« Und sie fragte dann ihren Gesprächspartner: »Mit wem spreche ich – mit Mr. Jack

Ruby?« Und die Stimme entgegnete: »Ja – warum?«[32] Mrs. Pitts bekundete ferner, »seine Art zu sprechen« habe ihr Angst gemacht. »Er sprach ganz anders als – er klang einfach nicht wie er selbst.«[33] Und in der Tat klang der Mann nicht wie Ruby, erkannte auch Mrs. Pitts nicht und wußte auch nichts von dem zwischen den beiden bestehenden wöchentlichen Putzabkommen, weil sich nämlich Ruby zu dem Zeitpunkt, da Mrs. Pitts anrief, vor dem Polizeipräsidium von Dallas aufhielt.

Ein bis ins Detail geplantes Komplott

Und so war die am Sonntag früh um 11.17 Uhr von Ruby getätigte Geldüberweisung nichts weiter als ein kluger Schachzug, der lediglich dazu diente, seine Darbietung als rasender Racheengel plausibler erscheinen zu lassen – krönender Höhepunkt seines durch und durch verlogenen Alibis für das Attentatswochenende. Das gesamte Szenario war professionell durchgeplant und erforderte auf seiten der – mehr oder weniger unter Zwang stehenden – Beteiligten ein hohes Maß an wechselseitiger Abstimmung. Der diffizilste Punkt des Drehbuchs jedoch war Rubys Gang zum Büro der Western Union, wo er die telegraphische Überweisung tätigte, um einige Minuten später genau zu dem Zeitpunkt im Tiefgeschoß des Polizeipräsidiums aufzutauchen, als Oswald zu dem wartenden Überführungsfahrzeug geführt werden sollte. Wie Ruby vom Polizeipräsidium aus über diesen Zeitpunkt informiert worden sein könnte, darauf deuten drei Vorfälle kurz vor Oswalds Erschießung hin.

Kurz vor 11.21 Uhr betrat Rubys Anwalt Tom Howard das Polizeipräsidium in Dallas, wie Detective H. L. McGee einige Stunden später berichtete. McGee erklärte, daß Howard

durch den Eingang in der Harwood Street hereinkam und zum Büro des Gefängnistrakts hinüberging. Zu diesem Zeitpunkt wurde Oswald gerade aus dem Gefängnisaufzug herausgeführt, und Howard wandte sich von dem Sprechfenster des Büros ab und ging zum Eingang Harwood Street zurück. Er winkte mir im Vorbeigehen zu und sagte: »Das wollte ich nur sehen.« Kurz darauf hörte ich einen Schuß.[34]

Als Howard am 11. Dezember vom FBI vernommen wurde, bestätigte er den von McGee beschriebenen Vorgang fast in allen Einzelheiten. Howard behauptete, seine an den Polizisten gerichtete Bemerkung sei nichts weiter als eine völlig harmlose Frage gewesen. Er habe nämlich gesagt: »Führen sie ihn hier entlang?«[35] Und Howard erklärte ferner, er habe, bevor die Schüsse gefallen seien, »zu niemandem außer dem Detective« auch nur ein Wort über Oswalds Überführung verlauten lassen.[36]

In dem Augenblick, als Oswald für die im Tiefgeschoß wartenden »Zeugen« sichtbar wurde, ertönte, wie auf Fernseh- und Rundfunk-Tonaufnahmen deutlich zu hören ist, laut eine Autohupe, und ein weiteres auffälliges Ereignis in diesem Augenblick bemerkte Tom Pettit, ein NBC-Nachrichtenkorrespondent, der life aus dem Tiefgeschoß des Polizeipräsidiums berichtete. Pettit erwähnte gegenüber dem FBI, daß »fast zeitgleich mit dem Aufpeitschen der Schüsse, ein blauer Wagen, der unmittelbar hinter dem Panzerfahrzeug geparkt war, mit hohem Tempo rückwärts die Rampe hinuntergefahren und unten mit quietschenden Reifen zum Stehen gekommen« sei.[37] Dies war einer der Umstände, die Pettit zu der Annahme veranlaßten, daß »es ein Komplott gegeben hat, um Oswald zu töten«.[38]

Pettit war auch irritiert durch die ganz offensichtlich völlig sinnlose Gegenwart Captain Will Fritz', des Leiters der Mordkommission, der zwar am Tatort des Oswald-Mordes herumstand, jedoch nicht in Uniform war. Ähnliche Zweifel an Fritz' Rolle äußerte Travis Kirk, ein angesehener Anwalt aus Dallas, der mit einigen hohen örtlichen Polizeibeamten gut bekannt war. Kirk brachte gegenüber dem FBI den Verdacht zum Ausdruck, Fritz habe es darauf angelegt, »daß Oswald erschossen wird, damit der Fall ein für allemal abgeschlossen« sei.[39] Kirk gründete diese Annahme »auf die Tatsache, daß Fritz und Jack Ruby enge Freunde waren und daß Jack Ruby ungeachtet seines Rufes als ›Ganove‹ sich völlig frei im Polizeipräsidium bewegen konnte«.[40] Tatsächlich hatten, wie bereits früher erwähnt, zwei Reporter am Abend des Attentates Ruby in der Nähe von Fritz' Büro gesehen, und einer sah sogar, wie Ruby hineinzugehen versucht hatte.

Kirk konnte auch Auskunft über Tom Howards Hintergrund erteilen, jenes Anwalts, der genau zum richtigen Zeitpunkt im Polizeipräsidium aufgetaucht war, um Oswalds Übergabe zu beobachten. Kirk berichtete dem FBI, wie der protokollführende Beamte festgehalten hat, daß

Howard eine Zeitlang etliche Prostituierte für sich arbeiten ließ, und nach Kirks Ansicht geht Howard nach wie vor kriminellen Aktivitäten nach. Er erklärte weiter, daß Howard vor einigen Jahren wegen Verstoß gegen die Habeas Corpus Akte von einem Bundesgericht angeklagt, daß die Angelegenheit in der Folge aber vertuscht und ein von der texanischen Anwaltskammer gegen ihn eingeleitetes Verfahren niedergeschlagen worden sei.[41]

Eine andere Polizei-Unterwelt-Verbindung, die den Oswald-Mord ermöglicht haben könnte, war der Sheriff von Dallas County, Bill Decker. Decker spielt im Zusammenhang mit dem Attentat eine bedeutende Rolle, da er in dem Wagen vor der Präsidentenlimousine gesessen hatte, an der Vorbereitung des Oswald-Transfers beteiligt und später während Jack Rubys Untersuchungshaft für dessen Sicherheit zuständig war. Gleichzeitig unterhielt Decker gute Beziehungen zur Unterwelt. Auf den im Zusammenhang mit der Bestechungsaffäre von Dallas aufgezeichneten Tonbändern hatte es von ihm geheißen, daß er früher als »Alkoholschmuggler« aktiv gewesen sei und von der Unterwelt »bezahlt« werde. Decker war mit zwei notorischen Gangstern aus Dallas befreundet und diente

Joseph Civello als Bürge, als der Mafiaboß von Dallas im Zusammenhang mit einer Verurteilung wegen Drogenhandels um eine bedingte Haftentlassung einkam. Nicht weniger suspekt war ein weiterer von Rubys Polizeifreunden, nämlich Harry Olsen, der am frühen Morgen des 23. November mit Ruby in Simons Garage zusammengetroffen war.

Besonders wichtig für ein Verständnis der Vorgänge vom 24. November ist die Rolle des Polizei-Sergeanten Patrick T. Dean, der an jenem Morgen im Tiefgeschoß des Polizeipräsidiums für die Sicherheit zuständig war. Dean bestätigte die von Ruby nachträglich vorgebrachte Behauptung, er habe das Tiefgeschoß über die Hauptrampe betreten – fiel jedoch bei einem Lügendetektortest durch. Dean war mit Ruby ebenfalls gut befreundet. Wie G. Robert Blakey betonte, stand Dean »gleichfalls auf vertrautem Fuß mit prominenten Figuren des organisierten Verbrechens«, so unter anderen auch mit Joseph Civello, dem Mafiaboß von Dallas.[42]

Jedenfalls hatte – wie auch Ruby später andeutete – »jemand aus dem Polizeipräsidium die Information über den Zeitpunkt von Oswalds Abtransport weitergegeben«.[43] Helfershelferin des Komplotts war überdies Karen Carlin, die Ruby ein Alibi verschaffte und von Ruby zu einem späteren Zeitpunkt »als Teil der Verschwörung« bezeichnet wurde.[44] Ein weiterer Helfershelfer war der Mann, der in Rubys Wohnung dessen Rolle spielte, als Elnora Pitts dort anrief. Und an dem Komplott beteiligt war außerdem die Person, die dafür sorgte, daß die völlig eingeschüchterte – und kurze Zeit später ermordete – Karen Carlin ihre Falschaussage machte – genau wie der verängstigte George Senator oder die angsterfüllte Kathy Kay, die sich nach dessen Autounfall gemeinsam mit Harry Olsen aus Dallas absetzte, oder Larry Crafard, der am 23. November mit sieben Dollar in der Tasche per Anhalter nach Michigan fuhr.

In letzter Hinsicht war natürlich der langjährige Mafioso und Polizeiintimus Jack Ruby der Star in dem gegen Oswald zur Ausführung gelangten Mordkomplott. Er gab eine glänzende

Vorstellung und feuerte den Schuß gleichsam wie auf Stichwort mit tödlicher Genauigkeit ab. Als dann jedoch im folgenden Juni die Warren-Kommission nach Dallas reiste, sollte sich Ruby für die ihm zugedachte Rolle als viel zu offenherzig erweisen.

Bitte bringen Sie mich nach Washington. [...][1]

Ich möchte die Wahrheit sagen, aber das ist hier nicht möglich.[2]

Meine Herren, mein Leben ist hier in Gefahr.[3]
    Jack Ruby am 7. Juni 1964 vor der Warren-Kommission

Abgeordneter Ford: Gibt es noch etwas anderes, was Sie uns sagen könnten, falls wir Sie nach Washington bringen?
    Jack Ruby: Ja, aber wollen Sie mich überhaupt ernsthaft dorthin bringen?[4]

14. Jack Rubys bestürzende Aussage

Am 25. November 1963, einen Tag nachdem er Oswald ermordet hatte, standen Jack Rubys Zukunftschancen nicht gerade schlecht, denn Ruby hatte allen Grund zu der Annahme, daß er aufgrund seiner Mafia-Verbindungen einer ernsthaften Bestrafung entgehen werde – wie dies auch im Zusammenhang mit seinen neun bisherigen Festnahmen stets der Fall gewesen war. Nicht anders war es schließlich seinem Freund Paul Roland ergangen, der in Kansas einen Zeugen der Staatsanwaltschaft ermordet hatte und gleichwohl freigesprochen worden war, und auch seinen Freunden Patrick und Yaras, die zwar James Ragen ermordet hatten, aber dennoch straflos ausgegangen waren. Außerdem hatte die Öffentlichkeit Rubys Selbstdarstellung als wutentbrannter patriotischer Racheengel nur zu bereitwillig, ja geradezu wohlwollend akzeptiert. Ein geringes Strafmaß erschien daher so gut wie sicher.

Es war deshalb nur allzu verständlich, daß er in seinem

ersten FBI-Verhör am 25. November 1963 die Rolle des zutiefst aufgewühlten Einzelgängers spielte, der nichts weiter im Sinn gehabt hatte, als der Kennedy-Familie die Qual eines Prozesses zu ersparen. Er gab bei dieser Gelegenheit kurz Auskunft über seine Aktivitäten während des Attentatswochenendes, lehnte es indessen ab, dem FBI mitzuteilen, warum er an dem Tag, da er Oswald erschoß, eine Waffe bei sich hatte. Außerdem weigerte er sich zu erklären, wie er an jenem Morgen in das Polizeipräsidium von Dallas gelangt sei, oder über seine Aktivitäten oder Kontakte detailliert Auskunft zu erteilen. Auf diese Einzelheiten kam Ruby erst zu sprechen, als das FBI ihn am 21. Dezember abermals verhörte.

Aber der Oswald-Mord war ein außergewöhnlicher Fall: Wäre Ruby mit einer allzu geringen Strafe davongekommen, so hätte dies in der Öffentlichkeit zuviel Aufsehen erregt. Und so wurde Ruby am 14. März 1964 des vorsätzlichen Mordes für schuldig befunden und zum Tode verurteilt. Während der folgenden vier Wochen wurden seine Schwester Eileen Kaminsky und seine Anwälte schriftlich bei der Warren-Kommission vorstellig und baten darum, Ruby einen Auftritt vor dem Ausschuß zu ermöglichen. Dieses Ersuchen wurde schließlich positiv beschieden, und am 7. Juni 1964 machte Ruby vor Earl Warren, dem Vorsitzenden der Kommission, dem Ausschußmitglied Gerald Ford, dem juristischen Sachverständigen Leon Jaworski aus Texas sowie etlichen anderen Offiziellen seine Aussage.

Das Protokoll dieser Aussage ist sowohl ein außergewöhnliches historisches wie auch ein dramatisches Dokument erster Güte. Während eines Großteils dieser Anhörung wiederholte Ruby lediglich die Standardgeschichte, die er auch dem FBI aufgetischt hatte. Aber er unterbrach seine Darstellung immer wieder durch Behauptungen, die völlig aus dem vorgegebenen Rahmen fielen. Die Bedeutung dieser Behauptungen und der offiziellen Reaktionen, die sie auslösten, wird besonders klar vor dem Hintergrund der vorstehend ausgebreiteten Informationen. Wie bereits gezeigt, war die Darstellung, die Ruby von den Ereignissen gab, der reinste Schwindel, und das umfangreiche Beweismaterial hätte den Mitgliedern der Kommission diesen Umstand zum Zeitpunkt der Ruby-Anhörung bereits in aller Deutlichkeit vor Augen führen müssen. Wir wollen uns deshalb im folgenden mit dieser im Juni 1964 im Bezirksgefängnis von Dallas durchgeführten Anhörung näher befassen, so wie sie der Regierungsstenograph im Protokoll festgehalten hat.

Eine genau vorbereitete Falschaussage

Nachdem der Vorsitzende Warren mit Ruby ein einleitendes Gespräch geführt hat, weist er diesen an: »Erzählen Sie uns nun Ihre Geschichte.«[5] Ruby willigt ein. Aber nur zu bald wird klar, daß es sich nicht allein um Rubys »Geschichte« handelt. Nachdem er seinen Besuch im Parkland Hospital vom Freitag nachmittag bestritten hat, wirft Ruby an einer Stelle ein: »Steht das in irgendeinem Widerspruch zu meiner und zu Ihrer Version der Geschichte?«[6] Der Secret-Service-Agent Elmer Moore entgegnet daraufhin: »Im Grunde genommen ist es das gleiche, Jack – soweit ich mich erinnere.«[7] An einer anderen Stelle bemerkt Ruby – während er darüber berichtet, was er nach dem Attentat getan hat: »Vielleicht hab' ich aber auch ein paar Dinge vergessen, Mr. Moore kann sich wahrscheinlich besser erinnern [...]«[8]

Eine von Rubys Anwalt Joe Tonahill fallengelassene Bemerkung deutet klar darauf hin, wie gründlich Rubys Darstellung der Ereignisse einstudiert war. Als Ruby an einer Stelle der Anhörung von dieser Darstellung abweicht, wird er von Tonahill angewiesen: »Sie fahren jetzt fort und sprechen über *Caroline*, und zwar *die Wahrheit*.«[9] Wie nicht anders zu erwarten, spricht Ruby dann im Fortgang seiner Darstellung von »einem zu Herzen gehenden Brief« an »*Caroline*« Kennedy.[10] Fünfzehn Zeilen weiter unten wirft er plötzlich ein: »Ich werde jetzt *die Wahrheit* sagen, und zwar Wort für Wort.«[11]

»Bitte bringen Sie mich nach Washington.«

Ruby weicht erstmals von seiner vorbereiteten Darstellung ab, als ein Mitarbeiter der Kommission den Raum betritt und so eine kurze Unterbrechung verursacht:

Jack Ruby: »Gibt es eine Möglichkeit, mich nach Washington zu schaffen?«

Oberrichter Warren: »Wie meinen Sie?«

Jack Ruby: »Gibt es irgendeine Möglichkeit, mich nach Washington zu schaffen?«

Oberrichter Warren: »Nicht, daß ich wüßte. Ich werde gerne mit Ihrem Rechtsbeistand über die Situation sprechen, Mr. Ruby, wenn sich dazu eine Gelegenheit ergibt.«

Jack Ruby: »Ich glaube nicht, daß mein Anwalt Joe Tonahill meinen Fall angemessen darstellen wird. Ich möchte darum bitten, daß man mich nach Washington bringt und daß Sie mich allen notwendigen Tests unterziehen. Das ist sehr wichtig.«[12]

Es folgt ein kurzes Gespräch über Rubys Ersuchen, dann fordert Oberrichter Warren Ruby auf, seine Aussage fortzusetzen. Aber eine Seite später im Protokoll unterbricht Ruby den Ablauf der Anhörung abermals und wiederholt sein Ersuchen:

»Meine Herren, solange Sie mich nicht nach Washington bringen, werden Sie die Wahrheit nicht aus mir herausbringen.

Wenn Sie verstehen, was ich meine, dann müssen Sie mich nach Washington bringen und den entsprechenden Tests unterziehen.«[13]

Ruby wird nun neuerlich dazu angehalten, mit seiner Erzählung fortzufahren, diesmal von seinem Anwalt Joe Tonahill.

»Ich möchte die Wahrheit sagen, aber das ist hier unmöglich«

Nachdem der von Ruby geäußerte Wunsch, nach Washington verbracht zu werden, ohne Reaktion bleibt, weicht er im weiteren Verlauf der Anhörung wiederum von seiner vorbereiteten Aussage ab. Zunächst bittet er Sheriff Decker und andere Polizeibeamte, den Raum zu verlassen.

Mr. Decker: »Sie möchten also, daß wir alle den Raum verlassen?«

Jack Ruby: »Ja.«

Mr. Decker: »Dann werde ich Tonahill und Moore hierlassen. Ich werde nicht zulassen, daß Joe auch rausgeht.«

Jack Ruby: »Wenn Sie Joe nicht rausschicken ...«

Mr. Decker: »Moore, Sie sind mir persönlich für ihn verantwortlich. Hören Sie.«

Jack Ruby: »Bill, ich werde hier nichts zustande bringen, wenn die dabei sind und wenn Joe Tonahill hier ist. Sie haben mich gefragt, wen ich nicht dabei haben will.

Mr. Decker: »Jack, das ist immerhin Ihr Anwalt. Ihr Rechtsbeistand.«

Jack Ruby: »Er ist nicht mein Rechtsbeistand.«

(Sheriff Decker und die Polizeibeamten verließen nun den Raum.[14])

Ruby ersucht dann abermals darum, nach Washington gebracht zu werden. Diesmal nennt er sogar ausdrücklich den Grund seines Wunsches, wobei er andeutet, daß alles, was er bisher gesagt hat, gelogen ist.

»Ich möchte die Wahrheit sagen, aber das ist hier unmöglich. Verstehen Sie, was ich damit sagen will?«[15]

An diesem Punkt richtet Ruby einige Fragen an zwei der in dem Raum Anwesenden. Zunächst fragt er den Kommissionsmitarbeiter Joe Ball, einen Anwalt aus Los Angeles, ob dieser irgendwelche Beziehungen zu dem kalifornischen Anwalt Melvin Belli unterhalte. Ruby hat allen Grund, sich für eine solche Verbindung zu Belli zu interessieren, der zum Team seiner Verteidiger gehört, denn Belli pflegt einen intensiven gesellschaftlichen Umgang mit dem notorischen Mafioso Mikkey Cohen aus Kalifornien und hat dem Gangster schon so manche Gefälligkeit erwiesen und ihm unter anderem 3000 Dollar geliehen. Überdies ist Belli von Michale Shore – einem Wirtschaftsprüfer aus Los Angeles, der auch mit dem Chicagoer Mafioso Irwin Weiner geschäftlich und privat verbunden ist – in den Ruby-Fall hineingezogen worden.

Ruby richtet dann an den Secret-Service-Agenten Elmer Moore die Frage: »Und auf welcher Seite stehen Sie, Moore?«[16] Anschließend konstatiert er: »Junge, Junge, ich stecke da wirklich in einer schwierigen Situation, das kann ich Ihnen sagen.«[17] Dann kommt er wieder auf sein ursprüngliches Ersuchen zu sprechen:

Jack Ruby: »Wann reisen Sie wieder nach Washington?«

Oberrichter Warren: »Sobald wir mit dieser Anhörung fertig sind – ich gehe jetzt Mittag essen.«

Jack Ruby: »Kann ich eine Erklärung abgeben?«

Oberrichter Warren: »Ja.«

Jack Ruby: »Wäre es denkbar, daß Sie mich bitten, jetzt gleich bitten, mit Ihnen nach Washington zu kommen. Das ist nicht möglich – oder?«

Oberrichter Warren: »Nein, das ist nicht möglich. Das ist nicht möglich. Da spielen eine Menge Dinge eine Rolle, Mr. Ruby.«

Jack Ruby: »Beispielsweise?«[18]

Ruby fährt dann ebenso umständlich wie vergeblich mit seinem Versuch fort, Warren dazu zu bringen, ihn mit nach Washington zu nehmen. Auf Warrens schier unglaubliche Antworten werden wir in Kürze zu sprechen kommen. Obschon es

Ruby nicht gelingt, Warren zu überzeugen, gibt er gleichwohl genau zu Protokoll, warum er in Dallas die Wahrheit nicht sagen kann:

> Jack Ruby: »Meine Herren, mein Leben ist hier in Gefahr. Aber nicht etwa, weil ich gestanden habe, Oswald exekutiert zu haben.
> Haben Sie den Eindruck, daß ich dies bei klarem Verstand sage?«
> Oberrichter Warren: »Ja. Sie erscheinen mir völlig Herr Ihrer Sinne.«
> Jack Ruby: »Ich sage Ihnen, meine Herren, meine ganze Familie ist an Leib und Leben bedroht – auch meine Schwestern.«[19]

*»Wäre es Ihnen lieber, ich würde
meine Aussage widerrufen und so tun,
als sei alles in bester Ordnung?«*

Als Ruby schließlich einsieht, daß er keinerlei Chance hat, nach Washington überführt zu werden, kommt er ohne Umschweife zur Sache. Zunächst nennt er den Namen einer Organisation, der er keine unmittelbare Loyalität schuldet und von der er am wenigsten zu fürchten hat:

> Jack Ruby: »Also gut, es gibt hier eine gewisse Organisation...«
> Oberrichter Warren: »Darin stimme ich Ihnen zu.«
> Jack Ruby: »Es gibt hier eine gewisse Organisation, Oberrichter Warren, und wenn mich diese Aussage das Leben kostet, und Bill Decker soll auch dazugehören..., und es gibt eine gewisse John Birch Society, die gegenwärtig aktiv ist, und Edwin Walker ist einer der Spitzenleute dieser Organisation – und ziehen Sie aus alledem nun Ihre eigenen Schlußfolgerungen, Oberrichter Warren.

Unglücklicherweise habe ich dabei geholfen, diese Leute an die Macht zu bringen, weil ich durch meine Tat eine ganze Reihe von Menschen in Lebensgefahr gebracht habe.

Das sagt Ihnen nichts, oder?«

Oberrichter Warren: »Nein, das verstehe ich nicht.«

Jack Ruby: »*Wäre es Ihnen lieber, ich würde meine Aussage widerrufen und so tun, als sei alles in bester Ordnung?*«

Oberrichter Warren: »Ganz und gar nicht. Ich bin lediglich an dem interessiert, was Sie vor dieser Kommission aussagen möchten, an sonst gar nichts.«

Jack Ruby: »Also ich hab' gesagt, mein Leben, ich hab' jetzt nicht mehr lange zu leben. Ich weiß auch, daß das Leben meiner Familienangehörigen in größter Gefahr ist. Als ich an jenem Morgen meine Wohnung verlassen habe...«

Oberrichter Warren: »An welchem Morgen?«

Jack Ruby: »Sonntag morgen.«

Oberrichter Warren: »Sonntag morgen.«[20]

Durch seine völlig unverbindliche Reaktion auf den von Ruby vorgebrachten Hinweis auf ein Komplott und durch sein unversehens an den Tag gelegtes Interesse an Rubys Schilderung der Geschehnisse vor und während des Mordtages unterbindet Warren jede weitere sinnvolle Diskussion über das Attentat. Dessenungeachtet gibt Ruby im weiteren Verlauf der Anhörung noch verschiedentlich Hinweise auf die angesprochenen Zusammenhänge. Gegen Ende der Sitzung beginnt er dann, völlig zusammenhanglos irgendwelches überhaupt nicht zur Sache gehöriges Zeug daherzureden und das Ende der Anhörung hinauszuschieben. Beispielsweise:

Oberrichter Warren [zu Kommissionsmitglied Ford]: »Herr Abgeordneter, haben Sie sonst noch irgendwelche Fragen?«

Jack Ruby: »Sie können noch mehr aus mir herausholen. Beenden Sie die Sitzung nicht überstürzt.«[21]

Wenn man berücksichtigt, daß Ruby mehrmals explizit die Furcht geäußert hat, kurz nach dem Verhör ermordet zu werden, dann ist sein Benehmen nur allzu verständlich. Ein Beispiel ist die folgende Bemerkung:

»Mr. Bill Decker hat gesagt: ›Seien Sie ein Mann und sagen Sie geradeheraus, was Ihnen auf dem Herzen liegt.‹ Ich erkläre hiermit offiziell, daß ich die nächste Stunde vielleicht nicht überleben werde, sobald ich diesen Raum verlasse.«[22]

In der Tat schiebt Ruby das Ende der Anhörung so lange hinaus, bis Warren ihm wiederholt versichert hat, daß er sich einem Lügendetektortest unterziehen kann, was Ruby weiteren Kontakt mit den Bundesbehörden garantiert.

Rubys ausdrücklich geäußerte Todesfurcht mag auf den ersten Blick seltsam erscheinen, allerdings nur jemandem, der mit den Umständen des Attentats nicht näher vertraut ist. Erinnern wir uns beispielsweise an den Fall Rose Cheramie, die oben erwähnte Drogenabhängige, die den Ärzten in einem Krankenhaus in Louisiana berichtete, in der Unterwelt gehe das Gerücht um, Kennedy solle ermordet werden. Keine zwei Jahre später, im September 1965, wurde sie in Texas von einem Auto überfahren. Zwei Tage nachdem Ruby Oswald erschossen hatte, informierte der Transportarbeiterfunktionär Leopoldo Ramos Ducos das FBI über Kontakte zwischen Ruby und zwei führenden Funktionären der Transportarbeitergewerkschaft. Seine Bereitschaft zu sprechen blieb offenkundig nicht verborgen, denn einige Stunden bevor er sich mit dem FBI in Verbindung gesetzt hatte, erhielt er eine Botschaft, in der es hieß: »Wir haben Kennedy umgebracht, als nächster ist Ramos Ducos dran.«[23]

Sheriff Roger Craig aus Dallas, der auf etliche Vorfälle hinwies, die den Verdacht auf eine Konspiration nahelegten, versteckte sich, nachdem er erfahren hatte, daß »die Mafia einen Preis auf seinen Kopf ausgesetzt« hatte.[24] Craig wurde 1974 von einem unbekannten Angreifer in die Schulter geschossen und 1975 mit einer von einem Gewehr herrührenden Wunde tot aufgefunden. Nachdem der Fall bereits in einer Radio-Talk-Show diskutiert worden war, behauptete die Polizei, Craig habe sich die Wunde selbst beigebracht.

Führt man sich einmal das Nachspiel eines Treffens vor Augen, das am 24. November 1963 zwischen Rubys Mitbewohner George Senator, zwei Journalisten und zwei Anwälten in dessen Wohnung stattfand, so sind Rubys Hinweise auf Todesdrohungen allerdings in der Tat glaubwürdig. Die beiden Journalisten wurden innerhalb der folgenden sechzehn Monate brutal ermordet, und einer der Anwälte erlag angeblich einem Herzanfall. Senator war noch Tage nach dem Treffen außer sich vor Angst. Andere Zeugen, die Rubys Darstellung der Ereignisse durch ihre Aussagen stützten, fielen durch ähnliche Befürchtungen und durch ein seltsames Betragen auf – etwa Kathy Kay, Larry Crafard und Karen Carlin. Nach Auskunft des Secret-Service-Agenten, der Frau Carlin verhörte, »stand diese kurz vor einem Nervenzusammenbruch« und war fest davon überzeugt, daß Präsident Kennedy einem Komplott zum Opfer gefallen sei. Sie glaubte überdies, sie werde »umgebracht, falls sie irgendwelche Informationen an die Behörden weitergebe«.[25] Einige Monate später wurde sie erschossen. Von anderen Morden und Versuchen, Zeugen einzuschüchtern, ist bereits in Kapitel drei die Rede gewesen.

Auch die Zelle, die Ruby im Gefängnis von Dallas bezogen hatte, bot ihm keinen Schutz vor der Rache der Mafia. Wie er aus eigener Erfahrung wußte, ist es für die Mafia genauso leicht, einen in einer Hochsicherheitszelle einsitzenden Gefangenen zu töten wie einen abtrünnigen Kredithai in einem heruntergekommenen Mietshaus.* Und tatsächlich hatte

---

* So stürzte beispielsweise 1941 der Mafia-Denunziant Abe Reles in New York aus einem Hotelfenster und wurde tödlich verletzt, während er von sechs Polizeibeamten bewacht wurde. 1945 wurde Peter LaTempa in einer Hochsicherheitszelle eines Brooklyner Gefängnisses vergiftet, wo er darauf wartete,

Ruby wohl kaum einen Grund, sich in Sheriff Deckers Obhut sonderlich sicher zu fühlen, eilte Decker doch der Ruf voraus, selbst auf der Bestechungsliste der Unterwelt zu stehen. Ebensowenig konnte sich Ruby durch die von der Mafia veranlaßte Ermordung eines anderen Zeugen in einem Gefängnis in Dallas beruhigt fühlen – nämlich durch die Ermordung Lee Harvey Oswalds. Möglicherweise hat ihm aber auch der Mafioso Joseph Campisi, ein enger Vertrauter Marcellos, noch einmal die Konsequenzen eines »Verrates« in aller Deutlichkeit vor Augen geführt. Campisi stattete Ruby am 30. November 1963 einen Besuch im Gefängnis ab.

Wie die Kommission die Ruby-Anhörung durchführte

Die Angst vor der Vergeltung der Mafia und das Wissen um die Bestechlichkeit etlicher Polizeibeamter waren allerdings nicht die einzigen Faktoren, die Ruby während des Anhörungsverfahrens in Dallas daran hinderten, frei zu sprechen. Wie wir in einem der folgenden Kapitel noch sehen werden, war auch die ganze Art und Weise, wie das Attentat von der Bundesregierung untersucht wurde, höchst fragwürdig. Auch hat sich ein Mitglied der Warren-Kommission außerordentlich Mühe gege-

gegen den Mafiaboß Vito Genovese auszusagen. 1954 wurde Gaspare Pisciotta, der als Zeuge gegen die sizilianische Mafia auftreten sollte, in seiner Einzelzelle in Palermo mit einer so hohen Dosis Strychnin umgebracht, daß die Menge gereicht hätte, um vierzig Hunde zu töten. Und in den siebziger Jahren wurden im Rahmen eines von den Bundesbehörden durchgeführten Programms vier mit einer neuen Identität ausgestattete Mafia-Abtrünnige ermordet, während sechs weitere eines unnatürlichen Todes starben. Sie waren von korrupten Beamten an die Mafia verraten worden. In den Jahren 1976 und 1977 wurden nahezu zwanzig für das FBI tätige Mafia-Informanten umgebracht. Unter solchen Umständen gereichte es Ruby zum Glück, daß es zuviel Aufsehen erregt hätte, wenn man ihn – der immerhin Oswald ermordet hatte – nun selbst um die Ecke gebracht hätte.

ben, Ruby während der Anhörung möglichst von weitreichenden Behauptungen und Erklärungen abzuhalten – ein Bestreben, für das es keine Rechtfertigung geben kann.

Jack Ruby war zu diesem Zeitpunkt der wichtigste lebende Zeuge, den man im Zusammenhang mit dem Kennedy-Attentat hätte befragen können. Gleichwohl wurde er von der Kommission erst im Juni 1964 vorgeladen und auch dies nur, weil er wiederholt um eine solche Vorladung gebeten hatte. Tatsächlich brachte Ruby während des Anhörungsverfahrens dreimal sein Bedauern darüber zum Ausdruck, daß die Kommission ihn nicht bereits früher befragt hatte. Der Vorsitzende Warren erklärte: »Ich wünschte, wir hätten nach der Beendigung Ihres Verfahrens ein wenig früher hierher reisen können, aber ich weiß, Sie hatten andere Dinge im Kopf, und wir hatten andere Arbeit zu erledigen, und deshalb haben wir Sie erst jetzt vorladen können.«[26] Später fügte Warren noch hinzu: »Hätten Sie nicht durch Ihre Anwälte ebenso wie durch Ihre Schwester darauf hinweisen lassen [...], daß Sie vor der Kommission aussagen möchten, hätte Ihre Schwester uns davon nicht in Kenntnis gesetzt, so hätte ich Sie gar nicht erst behelligt.«[27]

Da die Kommission sich mit Rubys Befragung jedoch bis zum Juni Zeit ließ, hatte sie einen Vorteil gewonnen, denn das bis dahin aufgetürmte Beweismaterial belegte ganz eindeutig, daß Rubys Darstellung seiner Aktivitäten während der letzten Tage und Stunden vor dem Oswald-Mord auf tönernen Füßen stand, und die lange Zeit, die vergangen war, hätte es gestattet, für Dutzende von fragwürdigen Punkten die entsprechenden Fragen vorzubereiten. Einige dieser Punkte waren in einem Memorandum aufgezählt, das die beiden Kommissionsmitarbeiter Leon Hubert und Burt Griffin am 24. Februar 1964 vorgelegt hatten. In diesem Memorandum war davon die Rede, daß gegen Ruby »wegen Rauschgifthandels ermittelt« worden sei und daß er [zumindest] »peripher, wenn nicht gar unmittelbar Kontakt zu einigen Unterweltfiguren« in Dallas unterhalten habe.[28] Ferner hieß es darin, daß Ruby »systematisch Freundschaften mit Polizeibeamten und sonstigen Behördenvertretern unterhalten« und »sein Interesse an der Eröffnung eines Spielcasinos in Havanna bekundet« habe.[29] Außerdem waren in dem Memo Organisationen, Personen und Körperschaften aufgelistet, gegen die im Zusammenhang mit dem Attentat noch Ermittlungen geführt werden mußten. Auf dieser Liste war unter anderem die Transportarbeitergewerkschaft verzeichnet, aber auch »die Glücksspielszene in Las Vegas«, das Polizeipräsidium in Dallas, die Rundfunkstation KLIF, H. L. Hunt und die Stadt New Orleans.[30] Überdies dürfte kaum zu übersehen gewesen sein, daß die Telephongespräche, die Ruby in den Monaten vor dem Attentat mit Mafiosi – darunter mit hochrangigen Carlos-Marcello-Repräsentanten – im ganzen Land geführt, und die Besuche, die er ihnen abgestattet hatte, eine sorgfältige Überprüfung verlangt hätten.

Aber die Kommission behelligte Ruby mit keiner dieser Fragen und ging kaum einmal auf die offenkundig falschen Erklärungen ein, die er hinsichtlich seiner Aktivitäten während der letzten Tage und Stunden vor dem Oswald-Mord abgegeben hatte. Das Desinteresse der Kommission verdeutlicht auch der Umstand, daß Ruby in der zehn Seiten langen Schilderung der letzten Tage vor dem Oswald-Mord einen Zeitraum von 28 Stunden einfach unterschlagen konnte und mit dem vagen Hinweis durchkam, er habe während dieser Periode ferngesehen und einen Nachtclub besucht. Ganz offensichtlich wurden zahlreiche Details gar nicht berührt. Etliche Zeugen wußten über mehr als ein Dutzend Aktivitäten zu berichten, bei denen Ruby während dieses Zeitraums beobachtet worden war. Aber die Kommission sah sich gezwungen, Mutmaßungen darüber anzustellen, was »Ruby während dieser Periode getan hatte«,[31] weil sie es ihm gestattet hatte, in seiner Aussage diese Stunden einfach zu überspringen.

In der Tat dienten nahezu sämtliche Einwürfe Warrens, der während der gesamten Anhörung fast als einziges Kommissionsmitglied das Wort ergriff, dem Zweck, Ruby wieder auf dessen vorbereitete Darstellung zurückzulenken, sobald dieser einmal auf andere Zusammenhänge zu sprechen kam. Warren tat genau dies, als Ruby darum bat, nach Washington gebracht zu werden, als er davon sprach, daß sein Leben in Gefahr sei, als er darauf hinwies, daß er die Wahrheit in Dallas nicht offenbaren könne, und schließlich einen Versuch unternahm, die Wahrheit dennoch ans Licht zu bringen. Warrens ausschließliches Interesse an Rubys Standardgeschichte trat auch zutage, als er Rubys Aussage über die Birch Society mit der Antwort quittierte: »[. . .], das verstehe ich nicht.«[32] Später nahm Ruby dann wieder die Rezitation seiner Standardgeschichte auf und stellte fest: »Ich bin mir bewußt, daß ich da etwas Fürchterliches angerichtet und mich dumm verhalten habe, aber ich habe einfach die Kontrolle über meine Gefühle verloren. Können Sie mir folgen?«[33] Diesmal lautete Warrens Antwort: »Ja, in der Tat, Wort für Wort.«[34]

Tatsächlich hätte es eigentlich nur eine offizielle Reaktion geben können, als Ruby – der wichtigste Zeuge der Warren-Kommission – darum bat, nach Washington gebracht zu werden, wo er über Zusammenhänge sprechen wollte, auf die in Dallas einzugehen ihm zu gefährlich erschien. Aber selbst wenn er diesen Wunsch nicht so häufig wiederholt hätte, wären allein Rubys durch und durch erlogene Standardgeschichte, sein krimineller Hintergrund sowie die Kontakte, die er in der Zeit vor dem Attentat unterhalten hatte, hinreichend Anlaß gewesen, um dem Oswald-Mörder den Schutz der Regierung zuzusagen und ihm die Möglichkeit einzuräumen, die ganze Wahrheit zu sagen. Den folgenden Auszug aus dem Protokoll der Ruby-Anhörung kann man daher nur mit einiger Verwunderung lesen:

Jack Ruby: »[. . .] Vorsitzender Warren, wenn Sie den Eindruck hätten, daß Ihr Leben aktuell gefährdet wäre, wie würden Sie sich dann wohl fühlen? Würde es Ihnen dann nicht schwerfallen, offen zu reden, obwohl Sie das doch von mir verlangen?«

Oberrichter Warren: »Ich glaube, *es würde mir in Ihrer Situation ebenfalls einigermaßen schwerfallen. Ja, das* glaube ich. Ich glaube, *ich würde sehr sorgfältig darüber nachdenken, ob ich mich dadurch einer Gefahr aussetze oder nicht.*

Wenn Sie meinen, daß ich Sie durch mein Vorgehen oder durch meine Fragen in irgendeiner Weise in Gefahr bringe, dann steht es Ihnen völlig frei, das Gespräch unverzüglich zu beenden, sollten Sie es wünschen.«[35]

Aus dem folgenden Dialog geht eindeutig hervor, daß Warren der Meinung war, daß es besser sei, wenn Ruby auf Dauer schweige, obwohl sich die von diesem erbetene Möglichkeit eines offenen Gespräches mühelos hätte arrangieren lassen:

Jack Ruby: »Und was geschieht dann? Es ist doch bei alledem bisher nichts herausgekommen.«

Oberrichter Warren: »Nein, es ist nichts herausgekommen.«

Jack Ruby: »Sie haben also keine weiteren Fragen?«

Oberrichter Warren: »Wenn Sie mit Ihrer Aussage fertig sind, dann gibt es von meiner Seite aus auch keine weiteren Fragen mehr.«

Jack Ruby: »Sie haben gesagt, Sie seien bevollmächtigt, alles zu tun, was Ihnen notwendig erscheint, ist das richtig?«

Oberrichter Warren: »Genau.«

Jack Ruby: »Ohne jede Einschränkung?«

Oberrichter Warren: »Innerhalb des Rahmens der für die Arbeit der Kommission geltenden Verfahrensvorschriften. Wir haben das Recht, jedermann, der mit unserer Fragestellung in irgendeinem Zusammenhang steht, vorzuladen, und wir haben das Recht, falls uns dies notwendig erscheint, die Richtigkeit der entsprechenden Aussagen mit allen uns sachdienlich erscheinenden Mitteln zu überprüfen.«

Jack Ruby: »Aber Sie haben nicht das Recht, einen Häftling mit nach Washington zu nehmen, falls Sie dies wünschen?«

Oberrichter Warren: »*Nein, aber wir haben das Recht,*

Zeugen unter Strafandrohung nach Washington vorzuladen, wenn wir dies für richtig halten, wir haben jedoch schätzungsweise zwei- oder dreihundert Leute hier in Dallas befragt, ohne sie nach Washington einzuladen.«

Jack Ruby: »Ja, aber diese Leute sind nicht Jack Ruby.«

Oberrichter Warren: »Nein, das stimmt.«

Jack Ruby: »... das stimmt.«[36]

Später wiederholte Warren noch einmal seinen an Ruby gerichteten Rat: »Es steht Ihnen völlig frei, das Gespräch unverzüglich zu beenden, sollten Sie es wünschen.«[37]

Warrens rätselhaftes Verhalten* sollte tragische persönli-

---

* Jegliche Hoffnung, daß es für Warrens Betragen eine vernünftige Erklärung geben müsse, wurde 1978 von J. Lee Rankin, dem Chefberater der Warren-Kommission, zunichte gemacht, als dieser vor dem House Assassinations Committee aussagte. Auf die Frage, warum die Kommission Rubys hartnäckig wiederholtes Ersuchen abschlägig beschieden habe, erwiderte Rankin: »Wir waren alle davon überzeugt, daß es Ruby mehr um einen Ausflug nach Washington zu tun war als um eine echte Unterstützung unserer Arbeit.«[38] Falls die Kommission tatsächlich so wenig über Rubys Situation informiert war, wie Rankin dies behauptete, dann war ihre Inkompetenz als Untersuchungsausschuß kaum minder erschreckend als sich anderweitig aufdrängende bedrohliche Erklärungen.

Warren selbst sprach im Mai 1972 in einem Fernsehinterview über das Attentat. Seine Aussagen wurden von einem privaten Rechercheur überprüft, der ein als »Psychological Stress Evaluator« bezeichnetes Gerät benutzte, eine Art Lügendetektor, der etwa in der Stimme auftretende Streßsymptome registriert. Nachdem sich die Verläßlichkeit des Gerätes in zahlreichen Tests erwiesen hat, wird es inzwischen in den USA von den Polizeibehörden in weitem Umfang eingesetzt und in mehr als einem Dutzend Staaten als Beweismittel anerkannt.

Die Aussagen, die Warren in dem Interview machte, erwiesen sich im großen und ganzen als streßfrei. Als sich das Gespräch indes dem Attentat zuwandte, verzeichnete der Apparat eine völlig andere Stimmqualität. Warren beantwortete eine ganze Reihe von Fragen und behauptete, die Kommission habe alle Gesichtspunkte überprüft und keinerlei Hinweise auf ein Komplott gefunden. Bei jeder dieser Antworten »verzeichnete das PSE-Gerät erhebliche Streßsymptome«[39] und wies an einer Stelle sogar »einen gleichmäßig auf einem hohen Niveau verlaufenden Spitzenwert« auf, was als der stärkste Hinweis auf ein Täuschungsmanöver zu werten ist.

che, aber auch historische Konsequenzen zeitigen. Denn Jack Ruby hatte von der Behauptung, daß er sich des vorsätzlichen Mordes und der Mitwirkung an einem Komplott schuldig gemacht habe, in der Tat keinen Vorteil zu erwarten und zwar um so weniger, als er gegen seine Verurteilung Berufung eingelegt hatte. Vielmehr hatte er angesichts eines solchen Eingeständnisses eine Menge zu befürchten. Gleichwohl stellte der notorische Kriminelle Jack Ruby in der fraglichen Situation sogar Edelmut unter Beweis, indem er versuchte, die Wahrheit aktenkundig zu machen. Und es muß für ihn ein echter Schlag gewesen sein, als er gegen Ende der Anhörung nach eigenem Bekunden entdeckte, daß »gewisse Leute keinerlei Interesse an der Wahrheit haben, die ich möglicherweise aufdecken könnte«.[40]

Der Lügendetektortest

Während Ruby seine Aussage machte, äußerte er verschiedentlich den Wunsch, sich einem Lügendetektortest zu unterziehen. Als die Anhörung zu Ende ging und der Augenblick unaufhaltsam näherrückte, da Ruby allein in der Obhut der Polizei von Dallas zurückbleiben würde, trug er dieses Ersuchen nur um so nachdrücklicher vor:

Jack Ruby: »Ich möchte mich doch nur einem Lügendetektortest unterziehen, und Sie lassen sich nicht darauf ein. [...] Und man geht aus dem einfachen Grund nicht darauf ein, weil ich nämlich die Wahrheit sagen möchte.
Und dann werde ich diese Welt verlassen [...]«
Oberrichter Warren: »Mr. Ruby, ich verspreche Ihnen, daß Sie sich einem solchen Test unterziehen können.«
Jack Ruby: »Wann?«[41]

Ruby brachte Warrens Versicherung nur wenig Vertrauen entgegen:

Jack Ruby: »[...] solche Dinge werden zwar versprochen, aber wie Sie sehen, gestattet man mir nicht, diese Dinge zu tun.

Weil es nämlich um mich geschehen ist, sobald Sie von hier wieder abreisen. Auch um meine Familie ist es geschehen.«

Abgeordneter Ford: »Ist es nicht etwa so, Herr Vorsitzender, daß Ruby auch künftig das gleiche Höchstmaß an Schutz und Sicherheit genießen wird wie in der Vergangenheit?«

Jack Ruby: »Inzwischen habe ich allerdings gewisse Informationen preisgegeben...«[42]

Doch Ruby blieb weiterhin skeptisch und wiederholte seinen Wunsch nach einem Lügendetektortest sogar noch in seiner letzten Erklärung vor der Warren-Kommission – selbst nachdem Warren und Ford ihm versprochen hatten, daß er sich einem solchen Test werde unterziehen können.

Rubys Skepsis war alles andere als unbegründet. Am 11. Juni 1964 beschied FBI-Direktor J. Edward Hoover in einem an die Warren-Kommission gerichteten Schreiben das Ersuchen, Ruby einem Lügendetektortest zu unterziehen, abschlägig. Hoover wies darauf hin, der Test sei unzuverlässig (obwohl das FBI mindestens einen weiteren im Zusammenhang mit dem Attentat vernommenen Zeugen einem solchen Test unterzogen hatte), und im übrigen sei über Rubys Revisionsantrag noch nicht entschieden (eine Entscheidung über diesen Antrag war selbst Ende 1966 noch nicht gefallen). Die Warren-Kommission schickte Hoover daraufhin ein weiteres Schreiben, in dem sie ihr Ersuchen wiederholte, und Hoover beschied dies Gesuch am 13. Juli abermals abschlägig.

Vermutlich wegen der eindeutigen Zusage, die man Ruby gemacht hatte, ordnete die Kommission gleichwohl einen Lügendetektortest für den 16. Juli 1964 an. Wenige Tage vor diesem Datum legten Rubys Schwester und seine Anwälte jedoch Widerspruch gegen den Test ein. Sie begründeten ihren

Einspruch damit, daß »sein geistiger Zustand einen solchen Test von vornherein sinnlos« erscheinen lasse und daß der Test »Rubys Gesundheit beeinträchtige und ohnehin von fragwürdigem Wert« sei.[43] Am 18. Juli 1964 konnte sich Ruby dem Test jedoch schließlich unterziehen.

Es gibt zwei Gründe dafür, warum Ruby sich unbedingt einer solchen Prüfung unterziehen wollte. Erstens hätte ein solcher Test ihn aus den Klauen der Polizei von Dallas befreien können. (Wie es sich dann herausstellte, wurde er im Bezirksgefängnis von Dallas durchgeführt, wie auch die Anhörung vom 7. Juni.) Zweitens hätte ein Lügendetektortest Ruby die Möglichkeit verschaffen können, seine Hintermänner zu beruhigen, indem er seine Standardgeschichte abspulte, wobei durch das Testergebnis die Wahrheit dennoch ans Licht gekommen wäre. Für diesen Fall hätte er lediglich darauf zu achten brauchen, daß man ihm die richtigen Fragen stellte. Ruby hat dabei jedoch wahrscheinlich vergessen, daß der Lügendetektor nur Streßsymptome registriert, und daß gegen ihn erhobene Todesdrohungen genausoviel Streß erzeugen konnten wie Erwägungen moralischer Natur. Aber wie dem auch sei, das House Assassinations Committee jedenfalls gelangte zu der Ansicht, die Testergebnisse seien wegen »der zahlreichen technischen Fehler, die während der Testprozedur unterlaufen« waren[44], ohnehin nicht korrekt zu interpretieren.

Rubys Enthüllungen

Obwohl es Ruby nicht gelang, sich aus der Obhut der Polizei von Dallas zu befreien und eine mechanische Aufzeichnung der Wahrheit zu hinterlassen, schaffte er es doch immerhin, einige der wahren Hintergründe des Geschehens aktenkundig zu machen. In einigen Fällen formulierte er seine Aussagen so, daß der Eindruck entstehen konnte, er wolle seine Standardgeschichte untermauern. Dies gilt etwa für die folgende Bemerkung:

Wie kann man mir bescheinigen, daß die von mir aufgegebenen Anzeigen [in denen die Schließung des Carousel- und des Vegas-Clubs für die Zeit vom 22. bis zum 24. November angekündigt wurde] authentisch und daß meine Gefühle aufrichtig waren, daß ich an jenem Sonntag morgen völlig die Kontrolle über mich verloren habe, nachdem ich den Artikel gelesen und einen an Caroline gerichteten Brief und dann diesen kleinen Artikel gelesen hatte, in dem es hieß, Mrs. Kennedy werde möglicherweise ersucht werden, hierher zurückzukehren, um die Qualen des Prozesses über sich ergehen zu lassen?

Außerdem, wenn es tatsächlich ein Komplott gegeben hat, dann ist auch das kleine Mädchen, das mich aus Fort Worth angerufen hat, darin verwickelt.[45]

In anderen Situationen hingegen bediente er sich keiner solchen Tarnung, so etwa, als er die folgende Aussage zum Oswald-Mord machte, die hier noch eine Wiederholung verdient:

Wer sonst hätte es so auf die Sekunde genau einrichten können. Wenn es aber zeitlich so genau abgestimmt werden konnte, dann muß es jemanden im Polizeipräsidium geben, der Auskunft darüber erteilt hat, wann Oswald nach unten gebracht werden würde.[46]

Besonders bemerkenswert ist der von Ruby während des Lügentests wiederholt geäußerte Wunsch, über die Unterwelt befragt zu werden. An einer Stelle erklärte Ruby: »Ich habe auch zahlreiche Telephongespräche, Ferngespräche, mit Teilnehmern im ganzen Land geführt.«[47] Anschließend bat er, man möge ihn über seine Kontakte zum organisierten Verbrechen befragen. Als der stellvertretende Bezirksstaatsanwalt daraufhin wissen wollte: »Hatten die Gewerkschaften oder irgendwelche Unterweltkreise mit Oswalds Erschießung irgend etwas zu tun?«, entgegnete Ruby: »Sehr gut.«[48] Später wiederholte Ruby dann: »Und was ist mit der Unterwelt? ... Es gab da eine ganze Menge Telephongespräche.«[49]

Im Fortlauf des Gespräches wurde Ruby dann gefragt, ob er noch über ein anderes Thema zu sprechen wünsche. Ruby erwiderte: »Ja – darüber, ob ich mit hiesigen Unterweltkreisen zu tun hatte oder in sonstige kriminelle Aktivitäten verwickelt war.«[50] Als man später von ihm wissen wollte, ob man weitere Fragen an ihn richten solle, antwortete Ruby: »Oh ja, Sir. Zum Beispiel, ob die Unterwelt meine Clubs finanziell unterstützt hat oder ob ich hier namens der Unterwelt gewisse Funktionen ausgeübt habe oder ähnliches.«[51] Er sagte dann weiter, manche Leute seien der Meinung gewesen,

> ich sei hier vielleicht als Strohmann der Unterwelt aktiv und daß sie früher oder später von mir verlangen würden, daß ich ihnen einen Gefallen erweise.[52]

Weitere Enthüllungen Rubys folgen an anderer Stelle.

Rubys letzte Aussage

Am 19. März 1965 erhielt Ruby noch einmal die Möglichkeit, seinen Fall kurz der Öffentlichkeit darzustellen. Das war, als er auf dem Weg vom Gefängnis von Dallas zum Gericht mit einigen Journalisten sprechen konnte. Seine Bemerkungen wurden noch am selben Abend von CBS-TV ausgestrahlt, wie man bei Sylvia Meagher nachlesen kann, der Verfasserin der einzig vollständigen Auflistung des von der Warren-Kommission zusammengetragenen Beweismaterials. Frau Meaghers Angaben zufolge bat Ruby darum, der Bundesgerichtsbarkeit unterstellt zu werden und machte dann eine Bemerkung, von der nur die Worte »ein ausgewachsenes Komplott ... und auch das Attentat ... wenn Sie die Tatsachen kennen würden, wären Sie einigermaßen erstaunt« zu verstehen waren.[53]

In einem anderen Fernsehinterview, das auch in der von der

BBC ausgestrahlten Sondersendung *The Kennedy Assassination: What Do We Know Now That We Didn't Then* zu hören war, erklärte Ruby:

> Alles, was mit den damaligen Geschehnissen wirklich zu tun hat, ist niemals an die Oberfläche gekommen. Die Welt wird die wahren Umstände jenes Geschehens niemals kennenlernen, nämlich meine Motive.[54]

Auf die Frage »Glauben Sie, daß es jemals herauskommen wird?« entgegnete Ruby:

> Nein, denn unglücklicherweise werden jene Leute, die bei alledem soviel zu gewinnen und die so geheime Motive dafür hatten, mich in meine gegenwärtige Situation zu bringen, dafür sorgen, daß die wirklichen Tatsachen der Welt auf immer verborgen bleiben.[55]

Rubys Chance, über die Hintergründe des Oswald-Mordes nähere Angaben zu machen, schien gekommen, als seinem hartnäckigen Bemühen, sich der Obhut der Polizei von Dallas zu entziehen, schließlich stattgegeben wurde. Am 7. Dezember 1966 gab ein texanisches Gericht seinem Berufungswunsch statt und beraumte für ihn ein neues Verfahren in Wichita Falls an. Aber bereits drei Tage später hieß es, Ruby leide an Lungenkrebs. Einen Monat später, am 3. Januar 1967, verstarb er.

So konnte Ruby vor seinem Tod nur mehr auf ein Komplott hinweisen, das für den Oswald-Mord verantwortlich gezeichnet hatte, und auf eine Verwicklung der Mafia hindeuten. Überdies wurde nun Rubys Werdegang immer besser durchleuchtet, wobei sich herausstellte, daß er tatsächlich mit »der Unterwelt verbunden« gewesen war und in Dallas »als Strohmann der Unterwelt« fungiert hatte. Aber erst eine Reihe von wahllos in den Beständen des Nationalarchivs aufbewahrten Dokumenten vermochten das Geheimnis seiner »zahlreichen Telephongespräche, Ferngespräche, mit Teilnehmern im ganzen Land« zu lösen und die Frage zu beantworten, ob er tatsächlich »für einen Zweck benutzt worden« war[56] und einen Auftrag durchgeführt hatte, um der Mafia »einen Gefallen« zu erweisen. Nur aus diesen Dokumenten ließ sich Jack Rubys Vermächtnis erschließen – der Wunsch nämlich, die Mörder Präsident Kennedys zu identifizieren.

Teil IV

Pilger und Piraten

Nachdem wir Rubys Verbindungen zur Mafia und die professionelle Planung des Oswald-Mordes durchleuchtet haben, wollen wir uns im folgenden mit der bereits von vielen Seiten angesprochenen Verwicklung der Mafia in das Kennedy-Attentat befassen. Dabei ist es jedoch sinnvoll, den Nachweis einer solchen Verwicklung in einen größeren Zusammenhang zu stellen. Waren noch andere Gruppierungen an dem Komplott beteiligt? Warum ist die Warren-Kommission gegenüber sämtlichen Hinweisen auf eine solche Verschwörung so völlig blind gewesen und weshalb so wenig sensibel für Rubys Versuche, frei und offen zu sprechen? Und vor allem: Hat die Ermordung Präsident Kennedys den von den Vereinigten Staaten eingeschlagenen politischen Kurs maßgeblich verändert?

Bevor wir uns mit der Aufdeckung der letzten Spuren befassen, die zu den Mördern Präsident Kennedys hinführen, möchte ich mich in diesem Teil des Buches mit den oben angesprochenen Fragen auseinandersetzen. Dabei werden wir uns einen Weg in schwierigem Gelände zu bahnen haben – angefangen von der Aufrüstung Kubas bis hin zum südostasiatischen Heroinhandel, vom Bobby-Baker- bis hin zum Watergate-Skandal. Am Ende werden wir gleichwohl zu einer Reihe gutbegründeter Schlußfolgerungen gelangen.

So werden wir etwa feststellen, daß die von Präsident Kennedy nach der Kubakrise verfolgte Politik – der Vertrag über ein Atomwaffentestverbot, die angekündigte Abrüstung, seine Bürgerrechtsinitiativen, der angeordnete Abzug von eintausend Soldaten aus Vietnam und die verstärkte Bekämpfung des organisierten Verbrechens – eine deutliche Abkehr von der bisherigen amerikanischen Politik darstellte. Alle diese Initiativen erweckten den Zorn jener »losen« Koalition aus Mafia, Rechtsextremisten und gewissen CIA-Kreisen, die sich Anfang der sechziger Jahre mit dem Ziel zusammengefunden hatten, um Fidel Castro zu vernichten. Als die US-Regierung 1963 gegen diese Anti-Castro-Aktivitäten scharf vorging, richteten sich der Haß und die Feindschaft dieser Koalition auch auf Präsident Kennedy selbst.

Wir werden im folgenden noch sehen, daß sowohl der Mafia nahestehende Personen als auch Angehörige der Rechtsextremisten und der CIA Schritte unternommen haben, um im Zusammenhang mit dem Kennedy-Attentat vorhandenes Beweismaterial zu unterdrücken. Diese Vertuschungsmanöver sowie die Abschirmung der eigentlichen Hintermänner haben den großen politischen Richtungswechsel in den Hintergrund gedrängt, der das Ergebnis des Mordes vom 22. November 1963 war. Tatsächlich werden wir in den letzten Kapiteln des Buches, die sich mit den Folgen dieses Attentats befassen, sehen, daß entgegen der verbreiteten Auffassung bereits unter Präsident Johnson die von John F. Kennedy eingeleitete Politik in erheblichem Umfang revidiert worden ist, während unter den Präsidentschaften Nixons und Reagans das Gespenst der Anti-Castro-Koalition abermals erwachte.

Der Charakter der politischen Grundvorstellungen, Allianzen und Antipathien, mit denen wir uns im folgenden auseinandersetzen wollen, läßt sich am ehesten verstehen, wenn wir zuvor ihre philosophischen Wurzeln in der amerikanischen Geschichte betrachten. Seit Kolumbus 1492 erstmals den Fuß auf amerikanischen Boden gesetzt hat, haben sich zwei Klassen von Menschen in den Vereinigten Staaten niedergelassen und den Charakter des Landes bestimmt: Pilger und Piraten. Die Pilger suchten in dem neuen Land ein menschenwürdiges Auskommen: Sie pflanzten, bauten und ernteten. Die Piraten hingegen suchten Beute: Sie erpreßten, verwüsteten und mordeten. Auch während der Westexpansion der amerikanischen

Nation behielt diese Dichotomie ihre Gültigkeit. Da waren zum einen die fleißigen Siedler, die das neue Land in Besitz und unter den Pflug nahmen, auf der anderen Seite die vom Goldrausch getriebenen Horden von Abenteurern, von denen jedoch nicht die schlauesten Goldsucher ihr Glück machten, sondern die besten Schützen. Unglücklicherweise konnten sich die Rücksichtslosen häufig gerade in jenen Bereichen durchsetzen, in denen die größten Gewinne zu machen waren, und schon bald kontrollierten sie vielfach die für das wirtschaftliche Gedeihen des Landes unerläßlichen Ölquellen, Wasserstellen und sonstigen natürlichen Ressourcen.

Im Amerika des zwanzigsten Jahrhunderts sind diese edelsten und niedrigsten Werte am Leben geblieben – oftmals jedoch sind sie eine geradezu verwirrende Verbindung eingegangen. Manch einer, der es in den Techniken des Tötens zu wahrer Meisterschaft gebracht hat und mit der materiellen Ausbeute des Mordens nur zu vertraut ist, hat diese perverse Fähigkeit gleichwohl dazu eingesetzt, die Macht der Vereinigten Staaten zu mehren. Andere wieder haben nichts dabei gefunden, die Praktiken der Ausbeutung, der Manipulation und des Betrugs mit den höchsten moralischen Bekundungen zu verschmelzen, mit wohltätigen Schenkungen und der Finanzierung privater TV-Kulturkanäle.

Eine Gruppe allerdings hat ihre Vorliebe für Erpressung und Gewalt uneingeschränkt und unbeschönigt beibehalten – die Mafia. Viele der Mitglieder dieser durch die Brutalität der diversen Eroberer – die sich in Sizilien jahrhundertelang gegenseitig abgelöst haben – geprägten Gruppe sind auf der Suche nach saftigeren Weidegründen um die Jahrhundertwende nach Amerika gekommen. Sie verdingten sich anfangs als Handlanger und Gehilfen des organisierten Verbrechens. Bis zum Ende des Zweiten Weltkrieges hatten sie sich als amerikanischer Zweig der Mafia fest etabliert und dominierten nun das organisierte Verbrechen. Seit den fünfziger Jahren ist es der Mafia gelungen, sich vom Status eines Dieners zum Herrn des kriminellen Amerika aufzuschwingen.

Die Mafia zertrümmerte nun nicht länger im Auftrag knallharter Gewerkschaftsbosse und Country-Club-Geschäftsführer die Schädel widerspenstiger Opfer – sie kontrollierte jetzt vielmehr selbst eine Reihe größerer Gewerkschaften ebenso wie die teuersten Country-Clubs. Sie befaßte sich nun nicht mehr mit Banküberfällen, sondern kaufte und verkaufte ganze Geldinstitute oder ließ sie ausbluten. Sie begnügte sich nicht mehr damit, lediglich Bürgermeister und Polizeibeamte zu bestechen – sondern kontrollierte das Abstimmungsverhalten von Kongreßabgeordneten und stand auf vertrautem Fuß mit Präsidenten. Ein Zeugnis dieses unaufhaltsamen Aufstiegs der Mafia in der Nachkriegszeit ist die zentrale Rolle, die sie in der finsteren Geschichte spielt, von der anschließend die Rede sein wird.

Andere mögen Kennedy gehaßt haben. Die Mafia indes verfügte über die Mittel, ihrem Haß Taten folgen zu lassen. Anders als bei Kennedys übrigen Feinden, etwa den rechtsextremen Minutemen oder den Exilkubanern, handelte es sich bei der Cosa Nostra nicht um eine kleine Bande von Fanatikern, sondern vielmehr um eine kühl planende und disziplinierte Verschwörung gewaltigen Ausmaßes.[1]

Robert Sam Anson, TV-Produzent und politischer Korrespondent

15. Die Anti-Castro-Koalition

Die Mafia unterhält zu allen möglichen politischen und gesellschaftlichen Gruppierungen nützliche Verbindungen, etwa zu Gewerkschaftsführern, Industriemagnaten, zu amerikanischen Kommunisten und italienischen Faschisten. Und als 1959 Castros revolutionäre Bewegung auf Kuba den Sieg davontrug, suchte sich die Mafia – wie bereits erwähnt – neue Bundesgenossen unter den Exilkubanern, in rechtsextremistischen und in gewissen CIA-Kreisen. Sie alle kooperierten anfangs in dem Bemühen, den neuen kubanischen Ministerpräsidenten zu vernichten, richteten ihren gesamten Zorn dann allerdings auf jenen Mann, der ihnen bei der Erreichung dieses sowie einer Reihe anderer Ziele im Wege stand: Präsident John F. Kennedy. Die zwischen dem Präsidenten und dieser Anti-Castro-Allianz vorherrschende Antipathie deckte sich nicht unbedingt mit den konventionellen Konturen der politischen Ideologien. Aber die Schmährhetorik und die mörderischen Methoden, die in diesem Kampf Anwendung fanden, sollten sehr bald zeigen, daß es sich in erster Linie um eine Auseinandersetzung zwischen den Gruppen der Pilger und der Piraten handelte.

Die von der Eisenhower-Administration unter Leitung des White-House-Feuerwehrmanns Richard Nixon geplante Invasion in der Schweinebucht, die auch von dem neugewählten Präsidenten Kennedy gutgeheißen wurde, wurde vom CIA als eine für die Sicherheit der USA lebenswichtige Operation angepriesen. Aber bereits während der ersten Stunden dieser – im April 1961 in Szene gesetzten und mißlungenen – Invasion Kubas zeigte sich, daß das Unternehmen nur durch einen Militäreinsatz Amerikas noch hätte zum Erfolg geführt werden können, insbesondere durch die den Exilkubanern vom CIA zugesagte Luftunterstützung. Präsident Kennedy lehnte eine solche Eskalation jedoch ab. Die Reaktion der CIA und der Exilkubaner war bitter, was auch die scharfe Kritik zeigt, die in den Memoiren des CIA-Anti-Castro-Aktivisten E. Howard Hunt an Präsident Kennedys Verhalten zum Ausdruck kommt. Der Präsident, der mit dem CIA im Zusammenhang mit der Invasion unzufrieden war, setzte zunächst einmal die gesamte Führung des Geheimdienstes ab. Gegenüber Mitarbeitern äußerte er, er wolle »die CIA in tausend Stücke zerschlagen und diese in alle Winde zerstreuen«.[2] Das zwischen Präsident Kennedy und der CIA bestehende tiefe Zerwürfnis wurde kurz vor seinem Tod besonders deutlich und vielleicht noch verschärft, als er nämlich eine Arbeitsgruppe einsetzte, der er den Auftrag gab, die Aktivitäten der amerikanischen Geheimdienste zu durchleuchten.

Als im Oktober 1962 auf Kuba sowjetische Raketen entdeckt wurden, löste dies eine schwere Krise aus. Präsident Kennedy vermochte einen Atomkrieg abzuwenden, indem er den Russen zusagte, Amerika werde nach einem Abzug der russischen Raketen auf eine militärische Invasion Kubas verzichten. Der Präsident wies den CIA in der Folge an, den Exilkubanern jegliche Unterstützung zu entziehen. Als ungeachtet dieses Befehls weitere vom CIA unterstützte Stoßtruppunternehmen gegen Kuba stattfanden, erteilte Kennedy den Anti-Castro-

Aktivisten 1963 eine weitere strenge Warnung. Die Minutemen, eine Gruppe von Rechtsextremisten, nahmen diesem Verbot allerdings einen Teil seiner Wirkung, indem sie die Exilkubaner mit Waffen und sonstigen Hilfsgütern unterstützten. Im November 1963 schließlich distanzierte sich die US-Regierung noch eindeutiger von sämtlichen gewaltsamen Anti-Castro-Unternehmungen; Präsident Kennedy stimmte nun der Aufnahme vorbereitender Gespräche zu, die einer politischen Lösung des amerikanisch-kubanischen Konfliktes den Boden bereiten sollten.

Da Präsident Kennedy sich auch in seinen sonstigen politischen Initiativen von humanitären Erwägungen leiten ließ, galt er in den Augen all jener, die von der Rassentrennung und der internationalen Polarisierung profitierten, als Radikaler und Verräter. Seine Regierung setzte sich an die Spitze der Bürgerrechtsbewegung und entsandte Bundestruppen nach Alabama, um dort die gerichtlich verfügte Rassenintegration notfalls mit dem notwendigen Druck durchzusetzen. Nachdem Reverend Martin Luther King im August 1963 vor dem Lincoln Memorial vor 250 000 Amerikanern seine berühmte »Ich-habe-einen-Traum«-Rede gehalten hatte, wurde er anschließend von Präsident Kennedy aufs wärmste im Weißen Haus empfangen.

Am 10. Juni 1963 zerstörte Präsident Kennedy in einer »die wichtigste Frage hier auf Erden – nämlich den Frieden«[3] betreffenden Rede vor der American University sämtliche Hoffnungen auf ein aggressives militärisches Vorgehen gegen den kommunistischen Block. Nikita Chruschtschow reagierte auf diese Entwicklung am 2. Juli mit einer abrupten Abkehr von seiner bis dahin vertretenen harten Linie. Die beiden Politiker handelten nun rasch einen Vertrag über einen Atombombenteststop aus, der am 5. August unterzeichnet wurde. Auf einem Empfang, der nach der Unterzeichnung stattfand, spielte eine sowjetische Kapelle Gershwins »Love Walked In«. Einige Monate später wurde zwischen den beiden Supermächten ein Abkommen über die Lieferung von Weizen abgeschlossen.

Am 18. November 1963 erklärte Verteidigungsminister Robert McNamara – nach Auskunft von *Business Week* – vor dem New Yorker Wirtschaftsclub, daß »eine substantielle Kürzung der Rüstungsausgaben vorbereitet« werde,[4] ähnlich der von Chruschtschow im Juli angekündigten Kürzung der Rüstungsausgaben. McNamara ließ keinen Zweifel daran, daß »eine fundamentale strategische Verschiebung« das Ziel sei und nicht nur »eine vorübergehende Einsparung«.[5] Eine derartige Kürzung fand bei der in Texas stark vertretenen Rüstungsindustrie nur einen äußerst schwachen Widerhall.* Und in einer Rede hatte Präsident Kennedy im Januar 1963 die Ölindustrie durch die Forderung brüskiert, die Förderquoten für Öl sollten drastisch reduziert werden.

Im Frühjahr 1963 sprach Präsident Kennedy gegenüber seinem Berater Kenneth O'Donnell von seiner Entschlossenheit, die amerikanischen Truppen nach den Novemberwahlen aus Vietnam abzuziehen. Er fügte hinzu: »Man wird dann wahrscheinlich behaupten, ich hätte vor den Kommunisten klein beigegeben. Aber das ist mir egal.«[6] Am 2. Oktober 1963 erklärten Verteidigungsminister Robert McNamara und General Maxwell Taylor, daß es ihr Ziel sei, das militärische Engagement der USA in Vietnam bis 1965 »großenteils« abzubauen. Sie kündigten darüber hinaus an, daß eintausend US-Soldaten bis Ende 1963 von dort zurückgezogen würden. Am 31. Oktober bestätigte Präsident Kennedy bei einer Pressekonferenz, daß seine Regierung am Rückzug dieser eintausend Soldaten

---

* Auch die Mafia profitierte von Pentagon-Dollars. So erhielt beispielsweise die in Pennsylvania ansässige Medico Industries einen Auftrag zur Herstellung von 600 000 – für den Einsatz in Vietnam bestimmten – Gefechtsköpfen im Wert von 3,9 Millionen Dollar. William Medico, der Generalbevollmächtigte des Unternehmens, stand auf vertrautem Fuß mit Russell Bufalino, dem Mafiaboß von Nordost-Pennsylvania, der häufig im Verwaltungsgebäude der Medico gesichtet wurde. Phillip Medico, der Präsident der Gesellschaft, wurde in einem vom FBI mitgeschnittenen Gespräch als »capo« (Chef) in Bufalinos Mafia-Clan bezeichnet. Und ein dritter Medico-Repräsentant wurde 1957 auf der Mafia-Zusammenkunft in Apalachin, New York, festgenommen.

festhalte. Die ersten 220 von ihnen wurden entsprechend Kennedys zuvor erteiltem Befehl am 3. Dezember 1963 aus Vietnam abgezogen.

Da die Piraten durch diese Politik ihre Pläne gefährdet sahen, äußerten einige Rechtsextremisten ganz offen ihren Haß auf Präsident Kennedy. Im April 1963 erhielten in Miami lebende Kubaner ein Flugblatt zugesandt, auf dem zu lesen stand:

Es gibt nur eine Entwicklung, die es euch Kubanern gestatten würde, jemals wieder als freie Menschen in eurem Heimatland zu leben [...] [Und diese Entwicklung wird nur dann eintreten], wenn ein inspirierter Akt Gottes innerhalb der nächsten Wochen einen Texaner ins Weiße Haus bringt, dessen Freundschaft für alle Lateinamerikaner wohlbekannt ist [...], wenngleich er sich unter den gegenwärtigen Bedingungen vor den Zionisten verneigen muß, welche die Vereinigten Staaten seit 1905 beherrschen und für die Jack Kennedy und Nelson Rockefeller und andere Mitglieder des Rates für auswärtige Beziehungen und ähnlicher Einrichtungen nichts weiter sind als Schachfiguren und Helfershelfer. Obgleich Johnson derzeit noch das Haupt neigen muß vor diesen geschickten und schlauen jüdischen Kommunistenfreunden, so würde er gleichwohl, sofern er durch einen göttlichen Akt unversehens an die Spitze gebracht würde, zu den Anschauungen und Praktiken seines geliebten Vaters und Großvaters zurückkehren und zu ihren Werten, Prinzipien und Loyalitäten.[7]

Das Flugblatt war mit dem 18. April 1963 datiert und von »einem Texaner« unterschrieben, »der über den orientalischen Einfluß verärgert ist, von dem sein eigenes Volk kontrolliert, degradiert, verunreinigt und versklavt wird«.[8]

Der Ölmagnat und Propagandist des Rechtsextremismus H. L. Hunt aus Dallas wünschte Präsident Kennedy angeblich ein ähnliches Schicksal. Nach Auskunft des deutschen Journalisten Joachim Joesten erklärte er auf einer Party, die kurz vor dem Dallas-Besuch des Präsidenten stattfand, vor etlichen Zeugen, daß es »nur eine Möglichkeit gibt, diese Verräter aus der Regierung zu bringen, nämlich sie zu erschießen«.[9] Edwin Walker, ein nur zu gut bekannter Repräsentant der John Birch Society aus Dallas, bekundete ähnliche Gefühle. Während der Tage vor dem Besuch Präsident Kennedys hißte er einem Bericht des UPI-Korrespondenten zufolge vor seinem Haus eine auf den Kopf gestellte US-Flagge. Während der von Präsident Johnson angeordneten Trauerbeflaggung hingegen setzte er die Fahne auf Vollmast.

Einige Tage vor dem Attentat erschienen auf den Straßen in Dallas plötzlich Handzettel mit Präsident Kennedys Photo und der Überschrift »Wegen Verrates gesucht«. Gedruckt hatte sie ein gewisser Robert A. Surrey, ein enger Freund Edwin Walkers. Am Tag des Präsidentenbesuches erschien in einer Lokalzeitung eine ganzseitige, schwarz umrandete Anzeige, in der Kennedys Politik heftig kritisiert wurde. Zu den Auftraggebern der Anzeige gehörten Nelson Bunker Hunt, der Sohn H. L. Hunts, sowie etliche Mitglieder der John Birch Society.

Castros Feinde formieren sich

So zog sich Präsident Kennedy wegen der Mäßigung, mit der er Castro begegnete, aber auch infolge seiner Friedens- und Bürgerrechtsinitiativen sowie der von ihm vorgeschlagenen Reduzierung der Ölförderungsquoten die Feindschaft zahlreicher Exilkubaner und Rechtsextremisten und gewisser CIA-Kreise zu. Zugleich schürte er durch den von seiner Regierung gegen das organisierte Verbrechen geführten Kampf den Zorn der Mafia. Aber der Anlaß, der die Mafia mit den vorgenannten Gruppen zusammenbrachte, war die von Castro befohlene Ausschaltung eines umsatzstarken Geschäftszweiges auf Kuba: nämlich des von der Mafia kontrollierten Glücksspiels.

Über die von der Mafia in Kuba entfalteten Aktivitäten machte die kubanische Regierung dem US-Kongreß 1978 in einem Bericht Mitteilung. »Die Mafia hat sich während der zwanziger Jahre in Kuba etabliert und sich dabei die Bestechlichkeit der diversen Regierungen jener Periode zunutze gemacht.«[10] Während der vierziger Jahre hat sie dann die Gewerkschaften infiltriert und zugleich ihr Geld »in Grundstücksfirmen, Luxushotels, Casinos und sonstige touristische Einrichtungen investiert«.[11] Die Casinos wurden von »der Mafia nahestehenden kubanischen oder ausländischen Figuren« geführt und »unterstanden der Leitung mafialoyaler Chefs«. Der Boß des Syndikats in Florida, Santos Trafficante, »vertrat die gesamte Mafiaführung«.[12] Die Mafia »kontrollierte gleichermaßen den Drogen- und Juwelenhandel, den Geldumtausch, den Mädchenhandel und die Vorführung pornographischer Filme«.[13] Und so hatte sich Havanna bis Mitte der fünfziger Jahre in ein riesiges Mafia-Zentrum des Glücksspiels und Drogenhandels sowie der Prostitution verwandelt, in dem das organisierte Verbrechen genauso viele Milliarden Dollar umsetzte wie heute in Las Vegas und Atlantic City zusammen.

Wie sein Freund Santos Trafficante und etliche andere Mafiosi sicherte sich auch Carlos Marcello durch die Beteiligung an einem der dortigen Casinos ein Stück von dem kubanischen Kuchen. Marcello war überdies sehr stark im kubanischen Drogenhandel engagiert und soll außerdem mit Exilkubanern zusammengearbeitet und mit Waffen gehandelt haben. Das dritte Mitglied des Anti-Kennedy-Triumvirats der Mafia, Jimmy Hoffa, war ebenfalls auf dem kubanischen Schauplatz aktiv, indem er eine Waffenschmuggeloperation von Südflorida nach Kuba finanziell unterstützte.

Als Castro Mitte der fünfziger Jahre an Einfluß gewann, hielt sich die Mafia an die gleiche Strategie, mit der sie auch an der Heimatfront politischen Herausforderungen begegnete. Gewisse mafiazugehörige Casinobesitzer, etwa Norman Rothman, unterstützten Castro mit Waffen und Geld, während der Großteil der Mafia-Gelder noch immer an Batista ging. Eine Gruppe von Mafiosi gründete sogar eine Gesellschaft namens Akros Dynamics, die eine ganze Flotte von C-74-Flugzeugen an die neue Castro-Regierung verkaufte. Hoffa versuchte sogar – allerdings erfolglos –, für dieses Unternehmen 300 000 Dollar aus dem Pensionsfonds der Transportarbeitergewerkschaft lockerzumachen.

Als Castro 1959 schließlich an die Macht gelangte, flohen deshalb lediglich prominente Batista-Verbündete wie Meyer Lansky; die Mafia insgesamt fühlte sich noch nicht bedroht. Tatsächlich konnte sogar eine Vereinbarung ausgehandelt werden, die es der Mafia gestattete, ihre Glücksspielaktivitäten von März 1959 bis September 1961 fortzuführen. Die Aufsicht über diese Aktivitäten oblag dem von Castro ernannten »Minister für Glücksspiele«, einem Casinobesitzer, der Castro mit Waffen ausgerüstet hatte. Es handelte sich dabei um Frank Fiorini, alias Frank Sturgis, der im Zusammenhang mit der Watergate-Affäre noch zu Ruhm gelangen sollte. Gemeinsam mit Norman »Roughhouse« Rothman fungierte Sturgis später in der Phase der gegen Castro gerichteten Zusammenarbeit der beiden Organisationen als Verbindungsmann zwischen der CIA und der Mafia.

Aber Castro nahm auf die amerikanischen Ganoven wenig Rücksicht, und im September 1961 hatte er schließlich sämtliche der Mafia angehörenden Casinobesitzer aus Kuba verjagt. Castro erklärte laut Sturgis in diesem Zusammenhang: »Ich werde all diese faschistischen Mafiosi aus Kuba vertreiben ... Kuba den Kubanern.«[14] Nach Jack Andersons Auffassung hat diese Vertreibung die Mafia »ebensohart getroffen wie der Zusammenbruch der Aktienmärkte 1929 die Wall Street«.[15] Während das *Fortune*-Magazin die höchsten Verluste einer einzelnen US-Firma durch Enteignung mit 272 Millionen Dollar bezifferte, schätzte die *New York Times* die alljährlich von der Mafia auf Kuba erzielten Glücksspielgewinne auf 350 bis 700 Millionen Dollar.* Es verwundert daher nicht, daß Castros

---

* Auf den enormen Umfang der von der Mafia auf Kuba erzielten Glücksspielgewinne hat auch John Scarne, ein amerikanischer Glücksspielexperte, hingewiesen, der in einem Casino in Havanna fünf Stunden lang einen Würfeltisch

Abneigung gegen die Mafia von der Gegenseite mit gleicher Vehemenz erwidert wurde.

Die CIA und die Mafia

Der beiden gemeinsame Wunsch, das Castro-Regime zu stürzen, führte schließlich zur Zusammenarbeit von Mafia und CIA. Aber ein derart unheimliches Zusammenwirken der beiden Gruppen war beileibe nicht beispiellos. Während des Zweiten Weltkriegs gelangte William Donovan, der Chef des US-Geheimdienstes (OSS), zu der Auffassung, daß »ein Corps geübter Safeknacker, Einbrecher und Mörder« den Kriegsanstrengungen der USA nützen könne.[16] Donovan sicherte sich die Mitarbeit der besten Mafiosi – so auch von Mafiaboß Charles »Lucky« Luciano, der wiederum seinen Einfluß geltend machte, um die mehr oder weniger von der Mafia kontrollierten amerikanischen Hafenanlagen vor Sabotageakten der Axenmächte zu schützen. Als Gegenleistung wurde Luciano die Umwandlung einer langjährigen Gefängnisstrafe zugesagt; im Februar 1946 wurde er dann nach Italien deportiert. Dort war er dabei behilflich, den internationalen Drogenhandel der Mafia zu reaktivieren. Später zog er nach Havanna, um an diesem für die Versorgung des amerikanischen Drogenmarktes zentralen Platz die entsprechenden Operationen zu überwachen. Zwischen 1946 und 1952 verdreifachte sich in den Vereinigten Staaten die Zahl der Heroinabhängigen.

Zwar sind die Details von Lucianos Kriegsengagement bis heute Verschlußsache, doch die besser bekannten Aktivitäten seines Co-Bosses Vito Genovese vermögen durchaus ein typisches Bild von dem von der Mafia geleisteten Beitrag zur amerikanischen Kriegsführung zu vermitteln. Genovese war 1937

beobachtet hatte. Er kam auf den geradezu phantastischen Betrag von drei Millionen Dollar, die an diesem einen Abend in diesem einen Casino an diesem einen Würfeltisch den Besitzer wechselten.

von New York nach Italien geflohen, nachdem die Polizei in Brooklyn zwei Personen gefunden hatte, die bezeugen konnten, daß er einen Mit-Mafioso ermordet hatte. Genovese verpflichtete sich das Mussolini-Regime, indem er aus seinen noch immer reichlich aus illegalen Unternehmungen in den USA fließenden Einkünften 250 000 Dollar abzweigte und für den Bau des Hauptquartiers der Faschistischen Partei bereitstellte. Genovese stellte die Freundschaft, die er für die Mussolini-Regierung hegte, überdies unter Beweis, als er 1943 Carlos Tresca, den Herausgeber der in New York erscheinenden antifaschistischen Zeitung *The Hammer*, ermorden ließ.

Als die Alliierten Italien besetzten, gelang es Genovese, vom US-Hauptquartier zum Übersetzer-Verbindungsoffizier ernannt zu werden. Von seiner Luxuswohnung in Neapel aus konnte Genovese mit seinem von der Regierung ausgestellten Paß in seiner von einem Chauffeur gesteuerten Limousine durch Italien reisen und mit gestohlenen amerikanischen Armeewaren handeln; er war nun der wichtigste Mann auf dem italienischen Schwarzmarkt. Außerdem versorgte er etliche hohe alliierte Führungsoffiziere mit Prostituierten. In einer seiner gerissensten Unternehmungen benutzte Genovese Lastwagen der US-Armee, die später ausgebrannt aufgefunden wurden, um aus dem amerikanischen Versorgungslager in Nola große Mengen Mehl und Zucker zu stehlen.

Genoveses Aktivitäten wurden schließlich von O. C. Dickey vom Kriminaldienst der US-Armee aufgedeckt, der sich bemühte, Genovese in die Vereinigten Staaten zurückzuschaffen, damit dieser wegen des Brooklyner Mordes zur Rechenschaft gezogen werden könne. Aufgrund seiner Verbindungen gelang es Genovese, so lange in Italien zu bleiben, bis Peter La Tempa, einer der beiden Zeugen in der Brooklyner Mordsache, ermordet wurde. La Tempa hatte am 15. Januar 1945 in seiner Hochsicherheitszelle in einem Brooklyner Gefängnis eine Gallenkolik erlitten und um ein Schmerzmittel gebeten. Einige Stunden später war er tot. Eine Autopsie ergab, daß sich in seinem Körper genügend Gift befand, »um acht Pferde umzubringen«.[17]

Die Gefälligkeiten, die man Luciano und Genovese erwies, waren beispielhaft für das noch weit intensivere Werben des Pentagon um die sizilianische Mafia. Da die amerikanischen Militärs eine Zunahme des kommunistischen Einflusses im Nachkriegsitalien befürchteten, stellten sie die Unterstützung des antifaschistischen Untergrunds weitgehend ein und richteten ihr Augenmerk statt dessen auf diese Unterweltorganisation. Die Mafia nahm dieses Kooperationsangebot nur zu bereitwillig an, war sie doch unter Mussolini beinahe der Vernichtung anheimgefallen. Nachdem offenbar durch Abgesandte des amerikanischen Mafia-Zweiges Angebote zur Zusammenarbeit mit den Militärbehörden unterbreitet worden waren, bereitete die sizilianische Mafia den Alliierten einen enthusiastischen Empfang, säuberte die Straßen von Heckenschützen und stellte den Truppen General George Pattons auf deren Weg nach Palermo im Juli 1943 sogar ortskundige Führer zur Verfügung. Das alliierte Oberkommando ernannte daraufhin in etlichen westsizilianischen Städten und Ortschaften zahlreiche Mafiosi – so auch den Boß Don Cologero Vizzini – zu Bürgermeistern. Diese Ernennungen führten nach Auskunft des britischen Generalmajors Lord Rennell, der damals die Alliierte Militärregierung in den besetzten Gebieten leitete, »zu einem Wiederaufbrechen der Mafia-Aktivitäten«, einschließlich der altbekannten Mordpraktiken.[18] Und dank dieser wohlwollenden Haltung der Alliierten konnte die Mafia in Italien schon bald wieder ihre angestammte Machtposition einnehmen.

Durch den National Security Act von 1947 wurden die amerikanischen Geheimdienste in der CIA zusammengefaßt und schlossen nun ähnliche Bündnisse mit den korsischen Syndikaten in Frankreich, die eng mit der sizilianischen Mafia zusammenarbeiteten. Im ersten Jahr seiner Existenz erteilte die CIA den Korsen den Auftrag, einen von den Kommunisten gelenkten Hafenarbeiterstreik in Marseille aufzulösen. Nachdem eine Reihe von Streikenden ermordet worden waren, konnte der Arbeitskampf niedergeschlagen werden. Die CIA machte 1950 – mit einem ähnlichen Resultat – abermals gemeinsame Sache mit den Korsen, als sich die Hafenarbeiter von Marseille weigerten, für Indochina bestimmtes Kriegsmaterial zu verladen.

Als es jedoch Anfang der sechziger Jahre in Kuba zu einer Zusammenarbeit von CIA und Mafia kam, wuchs sich eine ohnehin schon fragwürdige Beziehung zu einer geradezu monströsen Allianz aus. So berichtete beispielsweise Seymour Hersh, der 1974 Gelegenheit gehabt hatte, mit einem Geheimagenten der CIA zu sprechen, »der über die CIA sehr gut informiert schien«, in der *New York Times*, daß »man es der Mafia überließ, von der CIA ausgewählte Ziele anzugreifen«.[19] Das ganze Ausmaß dieser Kooperation trat zutage, als die Nixon-Administration – ganz offensichtlich um »Geheimdienstquellen und -methoden« zu schützen – in wenigstens zwanzig Verfahren gegen Figuren des organisierten Verbrechens zugunsten der Angeklagten eingriff. Ein weiteres Beispiel dieser aus allen Fugen geratenen CIA-Mafia-Kooperation war eine gemeinsame Falschgeldaktion der beiden Organisationen in Südostasien, über die ein Mitarbeiter des Ständigen Geheimdienstausschusses des Senats im Juli 1975 berichtete.

Anti-Castro-Sturmtrupps und
Attentatsversuche

Auf dem kubanischen Schauplatz – wo Castro ein riesiges Glücksspielimperium enteignet und so die heftigsten Kalte-Krieg-Gefühle geschürt hatte – führten die Mafia, die CIA und rechtsextremistische Elemente derweil immer neue Operationen gegen den dortigen Führer durch. Die Mafia unterstützte diese Maßnahmen aufs vielfältigste, sie lieferte den Exilkubanern Waffen, Munition und Flugzeuge und führte überdies auf eigene Faust paramilitärische Operationen durch. Dieses Engagement wurde am 31. Juli 1963 publik, als das FBI ein – von der Mafia angelegtes – geheimes Dynamitlager in Mandeville,

Louisiana, aushob, von dem aus die Exilkubaner beliefert wurden. Einige Monate später erfuhr die Kennedy-Regierung, daß sechs Amerikaner, darunter der CIA-Geheimagent Frank Sturgis und dessen Freund Alexander Rourke, verschiedentlich Stoßtruppunternehmen gegen Kuba geführt hatten. Nach Auskunft von Rourkes Anwalt Hans Tanner wurde die hinter Sturgis stehende castrofeindliche Gruppe offensichtlich »von enteigneten Hotel- und Spielhöllenbesitzern finanziert, die unter Batista aktiv gewesen waren«.[20] Die Mafia leitete angeblich Dr. Paulino Sierra Martinez, einem prominenten exilkubanischen Anführer, ebenfalls aus Spielgewinnen Millionenbeträge zu.

Das berüchtigtste Gemeinschaftsunternehmen von CIA und Mafia war eine Reihe von Attentatsversuchen gegen Präsident Fidel Castro. Im Dezember 1959 segnete der damalige CIA-Direktor Allen Dulles, der später auch Mitglied der Warren-Kommission war, einen Vorschlag ab, demzufolge »die Beseitigung Fidel Castros ernsthaft zu prüfen« sei.[21] Im August 1960 machten sich die beiden CIA-Funktionäre Richard Bissel und Sheffield Edwards daran, in der Unterwelt Gangster zu rekrutieren, die den Mord ausführen sollten. Wie es in einem Bericht des Expertenstabs des House Assassinations Committee heißt, hatte die Mafia allerdings inzwischen selbst »eine Reihe unabhängiger Mordkomplotte gegen Castro geschmiedet«,[22] von denen in den folgenden Jahren immer wieder die Rede sein sollte. Es ist daher wahrscheinlich, daß die CIA sich nun plötzlich vor die Notwendigkeit gestellt sah, »zusätzliche Hilfsmittel für ein – vom Syndikat bereits ins Leben gerufenes – völlig unabhängiges Unternehmen bereitzustellen«.[23]

Diese Zusammenarbeit von CIA und Mafia mit dem Ziel der Beseitigung Fidel Castros war in ihrer Anfangsphase, also zwischen August 1960 und April 1961, am intensivsten. Auf dieses Stadium folgten Ende 1961 und 1963 weitere Mordkomplotte gegen Castro, von denen eines unter dem Code-Namen AM-LASH zum Zeitpunkt des Kennedy-Attentates gerade vorbereitet wurde. Obwohl einige dieser Operationen über das Planungsstadium nie hinauskamen, kam es in zwei Fällen tatsächlich dazu, daß gedungene Mörder mit Waffen ausgestattet wurden. Wie der Geheimdienstausschuß des Senats feststellte, rangierten die für den Mord ins Auge gefaßten Mittel von »hochwirksamen Schußwaffen über Giftpillen, vergiftetes Schreibgerät, tödliches Bakterienpulver und sonstige Vorrichtungen, welche das Vorstellungsvermögen beinahe überfordern«.[24]

Der Mann, der mit der Mafia über eine Zusammenarbeit mit der CIA verhandelte, war Robert Maheu, der damals als Ermittler für den Washingtoner Anwalt Edward Bennett Williams arbeitete. Maheu hatte zugunsten einiger von Williams vertretener Funktionäre der Transportarbeitergewerkschaft, darunter auch Jimmy Hoffa, verschiedentlich äußerst bedenkliche Ermittlungsmethoden angewandt. Die bedeutendsten an der CIA-Mafia-Kooperation beteiligten Unterweltgrößen waren der Westküstenmafioso Johnny Roselli, sodann Sam Giancana, der Boß von Chicago, und Santos Trafficante, der Chef des Mafiabezirks Florida.

Mögliche Verbindungen zum Kennedy-Attentat

Ein Mitglied dieses kubanischen Mordkomplotts, nämlich Johnny Roselli, hat angeblich später – wie noch zu erläutern sein wird – mit Jack Ruby in Kontakt gestanden, was auf eine Verbindung zwischen den gegen Präsident Kennedy und den gegen Castro gerichteten Mordanschlägen hindeuten könnte. Und so hat Roselli auch tatsächlich behauptet, daß Castro, um sich wegen der von amerikanischer Seite gegen ihn geplanten Mordkomplotte zu rächen, Präsident Kennedys Ermordung arrangiert habe. Roselli versicherte, Castro habe in Havanna Mafiosi entdeckt, die ihm nach dem Leben getrachtet hätten, und sie zu einem Seitenwechsel überreden können. Diese Gangster hätten dann Oswald beauftragt, den Präsidenten zu töten. Aber diese für die Unterwelt so angenehme Vergeltungstheorie, die den Hauptverdacht von der Mafia ablenkt, ist sowohl vom House Assassinations Committee als auch von etlichen privaten Kommentatoren aufgrund der verschiedensten Erwägungen abgelehnt worden.

Erstens: Vorausgesetzt, Castro wäre über die gegen ihn gerichteten Mordkomplotte unterrichtet gewesen, so ist es nach wie vor fraglich, ob er sie Präsident Kennedy angelastet hätte, denn alle Anzeichen sprechen dafür, daß die Komplotte bereits vor Präsident Kennedys Amtsantritt ausgeheckt und ohne Rückendeckung durch einen der Kennedy-Brüder durchgeführt wurden. Zweitens ist die Behauptung, daß Oswald etwas mit Castro zu tun gehabt habe, ziemlich weit hergeholt. Obwohl in einigen vom FBI entdeckten Briefen die Rede von einer solchen Verbindung war, ergaben die nachfolgenden Untersuchungen, daß es sich um Fälschungen handelte. Und tatsächlich erscheinen die in Kapitel vier bereits angesprochenen Pro-Castro-Sympathien Oswalds vor dem Hintergrund seiner zahlreichen Anti-Castro-Verbindungen mehr als fragwürdig.

Schließlich: Ende 1963 hatte Castro allen Anlaß, einer fortgesetzten Präsidentschaft Kennedys hoffnungsvoll entgegenzusehen; er bekundete zu diesem Zeitpunkt alles andere als Mordabsichten. Der kubanische Präsident erschien im übrigen über die Nachricht von Kennedys Ermordung echt betroffen und gab später sogar seiner Bewunderung und Achtung für seinen Gegenspieler Ausdruck – wie übrigens auch Chruschtschow. Castro nannte ihn einen »kühnen Mann« mit »Initiative, Phantasie und Mut«. Zudem waren zwischen amerikanischen und kubanischen Delegationen kurz vor Kennedys Ermordung vorbereitende Gespräche mit dem Ziel einer beiderseitigen Verständigung vereinbart worden. Ironischerweise befand sich Kennedys Emissär just zu dem Zeitpunkt bei Castro, als der Präsident ermordet wurde. So hatte Castro, wie es in dem Bericht einer Expertengruppe des House Assassinations Committee heißt, in Anbetracht der in Aussicht stehenden Wiederaufnahme der diplomatischen Beziehungen und in dem Bewußtsein, daß Kennedy gegenüber Kuba eine positivere Einstellung hegte als andere militärische oder politische Führer, jeden Anlaß, darauf zu hoffen, daß Kennedy möglichst lange Präsident bleiben werde.[25]

Auch Castro selbst konstatierte, daß er durch die Ermordung Präsident Kennedys nichts zu gewinnen gehabt habe, und stellte dann die Mutmaßung an, »ob nicht jemand den Wunsch gehabt habe, Kuba in diese Sache hineinzuziehen«.[26]

Eine wesentlich plausibler erscheinende Verbindung zwischen den Geschehnissen in Kuba und dem Kennedy-Attentat ist von zahlreichen Experten konstatiert worden. 1963 ächzte die Mafia zunehmend unter der von der Kennedy-Regierung gegen das organisierte Verbrechen geführten Kampagne, und unter dem Eindruck der vom Fernsehen übertragenen Valachi-Anhörung stand aus der Sicht der Mafia zu befürchten, daß noch weit härtere Maßnahmen ergriffen werden könnten. Auch die Bestrebungen der castrofeindlichen Bundesgenossen wurden durch Präsident Kennedys auf Entspannung ausgerichtete Politik, seinen Bürgerrechtsinitiativen und durch den angeordneten Truppenrückzug aus Vietnam durchkreuzt. So sind manche Beobachter zu der folgenden Vermutung gelangt: Als sich die Gruppe durch die unerbittliche Ablehnung der Kennedy-Regierung in ihren Bestrebungen, Castro zu ermorden, behindert sah, habe sich ihr ganzer Zorn gegen das nächstliegende Hindernis – nämlich Präsident Kennedy selbst – gewendet.

Unterstützt wird die Annahme einer im Zusammenhang mit dem Kennedy-Attentat zwischen der Anti-Castro-Bewegung und dem organisierten Verbrechen bestehenden Verbindung auch durch den vom Secret Service aufgezeichneten Bericht eines Informanten namens Homer Echevarria, eines Exilkubaners. Danach verkündete Echevarria anläßlich eines Treffens am 21. November, er sei bereit, weitere illegale Waffenverkäufe zu tätigen, »sobald wir mit Kennedy fertig sind«.[27] In dem Bericht heißt es weiter, daß Echevarria ein enger Vertrauter des militanten Anti-Castro-Aktivisten Juan Francisco Blanco-Fernandez gewesen sei und daß er das für seine Waffenkäufe notwendige Geld durch Vermittlung von Paulino Sierra Martinez' »Gangsterkreisen« beschaffe.

Nach Auskunft des Vorsitzenden des House Assassinations Committee ergab eine nachfolgende Untersuchung, »daß Echevarria einer der zahlreichen Exilkubaner war, die Kennedy nicht minder haßten als Castro«.[28] Das Komitee fand auch etliche Belege dafür, daß das von Sierra Martinez in den Kampf gegen Castro investierte Geld aus Unterweltkreisen stammte. Es sei noch einmal daran erinnert, daß Kennedy auch den Haß des Anti-Castro-Aktivisten David Ferrie auf sich gezogen hatte, der sowohl mit Carlos Marcello als auch mit Lee Harvey Oswald eng liiert war. Gegenüber dem FBI gab Ferrie zu, er habe Präsident Kennedy nach der Invasion in der Schweinebucht heftig kritisiert und möglicherweise so nebenbei gesagt: »Man sollte ihn erschießen.«[29]

Obwohl sich also die Mafia durch Präsident Kennedys Politik am meisten bedroht fühlte, hatten auch die anderen Gruppen, mit denen das Syndikat in seinem Kampf gegen Castro zusammenarbeitete, mehr als ein Motiv, um Kennedy aus dem Weg zu räumen. Weitere Einsichten in die Entstehungsgeschichte und die Arbeitsweise dieser Koalition vermitteln die kubanischen Abenteuer einer weiteren wichtigen Figur aus dem Umfeld des Attentats, und dieser Mann heißt Jack Ruby.

Wie Ruby selbst vor der Warren-Kommission aussagte, hatte er bis Ende der fünfziger Jahre eine starke
Vorliebe für alle Dinge entwickelt, die mit Kuba zu
tun hatten. Dort war schließlich das Geld, und dort
war die Mafia. Die Faszination, die Kuba auf ihn ausübte, war ursächlich dafür, daß Ruby den Weg einiger
der mächtigsten Bosse der amerikanischen Unterwelt kreuzen sollte.[1]

William Scott Malone, Journalist

Jetzt werden sie alles über Kuba herausfinden, jetzt
werden sie die Sache mit den Waffen herausfinden
und was damals in New Orleans war – einfach alles.[2]
Jack Ruby nach seiner Verurteilung im Gefängnis
zu einem bei ihm zu Besuch weilenden ehemaligen
Carousel-Club-Mitarbeiter

16. Jack Rubys »Cuban Connection«

Während das Syndikat in die weiter oben beschriebenen kubanischen Affären verwickelt war, in den fünfziger Jahren auf der
Karibikinsel glänzende Geschäfte machte und in den frühen
sechziger Jahren verzweifelt bemüht war, die verlorengegange-
ne Bastion zurückzuerobern, war Ruby immer im Zentrum
des Geschehens. Seine kubanischen Aktivitäten werfen weiteres Licht sowohl auf seinen biographischen Hintergrund als auch
auf die auf den vorigen Seiten beschriebenen Geschehnisse.

Waffenlieferungen von Florida aus
in den fünfziger Jahren

Über Jack Rubys erstes Kuba-Engagement machte der FBI-
Informant Blaney Mack Johnson Mitteilung. Johnson war ein

Pilot, der Stückgut nach Kuba geflogen hatte und Anteile an einem Spielkasino in Miami hielt. Nach seiner Auskunft »war Jack Ruby Anfang der fünfziger Jahre am Colonial Inn« in Hallandale, Florida, beteiligt gewesen, einem berühmten Nachtklub und Spielkasino, unter dessen Hauptteilhabern sich etliche Mafiosi befanden. Zu jener Zeit war Ruby, wie Johnson dem FBI mitteilte, »damit befaßt, den Flugzeugtransport illegaler Waffen von Miami zu den aufständischen Castro-Truppen auf Kuba zu organisieren«.[3] Johnson konnte über diese Operation präzise Angaben machen und erwähnte unter anderem den Namen eines Ruby-Komplizen – eines gewissen Edward Browder, über dessen kubanische Aktivitäten auch die Bundesbehörden informiert waren.

Im Zusammenhang mit seinen Geschäften als Waffenhändler unterhielt Browder ein Zwischenlager in den Florida Keys, wo auch Ruby später aus ähnlichen Gründen auftauchte. Nach Auskunft eines FBI-Berichts besuchte eine gewisse Mary Thompson etwa am 30. Mai 1958 gemeinsam mit ihrer Tochter Dolores und ihrem Schwiegersohn ihren Bruder James Woodard in Islamorada am östlichen Ende der Florida Keys. Während der ersten Nacht, die sie dort verbrachten, wurden Dolores und ihr Ehemann in einer nahegelegenen Hütte untergebracht, die einem mit Woodard befreundeten Mann namens Jack gehörte. Dieser »Jack«, den Mary Thompson später anhand eines Photos identifizierte, war niemand anderer als Jack Ruby. Dolores erklärte ebenfalls, daß Photos von Jack Ruby, die ihr vorgelegt wurden, sie sehr stark an diesen Mann erinnerten.

Die Identifizierung Jack Rubys durch die beiden Frauen wurde überdies durch verschiedene Einzelheiten gestützt, die sie damals über seine Lebensumstände und Gewohnheiten erfahren hatten. Mary Thompson berichtete dem FBI, »Jack« habe einen Wagen mit texanischem Kennzeichen gefahren, sei Besitzer eines Lokals in Dallas gewesen, sei in Chicago aufgewachsen und sollte angeblich einige Menschenleben auf dem Gewissen haben. Sie sagte, sein wirklicher Name sei »Leon«

gewesen, und tatsächlich war dies Rubys mittlerer Name. Ferner sprach sie davon, daß Woodards Frau ihr dringend geraten habe, »Dolores von Jacks Haus fernzuhalten, weil Jack andernfalls möglicherweise versuchen werde, sie zu vergewaltigen«.[4] Weiterhin wies Dolores darauf hin, der Mann habe einen Diamantring getragen und sei anscheinend einen hohen Lebensstandard gewohnt gewesen. Sie erwähnte außerdem gegenüber dem FBI, sie sei damals zu der Überzeugung gelangt, daß Jack dem Syndikat angehöre – ein Umstand, der zu diesem Zeitpunkt außerhalb von Unterweltkreisen kaum bekannt war.

Die beiden Zeuginnen erteilten im übrigen auch Auskunft über Rubys Schmuggelaktivitäten. Dolores erwähnte gegenüber dem FBI, Woodard habe eines Abends in betrunkenem Zustand bemerkt, »er selbst und Jack würden Waffen nach Kuba bringen« und daß Jack eine ganze Reihe von Waffen besitze.[5] Mary Thompson berichtete, Woodards Frau habe ihr erzählt, daß Ruby eine ganze Kiste voll Gewehre besitze. Und Dolores sah etliche Kisten und Koffer in Jacks Garage, von denen Jacks Geliebte Isabel behauptete, daß »ihre Pelze darin verstaut« seien.[6]

Die von den Bundesbehörden über Rubys mutmaßlichen Komplizen James Woodard angelegten Berichte deuten übereinstimmend darauf hin, daß Rubys Koffer und Kisten tatsächlich für Kuba bestimmte Waffen enthielten. Als er im September 1963 vom FBI vernommen wurde, gab Woodard zu, daß er »sowohl Castro als auch die exilkubanischen Streitkräfte mit Waffen und Dynamit versorgt« habe.[7] Dem vom FBI über dieses Verhör angefertigten Bericht war ein von einem Beamten des US-Zolls erstelltes Schreiben beigefügt, demzufolge Woodard »als bewaffnet und gefährlich« eingestuft wurde.[8] Und als er am 8. Oktober 1963 von den Behörden wegen einer Ladung gestohlenen Dynamits vernommen wurde, die man in seinem Haus gefunden hatte, erklärte er, daß der Sprengstoff für die exilkubanischen Streitkräfte in ihrem Kampf gegen Castro bestimmt sei. In Anbetracht der von Woodard entfalteten Aktivitäten und der in diesem Zusammenhang über »Jack«

bekannt gewordenen Einzelheiten kann man wohl mit Fug und Recht behaupten, daß Mary Thompsons Angaben über Rubys kubanische Waffengeschäfte korrekt sind.

Weitere Hinweise auf die von Ruby während der fünfziger Jahre getätigten Waffengeschäfte finden sich in den Akten der US-Regierung.

Ein schockierendes Verbrechen wurde durch die skrupellose Initiative eines kleinen Personenkreises verübt, von einer größeren Zahl von Menschen gutgeheißen und von allen durch ihr Schweigen begünstigt.[1]

Der römische Historiker Tacitus über die Ermordung des Kaisers Galba

Ich glaube, die Warren-Kommission ist eingerichtet worden, um das amerikanische Volk aus noch nicht bekannten Gründen mit Baby-Brei abzuspeisen, und zu jener Zeit ist eines der größten Vertuschungsmanöver in der Geschichte unseres Landes abgelaufen.[2]

Der vormalige US-Senator Richard Schweiker

17. Das Vertuschungsmanöver der Warren-Kommission

Die zwei Morde erregten ein beispielloses Aufsehen und eine ebenso heftige öffentliche Diskussion. Deshalb wurde ein nach seinem distinguierten Vorsitzenden benanntes Komitee ins Leben gerufen; im Anschluß an wochenlange Anhörungen und Erwägungen legte es schließlich seinen Bericht vor.

In dem Bericht hieß es, zwei milieugestörte Männer seien für die beiden Morde verantwortlich; im übrigen habe man den Verdacht, daß noch weitere Personen an dem Verbrechen beteiligt gewesen seien, entkräften können. Der *Boston Globe* schrieb, die Befürchtungen »seriöser und ernsthafter Menschen« seien »durch die ruhige und leidenschaftslose Darlegung der Beweise zerstreut worden«.[3] Die *New York Times* gelangte zu der Auffassung, das Komitee habe der »Öffentlichkeit einen großen Dienst erwiesen, indem es dem amerikanischen Volk und der Welt die Gewißheit verschafft hat, daß kein absichtliches oder offenkundiges Unrecht geschehen«

sei.[4] Eine andere führende Zeitung bescheinigte dem Bericht »Fairneß, Überlegtheit, Klugheit und Sachlichkeit«. Es schien völlig sinnlos, ja vermessen, die Untersuchungsergebnisse eines Komitees in Frage zu stellen, das von einer so herausragenden Persönlichkeit geleitet worden war: dem Präsidenten der Harvard-Universität, Abbott Lawrence Lowell. Und so wurden 1927, nachdem der von allen Seiten mit überschwenglichem Beifall bedachte Bericht des Lowell-Komitees auch noch die letzten Zweifel beseitigt hatte, der Schuharbeiter Nicola Sacco und der Fischhändler Bartolomeo Vanzetti auf den elektrischen Stuhl geschickt.

Aber die Geschichte hat im Sacco-und-Vanzetti-Fall ein völlig anderes Urteil gesprochen. Im Laufe der Jahre zeigte sich nämlich, daß weniger die Beweislast, sondern vielmehr das Vorurteil die beiden italienischen »Anarchisten« mit dem am 15. April 1920 in der Schuhfabrik Slater und Morill in South Braintree, Massachusetts, vorgefallenen Raubmord in Verbindung gebracht hatte. Fünfzig Jahre nach der Hinrichtung der beiden, also 1977, erkannte der Staat Massachusetts schließlich »die sehr reale Möglichkeit« an, daß es damals zu »einem sehr schwerwiegenden Justizirrtum gekommen war«.[5] In einer von Gouverneur Michael Dukakis unterzeichneten Bekanntmachung proklamierte der Staat einen Sacco-und-Vanzetti-Erinnerungstag und erklärte, daß »auf alle Zeit jeglicher Makel und jedwede Unehre von ihnen genommen« seien.[6]

Die Zeit hat aber auch die Identität der wahren Mörder von South Braintree ans Licht gebracht. Bevor Frank »Butsey« Morelli zum großen Mafiaboß aufgestiegen war, hatten er und seine vier Brüder sich in den zwanziger Jahren darauf spezialisiert, mit Textilien und Schuhen beladene Eisenbahnzüge zu überfallen. Die Morellis waren in Verbindung mit der Lieferung einer Ladung gestohlener Schuhe, die ausgerechnet von der Firma Slater und Morill in South Braintree stammte, vor Gericht gestellt worden. Kaum einige Wochen nachdem es am 15. April in der Fabrik zu dem Raubmord gekommen war, wurden die Morelli-Brüder als Hauptverdächtige von der Polizei überwacht. Ein später abgelegtes Geständnis, aber auch konkrete Beweise sowie Augenzeugenberichte und Tatmotive sprachen eindeutig für eine Verwicklung der Morellis in das Verbrechen.

Diese Sachlage wurde bestätigt, als 1973 die Memoiren des Mafia-Abtrünnigen Vincent Teresa im Druck erschienen. Darin beschrieb Teresa, Mitte der fünfziger Jahre habe er den tödlich an Krebs erkrankten Butsey Morelli besucht – kurz nachdem dieser in einem Artikel des *Boston Globe* des Slater-und-Morill-Raubmords bezichtigt worden sei. Während dieses Besuches gestand Morelli Teresa: »Wir haben sie damals hochgenommen, wir haben die Typen bei dem Überfall umgelegt. Diese beiden Idioten [Sacco und Vanzetti] haben es dann voll ausbaden müssen.«[7] Teresa merkte noch an, daß Morelli »nie mit irgend etwas angegeben hat – niemals«.[8]

1964 machte die Warren-Kommission abermals zwei als Außenseiter geltende Männer – die diesmal allerdings in der Tat ein Verbrechen auf sich geladen hatten – in einem anderen Mordfall, der eindeutig die Handschrift der Mafia trug, zu Alleinschuldigen. In diesem Kapitel wollen wir uns mit einigen Aspekten dieses beschämenden Fehlurteils befassen – etwa mit Nötigung von seiten der Regierung, mit der Frage nach der Glaubwürdigkeit des zuständigen Untersuchungsausschusses, mit der Einflußnahme der Mafia und dem völligen Versagen des höchsten Richters der amerikanischen Nation.

Eine im voraus festgelegte Lösung

Bevor die Untersuchung des Kennedy-Attentats überhaupt richtig begonnen hatte, waren sich bereits hochrangige Regierungsvertreter darüber einig, wer der Schuldige sei. Der Geheimdienstausschuß des Senats gelangte 1976 im Hinblick auf die Rolle, welche die Regierung bei jener Untersuchung gespielt hatte, zu der Auffassung:

Fast unmittelbar nach dem Attentat »drängten« [FBI-] Direktor [J. Edgar] Hoover, das Justizministerium und das Weiße Haus die leitenden Beamten der Bundeskriminalpolizei dazu, ihre Untersuchung möglichst rasch abzuschließen und einen autoritativen Bericht zu erstellen, demzufolge Oswald ein Einzelgänger-Mörder sei.[9]

In einem Telephonat mit der gleichen Tendenz, das Hoover am 24. November 1963, unmittelbar nach der Ermordung Oswalds, führte, sagte er:

Was Mr. Katzenbach und mir am meisten am Herzen liegt, ist die Bekanntgabe irgendwelcher Ergebnisse, die die Öffentlichkeit davon überzeugen, daß Oswald der wahre Attentäter ist.[10]

Am folgenden Tag verfaßte der stellvertretende Justizminister Katzenbach ein Memorandum mit folgendem Wortlaut:

Die Öffentlichkeit muß davon überzeugt werden, daß Oswald der Attentäter ist, daß er keine noch auf freiem Fuß befindlichen Komplizen gehabt hat und daß er angesichts der Beweislage auch in einem ordentlichen Verfahren verurteilt worden wäre.[11]

Katzenbach wies ferner darauf hin: »Sämtliche Spekulationen über Oswalds Motiv sollten unterbunden werden.«[12]

Als Anfang Dezember die Warren-Kommission ihre Untersuchung aufnahm, sorgte Hoover für Presseveröffentlichungen, in denen Oswald als »alleiniger Attentäter« bezeichnet wurde, der von keiner Seite Unterstützung erhalten habe. Nach Auskunft von William Sullivan, dem ehemaligen dritten Mann beim FBI, war es bei alledem Hoovers Ziel, »die Forderung nach einer unabhängigen Untersuchung des Attentats zu unterlaufen«.[13] Am 13. Dezember veröffentlichte das *Time*-Magazin ganz in Übereinstimmung mit den von Hoover gelieferten Stichwörtern eine Vorbesprechung eines Geheimberichts, den das FBI der Warren-Kommission zugeleitet hatte. In dem Bericht sei zu lesen, so *Time*, daß »Oswald in seiner vom Wahnsinn verdunkelten Einsamkeit tatsächlich der Attentäter des Präsidenten gewesen ist«.[14]

Die offizielle Vereinnahme eines Attentatszeugen beleuchtet nur zu deutlich die auf seiten der Administration bestehende Vorliebe für die Einzeltätertheorie. In seinen Memoiren erinnert sich Tip O'Neill, der vormalige Sprecher des Repräsentantenhauses, an ein Essen mit zwei Kennedy-Mitarbeitern, Kenneth O'Donnell und Dave Powers, die sich damals in Dallas beide in dem unmittelbar auf Kennedys Limousine folgenden Secret-Service-Wagen befunden hatten. O'Donnell und Powers berichteten O'Neill übereinstimmend, daß sie sicher seien, »zwei Schüsse gehört zu haben, die auf der anderen Seite des Zaunes gefallen« seien.[15] Als O'Neill sie darauf hinwies, dies stimme nicht mit dem überein, was sie vor der Warren-Kommission ausgesagt hätten, entgegnete O'Donnell: »Da haben Sie recht.«[16] Der Kennedy-Mitarbeiter fuhr dann fort:

> Ich habe dem FBI berichtet, was ich gehört habe, aber sie sagten, es könne unmöglich so gewesen sein und daß ich mir da nur etwas eingebildet hätte. Deshalb habe ich so ausgesagt, wie sie es wünschten. Ich wollte der Familie weiteren Ärger und Schmerz ersparen.[17]

Unterschlagene Beweismittel

Ganz in Übereinstimmung mit Hoovers und Katzenbachs Wunsch nach einer einfachen Lösung und einer zufriedengestellten Öffentlichkeit wurden auch Beweise, die der offiziell vertretenen Lesart widersprachen, entweder zurückgehalten oder ignoriert. Der Geheimdienstausschuß des Senats gelangte 1976 nach Darstellung der *Washington Post* zu der Auffassung, daß »hochrangige Vertreter von CIA und FBI im Verlauf der

Untersuchung des gegen Präsident Kennedy verübten Attentats entscheidende Informationen unterdrückt haben«.[18] Eine ähnliche Ansicht vertrat auch Richter Burt W. Griffin, ein ehemaliger Berater der Warren-Kommission. Vor dem House Assassinations Committee sagte Richter Griffin 1978 aus, daß »der Warren-Kommission im Besitz von Regierungsbehörden befindliches Beweismaterial vorenthalten worden ist«.[19] In einem Rundfunkinterview teilte er ferner mit:

Ich fühle mich verraten. Ich glaubte, daß wir es hier mit einer Bundesbehörde zu tun hatten, auf die wir uns verlassen konnten, von der wir Aufrichtigkeit und Kooperationsbereitschaft erwarten konnten – aber die CIA hat uns betrogen.[20]

Besonders pflichtvergessen verhielt sich in diesem Zusammenhang das Kommissionsmitglied Allen Dulles – der vormalige CIA-Chef, der nach der Invasion in der Schweinebucht von seinem Amt zurückgetreten war. Seltsamerweise überreichte Dulles anläßlich der ersten Sitzung des Ausschusses jedem seiner Kollegen ein Buch, in dem behauptet wurde, daß politische Attentate in Amerika seit je von einsamen und wahnsinnigen Männern begangen worden seien. Während sämtlicher der nun folgenden Sitzungen der Kommission behielt Dulles jedoch alle Erkenntnisse für sich, die er über die verschiedenen gemeinsam von Mafia und CIA gegen Castro geschmiedeten Mordkomplotte besaß, so auch sein Wissen um das sogenannte AMLASH-Komplott. Der Geheimdienstausschuß des Senats vertrat 1976 den Standpunkt, die AMLASH-Operation »hätte in CIA-Kreisen Anlaß zur Auseinandersetzung mit der Frage sein müssen, ob der Geheimdienst selbst möglicherweise irgendwie in das Kennedy-Attentat verwickelt gewesen sei«, aber daß »weder die Warren-Kommission noch das FBI« über diese Aktion informiert worden seien.[21]

Obwohl Oberrichter Earl Warren maßgeblichen Anteil an den Ermittlungen der von ihm geleiteten Kommission hatte, konnten die übrigen Kommissionsmitglieder in die Untersuchung kaum eingreifen, während die sachverständigen Mitarbeiter des Ausschusses jeweils nur Einblick in begrenzte Sachgebiete erhielten. Ohne einen angemessenen Zugriff auf die ohnehin schon beschränkten Beweismittel, die man der Kommission zur Verfügung gestellt hatte, waren die Kommissionsmitglieder und Sachverständigen dem vorgefaßten Ergebnis des FBI hilflos ausgeliefert. Auf dieses Dilemma wies J. Lee Rankin, der Chefberater der Kommission, während einer Sitzung des Ausschusses hin:

> Ein Teil unserer Schwierigkeiten [...] beruht darauf, daß [die FBI-Offiziellen] kein Problembewußtsein haben. Sie haben sich darauf geeinigt, daß Oswald das Attentat begangen hat und daß niemand sonst auch nur irgendwie darin verwickelt ist [...][22]

Die gleiche Klage führten die Kommissionsmitglieder Russel und Boggs. Zeitlich unter Druck, ohne jegliche Chance, etwa bestehende Alternativen zu erkunden, schwenkte die Kommission dann in der Tat auf die vereinfachende Lösung ein.*

---

* Angesichts der zentralen Rolle, die Chefrichter Warren bei der Untersuchung spielte, und seiner seltsamen Reaktion auf Jack Rubys Auskünfte, fällt es tatsächlich schwer, eine harmlose Erklärung für sein Betragen zu finden. Aber egal welche Rolle Warren in dem Vertuschungsmanöver gespielt hat, er hat seinen Part jedenfalls nicht bereitwillig übernommen, denn anfangs lehnte Warren das ihm von Präsident Johnson unterbreitete Angebot ab, die Untersuchung des Attentats zu leiten. Aber als Warren nach einer privaten Unterredung mit Präsident Johnson seine Einwilligung dann schließlich doch noch gab, trat er mit Tränen in den Augen aus dem Zimmer, in dem das Gespräch stattgefunden hatte.

Die Neugierde der Kommission ist aber möglicherweise auch durch vorgebliche Interessen der nationalen Sicherheit in ihre Schranken gewiesen worden. Das gleiche geschah im Zusammenhang mit der Watergate-Affäre, als das FBI durch eine Direktive der CIA, in der von irgendwelchen unsinnigen Sicherheitserwägungen die Rede war, an einer Ermittlung gegen die »Klempner« im Weißen Haus gehindert wurde. Und tatsächlich rechtfertigte auch Hoover seine entschiedene Ablehnung einer unabhängigen Untersuchung des Attentats mit dem Hinweis auf »Aspekte, die unsere auswärtigen Beziehungen belasten könnten«.[23] Als der Fall Ende der siebziger Jahre von Senat und Repräsentantenhaus neu aufgerollt wurde, kamen allerdings keine derartigen »Aspekte« zum Vorschein. Überdies entdeckte das FBI etliche gefälschte Briefe, in denen Oswald mit Fidel Castro in Verbindung gebracht wurde; möglicherweise haben sie den Zweck erfüllt, einige nichtsahnende Ermittler der Kommission in einen Nebel angeblicher nationaler Sicherheitsinteressen zu hüllen.

Die Leichtgläubigkeit, die es erforderte, auf eine solche List hereinzufallen, wurde in der Folge auch von dem Kommissionsmitglied Gerald Ford unter Beweis gestellt. Im *Time*-Magazin vom 4. Februar 1974 heißt es:

Nachdem er zirka zwei Stunden lang mit Nixon konferiert hatte, erklärte Vizepräsident Gerald Ford, das Weiße Haus sei im Besitz von Beweisen, die »den Präsidenten von dem Verdacht reinwaschen werden«, in eine Verschwörung verwickelt zu sein, die es sich zum Ziel gesetzt hat, die Hintergründe des Watergate-Einbruchs zu vertuschen.[24]

Als man von ihm wissen wollte, welcher Art diese Beweise seien, erwiderte Ford, daß

der Präsident sich erboten habe, sie ihm vorzulegen, er habe jedoch »keine Zeit«, sie in Augenschein zu nehmen.[25]

Ein weiterer Ausweis des für die Warren-Kommission so charakteristischen Mangels an kritischem Urteilsvermögen war die berüchtigte »Ein-Kugel-Theorie«. In der Absicht, die auf Film festgehaltene Abfolge des Attentats mit den technischen Möglichkeiten von Oswalds Waffe in Übereinstimmung zu bringen, verfiel die Kommission auf die Idee, daß eine aus dem Buchdepot abgefeuerte einzelne Kugel »von rückwärts in den Unterhals« Präsident Kennedys eingedrungen, vorne aus der Kehle wieder ausgetreten sei und dann in einer nach unten gerichteten Bewegung Gouverneur Connallys Rücken, Brust, Armgelenk und Oberschenkel durchschlagen habe.[26] Aber diese Vorstellung ist vor dem Hintergrund des von dem Chefchirurgen Dr. James Humes vorgelegten Autopsieberichts völlig unglaubwürdig. Wie in FBI-Berichten vom 23. November, 26. November, 9. Dezember und 13. Januar nachzulesen und später von zwei FBI-Beamten, die bei der Autopsie zugegen waren, bestätigt worden ist, hat eine Kugel den Präsidenten »direkt unterhalb der Schulter« getroffen, und zwar aus einem »nach unten weisenden Einschußwinkel von 45 bis 60 Grad«. Der Schuß »drang weniger als eine Fingerlänge« in den Körper ein und hinterließ »ein nicht sehr tiefes Loch ohne Ausschußstelle«. Die Kugel »ist wahrscheinlich während der Herzmassage aus dem Körper des Opfers herausgepreßt worden«.[27] Die Einschußlöcher in Kennedys Hemd und Jacke lassen in der Tat die Einschußstelle an der Schulter erkennen, und zwar mindestens eine Handbreit unterhalb der von der Warren-Kommission für gut befundenen Unterhalsposition. Es ist deshalb höchst unwahrscheinlich, daß eine dort in einem abwärts gerichteten Winkel eingeschlagene Kugel weiter oben aus Kennedys Kehle wieder ausgetreten ist, dann in der Luft neuerlich ihre Richtung geändert hat und anschließend in Connallys Rücken eingedrungen ist. Aber genau dies müßte der Ablauf des Geschehens gewesen sein, sofern man die von der Warren-Kommission vertretene Hypothese ernst nimmt.

Im Fortlauf ihrer wirklichkeitsfremden Erwägungen gelangte die Kommission zu der Auffassung, daß die Verletzungen, die Kennedy und Connally erlitten, allesamt auf eine einzige Kugel zurückzuführen seien, die man auf einer Trage im Parkland Hospital entdeckt hatte und die zu Oswalds Waffe paßte. Aber es war schwierig zu erklären, wie diese kaum deformierte Kugel Connallys fünfte Rippe und sein rechtes Handgelenk zerschmettert und Metallfragmente in seiner Brust, im Handgelenk und im Oberschenkel zurückgelassen haben soll. In der Tat hielten es zwei an der Autopsie des Präsidenten beteiligte Ärzte sowie etliche Gerichtsmediziner für höchst unwahrscheinlich, daß diese eine Kugel den ganzen Schaden angerichtet haben sollte, und als die US-Armee ballistische Tests anstellte, in denen Connallys Verletzungen simuliert wurden, zeigten die Kugeln, die man auf Rippen- oder Handgelenksknochen abfeuerte, ausnahmslos auffallende Deformierungen.

In dem Bestreben, ihre Ein-Kugel-Theorie gegenüber diesen Ergebnissen aufrechtzuerhalten, verwickelte sich die Kommission in einen spektakulären Widerspruch. Die Ergebnisse der von der Armee angestellten ballistischen Tests seien ohne Bedeutung, stellte sie fest,

> weil die Kugel, die in den Brustkorb des Gouverneurs eindrang, bereits an Geschwindigkeit verloren hatte, da sie zuvor schon den Hals des Präsidenten durchschlagen hatte. Im übrigen ließe sich die große Wunde am Rücken des Gouverneurs durch eine aus der Schußlinie geworfene Kugel erklären [...][28]

An anderer Stelle sah sich die Kommission in ihrem Bericht indes mit einem weiteren Dilemma konfrontiert: Wie war es möglich, daß eine Kugel, die bereits Kennedys Hals durchschlagen hatte, noch über genügend Schwung verfügte, um fünf Hautschichten Connallys und zwei seiner Knochen zu zerfetzen? Diesmal stellte die Kommission unter Berufung auf die gleichen ballistischen Tests der Armee fest: »Aus diesen Tests geht hervor, daß die Kugel beim Durchschlagen von

Präsident Kennedys Hals *nur wenig an Geschwindigkeit eingebüßt* hat.«[29] Jetzt hatte die Kugel plötzlich beim Wiederaustritt aus seinem Hals »*einen Großteil ihrer Stabilität bewahrt*«.[30] Dies wiederum diente als Erklärung für die Art von Gouverneur Connallys Rückenverletzung. So heißt es im Warren-Report an anderer Stelle:

> Wegen der kleinen Wunde am Rücken des Gouverneurs und der weitgehend intakten Wundränder gelangte Dr. Robert Shaw zu der Einschätzung, daß es sich um eine Einschußverletzung handle.[31]

So erreichte das Bemühen der Kommission, die vorliegenden Beweise und Indizien im Sinne der ihr genehmen Schlußfolgerungen umzudeuten, geradezu schizophrene Ausmaße. Einige ihrer sachverständigen Mitarbeiter fühlten sich durch diese Diskrepanzen gleichwohl irritiert. So charakterisierte etwa Wesley Liebler, ein Mitglied des Sachverständigenstabes, die Aussage des im Zusammenhang mit der Ermordung des Polizeibeamten J.D. Tippit gegen Oswald ins Feld geführten Hauptbelastungszeugen als »widersprüchlich« und »wertlos«. Liebler wandte sich auch in einem 26 Seiten langen Memorandum gegen den ersten Entwurf des Warren-Reports und bezeichnete darin die Auffassung, Ruby habe die Attentatsschüsse ohne größere Schwierigkeiten abfeuern können, als ein »Märchen«. Etliche Mitglieder des Sachverständigenstabs hegten auch erhebliche Skepsis an der Aussage Marina Oswalds, deren Ausführungen ihren Ehemann schwer belasteten. Einer dieser Männer, Norman Redlich, wies in einem Memorandum darauf hin, daß sie »gegenüber dem Secret Service, dem FBI und dieser Kommission wiederholt gelogen« habe.[32]

Für die Tendenz der Kommission, sich mit der Einzeltätertheorie zufriedenzugeben, gibt es also eine Reihe von Erklärungen: Druck von seiten der Regierung, mangelhafte Informationen, Leichtgläubigkeit – und schließlich die voreilige Festlegung auf Oswald, einen offenbar gerissenen gedungenen Mörder, dessen dunkle Machenschaften in allen möglichen Teilen der Welt sich kaum mehr entwirren ließen. Tatsächlich liegt die Versuchung nahe, die Vertuschung der Attentatsumstände als eine unglückselige Stümperei abzuschreiben – so sinnlos, wie das Attentat selbst angeblich gewesen sein sollte.

Wohlwollende Entschuldigungen reichen indes nicht mehr aus, um auch noch die groben Fehler zu erklären, die der Kommission im Zusammenhang mit Jack Ruby – dem zweiten Hauptgegenstand ihrer Ermittlungen – unterlaufen sind. Bereits sehr früh wurde sowohl in der Presse als auch in den umfänglichen FBI-Akten auf einen Umstand in aller Deutlichkeit hingewiesen – nämlich auf Rubys Verbindung mit der Mafia, jener Organisation also, die über ein eindeutiges Motiv und auch über die Mittel verfügte, Präsident Kennedy zu ermorden. Aber seltsamerweise gelangte die Kommission zu der Ansicht, es gebe »keine plausiblen Hinweise darauf, daß Jack Ruby in der Unterwelt aktiv gewesen ist«.[33] Auf diese bizarre Verkehrung der realen Verhältnisse kam der Kongreßabgeordnete Stewart McKinney während der Anhörung vor dem House Assassinations Committee gegenüber einem FBI-Repräsentanten zu sprechen:

War das FBI nicht ziemlich gut darüber informiert, daß Jack Ruby erstens dem organisierten Verbrechen angehörte und zweitens ein Stripteaselokal betrieb und allgemein als ein Mann galt, der politische und Polizeikreise in Dallas mit Frauen und harten Alkoholika versorgte [?]

Ist es Ihnen nicht ein wenig schwergefallen, vor dem Hintergrund der Informationen, die das FBI an die Warren-Kom-

mission weitergereicht hatte, die von dem Untersuchungsausschuß Ruby zugewiesene Rolle ernst zu nehmen?[34]

Ganz ähnlich war im *Time*-Magazin die Rede davon, daß »die
Warren-Kommission abgrundtief versagt hat, als sie davon ab-
sah, FBI-Hinweisen nachzugehen, denenzufolge Oswalds Mörder Jack Ruby Verbindungen zur Mafia unterhalten hat«.[35]

Und tatsächlich ist es der Warren-Kommission nur durch
massivste Unterdrückung und Entstellung von Beweismitteln
gelungen, Rubys Mafia-Verbindungen zu vertuschen. Immer
wieder wurden die zahlreichen Hinweise auf das organisierte
Verbrechen, die sich in den Akten des Nationalarchivs fanden,
in den 26 von der Kommission veröffentlichten Materialbänden bewußt unterdrückt. Bisweilen wurden in diesen Materialbänden sogar solche Dokumente publiziert, wobei allerdings
ausgerechnet jene Seiten fortgelassen wurden, auf denen von
Rubys Unterweltverwicklungen die Rede war. In einem Fall
sind genau jene Absätze, in denen über Rubys häufige Zusam-
mentreffen mit dem Mafiaboß von Dallas berichtet wird, in
einer ansonst perfekten Photoreproduktion des entsprechenden Dokumentes fortgelassen.

Aber selbst nach Anwendung solcher Zensurmaßnahmen
sind in den veröffentlichten Materialbänden, auf die sich die
Kommission in ihrem Bericht stützte, noch zahlreiche Hinweise auf Rubys Mafia-Verbindungen erhalten geblieben. Um
also die Absolution zu rechtfertigen, welche die Kommission
Ruby von allen Verbindungen zum organisierten Verbrechen
erteilte, mußte sie so kühne Kunstgriffe anwenden wie die
folgende, bereits weiter vorne zitierte Feststellung: »Nahezu
sämtliche Freunde Rubys in Chicago haben ausgesagt, daß er
keine engen Verbindungen zum organisierten Verbrechen unterhalten hat.«[36] Die Kommission verzichtete allerdings auf
den Hinweis, daß einer der erwähnten »Chicagoer Freunde«
ein gestandener Mafiakiller war und daß fünf weitere sich
durch vielfältige kriminelle Aktivitäten auszeichneten.

Ohne daß hierfür ein legitimer Anlaß bestanden hätte, wurden also im Abschlußbericht der Warren-Kommission eindeutige Hinweise auf eine Verwicklung der Mafia in das Kennedy-Attentat unterdrückt, entstellt und arglistig verbogen. Die Rolle und die Aktivitäten von drei mit der Mafia verbundenen Männern, von denen im folgenden die Rede sein wird, belegen ganz klar, daß eine bewußt eingesetzte Subversion ihren Teil zum Gelingen dieses Vertuschungsmanövers beigetragen hat.

Ein Mann mit unmittelbarem Zugang zu allen Akten und Unterlagen der Kommission war Walter E. Craig, der damalige Vorsitzende der amerikanischen Anwaltskammer. Wie es in dem Bericht der Warren-Kommission heißt, oblag es Craig, »an den Ermittlungen teilzunehmen und die Kommission dahingehend zu beraten, ob ihr Vorgehen sich nach seinem Verständnis im Einklang mit den grundlegenden Prinzipien des amerikanischen Rechts [befinde]. Mr. Craig hat diese Ernennung akzeptiert und ohne Einschränkung voll an allen Vorgängen teilgenommen. Er hat den Anhörungen der Kommission entweder persönlich beigewohnt oder ließ sich durch einen Assistenten vertreten. Er hatte Gelegenheit, Einblick in alle Arbeitspapiere, Berichte und sonstigen Unterlagen der Kommission zu nehmen [...]«[37]

Zehn Jahre später sollte eine für den alldurchdringenden Einfluß des organisierten Verbrechens auf das amerikanische Rechtssystem typische Episode beweisen, wie bereitwillig Craig seine professionellen Pflichten zugunsten der Mafia vernachlässigte. Bei dieser Gelegenheit fungierte er als vorsitzender Richter in einem Prozeß wegen gemeinschaftlich geplanten Mordes, in dem sich 1972 Joe Bonanno jr., der Sohn des großen Mafiabosses, zu verantworten hatte. Die Ausgangsposition der Staatsanwaltschaft war blendend, hatten sich doch bereits fünf von Bonannos Mitangeklagten in verschiedenen Punkten für schuldig erklärt. Aber als dann die US-Staatsanwältin Ann Bowen in dem Gerichtssaal in Arizona eine Reihe von Zeugen vernahm, machte Richter Craig ihre Darbietung lächerlich, rollte mit den Augen, vergrub sein Gesicht in den Händen, lachte die Staatsanwältin lauthals aus und imitierte mit hoher Stimme einen ihrer Zeugen. Der Geschworene Robert Clark erklärte später, daß Craig »einen ungläubigen Gesichtsausdruck aufgesetzt und sich alles andere als unparteiisch benommen« habe.[38] Ein derartiges Betragen war für den wegen seiner fragwürdigen Milde gegenüber Mafia-Angeklagten und für seine engen Verbindungen zu dieser Organisation bekannten Craig durchaus nicht untypisch.

Ungeachtet der von Craig unternommen Anstrengungen, die Position der Staatsanwaltschaft zu untergraben, befanden die Geschworenen Bonanno des gemeinschaftlich geplanten Mordes für schuldig. Sechs Wochen nach der Verurteilung jedoch führte Craig ein siebzigminütiges Gespräch mit Bonanno und setzte diesen hinterher auf freien Fuß. Er erklärte, die Geschworenen seien in ihrem Urteilsspruch möglicherweise durch Bonannos Verwicklung in einen Erpressungsversuch beeinflußt worden. Der Geschworene Robert Clark wandte sich anschließend mit einer Petition an das Oberste Bundesgericht und beantragte, Craig seines Amtes zu entheben. Clark argumentierte, Craigs Spekulationen über die Gründe, von denen sich die Geschworenen bei ihrem Urteilsspruch hätten leiten lassen, seien »ebenso verleumderisch wie falsch«.[39] Die Staatsanwältin Ann Bowen war wegen der Aufhebung des von ihr hart erkämpften Urteils ebenfalls aufgebracht. Und Jerry Boyd, der Sprecher der Geschworenen, war angesichts dieses Vorgehens »völlig platt«.

Nicht weniger selbstverständlich als die Korrumpierung von Richtern und Staatsanwälten durch die Mafia ist die Manipulation der Medien durch das organisierte Verbrechen. Mit Hilfe weitverbreiteter Geldzahlungen an kooperative Journalisten, durch massive Einschüchterung und die Beherrschung ganzer Distributionsnetze ist es der Mafia sogar gelungen, Einfluß auf die Berichterstattung über das organisierte Verbrechen zu nehmen und in einigen Fällen sogar wohlwollende Berichte über Mafiosi zu lancieren. Ein Beispiel hierfür ist die Bemerkung eines New Yorker Mafioso, die dieser just zu der Zeit gegenüber einem FBI-Informanten fallenließ, als die Warren-Kommission ihre Ermittlungen durchführte. Er erklärte, daß

> Geld gesammelt werde, um die Glaubwürdigkeit von Valachis Zeugenaussage zu untergraben und die vom Senat durchgeführte Untersuchung des organisierten Verbrechens zu Fall zu bringen. Sie haben schon Kontakt zu Medienleuten aufgenommen und auch zu politischen Figuren, um möglicherweise geplante gesetzliche Verschärfungen zu unterbinden.[40]

Als Beispiele für eine solche Manipulation von Medienleuten durch die Mafia können auch drei von Rubys Bekannten in Dallas gelten. Einer von ihnen war Gordon McLendon, der neben dem Liberty Broadcasting Network noch weitere Rundfunkstationen im ganzen Land besaß, darunter auch den KLIF-Radiosender in Dallas. Er war mit Jack Ruby befreundet – der ihm »unentgeltlich viele Frauen zugeführt hatte«[41] – und erbot sich angeblich 1971, der Mafia-Transportarbeiter-Koalition, die Jimmy Hoffa aus dem Gefängnis holen wollte, behilflich zu sein. Matty Brescia, der eine Public-Relations-Firma leitete und auch einmal für McLendons Liberty Network gearbeitet hatte, war mit Ruby ebenfalls gut bekannt.

Der dritte im Bunde war Tony Zoppi, ein in Dallas prominenter Gesellschafts- und Unterhaltungskolumnist, der für die *Dallas Morning News* tätig war; einige Zeit nach dem Attentat von 1963 zog er nach Las Vegas. Zoppi war sowohl mit Ruby als auch mit McLendon und Brescia gut befreundet. Er war zudem mit den Mafiosi Joseph Campisi, Russell D. Matthews und Lewis McWillie bekannt und ließ in einem Brief an Brescia »viele Grüße« an McWillie ausrichten.

Auch journalistisch erwies Zoppi der Mafia Gefälligkeiten; so etwa, indem er wiederholt für Campisis Egyptian Lounge

Werbung betrieb, einen Mafiatreffpunkt in Dallas. Obwohl auch Zoppi selbst in diesem Lokal verkehrte, versicherte er vor dem House Assassinations Committee, daß es in Dallas »nach seiner Kenntnis kein organisiertes Verbrechen« gebe.[42] Zoppi betonte überdies, daß Ruby »sich mit dem Glücksspiel nicht abgegeben« habe; auch jammerte er, daß »geldgierige Zeitgenossen behaupten, Jack sei dort hingefahren, um das Attentat zu planen. [...] Plötzlich ist er ein CIA-Agent, ein Mafiaboß etc. etc. Ekelhaft.«[43]

Zoppi ließ es sich sogar noch 1973 angelegen sein, in einem »Ruby im Rückblick« überschriebenen Artikel dessen Verbindungen zur Mafia zu bestreiten. Er versuchte, für Rubys Kuba-Reise vom August 1959, von der im vorigen Kapitel bereits die Rede gewesen ist, eine harmlose Erklärung zu finden. So schrieb er etwa:

> Jack hatte einen guten Freund namens Lewis McWillie, der im Casino des Tropicana in Havanna in leitender Stellung beschäftigt war. Er fragte McWillie, ob es ihm recht sei, wenn ich nach Kuba fliegen und einen Artikel über die Show im Tropicana schreiben würde. Lew war einverstanden. [...] Wir hatten als Termin den 17. Dezember 1960 abgesprochen. Zufälligerweise erhielt ich jedoch einen Anruf aus... Las Vegas und wurde zu dem »Gipfeltreffen« eingeladen – einer beispiellosen Show, in der Frank Sinatra, Dean Martin, Sammy Davis, Joey Bishop und Peter Lawford auftraten. Ich rief Ruby an und erklärte ihm, ich müsse die Reise verschieben. [...] Er sagte, er werde die Reise wie geplant antreten [...][44]

Als er 1978 vor dem House Assassinations Committee aussagte, wiederholte Zoppi diese Darstellung – allerdings mit erheblichen Veränderungen; McWillie bestätigte die Richtigkeit seiner Ausführungen. Aber ihre Lügengeschichte erwies sich für beide als äußerst peinlich, denn McWillie hatte 1964 für Rubys Kuba-Besuch eine völlig andere Erklärung aufgetisch. Außerdem hatte dieser Besuch bereits fünf Monate vor dem von Zoppi angeführten »Gipfeltreffen« stattgefunden, wie von skeptischen Komitee-Sachverständigen angemerkt wurde.

Am unverblümtesten und bedrohlichsten mischte sich allerdings der Mafia-Anwalt Sidney Korshak aus Los Angeles in die Untersuchung des Kennedy-Attentats ein. Korshak, der 1976 von führenden Repräsentanten des Justizministeriums als eines der »gefährlichsten Mitglieder der Unterwelt«[45] bezeichnet wurde, verfügte in reichem Maße über die für diese Einmischung notwendigen Erfahrungen, hatte er doch zwecks Kaschierung seiner eigenen Aktivitäten bereits mehrmals bei den entsprechenden Stellen interveniert. So war etwa in der *New York Times* zu lesen, daß in Chicagoer Zeitungen schon öfter über Korshaks Geschäfte und gesellschaftliche Aktivitäten berichtet worden sei, wobei allerdings über seine Unterweltkontakte kein Wort verlautet sei; die Chicagoer Kollegen hätte sich statt dessen mit so vagen Charakterisierungen wie »eigenwillige Persönlichkeit« oder »graue Eminenz« begnügt. Ein hochrangiger Chicagoer Journalist wußte von zwei Fällen zu berichten, in denen Herausgeber für Korshak wenig schmeichelhafte Passagen aus Artikeln herausgestrichen hatten. Er erklärte: »Es war einfach unmöglich, eine Geschichte über ihn in die Zeitung zu bringen.«[46] Und einer von Korshaks Freunden konnte sich daran erinnern, wie dieser sich verschiedentlich damit gebrüstet hatte, daß er über genügend Einfluß verfüge, um die *Chicago Tribune* zu einer zurückhaltenden Berichterstattung über seine Person zu veranlassen.

Auch 1979 blieb Korshak eine negative Publizität wieder einmal erspart, als etliche kalifornische Zeitungen auf den Abdruck einer Sequenz von »Doonesbury«-Cartoons verzichteten, in denen Korshaks Beziehungen zum damaligen Gouverneur Jerry Brown satirisch dargestellt wurden. In der fraglichen Sequenz ging es unter anderem um 1000 Dollar, die Korshak Brown als Wahlkampfspende hatte zukommen lassen.

Im Zusammenhang mit dem Attentat bestand eine Nachfrage nach Korshaks Vertuschungskünsten, als Carlos Marcellos bereits früher erwähnter Ausfall gegen Präsident Kennedy vom September 1962 öffentlich bekannt wurde. Von diesem Vorfall erfuhr die Öffentlichkeit, als der Informant Edward Becker dem Pulitzer-Preis-Gewinner Ed Reid davon Mitteilung machte, der seinerseits in seinem 1969 erschienenen Buch *The Grim Reapers* darüber berichtete. Das FBI wiederum erfuhr von Beckers Aussage, als Reid am 6. Mai 1967 einigen Offiziellen der Bundespolizei in deren Dependance in Los Angeles sein Manuskript vorlegte.

Aber am folgenden Tag, dem 7. Mai, erhielt das FBI-Büro in Los Angeles eine Mitteilung, in der Beckers Glaubwürdigkeit in Frage gestellt wurde. Durch einen Abgesandten ließ Korshak ferner ausrichten, er wolle nur darauf hinweisen,

> daß Becker versuche, einige von Korshaks Freunden zu Geldzahlungen zu erpressen, indem er von sich behaupte, er arbeite mit Reid zusammen und könne gegen entsprechende Geldzahlungen die Namen dieser Leute aus dem Buch heraushalten.[47]

Korshak ließ überdies durchblicken, daß »Becker ein übler Erpressungskünstler« sei.[48] In der Folge verfaßte FBI-Dokumente enthalten wiederholt Hinweise auf Korshaks »Mitteilungen«, von seinem Werdegang, seinen Aktivitäten und den Gründen, die ihn veranlaßt hatten, Becker zu diffamieren, war darin indessen keine Rede. Dies überrascht um so mehr, als Korshak in den Akten des FBI bereits mehrfach mit dem organisierten Verbrechen in Verbindung gebracht worden war.

Obwohl das FBI verpflichtet gewesen wäre, jeder im Zusammenhang mit dem Kennedy-Attentat auftauchenden neuen Spur nachzugehen, gab man sich mit Korshaks Mitteilung zufrieden und unternahm nichts, um die Marcello-Drohung und ihre etwaigen Konsequenzen näher zu untersuchen. Statt dessen beteiligte sich die Bundespolizei – wie es in einem Bericht des Expertenstabs des House Assassinations Committee heißt – sogar an der Unterdrückung von Beckers Aussage und stellte dabei »nachdrücklich das Bestreben« unter Beweis, »die Glaubwürdigkeit von Beckers Aussagen zu erschüttern, ohne deren Seriosität zuvor zu überprüfen«.[49] So nahm beispielsweise am 26. Mai 1967 der Mann, der dem FBI Korshaks Mitteilung überbracht hatte, Kontakt zu dem Autor Ed Reid auf. Fünf Tage später erhielt Reid Besuch von einem FBI-Agenten. Wie es in einem an den FBI-Direktor Hoover gerichteten Memorandum vom 5. Juni heißt, war es die Aufgabe der beiden Männer gewesen, »Becker gegenüber Reid zu diskreditieren, um die Streichung des Carlos-Marcello-Vorfalls in Reids Buch zu erreichen«.[50] Die einzige Anweisung des FBI, die im Zusammenhang mit der gesamten Becker-Affäre erteilt wurde, war eine handschriftliche Notiz des stellvertretenden Direktors Cartha DeLoach; er ersuchte darin seine Mitarbeiter, »den Verleger« des Reid-Buches »diskret ausfindig zu machen«.[51]

Die beiden FBI

Die Behandlung, die das FBI der von Marcello gegen Präsident Kennedy ausgestoßenen Morddrohung zuteil werden ließ, war Anlaß zu »hochgradiger Verwunderung«, wie es in einem Bericht des Sachverständigenrates des House Assassinations Committee heißt. Das gleiche gilt für das Betragen, das FBI-Direktor J. Edgar Hoover und weitere hochrangige FBI-Repräsentanten im Zusammenhang mit der Untersuchung des Kennedy-Attentats an den Tag legten. Hoover, der unverzüglich anordnete, daß Oswald als Einzeltäter zu gelten habe, widersetzte sich einer öffentlichen Untersuchung des Attentats. Nachdem die Warren-Kommission jedoch einmal eingerichtet war, »wurde sie von Hoover wie auch von anderen hochrangigen FBI-Offiziellen als Gegner angesehen«,[52] wie der Geheimdienstausschuß des Senats später feststellen sollte. William Sullivan, ein ehemaliger stellvertretender FBI-Direktor, erklärte, Hoover habe »eine ausführliche Untersuchung durch die Warren-Kommission« verhindern wollen. Und nach Auskunft des Geheimdienstausschusses des Senats »forderte [Hoover zweimal] alles in den FBI-Akten über die Mitglieder und die Mitarbeiter der Warren-Kommission enthaltene kompromittierende Material an«.[53]

Aber der zwischen der fleißigen und gewissenhaften Arbeit der einfachen FBI-Agenten und dem fragwürdigen Verhalten der führenden Leute – insbesondere Hoovers – bestehende Gegensatz beschränkte sich nicht auf diesen Fall. Wie Ralph Salerno, der inzwischen pensionierte Spezialist für organisiertes Verbrechen bei der New Yorker Polizei, feststellt,

> gibt es in der Tat zwei FBI. [...] Eines davon ist die hervorragende Organisation selbst; das andere ist ihr langjähriger Direktor.[54]

Salerno bezog sich in dieser Auskunft in erster Linie auf die geradezu grauenhafte Erfolgsbilanz, die Hoover hinsichtlich der Bekämpfung des organisierten Verbrechens vorzuweisen hatte.

Unter Hoovers Leitung richtete das FBI sein Hauptaugenmerk auf die Bekämpfung von Autodieben und Bankräubern und auf die Unterdrückung der von Hoovers Freund Joe McCarthy vielbeschworenen kommunistischen Bedrohung. Das organisierte Verbrechen hingegen ließ er fast völlig unbehelligt und leugnete bis Anfang der sechziger Jahre sogar unbeirrbar, daß ein landesweit operierendes Verbrechersyndikat überhaupt existiere. Hoover weigerte sich sogar noch nach einer – aus Anlaß des 1957 in Apalachin im Staate New York veranstalteten Mafiatreffens – erfolgten Polizeirazzia, diesen Umstand zur Kenntnis zu nehmen, obwohl doch seine eigenen New Yorker Agenten in dieser Sache weitreichende Ermittlungen anstellten. So verwarf er beispielsweise 1958 einen vom FBI erstellten Bericht über die Mafia als »Quatsch«. FBI-Beamte, die gegen die Mafia ermittelten, fanden sich in ihrer Arbeit behindert und mußten um ihre Karriere fürchten. Im übrigen weigerte sich Hoover hartnäckig, Spezialeinsätze gegen die Mafia zu befürworten. Dies führte dazu, daß eine zur Bekämpfung des organisierten Verbrechens gegründete FBI-Sondereinheit 1958 aufgelöst und ihre Empfehlungen abgelehnt wurden. Erst als Robert Kennedy in der Regierung seines Bruders zum Justizminister aufstieg, konnte Hoover dazu bewegt werden, Maßnahmen gegen das Syndikat einzuleiten.

Obwohl Hoover die Mafia in seinem offiziellen Amt nicht zur Kenntnis nahm, war er in seinen persönlichen Beziehungen weniger wählerisch. So stieg er häufig kostenlos in Las Vegas in einem der Hotels des Baulöwen Del E. Webb ab, dessen Unternehmungen mit dem organisierten Verbrechen aufs engste verquickt waren. Hoover und Webb verbrachten auch des öfteren gemeinsam ihre Ferien in Del Mar, Kalifornien. Die während der alljährlichen Aufenthalte Hoovers in dem luxuriösen Del Charro Motel in dieser Stadt anfallenden Unkosten wurden von dessen Besitzer, Clint Murchison jr., übernommen; Hoovers »Busenfreund« Murchison, ein Ölmagnat aus Texas, der auch Lyndon B. Johnson unterstützte, unterhielt fragwürdige Verbindungen sowohl zur Transportarbeitergewerkschaft als auch zu Bobby Baker, dem berüchtigten LBJ-Mitarbeiter, von dessen Missetaten im folgenden noch die Rede sein wird. Hoover war auch dann noch Murchinsons Gast, als dessen Umgang mit Baker sowohl vom Senat als auch von Hoovers eigenem FBI durchleuchtet wurde.

Während seiner kostenlosen Aufenthalte im Del Charro Motel war Hoover auch des öfteren auf Murchisons Del-Mar-Rennbahn anzutreffen. Bei diesen Gelegenheiten traf er nicht unbedingt mit der besten Gesellschaft zusammen. So erklärte etwa Jack Anderson 1970:

Der unlängst verstorbene Clint Murchison zahlte Jahr für Jahr die Rechnung für Hoovers (sich auf 100 Dollar pro Nacht belaufende) Suite in dem [...] unweit ihrer bevorzugten Rennbahn gelegenen Del Charro Motel. [...] In dem Haus pflegten zur gleichen Zeit etliche der berüchtigtsten Spieler und Mafiosi des ganzen Landes zu logieren.[55]

In Anbetracht des Umstands, daß Hoover zufällig der höchste Gesetzeshüter des Landes war, erscheinen diese und andere Kontakte, die er mit dem organisierten Verbrechen nahestehenden Persönlichkeiten pflegte, mehr als fragwürdig. Am schockierendsten allerdings war die Verbindung, die er zu Frank Costello, einem führenden Mafiaboß der vierziger Jahre, unterhielt. Nach Auskunft einer 1974 in *Time* über Hoover erschienenen Titelgeschichte war in FBI-Kreisen die Rede davon, »daß er mitunter nach Manhattan gefahren und dort mit einer der führenden Figuren der Mafia, nämlich Frank Costello, zusammengetroffen [sei]. Die zwei trafen sich gewöhnlich im Central Park.«[56] Der Historiker Arthur Schlesinger jr. wußte zu berichten: »Daß Hoover mit Costello zusammengetroffen ist, wird sowohl von William Hundley, einem ehemaligen Beamten im Justizministerium, bestätigt als auch von Edward Bennett Williams.«[57] Ein schreiender Verstoß gegen die guten Sitten – der FBI-Chef trifft mit dem obersten Mafiaboß zusammen, behindert die Bekämpfung des Syndikats und blockiert eine angemessene Untersuchung der mutmaßlichen Beteiligung der Mafia an der Ermordung eines Präsidenten.

Hoovers Widerwille, gegen das organisierte Verbrechen vorzugehen, hat möglicherweise auch seine starke Abneigung gegenüber Robert Kennedy mitausgelöst, der ihn schließlich dazu drängte, doch noch etwas gegen die Mafia zu unternehmen. Eine ähnliche Abneigung hegte Hoover gegenüber Reverend Martin Luther King, einem Freund RFKs. Unter den umfangreichen kompromittierenden Materialien, die er über seine politischen Gegner hatte sammeln lassen, befanden sich auch Tonbandaufnahmen von einer außerehelichen Affäre Martin L. Kings – die Hoover Kings Frau übersandte und vor Journalisten abspielte. Überdies demonstrierte Hoover – nach Auskunft seines ehemaligen Mitarbeiters William Sullivan – seine Verachtung für Robert Kennedy und Reverend King, indem er die Bekanntgabe der Ergreifung von Kings Mörder so lange hinausschob, daß er Gelegenheit hatte, »die Direktübertragung von Bobbys Begräbnis zu unterbrechen«.[58]

Robert Kennedy nicht weniger feindlich gesonnen war Clyde Tolson, Hoovers Stellvertreter und persönlicher Freund, der sich ausführlichst über die aus Anlaß des Kennedy-Attentats vom FBI angestellten Ermittlungen informieren ließ. Nach Sullivans Angaben hat Tolson einmal über Robert Kennedy gesagt: »Ich hoffe, daß jemand diesen Hurensohn abknallt.«[59]

Finstere Koalitionen im Weißen Haus

Präsident Lyndon Johnson war gegenüber einer unabhängigen Untersuchung des Attentats ebenso ablehnend eingestellt wie Hoover. Am 29. November 1963, eine Woche nach Präsident Kennedys Tod, berichtete Hoover Johnson am Telephon, der Bericht des FBI über den Fall, in dem Oswald als Einzeltäter dargestellt wurde, sei fast fertig. In einer Gedächtnisnotiz, die er von dem Telephonat anfertigte, schrieb Hoover:

> Der Präsident wies darauf hin, er wolle sich möglichst mit meinen Unterlagen und meinem Bericht begnügen. Ich erklärte ihm, daß es sehr schlecht sei, wenn es zu einer ganzen Flut von Ermittlungen komme. Er ließ dann durchblicken, eine solche Entwicklung lasse sich nur aufhalten, wenn ein hochrangiges Komitee gegründet werde, daß meinen Bericht unter die Lupe nimmt und das Repräsentantenhaus und den Senat hinterher von der Notwendigkeit überzeugen kann, von weiteren Ermittlungen abzusehen.[60]

Am selben Tag noch richtete Johnson per Durchführungsverordnung die Warren-Kommission ein, die dann so getreulich die von Hoover und Katzenbach ausgegebene Parole befolgte und alles tat, »um die Öffentlichkeit davon zu überzeugen, daß Oswald der wahre Täter« sei.[61]

Johnson stellte die Fähigkeit, ein Vertuschungsmanöver zu koordinieren, wie es dann von der Warren-Kommission in Szene gesetzt wurde, bereits sehr früh unter Beweis. Wie der

Pulitzer-Preis-Gewinner Robert Caro berichtet, konnte Johnson 1930, als er sich erstmals einer Wahl stellte, im Studentenrat nur »durch den Diebstahl« von Stimmzetteln einen Sitz gewinnen und vermochte auch eine andere College-Wahl nur mit Hilfe von Erpressung für sich zu entscheiden.[62] Nachdem er verschiedentlich unlautere politische Tricks der vorgenannten Art angewandt hatte, »brachten ihm seine Kommilitonen ein so tiefes und allgemeines Mißtrauen entgegen«, daß sie ihm den Spitznamen »Bull« (für »Bullshit«, etwa »Scheißkerl«) verpaßten, unter dem er auch im Jahresabschlußbericht verzeichnet ist.[63] Johnsons unentwegtes Lügen trug ihm den Ruf ein, »der größte Lügner auf dem ganzen Campus« zu sein.[64]

Vor 1981 waren diese Auskünfte über Johnsons College-Jahre allerdings in keiner seiner Biographien enthalten. Nach Caros Mitteilung gab es dafür einen einfachen Grund, denn bereits als Johnson noch am Lehrerkolleg des Staates Texas studierte, sorgte er dafür,

daß aus den Hunderten von Exemplaren des College-Jahrbuchs gewisse Seiten, die Hinweise auf seine Studienjahre enthielten, entfernt (das heißt herausgeschnitten) wurden (glücklicherweise sind einige Exemplare der Schere entgangen). Ausgaben der College-Zeitung, in denen Berichte über einige entscheidende Episoden aus seiner College-Karriere enthalten sind, sind in der College-Bibliothek nicht mehr auffindbar. Die rücksichtslose Anwendung politischer Macht, wie sie Johnson in der Folge in San Marcos unter Beweis stellte, ließ es seinen Kommilitonen und Klassenkameraden ratsam erscheinen, über diese Aspekte seiner Karriere nicht laut zu sprechen.[65]

Die Fähigkeit, eine große Vertuschungsaktion zu koordinieren, hatte Johnson also wohl bereits in seiner College-Zeit zu einer gewissen Vollkommenheit entwickelt, das Motiv, weshalb er seine diesbezüglichen Kenntnisse im Zusammenhang mit dem Kennedy-Attentat zur Geltung brachte indes, läßt sich aus zwei Auskünften erschließen, denenzufolge er auf der Geldempfängerliste des organisierten Verbrechens stand. Eine dieser beiden Quellen war ein gewisser Jack Halfen, ein Gangster aus Dallas, der sich seine kriminellen Sporen in den vierziger und fünfziger Jahren in Zusammenarbeit mit solchen Desperados wie »Pretty Boy« Floyd, Bonnie Parker und Clyde Barrow verdient hatte – mit denen gemeinsam er in Houston und Umgebung für die Koordinierung des illegalen Glücksspiels zuständig gewesen war. Allein die Einkünfte aus der Buchmacherei beliefen sich damals in Houston auf mehr als 15 Millionen Dollar jährlich. Vierzig Prozent dieses Geldes gingen an Carlos Marcello, 35 Prozent an Halfen und 25 Prozent in Form von Bestechungsgeldern an Polizeibeamte und Politiker. Diese Verhältnisse kamen 1954 ans Licht, als Halfen wegen Einkommensteuerhinterziehung gerichtlich belangt und zu vier Jahren Gefängnis verurteilt wurde. Aber der Staatsanwalt Charles Herring, ein Freund und ehemaliger Mitarbeiter Lyndon B. Johnsons, versuchte gar nicht erst zu klären, in wessen Hände die von Halfen gezahlten riesigen Bestechungssummen geflossen waren.

Obwohl Halfen über seine Mafiakontakte nichts verlauten ließ, wurde die Loyalität, die er seinen politischen Kollaborateuren zu schulden glaubte, mit der Länge der im Gefängnis verbrachten Zeit immer brüchiger, und in etlichen Gesprächen, die er 1956 mit dem US-Marshall J. Neal Matthews führte, gab Halfen über eine Reihe dieser Politiker belastende Informationen preis – so auch über seinen engsten politischen Kontakt, Lyndon B. Johnson. Halfen berichtete, daß sein von der Mafia mitgetragenes Glücksspielnetzwerk Johnson während dessen Zeit im Senat während eines Zeitraums von zehn Jahren 500 000 Dollar in bar und in Form von Wahlkampfunterstützung habe zukommen lassen. Zum Dank habe Senator Johnson des öfteren gegen das organisierte Verbrechen gerichtete neue Gesetzesinitiativen zu Fall gebracht, Gesetzesvorlagen, deren Annahme er nicht verhindern konnte, verwässert und von seiten des Kongresses gegen die Mafia angestrengte

Ermittlungen behindert. So veranstaltete etwa ein von Estes Kefauver geleiteter US-Senatsausschuß während der fünfziger Jahre in über einem Dutzend Städten Anhörungen wegen des organisierten Verbrechens. Nach Texas begab sich der Ausschuß allerdings kein einziges Mal – angeblich, weil Johnson dies verhindert hatte. Halfen konnte für seinen Umgang mit Johnson konkrete Belege vorweisen, so beispielsweise einen Brief Johnsons an die texanische Kommission für bedingte Haftentlassungen, in dem er sich für Halfen verwendet hatte, sowie Photographien, auf denen Johnson, Halfen und andere texanische Politiker anläßlich einer Jagd abgebildet waren.

Über Mafia-Zahlungen an Johnson wußte auch Jack Sullivan, ein ehemaliger Referent des Senators Daniel Brewster aus Maryland, in einer eidlichen Aussage zu berichten. Während einer auch von Sullivan besuchten Cocktail-Party, die 1964 im Hauptquartier der Transportarbeitergewerkschaft stattfand, zogen sich Brewster und Jimmy Hoffa, der Chef der Gewerkschaft, zu einem Gespräch unter vier Augen auf die den Capitol Hill überblickende Terrasse zurück. Hinterher erzählte Brewster Sullivan, Hoffa habe ihn gebeten, 100 000 Dollar in bar an Johnsons persönlichen Referenten Cliff Carter zu übergeben. Mit dieser Geldsumme sollte Johnson dafür gewonnen werden, sich für die Niederschlagung des Verfahrens stark zu machen, das Hoffa wegen Geschworenenbeeinflussung und der Plünderung des Pensionsfonds seiner Gewerkschaft drohte, und in dem er letztendlich tatsächlich verurteilt wurde.

Einige Tage nach der Party kam dann – so Sullivan – Sid Zagri, der Lobbyist der Transportarbeitergewerkschaft, in Senator Brewsters Büro und überreichte diesem einen Koffer voll Geld. Sullivan suchte dann gemeinsam mit Brewster Cliff Carters Arbeitsstätte auf und wartete im Auto, während Brewster mit dem Koffer in das Büro ging und ohne diesen wieder herauskam.

Zur Glaubwürdigkeit von Sullivans Aussage trägt auch der Umstand bei, daß Brewster 1969 von einem Bundesgeschworenengericht wegen Bestechlichkeit unter Anklage gestellt und am Ende des Verfahrens für schuldig befunden wurde, und die Erklärungen beider Zeugen passen nur zu gut zu einer Reihe weiterer unguter Vorfälle in Johnsons politischer Karriere. Die erste politische Funktion auf Bundesebene, die Johnson einnahm, nämlich einen Sitz im US-Senat, verdankte er dem Sieg in einer Vorwahl der Demokraten in Texas. Er gewann mit einem Vorsprung von 87 Stimmen – allerdings erst, als gegen Ende der Auszählung unversehens 203 neue Stimmen in alphabetischer Reihenfolge auftauchten. Die Bundesregierung strengte in diesem Zusammenhang sogar Ermittlungen wegen Wahlbetrugs an, und dieser Verdacht wurde schließlich bestätigt, als 1977 Luis Salas, ein texanischer Wahlbeobachter, gestand, daß das Wahlergebnis auf Johnsons Betreiben hin gefälscht worden sei.

Auch während seiner Jahre in Washington behielt Johnson seine betrügerischen Gepflogenheiten bei, wie der Autor Robert Caro aufgezeigt hat:

Jahrelang gingen Männer in Johnsons Büro ein und aus und überreichten ihm mit Geldscheinen vollgestopfte Kuverts. Sie kamen auch weiterhin, als es sich bei dem Büro, in dem er saß, um das Büro des Vizepräsidenten der Vereinigten Staaten handelte. Ein – für nur eine einzige Ölfirma tätiger – Lobbyist allein überbrachte Johnson nach eigenem Bekunden während dessen Zeit als Vizepräsident 50 000 Dollar (in Hundert-Dollar-Scheinen und in versiegelten Umschlägen).[66]

Diese Geldbriefe sowie die skrupellose Anwendung politischer Macht zur Beförderung eigener privater Geschäftsinteressen[67] haben wohl erheblich dazu beigetragen, daß es Johnson während seiner politischen Karriere gelungen ist, ein Vermögen von 20 Millionen Dollar anzuhäufen.

Einen erstklassigen Einblick in Johnsons Vorliebe für Korruption und Vertuschungsmanöver und für die Sympathien, die er dem organisierten Verbrechen entgegenbrachte, bot die Bobby-Baker-Affäre. Baker war acht Jahre lang der persönliche Referent Johnsons, des damaligen Mehrheitsführers im Senat, und häufte in dieser Zeit ein Privatvermögen von schätzungsweise zwei Millionen Dollar an. Er trat am 7. Oktober 1963 von seinem Amt zurück, einen Monat nachdem die *Washington Post* enthüllt hatte, daß er sich in großem Maßstab der Einflußnahme zugunsten bestimmter Kreise und Personen schuldig gemacht hatte. Der nun ausbrechende Skandal erwies sich auch für Johnson als äußerst peinlich, Bakers Mentor und Vorgesetzten, der diesen »einen meiner vertrauten Freunde« genannt hatte. Es wurde damals sogar erwartet, daß Präsident Kennedy Johnson für die Wahl von 1964 nicht mehr als Vizepräsidenten vorschlagen werde.

Die von Baker in großem Stil betriebenen Korruptionsmachenschaften trugen ihm schließlich eine Gefängnisstrafe wegen Steuerhinterziehung, Diebstahl und Betrug ein, unter anderem wegen der Annahme von fast 100 000 Dollar Bestechungsgeldern. In diesem Zusammenhang kam auch ans Licht, daß Baker mit Mafiosi und Funktionären der Transportarbeiter in Texas, Las Vegas, der Karibik und im heimatlichen Washington D.C. zusammengearbeitet hatte, wo er als der Mafia-Transportarbeiter-»Mann in Washington« fungierte. Baker selbst gab jedoch kaum Informationen preis und berief sich während seiner Auftritte vor dem Ethikausschuß des Senats mehrmals auf sein Aussageverweigerungsrecht. Bereits einen Tag nachdem Vizepräsident Lyndon B. Johnson Kennedy als Präsident beerbt hatte, erlosch der Strom der Informationen über Baker, die Hoovers FBI bis dahin an die Abteilung »Organisiertes Verbrechen« im Justizministerium weitergeleitet hatte.

Warum sich über die Baker-Affäre plötzlich eine Wolke des Schweigens senkte, verdeutlicht ein Gespräch zwischen Johnson und John McCormack, dem damaligen Sprecher des Repräsentantenhauses, über das der Washingtoner Ex-Lobbyist Robert Winter-Berger in seinem Buch *The Washington Payoff* berichtet. Am 4. Februar 1964 hielt sich Winter-Berger in McCormacks Büro auf und diskutierte mit diesem über Fragen der Öffentlichkeitsarbeit. Plötzlich platzte Präsident Johnson in den Raum und fing – den Lobbyisten überhaupt nicht beachtend – zu toben an. Im Verlauf seiner schier endlosen Tirade erklärte Johnson:

> John, dieser Hurensohn [Bobby Baker] wird mich noch ruinieren. Wenn das Schwein den Mund aufmacht, lande ich im Gefängnis. [...] Ich habe die alte Drecksau nach oben gebracht, und jetzt sorgt er dafür, daß ich als erster Präsident der Vereinigten Staaten die letzten Tage meines Lebens hinter Gittern verbringen kann.[68]

Als Johnson schließlich Winter-Bergers Anwesenheit bemerkte, erklärte McCormack, daß der bei ihm zu Besuch weilende Lobbyist eng mit Nat Voloshen befreundet sei, einem enorm einflußreichen Zahlmeister der Mafia. Als er das hörte, war Johnson ganz begeistert und rief: »Nat kann Bobby aufsuchen. Sie sind Freunde. Lassen Sie Nat zu Bobby gehen.«[69] Als Winter-Berger erwiderte, er sei für den folgenden Tag mit Voloshen verabredet, beschwor ihn Johnson:

> Sagen Sie Nat, ich möchte, daß er sobald wie möglich Kontakt zu Bobby Baker aufnimmt – schon morgen, wenn er kann. Bitten Sie Nat, Bobby zu sagen, daß ich ihm eine Million Dollar gebe, wenn er die Schuld auf sich nimmt. Bobby darf nicht reden. Ich werde dafür sorgen, daß er eine Million erhält.[70]

Wenn man in Betracht zieht, daß sich McCormacks Büro in der Folge auf Voloshens Betreiben hin für eine Reihe von Mafiosi einsetzte, dann scheinen Ausbrüche wie die zitierte Johnson-Tirade in diesem Büro keine Ausnahme gewesen zu sein. In den Baker-Fall waren auch etliche enge Freunde Lyndon Johnsons verwickelt, so der texanische Ölmagnat Clint Murchison, für dessen Unternehmen Baker aktiv wurde, um eine vom Landwirtschaftsministerium erlassene Bestimmung aufheben zu lassen, derzufolge es verboten war, hygienisch nicht einwandfrei verarbeitetes Fleisch von Haiti nach Puerto Rico zu importieren. Im übrigen war der Rechtsbeistand, für den Baker sich entschied, als seine Probleme im September 1963 begannen, ein enger Freund Johnsons namens Abe Fortas, der später traurige Berühmtheit erlangte, da er als erster Richter am Obersten Gericht unter öffentlichem Druck zurücktreten mußte.

Aber im November 1963 wurde Fortas als Bakers Rechtsberater durch Edward William Bennett Williams ersetzt, der sich auf Klienten vom Schlage Bakers spezialisiert hatte, darunter der New Yorker Mafiaboß Frank Costello, Jimmy Hoffa, der Chef der Transportarbeiter, Sam Giancana, der Mafiaboß von Chicago, und der Chicagoer Mafia-»Scharfrichter« Felix Alderisio. Fortas hatte die Verteidigung des Johnson-Protegés Baker niedergelegt, um sich einer neuen Aufgabe zuzuwenden, die der texanische Justizminister Wagoner Carr am 26. November 1963 in einer Aktennotiz so charakterisierte:

> Mr. Fortas hat mich davon in Kenntnis gesetzt, daß man ihn beauftragt habe, die im Zusammenhang mit der Ermordung Präsident Kennedys von seiten des FBI, des Justizministeriums und des Justizministers von Texas angestellten Ermittlungen zu koordinieren.[71]

Zusammenfassend kann man sagen, das im Zusammenhang mit dem Kennedy-Attentat durchgezogene Vertuschungsmanöver entspricht genau dem von Tacitus bereits vor 2000 Jahren beschriebenen Muster: »Ein schockierendes Verbrechen wurde durch die skrupellose Initiative eines kleinen Personenkreises verübt, von einer größeren Zahl von Menschen gutgeheißen und von allen durch ihr Schweigen begünstigt.«[72] Unter den skrupellosen Initiatoren befanden sich in diesem Fall Männer wie Lyndon B. Johnson und J. Edgar Hoover, der auf die Notwendigkeit hingewiesen hatte, »die Öffentlichkeit davon zu überzeugen, daß Oswald der wahre Mörder« sei. Beide übten erheblichen Druck aus, um eine gründliche Untersuchung des Falles zu verhindern, und nahmen gegenüber den Kreisen des organisierten Verbrechens eine fragwürdige Haltung ein. Als Helfershelfer bewährten sich Persönlichkeiten wie der vormalige CIA-Direktor Allen Dulles, der Journalist Tony Zoppi und der Mafioso Sidney Korshak, wobei Kennedys Feinde in den Reihen der Anti-Castro-Allianz dieses Vorgehen gewiß gutgeheißen haben. Die schweigende Menge verkörperten in diesem Fall die Mitglieder der Warren-Kommission sowie all jene kritiklosen Journalisten und amerikanischen Bürger, die sich unverzüglich die Einzeltäter-Theorie zu eigen machten, statt die bedrückende Wahrheit zu erforschen, die sich hinter dem tragischen Mord verbarg.

Etliche der Beteiligten haben bei dieser gigantischen Vertuschungsaktion möglicherweise in erster Linie mitgemacht, weil sie einige für sie äußerst peinliche Geheimnisse unter Verschluß halten wollten – die CIA beispielsweise ihre Mitwirkung an den von der Mafia gegen Castro ausgeheckten Mordkomplotten und das FBI vermutlich den Umstand, daß es bereits vor dem Attentat Kontakte zu Oswald unterhalten hatte. Wie Blakey und Billings festgestellt haben, hegte Hoover wohl die Befürchtung, »das FBI werde der Pflichtverletzung bezichtigt werden und seinen guten Ruf einbüßen«.[73]

Aber Korshaks Versuch, Bakers Glaubwürdigkeit zu erschüttern, und das von den verschiedensten Seiten betriebene Ableugnen von Rubys Mafia-Kontakten, worüber im folgenden noch zu sprechen sein wird, zeigen ganz klar, daß systematische Einmischungsversuche der Unterwelt ebenfalls im Spiel waren. Die Mafia hatte im Zusammenhang mit dem JFK-Attentat in der Tat eine ganze Menge zu verheimlichen, wie sich im folgenden Teil des Buches noch in aller Drastik erweisen wird.

Teil V

Ein Mordkomplott der Mafia

Eine objektive Untersuchung des Kennedy-Attentats, um die die Warren-Kommission sich servil herumgedrückt hat, wurde Ende der siebziger Jahre schließlich vom House Assassinations Committee durchgeführt. Nachdem dieser Ausschuß sich zwei Jahre lang mit den Hintergründen dieses politischen Mordes auseinandergesetzt hatte, stellte er 1979 in seinem Abschlußbericht fest, daß Präsident Kennedy »wahrscheinlich einer Verschwörung zum Opfer gefallen ist«.[1] Diese Einschätzung wurde von fünfundsiebzig Prozent der einschlägigen Experten und achtzig Prozent der amerikanischen Bevölkerung geteilt, wie Anfang der achtziger Jahre aus Meinungsumfragen hervorging. Der Ausschuß gelangte ferner zu der Auffassung, die Mafia habe »ein Motiv, die notwendigen Mittel und die Gelegenheit« gehabt, den Präsidenten zu töten.[2] G. Robert Blakey, der Chefberater des Komitees, gab sogar der Überzeugung Ausdruck, daß die Mafia Präsident Kennedy ermordet habe.

Auch das bisher in diesem Buch vorgelegte Beweismaterial deutet ganz klar in diese Richtung. Wie aus einem von Akustikexperten vorgelegten Gutachten, aber auch aus den Aussagen von Augenzeugen hervorgeht, hat ein zweiter Schütze von der Grasböschung aus auf Präsident Kennedy gefeuert. Die drei Attentatsverdächtigen Ferrie, Oswald und Brading unterhielten Verbindungen zum organisierten Verbrechen. Führende Mafialeute, darunter auch Carlos Marcello, der Mafiaboß von New Orleans, haben in Gesprächen die Bereitschaft angedeutet, John F. und Robert Kennedy ermorden zu lassen, und Jack Ruby, der in Dallas für die Mafia arbeitete, ermordete Oswald im Rahmen einer sorgfältig vorbereiteten Verschwörung. Die folgenden Ausführungen, in denen ich mich in weiten Teilen auf neues Beweismaterial stütze, werden ihrerseits die Plausibilität der vom Kongreß vertretenen Auffassung bestätigen, derzufolge die Mafia für die Ermordung Präsident Kennedys die Verantwortung trägt.

Erstens: Nachdem Präsident Kennedys Dallas-Reise offiziell angekündigt worden war, nahm Ruby entweder telephonisch oder durch persönliche Besuche Kontakte zu etlichen Marcello-, Trafficante- und Hoffa-Vertrauten auf. Je näher nun der 22. November rückte, desto intensiver wurden diese Mafia-Kontakte; zudem konzentrierten sie sich nun immer stärker auf Dallas. Zweitens: Die von Ruby telephonisch kontaktierten oder von ihm persönlich aufgesuchten Mafiosi ersannen nun ein Lügenmärchen, um ihren wechselseitigen Kontakten einen harmlosen Anstrich zu geben – dieses Lügennetz spricht nur um so mehr für die tatsächliche Existenz eines Komplotts und führt die Behauptung, es gebe für diese zahlreichen Kontakte eine völlig harmlose Erklärung, vollends ad absurdum. Drittens: Während der letzten Tage vor dem 22. November wurde der Charakter von Rubys Mafia-Kontakten außerdem noch durch Aktionen unterstrichen, die seine Verwicklung in ein gegen den Präsidenten gerichtetes Mordkomplott eindeutig belegen – so etwa durch einen Abstecher, den er am 21. November nach Houston unternahm, um den Präsidentenkonvoi zu beobachten.

Das von der Mafia gegen Präsident Kennedy geschmiedete Mordkomplott, wie es aus den im Nationalarchiv verwahrten Dokumenten und Akten über Jack Ruby ersichtlich wird, ist ursprünglich in einer der stärksten Bastionen der Mafia ersonnen worden – nämlich in New Orleans.

Die Aktivitäten des organisierten Verbrechens haben
Auswirkungen auf das Leben jedes einzelnen Bürgers:
Das organisierte Verbrechen ist vielfach ursächlich
für ein Ansteigen der Preise; es profitiert von dem
Geld, das wir in Waschsalons ausgeben und in Che-
mischen Reinigungen; es beeinflußt die Lebensmit-
telpreise in den Supermärkten. Ich habe selbst mit
dem Verkauf von – für den Menschen ungenießbarem
– verdorbenem Fleisch zu tun gehabt, aus dem man
erst Salami hergestellt hat, die dann von Lebensmit-
telhändlern unter Zwang verkauft worden ist [. . .] Ich
bin über diese Praktiken sehr gut informiert.

Als ich meine Aussage über Mr. DeCarlo gemacht
habe, ist mir noch einmal so recht bewußt geworden,
was das organisierte Verbrechen eigentlich ist.

Ich habe Photographien von Gräbern in New Jersey
gesehen, in denen man im Laufe der Jahre 35 mit
Lauge bis zur Unkenntlichkeit entstellte Leichen untergebracht hatte. Ich war selbst zugegen, als sich bei
einem Mittagessen Stimmen über die Ermordung eines zwölfjährigen Kindes unterhielten und über die
Beseitigung von Leichen in New Jersey [. . .]

Rauschgifthandel, die Manipulation des Marktge-
schehens, weswegen die Preise plötzlich steigen, wir
könnten so fast endlos fortfahren. [. . .] Es geht immer
weiter.[1]

Der Mafia-Abtrünnige Gerald Zelmanowitz 1973
vor einem Ausschuß des US-Senats

18. Landesweite Mafiakontakte

Einer der großen Bosse in der Mafiahierarchie, Carlos Marcello
aus New Orleans, hatte durch die von den Kennedys gegen das
organisierte Verbrechen eingeleitete Kampagne eine Menge zu
befürchten. Nicht nur war seine immens ertragreiche Mafiado-

mäne in Louisiana bedroht, sondern er stand auch ganz oben auf der »Abschußliste« der vom Justizministerium gerichtlich verfolgten Mafiosi. Nach Auskunft des Informanten Edward Becker erklärte der in die Enge getriebene Marcello 1962 wutschnaubend, »er werde schon irgendwie für die Ermordung Präsident Kennedys sorgen«.[2] Für die Durchführung des von Becker als gezieltes Komplott bezeichneten Verbrechens wollte Marcello einen Außenseiter anwerben, damit keinerlei Verdacht auf seine eigenen Männer fiele. Für diese Rolle erschien ein junger Mann namens Lee Harvey Oswald geeignet, dessen Onkel und Ersatzvater Charles »Dutz« Murret in Marcellos krimineller Organisation als Buchmacher tätig war. Die Gelegenheit, seinen Plan in die Tat umzusetzen, erhielt der Mafioso im November 1963, als Präsident Kennedy in Marcellos »Machtbereich« zu Besuch weilte und im offenen Wagen durch Dallas fuhr.

Aber wie bereits an anderer Stelle erwähnt, war Marcello beileibe nicht der einzige Mafiaboß, der die Möglichkeit eines Attentats auf Präsident Kennedy erwogen hatte. Während der Sommermonate des Jahres 1962 hatten Santos Trafficante jr., der Mafiaboß von Tampa, und Jimmy Hoffa, der mit der Mafia eng verbundene Chef der Transportarbeitergewerkschaft, ähnliche Mordabsichten artikuliert. »Kennedy ist in Schwierigkeiten und bekommt, was er verdient hat«, tobte Trafficante unter Verweis auf den Präsidenten. »Wir werden ihn erledigen.«[3] Hoffa schmiedete Mordpläne gegen Robert Kennedy und erwog die Möglichkeit, ihn von einem einzelnen Schützen irgendwo im Süden töten zu lassen, wo extreme Rassenfanatiker leicht den Verdacht auf sich ziehen könnten. In Anbetracht des zügellosen Hasses, den Hoffa Präsident Kennedy entgegenbrachte, erschien es einem Hoffa-Mitarbeiter durchaus möglich, daß aus dem Mordplan gegen Robert Kennedy schließlich das Mordkomplott gegen den Präsidenten hervorgegangen sei.

Sollten Marcello, Trafficante und Hoffa, allesamt enge Verbündete, ihre Kräfte tatsächlich vereinigt haben, um den Präsidenten zu ermorden, so ist der Fortgang der Verschwörung leicht zu erraten. Ungeachtet ihrer außerordentlichen Macht hätten die beiden Mafiabosse und ihr Verbündeter von der Transportarbeitergewerkschaft angesichts eines derart welterschütternden Unterfangens zunächst das Plazet des Nationalkonvents der Mafia einholen und sich insbesondere des Einverständnisses der großen Bosse von New York, Chicago und der Westküste vergewissern müssen. Als nächstes hätte man dann aus den besten Mafiakillern des ganzen Landes eine Einsatzgruppe zusammengestellt, und irgendwer in Dallas wäre dazu ausersehen worden, für die Kommunikation zwischen den diversen Mitwirkenden des Komplotts Sorge zu tragen: den führenden Mitarbeitern der drei Anstifter, den Repräsentanten anderer führender Mafiaclans und schließlich den Mafiakillern. Es hätte jedoch kaum den Intentionen dieses Plans entsprochen, hätte dieser Koordinator in Dallas eine deutliche Spur eben solcher belastender Kontakte hinterlassen.

> Ich bin inzwischen zu der felsenfesten Überzeugung
> gelangt, daß die Mafia es getan hat. Das ist eine histo-
> rische Tatsache.[1]
>
> G. Robert Blakey, der Chefberater des House As-
> sassinations Committee, über den Kennedy-Mord

19. Die Mafia hat
Präsident Kennedy umgebracht

Die Zeit der Begegnung mit Unterweltfiguren in den Mafiaba-
stionen New Orleans, New York, Chicago und Miami lag nun
hinter Jack Ruby. Nachdem seine telephonischen Aktivitäten
in der ersten Woche mit 25 bundesweiten Gesprächen ihren
Höhepunkt erreicht hatten, hörten sie jetzt schlagartig auf,
und während der 22. November immer näherrückte, verlager-
ten sich die von Ruby koordinierten Aktivitäten der Mafia
nach Dallas.

Einen Hinweis auf die Verhaltensänderung, die in dieser
letzten Phase vor dem Attentat an Ruby zu beobachten war,
verdanken wir Nancy Powell, die zum damaligen Zeitpunkt
bereits zwei Jahre im Carousel Club gearbeitet hatte. Auf die
Frage, wie sich Ruby während der »letzten Wochen und Monate vor dem Kennedy-Attentat« verhalten habe, antwortete
sie:

> Er kümmerte sich kaum noch um den Club. Anfangs hat er
> den Club nie verlassen. Er war die ganze Zeit da, aber dann
> fing er an wegzugehen und erst spät – so gegen zehn oder so –
> wiederzukommen.[2]

Larry Crafard, der 1963 während des gesamten Novembers im
Carousel Club arbeitete, gab präzisere Auskünfte. Crafard

sagte gegenüber dem FBI, Ruby habe sich im November im allgemeinen am frühen Nachmittag ein bis zwei Stunden im Club aufgehalten. Er sei dann für die restlichen Stunden des Tages weggegangen, abends gegen zehn zurückgekommen und bis zur Schließung gegen 1.30 oder 2.00 Uhr dort geblieben.

Crafard ging vor den Ermittlern der Warren-Kommission auf diesen Punkt näher ein:

> Frage: »Wenn ich Sie richtig verstehe [...], war er täglich während der Arbeitszeit acht bis zehn Stunden vom Club abwesend?«
> Mr. Crafard: »Ja.«
> Frage: »Hat er je darüber gesprochen, was er während dieser Zeit so unternahm?«
> Mr. Crafard: »Nein.«
> Frage: »Haben Sie je etwas darüber gehört, oder haben Sie eine Ahnung, was er während dieser Zeit angestellt hat?«
> Mr. Crafard: »Nein.«[3]

Crafard sagte ferner aus, daß im November 1963 »Leute in den Club gekommen sind, um ihn zu treffen, und er ging dann mit ihnen nach unten, verließ gemeinsam mit ihnen den Club und war manchmal den ganzen Nachmittag weg«.[4]

Mitte November hatte Ruby jedoch keine Zeit mehr zur Abwicklung der üblichen Unterweltgeschäfte in seinem Club; er hatte nun auch keinen Grund mehr, vom Büro seines Nachtclubs aus Telephongespräche mit Mafiosi im ganzen Land zu führen. Wie in den Dokumenten im US-Nationalarchiv nachzulesen ist, war Ruby jetzt vollauf damit beschäftigt, mit anderen Unterweltfiguren aus Dallas die letzten Vorbereitungen für die Ermordung Präsident Kennedys zu treffen.

Paul Roland Jones und
Al Gruber besuchen Dallas

Ungefähr eine Woche vor der Ermordung Präsident Kennedys unternahm Paul Roland Jones – wie er gegenüber dem FBI aussagte – eine zweitägige Reise nach Dallas. Während dieses Aufenthalts schaute Jones »in Rubys Club vorbei und unterhielt sich kurz und ganz allgemein mit diesem«.[5] Der zu dieser Zeit in Alabama lebende Jones war ein alter Bekannter Rubys. Während der vierziger Jahre hatte er als Mittelsmann an den von einer Mafiagesandtschaft in Dallas durchgeführten Bestechungsverhandlungen teilgenommen. An kriminellen Empfehlungen hatte Jones Verurteilungen wegen Bestechung, Rauschgifthandel und Mord vorzuweisen sowie eine Anklage wegen Meineids.

Al Gruber, ein anderer Bekannter Rubys aus der Unterwelt, schaute etwa zur gleichen Zeit bei ihm vorbei. Der in Los Angeles ansässige Gruber konnte auf stolze sechs Festnahmen in drei Bundesstaaten verweisen, wobei er viermal unter eigenem und zweimal unter falschen Namen aufgetreten war; in einem Fall war er wegen schweren Diebstahls verurteilt worden. Er bezeichnete sich als selbständigen Schrotthändler, der seine Geschäfte angeblich von seiner Privatwohnung aus tätigte, aber für seine tatsächlichen Aktivitäten ist es wahrscheinlich bezeichnender, daß er in den sechziger Jahren das »Kartenzimmer« im Veteran's Club leitete. Seth Kantor, ein beim Pressecorps des Weißen Hauses akkreditierter Journalist, wußte weiterhin zu vermelden, daß Gruber »gemeinsam mit Frank Matula [aktiv sei], der, kurz nachdem er eine wegen Meineids gegen ihn verhängte Gefängnisstrafe abgesessen hatte, von Hoffa zum Funktionär der Transportarbeitergewerkschaft gemacht worden war. Gruber unterhielt überdies nachweislich Verbindungen zu einigen Ganoven, die ihrerseits mit dem Gangster Mickey Cohen zusammenarbeiteten.«[6] Barney Ross, der vormals Capone nahestehende Boxer, war ein weiterer Kumpel Grubers.

In einem FBI-Verhör, das 1964 stattfand, behauptete Gruber, daß er mit Ruby seit 1947 keinen Kontakt mehr gehabt habe. Als er sich jedoch nach eigenem Bekunden zwei Wochen vor dem Attentat,

> aus New York kommend, wo er an der Hochzeit eines Verwandten teilgenommen hatte, gerade auf der Fahrt nach Los Angeles befand, legte er in Joplin, Missouri, einen Zwischenstop ein, um sich nach einer Autowäscherei zu erkundigen. Da Dallas, Texas, nur hundert Meilen von Joplin entfernt war, beschloß er, Ruby dort einen Besuch abzustatten.[7]

Vor dem House Assassinations Committee erklärte er hingegen 1978 steif und fest, er habe sich nicht auf dem Rückweg von einer Hochzeit in New York befunden: »Von einer Hochzeit in New York? Nein. [. . .] Ich hab' das vielleicht gesagt, aber das ist nicht wahr.«[8] Gruber behauptete nun, er habe »für jemanden einen Cadillac vom Osten in den Westen überführt«. Als er in Joplin eine Panne gehabt habe, habe er sich entschlossen, in das in Wirklichkeit 300 Meilen entfernte Dallas zu fahren.[9] »Und ich dachte, ich könnte Jack ja mal kurz besuchen, glaub' ich«, erklärte Gruber.[10] »Ich weiß eigentlich nicht mehr, warum ich dort letztendlich überhaupt hingefahren bin.«[11]

Ruby auf der andern Seite konnte sich genau daran erinnern, warum Gruber ihn besucht hatte: »Er ist damals gekommen, um das Interesse meines Bruders Sammy an dem Geschäft mit diesen neuen Autowaschstraßen zu wecken.«[12] Gruber wiederum sagte aus, er sei nicht ein einziges Mal mit Sam Ruby zusammengetroffen und habe ihn nicht einmal gekannt. Ähnlich schreiende Widersprüche ergaben sich hinsichtlich der Datierung des Gruber-Aufenthalts in Dallas (mal waren es einige Tage, dann wieder zwei Wochen vor dem Attentat), in Bezug auf seine Dauer (einen bis mehrere Tage) und bezüglich der Gesprächsthemen zwischen den beiden Männern. Gruber machte auch völlig widersprüchliche Angaben im Zusammenhang mit einem weiteren mysteriösen Kontakt: nämlich einem drei Minuten langen Telephongespräch, das Ruby zwei Stunden nach dem Attentat mit ihm – Gruber – in Los Angeles geführt hatte.

Eine Mafia-Party

In der üblichen Manier geben Ruby und zwei weitere Zeugen auch völlig widersprüchliche Erklärungen hinsichtlich der Aktivitäten des Nachtclubbesitzers vom Abend des 20. November zu Protokoll. In diesem Fall jedoch konnte die Falschheit der betreffenden Aussagen von unabhängigen Ermittlern nachgewiesen werden.

Vom späten Abend bis zum nächsten Morgen fand vom 20. auf den 21. November 1963 in Frank T. Tortoriellos Wohnung in den Tanglewood-Apartments in Dallas eine Party statt. Wie in dem ersten Bericht nachzulesen ist, den das FBI von dieser Party anfertigte, waren die folgenden Gäste zugegen: Jada, die Stripteasetänzerin aus dem Carousel Club, Jack Ruby, Joe F. Frederici mit Ehefrau Sandy und Tortoriellos Wohnungsnachbarin Ann Bryant. In späteren FBI-Berichten über das Beisammensein finden sich weitere Hinweise auf den Charakter der Party und die höchst interessante Verbindung, wie sie zwischen drei der anwesenden Gäste bestand.

Der Gastgeber Frank T. Tortoriello war Teilhaber an einem der Mafia nahestehenden Bauunternehmen und ein guter Bekannter des Mafioso Joseph Campisi. Ebenfalls mit Tortoriello befreundet war Jada, die Stripteasetänzerin im Carousel Club, die vor und während des Novembers 1963 verschiedentlich die Nacht in seiner Wohnung verbracht hatte.

Joseph Frank Federici, alias Frederici, Frederica und Frederico, war nach FBI-Angaben ein Neffe Vito Genoveses, des berüchtigten vormaligen Mafiachefs von New Jersey. Federicis Aktivitäten standen deshalb auch in harmonischem Einklang mit dieser verwandtschaftlichen Bindung, denn erstens stammte er aus New Jersey und zweitens bewohnte er die Wohnung im Tanglewood-Apartmenthaus in Dallas nur zwischen Februar 1963 und Januar 1964. Während dieser Zeit war er nach Mitteilung eines anderen Bewohners des Apartmenthauses »angeblich in Dallas als Repräsentant einer Gesellschaft für Unternehmensberatung tätig, die sich nach seiner eigenen Aussage im Besitz seines in Trenton, New Jersey, ansässigen Vaters befand«.[13]

Federici behauptete, er sei in Dallas als »Personalberater« tätig – eine hinreichend vage Berufsbezeichnung für einen Mann, der in seinem Leben bereits unter drei falschen Namen aktiv gewesen war. Als er vom FBI über seine angebliche Verwandtschaft mit Genovese befragt wurde, gab Federici zu, daß er gegenüber Dritten geäußert habe, er sei Genoveses Neffe. »Aber nur im Spaß«, fügte er hinzu.[14]

Zieht man Federicis kriminelle Potenz in Betracht, so ist es nur allzu verständlich, warum niemand sich mehr so recht an die kleine Party erinnern konnte, die an jenem Mittwochabend in Tortoriellos Wohnung stattgefunden hat. Tortoriello und Federici leugneten sogar, daß Federici an der Zusammenkunft überhaupt teilgenommen habe. Das gleiche behauptete Tortoriellos Wohnungsnachbarin Ann Bryant, die mitten in der Nacht der Party einen kurzen Besuch abgestattet hatte. Aber eine andere Bewohnerin des Apartmenthauses wiederum berichtete, Frau Bryant habe ihr erzählt, daß Federici doch dort gewesen sei, und der Hausmeister des Anwesens, der einer Reihe von Beschwerden über Lärmbelästigung nachgegangen war, wußte ebenfalls zu berichten, daß Federici auf der Party anwesend gewesen sei. Was Rubys Anwesenheit anbelangt, so wurde sie von Tortoriello geleugnet, aber Frau Bryant beobachtete einen Gast, »der Ruby – wie ich ihn von Photographien kenne – sehr ähnlich sah«.[15] Überdies paßt die Beschreibung, die Frau Bryant von der Begleiterin des Mannes gab (»eine zirka 25 Jahre alte, großgewachsene Brünette« mit »einer theatralischen Erscheinung«[16], sehr gut auf Gloria Fillmon, die am späten Abend dieses Tages mit Ruby zusammen war. Jack

Rubys und Gloria Fillmons Anwesenheit auf der Party erscheint insbesondere angesichts der widersprüchlichen Angaben wahrscheinlich, die sie über ihre Aktivitäten an diesem Abend machten.

Dafür, daß Ruby auf Tortoriellos Party zugegen war, sprechen aber auch ganz eindeutig die Beziehungen, in denen er zu den übrigen dort Anwesenden stand. So war Jada beispielsweise in Rubys Club angestellt; außerdem diente sie ihm als Rechtfertigung dafür, daß er im Juni nach New Orleans gefahren war. Tortoriello war nach eigenem Bekunden mit Ruby gut befreundet, und außerdem wurde eine Notiz mit Federicis Namen später unter Rubys persönlichen Habseligkeiten gefunden, und Federici leugnete im übrigen auch gar nicht, daß er mit Ruby bekannt gewesen sei.

Was immer der eigentliche Anlaß von Tortoriellos Party gewesen sein mag – reine Geselligkeit, der Wunsch nach einer Erholungspause von der täglichen Routine des organisierten Verbrechens oder eine letzte Besprechung vor dem Attentat im kleinen Kreis –, auch diese in einen Schleier widersprüchlicher Aussagen gehüllte Zusammenkunft brachte Ruby wieder einmal mit etlichen hochkarätigen Mafiafiguren zusammen. Seltsam erscheint auch, daß Federici ausgerechnet »am frühen Morgen des 22. November 1963«[17] von Dallas aus nach Providence, Rhode Island, abreiste. Federici selbst erklärte, bei der Reise habe es sich um einen »Verwandtenbesuch« gehandelt.

»Vielleicht kennen Sie mich noch nicht, aber das wird sich bald ändern«

Am Donnerstag, dem 21. November, fuhr Ruby – wie er gegenüber dem FBI aussagte – zwischen 10.30 und 11.00 Uhr mit Connie Trammel, einer jungen Freundin, zum Büro von Lamar Hunt. Nach Connie Trammels Auskunft, die Rubys Aussage im übrigen bestätigte, wollte die junge Frau wegen einer Arbeit mit Lamar, dem Sohn des Ölmagnaten H.L. Hunt, sprechen.

Nachdem er Frau Trammel abgesetzt habe, so Ruby, habe er in dem Gebäude, in dem Lamar Hunts Büro sich befand, einen oder zwei Anwälte getroffen, an deren genaue Identität er sich nicht mehr erinnern konnte. Danach hatte Ruby dann – wie er selbst aussagte – unten in der Halle auf Frau Trammel gewartet und das Gebäude schließlich gemeinsam mit ihr wieder verlassen. In einem Memorandum, das die beiden Berater der Warren-Kommission, Hubert und Griffin, am 24. Februar 1964 vorlegten, ist allerdings von einem direkten Kontakt Rubys mit Lamar Hunt die Rede. Es heißt dort: »Ruby besuchte sein [Lamar Hunts] Büro am 21. November. Hunt bestreitet, Ruby zu kennen. Ruby hat für diesen Vorfall eine harmlose Erklärung.«[18]

Die Auffassung, daß Ruby mit Lamar Hunt in Kontakt stand, wird auch durch die Tatsache bestätigt, daß sich in einem von Rubys Notizbüchern die Eintragung »Lamar Hunt« fand. Für einen solchen Kontakt spricht ferner der Umstand, daß Ruby mit Lamars Vater H.L. Hunt bekannt war, und natürlich erscheint dieser Kontakt in Anbetracht der Feindschaft, die beide Hunts Präsident Kennedy entgegenbrachten, hinreichend verdächtig. Auf einer Party, die vor dem schicksalsschweren Dallas-Besuch stattfand, stellte H.L. Hunt – wie bereits erwähnt – angeblich fest, daß »man diese Verräter nur aus der Regierung schießen kann«, wobei er sich auf Präsident Kennedy bezog. Überdies war H.L. Hunts Sohn Nelson Bunker an der Finanzierung einer am Morgen des 22. November in den *Dallas Morning News* erschienenen schwarz umrandeten Anzeige beteiligt, in der Präsident Kennedy scharf attackiert wurde.

Am 21. November mittags wurde Ruby von dem Polizeibeamten W.F. Dyson im Rathaus von Dallas gesehen. Nach Dysons Mitteilung suchte Ruby das im sechsten Stock gelegene Büro des stellvertretenden Distriktstaatsanwalts Ben Ellis auf und teilte bei dieser Gelegenheit an Dyson und die sonst noch anwesenden Polizisten Visitenkarten seines Carousel Club aus. Dann stellte sich Ruby Ellis vor und sagte zu ihm: »Vielleicht kennen Sie mich noch nicht, aber das wird sich bald ändern.«[19] Ruby stattete auch dem stellvertretenden Distrikt-staatsanwalt Bill Alexander einen Besuch ab. Alexander er-klärte hinterher, man habe über etliche geplatzte Schecks ge-sprochen, die Ruby erhalten hatte.

Ebenfalls am 21. November um die Mittagszeit meldete sich Eugene Hale Brading aus Los Angeles bei Roger Carroll, dem Leiter des Amtes für Bewährungshilfe in Dallas. Brading, der zu diesem Zeitpunkt gerade aus einer wegen Unterschlagung ge-gen ihn verhängten Haftstrafe auf Bewährung entlassen wor-den war, war ein Mafioso, der unter etlichen Namen 35 Fest-nahmen und drei Verurteilungen aufzuweisen hatte. Wie Car-roll an diesem Tag in seinem Bericht festhielt, »erklärte [Bra-ding], daß er die Absicht habe, [in Dallas] mit Lamar Hunt und anderen Ölspekulanten zusammenzutreffen«.[20] Brading be-hauptete später, daß er während seines Aufenthalts Hunt tat-sächlich überhaupt nicht aufgesucht habe, er bestätigte aller-dings, daß drei seiner Unterweltkollegen an diesem Tag der Hunt Oil Company einen Besuch abgestattet hätten und bei dieser Gelegenheit auch mit Lamar und Nelson Hunt zusam-mengetroffen seien. Nach Auskunft des damaligen Sicher-heitschefs von Hunt Oil, Paul Rothemal, war im Gästebuch der Gesellschaft allerdings für den 21. November der Besuch der drei Brading-Kollegen Baumann, Brown und Nowlin sowie »eines Freundes« vermerkt. Rothemal war der Ansicht, daß Brading dieser »Freund« gewesen sei.

Ruby beobachtet Präsident Kennedy in Houston

Am 4. Dezember 1963 befragte der Secret-Service-Agent Elmer Moore Ruby »bezüglich seiner Aktivitäten« vom Donnerstag, dem 21. November. Ruby berichtete, er sei in der Filiale der Merchants State Bank in der Innenstadt von Dallas gewesen. Nach Connie Trammels Mitteilung stattete er dieser Filiale auf dem Weg zu Lamar Hunts Büro einen Besuch ab. Was

Rubys Aktivitäten an jenem Nachmittag anbelangt, so waren seine Auskünfte wieder einmal höchst widersprüchlich.

Das einzige, woran sich Ruby im Zusammenhang mit seinen Aktivitäten vom Donnerstag nachmittag erinnern konnte, war ein »Gespräch mit dem Barmann Mickey Ryan« im Carousel Club, »wahrscheinlich am frühen Nachmittag«. Andrew Armstrong, der im Carousel Club als Mädchen für alles fungierte, berichtete ebenfalls, Ruby sei am Donnerstag nachmittag »gemeinsam mit Mickey Ryan, einem Barmann, der von Ruby Geld pumpen wollte«,[21] im Club gewesen. Ryan hingegen erklärte gegenüber dem FBI, er könne sich nicht daran erinnern, mit Ruby an diesem Tag im Carousel Club gewesen zu sein. Er war sogar der Meinung, er habe Ruby »zuletzt ungefähr zwei Wochen vor dem 22. November« gesehen.[22] Ganz in Übereinstimmung mit Rubys Aussage, berichtete Andrew Armstrong ferner, soweit er sich erinnere, habe Ruby am Donnerstag nachmittag vom Carousel Club aus einige AGVA-Funktionäre angerufen, und zwar »im Zusammenhang mit dem Vortanzen einiger Amateurstripperinnen«.[23] Aber in der Liste der vom Carousel Club aus an diesem Nachmittag angemeldeten Telephonate findet sich kein Hinweis auf derartige Gespräche.

Was aber hat Ruby tatsächlich am Donnerstag nachmittag getan? Das Verzeichnis der von ihm angemeldeten Telephongespräche liefert uns diesbezüglich aufschlußreiche Hinweise. Mrs. Billy Chester Carr, eine Künstleragentin in Houston, Texas, erklärte gegenüber dem FBI, Ruby habe sie am 19. November angerufen und abermals am 21. des Monats zwischen 14.30 und 15.00 Uhr. In dem Verzeichnis von Rubys Ferngesprächen ist das Telephonat mit Mrs. Carr in Houston vom 19. November aufgeführt, für den 21. November hingegen ist dort kein Gespräch vermerkt. Am Donnerstag nachmittag brauchte Ruby allerdings auch gar kein Ferngespräch mehr anzumelden, um mit Houston zu sprechen, denn Ruby war dort selbst zugegen und beobachtete zur Vorbereitung des für den folgenden Tag geplanten Attentats die Wagenkolonne des Präsidenten.

Am 2. Dezember 1963 legte der Secret-Service-Agent Lane

Bertram einen Bericht zu den Akten, den er über seine dreitägigen Nachforschungen in Houston angefertigt hatte. Darin ist gleich am Anfang die folgende Feststellung zu lesen:

> Zahlreiche Zeugen bestätigen, daß sich Jack Leon Rubenstein [auch bekannt als Jack Ruby] am 21. November mehrere Stunden lang in Houston, Texas, aufgehalten hat, und zwar einen Block von der Route des Präsidenten und vom Rice Hotel entfernt, wo dieser wohnte.[24]

Am 26. November befragte der Sonderagent Bertram seinem Bericht zufolge fünf Zeugen, die Ruby am Donnerstag nachmittag in der Milan Street in Houston gesehen hatten. Einer von ihnen war Bill Williams, ein Hilfssheriff aus Houston, der »den Mann bei drei verschiedenen Gelegenheiten gesehen und gegen 15.00 Uhr mit ihm gesprochen hatte«.[25] Williams war »sicher, daß der in den Zeitungen abgebildete Mann identisch mit dem Mann sei, den er gesehen hatte«.[26] Im Anschluß an diese Befragungen besorgte sich Bertram Polizeiphotos, auf denen Ruby abgebildet war, und zeigte sie den fünf Zeugen. »Alle stimm[t]en sie darin überein, daß Jack Rubenstein sich am 21. November von zirka 14.30 bis 19.15 Uhr in Houston aufgehalten hat, und zwar nahe der Route des Präsidenten zum Hotel und im Umkreis des Hotels selbst.«[27]

Bemerkenswert ist ferner, daß Ruby in Houston erstmals zwischen 14.30 und 15.00 Uhr gesichtet wurde, zu dem Zeitpunkt also, da Mrs. Carr einen Anruf von ihm erhielt. Zu diesem Zeitpunkt hätte er auch etwa in Houston eintreffen müssen, wenn er gegen Mittag aus Dallas abgefahren ist und die 243 Meilen lange Strecke bei einer Durchschnittsgeschwindigkeit von achtzig bis hundert Meilen zurückgelegt hat. Eine solche Geschwindigkeit wäre für Ruby nichts Außergewöhnliches gewesen, wenn man seine zahlreichen Verkehrsverstöße, davon viermal wegen Geschwindigkeitsüberschreitung, in Betracht zieht.

Der einzige berechtigte Zweifel an den Aussagen der Zeugen, die Ruby in Houston gesehen haben wollten, tauchte im Zusammenhang mit den Beobachtungen Marshall Bradleys auf, der Ruby angeblich aus nächster Nähe von der linken Seite aus gesehen hatte. Bradley berichtete, er habe auf der linken Seite von Rubys Gesicht, das von einem »Ein- bis Drei-Tage-Bart bedeckt gewesen« sei, eine ganz unscheinbare Narbe gesehen.[28] Kein anderer der Houstoner Zeugen hatte diese Narbe bemerkt, ebensowenig ließ sich eine solche Narbe bei oberflächlicher Betrachtung an Rubys Gesicht feststellen.

Aber die Geschichte der Verletzungen, die Ruby sich im Laufe seines Lebens zugezogen hatte, spricht durchaus für die Möglichkeit, daß er im Gesicht eine unscheinbare Narbe hatte, die vielleicht erst als Untergrund kräftiger Bartstoppeln zur Geltung kam. Ein gewisser Dr. Martin Towler sagte aus, daß in Gesprächen, die er mit Ruby und dessen Geschwistern geführt habe, »von zahlreichen Kämpfen und Schlägereien die Rede gewesen sei, in deren Verlauf der Urheber dieser Tätlichkeiten des öfteren am Kopf und im Gesicht Schläge erhalten« habe.[29] So erinnerte sich Ruby beispielsweise, daß er mit vierzehn oder fünfzehn Jahren einmal »in eine Schlägerei mit zwei erwachsenen Männern verwickelt [gewesen sei], in der er an der Lippe eine Platzwunde davongetragen hatte, die genäht werden mußte«.[30] Etwa im Alter von sechzehn Jahren wurde Ruby von zwei Polizisten »mit der Pistole verdroschen« und »trug Verletzungen der Kopfhaut davon«.[31] In einem im US-Nationalarchiv verwahrten medizinischen Bericht ist von etlichen Auseinandersetzungen die Rede, in deren Verlauf Ruby am Kopf und im Gesicht von Schlägen getroffen worden war. Bei einem dieser Kämpfe hatte er sich eine Gehirnerschütterung zugezogen, bei einem anderen zertrümmerte jemand einen Weinkrug auf seinem Kopf. Nach Auskunft eines Polizeiinformanten hatte sich Ruby 1956 wegen Abschürfungen am Kopf, in der Augengegend und im Gesicht, die ebenfalls aus einer Schlägerei herrührten, zu einem privaten Arzt in Behandlung begeben.

Diese mögliche Unstimmigkeit in der Aussage des einen wird jedoch durch die positiven Aussagen der übrigen vier

Zeugen mehr als wettgemacht. Und auch durch die als Tarnung gewählte Verkleidung konnte Ruby seine wahre Identität letztlich nicht verbergen: Er trat als Ölarbeiter auf; seine dunkel gestreiften Hosenbeine steckten in dicken Stiefeln, und über seinem weißen Hemd trug er eine Armeejacke. Aber ungeachtet der brenzligen Situation war Rubys Extrovertiertheit stärker als seine Vorsicht. Deswegen überließ er sich dem für ihn typischen Redefluß und tat wenig, um den großkotzigen Gangster, der er in Wirklichkeit war, zu verbergen. Die fünf Houstoner Zeugen »erklärten, daß der Mann redegewandt gewesen sei, jedoch ziemlich schnell gesprochen habe und einen nervösen Eindruck gemacht habe«.[32] Einer der Zeugen berichtete, der Mann habe gesagt, er besitze einen Haufen Geld und habe seinen Cadillac gleich um die Ecke geparkt. Ein anderer sagte aus, der Fremde habe ihm mit Geldscheinen vor der Nase herumgewedelt. Zwei weitere Zeugen erwähnten, der Mann habe sich nach einem von einem gewissen Jack geleiteten Club in der Washington Street erkundigt, eine nur zu natürliche situationsbedingte Improvisation Rubys.

Am bezeichnendsten aber war die Beschreibung der körperlichen Erscheinung des Mannes (die entsprechenden Angaben des FBI stehen in eckigen Klammern): »männlich und weiß, 1,70 bis 1,73 m groß [1,75 m], 80 bis 95 kg [77,5 kg], braunes zurücktretendes Haar, oben schütter [braunes, oben schütteres Haar], braune Augen [braune Augen], eher dunkle Gesichtsfarbe [leicht dunkle Gesichtsfarbe].«[33] Die Zeugen sagten ferner aus, der Mann habe »schwere Kleidung [getragen], die ihn möglicherweise kompakter erscheinen ließ«.[34] Dieser Umstand könnte eine Erklärung für die doch relativ weit auseinanderliegenden Gewichtsangaben sein.

Auf das Interesse, das Ruby an den Geschehnissen um Präsident Kennedy bekundete, hat besonders die Zeugin Gloria Reece hingewiesen. Sie erklärte,

der Mann habe sie gefragt, ob sie an dem zu Ehren des Präsidenten veranstalteten Diner teilnehmen werde. Sie entgegnete, daß sie nicht eingeladen sei, und bat ihn, ihr ein Bier zu spendieren; dann versuchte sie, eine Verabredung mit ihm zu treffen. Der Mann lehnte diesen Vorschlag ab und erklärte, er sei in Eile. Dann entfernte er sich in Richtung Coliseum, wo der Präsident zum [...] Diner erwartet wurde.[35]

Es gibt deshalb wenig Anlaß, die Schlußfolgerung des Sonderagenten Bertram anzuzweifeln, der davon überzeugt war, daß Rubys Aufenthalt »in Houston höchstwahrscheinlich mit der Anwesenheit des Präsidenten zu tun hatte«.[36]

Ebenfalls in Houston hielt sich an diesem Donnerstag Bruce Carlin auf, der angebliche Zuhälter, der im November 1963 häufig im Carousel Club zu Gast war. Carlin behauptete später, er sei dort gewesen, um im Auftrag des »Motel Drug Service« verschiedene Motels in dieser Stadt mit Toilettenartikeln zu beliefern. Allerdings hatte diese Firma weder ein eigenes Büro noch eine Telephonnummer. Im übrigen sagte Carlins Frau Karen aus, daß dieser zum damaligen Zeitpunkt arbeitslos gewesen sei. Auch als man ihn später intensiv verhörte, war Carlin außerstande, über seine Aktivitäten an jenem Tag nähere Auskünfte zu erteilen, und wie bereits weiter oben angesprochen, erwies sich eine der wenigen konkreten Angaben, die er gemacht hatte, als falsch, da man ihm nachweisen konnte, daß er am Donnerstag morgen von Houston aus in Rubys Carousel Club angerufen hatte.

Drei Begegnungen am Vorabend des Attentats

Wie von verschiedenen Seiten bestätigt, stattete Ruby gegen 22.00 Uhr der Egyptian Lounge, einem Treffpunkt der Unterwelt von Dallas, einen fünfundvierzigminütigen Besuch ab. Einer der Inhaber war Joseph Campisi, in Dallas einer der hochrangigen Mafiosi, der eng mit Carlos Marcello und dessen der Mafia nahestehenden Brüdern zusammenarbeitete. Vor dem House Assassinations Committee erklärte Campisi 1978, er sei am Abend des 21. November nicht in der Egyptian Lounge gewesen und habe auch nicht gewußt, daß Ruby dort anzutreffen sei. Am 7. Dezember 1963 hingegen hatte Campisi gegenüber dem FBI noch davon gesprochen, daß er an jenem Donnerstag abend Ruby begegnet sei, als dieser »in die Egyptian Lounge gekommen sei, um dort ein Steak zu essen«.[37]

Gegen Mitternacht schaute Ruby dann in dem Restaurant des von der Transportarbeitergewerkschaft finanzierten Dallas Cabana Hotel vorbei. Bei dieser Gelegenheit wurde er gemeinsam mit Larry Myers gesehen, der an jenem Tag ebenso im Cabana angekommen war wie auch der Mafioso Eugene Brading. Myers, der für eine Chicagoer Sportartikelfirma als Handelsvertreter tätig war, bezeichnete diesen Kontakt mit Ruby schlicht als gesellige Begegnung und begründete seine Anwesenheit in Dallas mit geschäftlichen Interessen. Gleichwohl erregt Myers Begegnung mit Ruby so manchen Verdacht.

Obwohl verheiratet, war Myers gemeinsam mit »einer ziemlich blöden, aber durchaus angenehmen Braut« namens »Jean West«[38] von Chicago nach Dallas gekommen. Eine von Rubys Stripteasetänzerinnen, mit der Myers offenbar eine Zweihundert-Dollar-Begegnung gehabt hatte, bezeichnete diesen als einen »großen Frauenliebhaber«, der in Chicago, Minneapolis und Las Vegas geschäftlich engagiert sei. Myers ließ sich später lang und breit darüber aus, wie Ruby ihm »von seinen Sorgen« mit der AGVA berichtet habe. Dieses Lügenmärchen wurde überwiegend von Leuten vorgebracht, die mit dem organisierten Verbrechen in Verbindung standen. Als während der von der Warren-Kommission durchgeführten Anhörungen einmal Myers Name fiel, verschlug es Rubys Kumpel Ralph Paul zunächst glatt die Sprache, und erst nach einer Schrecksekunde zog er dann über die Gangster-Figuren her, deren Bekanntschaft Ruby angeblich seiner Schwester Eva verdankte, die wiederum strikt leugnete, Myers überhaupt zu kennen. Myers selbst machte in verschiedenen Verhören, denen er sich zu unterziehen hatte, detaillierte, jedoch völlig widersprüchliche Angaben über eine Begegnung mit Ruby vom 23. November. Die Auskünfte, die Myers hinsichtlich seiner Aktivitäten vom Freitag nachmittag und Sonntag vormittag erteilte, enthielten ebenfalls eine Reihe von Widersprüchen.

Im Anschluß an seine Begegnungen mit Joseph Campisi in der Egyptian Lounge und mit Larry Myers im Cabana Hotel traf Ruby in einem weiteren Restaurant mit einem dritten Mann zusammen. Am Freitag morgen gegen 1.30 Uhr trat ein junger Mann in das Lucas B&B Restaurant und setzte sich an einen Tisch. Etwa eine Stunde später – so die B&B-Bedienung Mary Lawrence – »trat Jack Ruby in das B&B Restaurant und setzte sich, nachdem er einen Blick auf den jungen Mann an dem Tisch geworfen hatte, an einen anderen Tisch auf der anderen Seite der Kasse. Er bestellte jedoch nicht sein übliches Essen, da er sich angeblich unwohl fühlte, sondern ein großes Glas Orangensaft. Einige Minuten später ging der bereits erwähnte junge Mann zu Rubys Tisch hinüber. Anschließend beglich Ruby die Rechnung, und zwar ebenfalls für den jungen Mann, der etwas gegessen hatte.«[39]

Nachdem Präsident Kennedy einige Stunden später ermordet und Oswald festgenommen worden war, fiel Mary Lawrence die große Ähnlichkeit zwischen dem Mann, mit dem Ruby zusammengewesen war, und dem im Fernsehen und in der Presse abgebildeten mutmaßlichen Attentäter auf. Gegenüber dem FBI sagte sie aus, sowohl sie selbst als auch die Nachtschicht-Kassiererin »seien sich darin einig, daß er Lee Harvey Oswald sehr ähnlich gesehen habe«.[40] Sie berichtete ferner, der Mann sei »zwischen zwanzig und dreißig gewesen, 1,70 bis 1,75 m groß, von mittlerer Statur, knapp siebzig Kilo schwer« und habe »braunes Haar« gehabt. Diese Angaben stimmten genau mit Oswalds diesbezüglichen Daten überein: 24 Jahre alt, 1,75 m groß, knapp siebzig Kilo schwer und mit braunem Haar. Im Verlauf ihres Gesprächs mit dem FBI erwähnte Mary Lawrence dann jedoch ein Detail, das die Identität dieses Mannes mit Oswald auszuschließen schien – denn er hatte angeblich »eine kleine Narbe am Mund [gehabt], entweder rechts oder links«.[41]

Als sie später von der Polizei von Dallas nochmals vernommen wurde, machte Mary Lawrence im Zusammenhang mit den Beobachtungen, die sie am frühen Morgen des Attentatstages angestellt hatte, fast exakt die gleichen Angaben wie zuvor, behauptete jedoch diesmal, der Mann sei »ganz sicher Lee Harvey Oswald gewesen«.[42] Im Verlauf dieses zweiten Gespräches mit den Ermittlungsbehörden machte sie von ihrer eindeutigen Identifizierung Oswalds allerdings wieder Abstriche und wies abermals auf die Narbe im Gesicht des Mannes hin. Ihre Behauptung, der Mann sei »ganz sicher Lee Harvey Oswald gewesen«, ist angesichts anderer Zeugenaussagen durchaus glaubwürdig, denenzufolge Ruby und Oswald bereits früher im Carousel Club zusammengetroffen waren.* Für die

---

* Besonders faszinierend, wenngleich ohne Beweiskraft, war der Bericht des Anwalts Jarnagin aus Dallas, der am 4. Oktober mit einer Begleiterin im Carousel Club dem Alkohol reichlich zugesprochen hatte. Dabei hörte Jarnagin, wie sich Ruby an einem Nebentisch mit einem Mann namens »Lee« über ein Attentat gegen den texanischen Gouverneur Connally unterhielt. Jarnagin erkannte in Rubys damaligem Gesprächspartner später anhand von Pressefotos Lee Harvey Oswald wieder. Als Lee fragte: »Was haben Sie gegen den Gouverneur?«, entgegnete Ruby: »Er ist nicht bereit, mit uns in Bewährungsangelegenheiten zusammenzuarbeiten. Wenn wir einige der richtigen Jungs aus dem Knast rausbekämen, könnten wir den ganzen Bundesstaat in unsere Hand bringen.« Ruby klagte dann: »In Chicago haben sie uns ausgeschaltet« und auch »Kuba ist dicht«. Dann sagte er noch: »Die Jungs aus Chicago wissen nicht mehr, wo sie noch hin können und wo sie noch ungestört arbeiten können.« Er erklärte, Connally sei zu lange in Washington gewesen, »wo sie plötzlich wie der Justizminister zu denken anfangen. Zwar würden sich die Jungs den Justizminister gerne zur Brust nehmen, aber das ist sinnlos, denn der hält sich zuviel in Washington auf.« Als Lee einwarf, ein Attentat auf den Gouverneur von Texas werde ebenfalls gewaltige Polizeiaktionen auslösen, erwiderte Ruby: »Das glaube ich nicht, die werden meinen, daß irgendein Verrückter oder ein Kommunist es getan hat und es dann als ungelöstes Verbrechen zu den Akten legen.«[43]

Richtigkeit ihrer Aussage sprechen außerdem Rubys eigener Hinweis auf eine solche Möglichkeit sowie die widersprüchlichen Angaben, die Ruby selbst und einer seiner Kumpels hinsichtlich Rubys Aufenthalt am frühen Morgen des 22. November gemacht haben. Im übrigen ist es in der Tat bemerkenswert, daß Mary Lawrence nach eigenem Bekunden zwei Tage vor ihrem Gespräch mit dem FBI vom 3. Dezember 1963 von einem unbekannten Mann angerufen wurde, der zu ihr sagte: »Wenn Ihnen Ihr Leben lieb ist, dann verschwinden Sie besser aus der Stadt.«[44]

In der Zwischenzeit taten sich zehn Secret-Service-Agenten am frühen Freitag morgen im Cellar-Door-Nachtclub in Fort Worth an Erfrischungsgetränken gütlich. Wie in einem Bericht des Secret Service heißt, befanden sich unter den dort anwesenden acht Agenten fünf, die einige Stunden später in einem Wagen unmittelbar der Präsidentenlimousine folgen sollten, dazu noch zwei Mitglieder aus der Mannschaft des Weißen Hauses. Die meisten von ihnen blieben mindestens bis 2.45 Uhr und einer sogar bis fünf Uhr früh, obwohl für viele von ihnen bereits um acht Uhr morgens Dienstbeginn war.

Die Agenten weilten an diesem Abend auf besondere Einladung des Inhabers Pat Kirkwood im Cellar-Door-Nachtclub. Kirkwood versorgte sie auf Kosten des Hauses mit Getränken, als er und sein Geschäftsführer jedoch später vom Secret Service verhört wurden, versicherten sie, daß ausschließlich nichtalkoholische Getränke ausgeschenkt worden seien und daß in ihrem Club alkoholische Getränke gar nicht erhältlich seien. 1978 vertraute Kirkwood allerdings den *Dallas Morning News* an, daß er stets »etliche Flaschen Spirituosen für besondere Gäste bereitgehalten habe, etwa für Ärzte, Anwälte und Polizisten nach Dienstschluß – Leute also, auf die ich später im Leben noch einmal hätte angewiesen sein können«.[45]

Nicht anders als sein Bekannter Jack Ruby verfolgte offenbar auch Kirkwood mit seiner gegenüber Staatsdienern und einflußreichen Leuten gezeigten Generosität in erster Linie das Ziel, sich vor der Aufdeckung seiner kriminellen Aktivitäten zu schützen. Karen Carlin, die im Fühjahr 1963 im Cellar Door arbeitete, sagte später aus, sie habe

> der Polizei und der Sittenpolizei über ihn [Kirkwood] berichtet und auch einige Polizeibeamte beim Namen genannt, die von ihm geschmiert wurden und so weiter; und natürlich hatte er so viele Freunde, daß er sich mühelos jeglicher Strafverfolgung entziehen konnte.[46]

Diese offensichtlichen Korruptionspraktiken bildeten gleichsam nur den Abschluß der zahlreichen Unterweltverbindungen, die Kirkwood pflegte: Sein Vater W.C. Kirkwood hatte bereits illegal eine hochkarätige Spiel- und Wetthölle betrieben, und Vater wie Sohn waren eng mit dem Mafioso Lewis McWillie befreundet.

Den Grund dafür, weshalb Kirkwood den Sicherheitsleuten Präsident Kennedys mit solcher Gastfreundschaft begegnete, deutete Nancy Powell, eine weitere Stripteasetänzerin aus dem Carousel Club, in ihrer Aussage an. Nach einem mehrstündigen Verhör erwähnte Nancy Powell Kirkwoods Cellar-Door-Nachtclub, »wo die Secret-Service-Männer immer hingehen«.[47] Sie fügte dann noch hinzu: »Pat hat gesagt, daß man möglicherweise mit der Bitte an ihn herantreten werde, *sie systematisch betrunken zu machen*.«[48]

Ein Logenplatz

Der Polizeibeamte T.N. Hansen sah Ruby am 22. November morgens zwischen 9.00 und 9.30 Uhr vor dem Polizeipräsidium von Dallas. Er berichtete dem FBI, Ruby habe gemeinsam mit vier oder fünf anderen Leuten »unmittelbar seitlich der Treppe« gestanden, die auf der der Harwood Street zugekehrten Seite des Gebäudes »in das Tiefgeschoß hinunterführt«.[49] Als Hansen an dem ihm flüchtig bekannten Ruby vorüberkam, »schüttelte [er] dessen Hand und sagte Guten Morgen«.[50]

Für den späteren Vormittag verschaffte Tony Zoppi Ruby ein Alibi – jener bereits erwähnte Klatschjournalist Zoppi, der sich später über die »korrupten Typen« beklagen sollte, die Ruby mit der Mafia und mit dem Attentat in Verbindung gebracht hätten. Wie Zoppi und Ruby erklärten, suchte Ruby am Freitag morgen gegen 10.30 Uhr Zoppis Büro im Verlagsgebäude der *Dallas Morning News* auf. Zoppi erklärte, Ruby sei zu ihm gekommen, um mit ihm über einen »Experten für außersinnliche Wahrnehmung [zu sprechen], für den Zoppi in der Zeitung werben sollte«.[51] Ruby sagte aus, er habe an jenem Morgen einen Prospekt über einen Gedächtniskünstler aus Zoppis Büro mitgenommen.

Genau wie die geradezu absurde Begründung, die Zoppi für Rubys Kuba-Reise abgeliefert hatte, war auch diese Darstellung kräftig »frisiert«. Denn als er 1978 vor dem Kongreß aussagte, ging Zoppi auf die Einzelheiten des Gespräches ein, das er am Morgen des Attentats mit Ruby geführt haben wollte. Dabei stellte er fest, daß Ruby »an jenem Morgen viel zu ruhig [erschien], um in eine Verschwörung verwickelt zu sein«.[52] In Rubys Darstellung der Ereignisse hingegen kam eine Begegnung mit Zoppi überhaupt nicht vor. Gegenüber dem FBI sagte er 1963 aus, er habe ein paar Stunden vor dem Attentat »Tony Zoppis Büro aufgesucht, doch Tony war nicht da«.[53] Später erklärte Ruby dann noch einmal, er habe »am Freitag morgen in Zoppis Büro vorbeigeschaut, und man sagte mir, daß er für ein paar Tage nach New Orleans gefahren sei«.[54]

Ruby führte weiter aus, er sei den ganzen Morgen im Gebäude der *Dallas Morning News* geblieben, um für seine Nachtclubs die üblichen Wochenendanzeigen aufzugeben. Selbst als mittags Anzeigenschluß war, blieb Ruby eine weitere halbe Stunde dort, obwohl die Wagenkolonne Präsident Kennedys nur einige Straßen entfernt vorüberkommen sollte. Besonders verwunderlich ist, daß Ruby sich die Chance entgehen ließ, sein angebliches »Idol« zu sehen. Später fand man zwei unvollständige Zeitungen in seinem Wagen, in denen die Fahrtroute des Präsidenten genau verzeichnet war. Während des Lügendetektortests, dem er sich im Juli 1964 unterzog, wies er selbst auf die Inkonsequenz seines Verhaltens hin:

> O ja, auch eine andere Frage haben Sie gar nicht erst an mich gerichtet: Warum ich mir denn angesichts meiner großen Verehrung für den Präsidenten die Wagenkolonne nicht angesehen habe?[55]

Aber tatsächlich beobachtete Ruby das entscheidende Ereignis dieses Tages gleichsam von einem Logenplatz aus. In einem FBI-Bericht heißt es in diesem Zusammenhang:

> Ruby befand sich auf der Vorderseite des Pressegebäudes im zweiten Stock. Von dieser Seite aus überblickt man das texanische Schulbuchdepot. Zu dem Zeitpunkt, da der Präsident erschossen wurde, muß Ruby also einen völlig ungestörten Ausblick auf das Schulbuchdepot gehabt haben [...]
> [Ruby saß] angeblich auf dem einzigen Stuhl, von dem aus er den Schauplatz des Präsidentenattentats genau überblicken konnte [...]
> Georgia Mayor, eine in der Anzeigenabteilung der *Dallas Morning News* tätige Sekretärin, sagte aus, als sie gegen 12.30 Uhr vom Mittagessen zurückgekommen sei, habe Jack Ruby direkt vor ihrem Schreibtisch auf einem Stuhl gesessen. Sie glaube, daß Ruby den Schauplatz des Präsidentenmordes beobachtet hat [...][56]

Auch die Aussage, die Ruby in diesem Zusammenhang machte, spricht für sich:

> Und was ist mit meiner Anwesenheit in dem Pressegebäude an jenem Morgen? Hier – immerhin hat das Attentat ja von dort aus betrachtet sozusagen auf der anderen Straßenseite stattgefunden [...] wäre ich in eine Verschwörung verwickelt, müßte man dann nicht gerade an diesem Punkt zu fragen anfangen?[57]

Während Ruby angestrengt Ausschau hielt, wurde um 12.30 Uhr vom texanischen Schulbuchdepot aus ein Schuß auf Präsident Kennedy abgefeuert; er verursachte eine relativ harmlose, flache Wunde in Kennedys Schulter. Der im Wagen des Vizepräsidenten Johnson mitfahrende Secret-Service-Agent Rufus Youngblood reagierte augenblicklich. Johnson berichtete später, Youngblood habe »sich unmittelbar nach dem ersten Knall blitzartig umgewandt; er schlug mir auf die Schulter und schrie allen, die auf dem Rücksitz saßen, zu, daß wir uns niederwerfen sollten«.[58] Während der folgenden acht Sekunden wurde jedoch kein einziger Warnruf von den im Wagen hinter Präsident Kennedy mitfahrenden Agenten ausgestoßen – von denen fünf noch wenige Stunden zuvor so großzügig in Kirkwoods Cellar Door bewirtet worden waren. Und dann wurde von jenseits des oben auf der Grasböschung verlaufenden Lattenzauns ein Schuß abgefeuert; der von einer Kugel getroffene Kopf Präsident Kennedys sank nach hinten.[59]

Der Mafioso Joseph Campisi aus Dallas berichtete, er sei gerade mit dem Auto unterwegs gewesen, als er von dem Attentat gehört habe, könne sich jedoch nicht mehr daran erinnern, wo er sich gerade befunden habe. Campisi hatte auch Schwierigkeiten, sich zu erinnern, ob er am Abend vor dem Attentat mit Ruby zusammengetroffen sei. Aus den Polizeiunterlagen geht jedoch hervor, daß er Ruby am 30. November im Gefängnis einen Besuch abstattete.

Eine Stunde nachdem er Kennedys Ermordung von seinem Logenplatz aus beobachtet hatte, also gegen 13.30 Uhr, schaute Ruby im Parkland Hospital vorbei, um sich Klarheit über das Ergebnis des Mordanschlags zu verschaffen. Etwa zur gleichen Zeit wurde in Oak Cliff, einem Stadtteil von Dallas, der gut mit Ruby bekannte Polizist J.D. Tippit erschossen. Während der folgenden zwei Tage traf sich Ruby – wie bereits erwähnt – auch mit einem anderen seiner Polizeispezis, nämlich mit

Harry Olsen, und stattete außerdem dem Polizeipräsidium – wo Lee Harvey Oswald inhaftiert war – mehrere Besuche ab. Während andere Personen in Rubys Umkreis damit beschäftigt waren, seinen Aktivitäten durch die Erfindung falscher Aussagen einen harmlosen Anstrich zu geben, machte Ruby sich am Sonntag morgen um 11.17 Uhr vom Büro der Western Union in der Innenstadt aus abermals auf den Weg zum Polizeipräsidium, und um 11.21 Uhr feuerte er – gleichsam zur Krönung seiner Mafiakarriere – den tödlichen Schuß ab, der Oswald für immer zum Schweigen brachte.

In geradezu klassischer Manier wurden in der Folgezeit zahlreiche Personen, die über brisante Informationen verfügten, entweder gleich umgebracht oder erheblich unter Druck gesetzt. Typisch war in dieser Hinsicht das Schicksal Karen Carlins, die Ruby zufolge »in die Verschwörung verwickelt war«.[60] In einem Verhör durch den Secret Service, das am Abend des Oswald-Mordes stattfand, erklärte die vor Angst völlig hysterische Karen Carlin, sie habe den Eindruck, »daß Lee Harvey Oswald, Jack Ruby und andere ihr nicht bekannte Personen in ein gegen Präsident Kennedy gerichtetes Mordkomplott verwickelt seien«.[61] Sie hegte die Befürchtung, »sie werde umgebracht, falls sie den Behörden irgendwelche Auskünfte erteile«, und bat inständig darum, »ihre sämtlichen Auskünfte vertraulich zu behandeln, um einen Vergeltungsschlag zu verhindern«.[62] Karen Carlin teilte ferner mit, daß Pat Kirkwood, der Inhaber des Cellar Door Clubs, sie nach der Ermordung des Präsidenten angerufen und zu ihr gesagt habe: »Ich möchte, daß Sie in zwanzig Minuten hier sind.«[63] Als sie sich weigerte, diesem Wunsch Folge zu leisten, sagte Kirkwood zu ihr: »Wenn Sie nicht kommen, werden Sie nicht mehr lange unter uns weilen.«[64] Einige Monate später wurde sie in einem Houstoner Hotel erschossen aufgefunden.

Gleichwohl überlebten einige Personen aus dem Umkreis des Komplotts, die über höchst belastende Informationen verfügten. Drei dieser Informanten wußten über detaillierte Attentatspläne gegen die Kennedys zu berichten, wie sie 1962 etwa von Carlos Marcello, dem Mafiaboß von New Orleans, von Santos Trafficante, dem Boß von Tampa, und dem mit beiden verbündete Chef der Transportarbeitergewerkschaft Jimmy Hoffa geäußert worden waren. Johnny Roselli, dessen Leiche in einem Ölfaß entdeckt wurde, nachdem er in einer Geheimsitzung vor dem Geheimdienstausschuß ausgesagt hatte, berichtete, daß Ruby »einer von unseren Jungs« und beauftragt gewesen sei, Oswald zum Schweigen zu bringen. Aber auch Ruby selbst, der sich unter dem ihm auferlegten Schweigegebot wie ein gequältes Tier geradezu wand, machte ungeachtet dessen eine Reihe bemerkenswerter Aussagen. Nachdem er x-fach seiner Todesangst Ausdruck gegeben und erklärt hatte, daß er in Dallas die Wahrheit nicht sagen könne, bat er den Oberrichter Earl Warren am 7. Juni 1964 um eine Vernehmung in Washington. Aber obwohl Warren ihm diesen Wunsch unerklärlicherweise abschlug, konnte Ruby während seiner Auftritte vor der Warren-Kommission in Dallas zahlreiche äußerst aufschlußreiche Hinweise zu Protokoll geben.

Ruby machte sich über das von ihm genannte Mordmotiv lustig (»Ich bin offenbar ein großer Schauspieler«) und ließ durchblicken, daß die Ermordung Oswalds sorgfältig geplant gewesen sei (»Wenn es zeitlich so genau abgestimmt war, dann muß jemand im Polizeipräsidium Auskunft darüber erteilt haben, wann Lee Harvey Oswald nach unten gebracht würde«[65]). Er lenkte wiederholt die Aufmerksamkeit auf seine Verbindungen zur Unterwelt, auf seine möglichen Kontakte zu Oswald und Tippit, seine »zahlreichen Telephonate, Ferngespräche mit Teilnehmern im ganzen Land«.[66] Außerdem legte er beinahe eine Art Geständnis ab, als er sagte: »Vielleicht stehe ich hier nur stellvertretend für die Unterwelt, und vielleicht kriegen sie ja früher oder später etwas aus mir heraus, was ihnen nützlich ist.«[67]

Aber auch andere direkt oder indirekt an dem Komplott beteiligte Personen wußten über weitere schwerwiegende Vorfälle zu berichten: etwa über Rubys Besuche bei Caracci in New Orleans, bei Ross und Glaser in New York, bei Roselli in

Miami – weiterhin von den Begegnungen, die er Mitte November in Dallas mit etlichen weiteren Unterweltfiguren gehabt hatte und schließlich von dem Abstecher, den er am 21. November nach Houston unternahm, wo er die Wagenkolonne des Präsidenten beobachtete. Aus dem Verzeichnis der von ihm angemeldeten Telephonate geht hervor, daß in den Monaten vor dem Attentat die Zahl seiner US-weiten Telephonanrufe gegenüber den Vorjahren um das Fünfundzwanzigfache anstieg, Anfang November ihren Höhepunkt erreichte und während der letzten Wochen der Attentatsvorbereitungen unversehens wieder gegen Null fiel. Und all dies wurde durch den schier endlosen Strom erfundener Geschichten, die von Rubys Komplizen in und außerhalb von Dallas – mal spontan und mal in Absprache – vorgebracht wurden, geradezu bis zur Unkenntlichkeit entstellt, so daß in der Tat die Möglichkeit vollends ausscheidet, die zahlreichen Unterweltfiguren, die im November 1963 in Dallas eintrafen, hätten sich zu diesem Zeitpunkt nur ganz zufällig dort versammelt.

Sobald man die ganze Fülle des Beweismaterials sichtet und in eine logische Ordnung bringt, ordnet sich unversehens das Bild. Doch erkennen wir auf diesem Bild nicht etwa Geistesgestörte oder Clowns, absurde Zufälligkeiten oder sinnlose Verbrechen. Wir sehen vielmehr in aller Deutlichkeit ein verbrecherisches Komplott, wie es europäische Beobachter von allem Anfang an vermutet haben, eine Gruppe, die ein Motiv, aber auch die Mittel hatte, das Attentat durchzuführen. Und so ist die Schlußfolgerung ganz klar: Die Mafia hat Präsident Kennedy umgebracht.

Teil VI

Der Nachhall des 22. November

Die Ermordung Präsident Kennedys machte dem vernichtenden Schlag gegen das organisierte Verbrechen, zu dem seine Regierung ausgeholt hatte, ein Ende. Bereits 1967 hatte sich die Einsatzzeit der dem Justizministerium unterstellten Abteilung zur Bekämpfung des organisierten Verbrechens um 47 Prozent reduziert; die Dauer einschlägiger Verhandlungen vor den Bundesgeschworenengerichten ging um 72 und die Zahl der von den Bundesbezirksgerichten in diesem Zusammenhang angelegten Akten um 83 Prozent zurück. Die bereits früher erwähnten Hinweise auf Wahlkampfzuschüsse, die Johnson von der Mafia erhalten haben soll, erklären möglicherweise die Untätigkeit, die dieser Präsident gegenüber dem organisierten Verbrechen an den Tag legte.

Das Attentat bereitete aber auch etlichen anderen Initiativen Präsident Kennedys ein Ende, die den übrigen in der Anti-Castro-Koalition mit der Mafia zusammengeschlossenen rechten Gruppierungen nicht in den Kram paßten. Die »bedeutende Kürzung der Rüstungsausgaben«, von der Verteidigungsminister Robert McNamara vier Tage vor Kennedys Ermordung gesprochen hatte, fand ebensowenig statt wie ähnliche Rüstungsbeschränkungen, die Chruschtschow im Juli 1963 in Vorschlag gebracht hatte. Auch wurde die von Präsident Kennedy gegenüber Kuba eingeleitete Politik eines friedlichen Ausgleichs von Johnson sofort aufgegeben. Nach Auskunft des *New-York-Times-* Kolumnisten Tad Szulc reaktivierte die CIA während der folgenden zwei Jahre sogar ihre gegen Kuba gerichteten Invasions- und Attentatspläne, und 1965 entsandte Johnson US-Marineinfantristen in die Dominikanische Republik, die neue Glücksspielbastion der Mafia in der Karibik, um den gewaltsam abgesetzten vormaligen Präsidenten Juan Bosch an einer neuerlichen Machtergreifung zu hindern. Präsident Kennedy hatte Bosch unterstützt, einen der Mafia feindlich gesonnenen, nichtkommunistischen demokratischen Politiker, der sein Amt im September 1963 durch einen Staatsstreich verloren hatte.*

Überdies nahm Johnson Abstand von Kennedys – bereits erwähntem – während der letzten Monate seines Lebens unternommenen Versuch, Amerika wieder aus dem vietnamesischen Sumpf herauszuziehen. Bereits zwei Tage nach dem Attentat – genau an jenem Tag, da Ruby Oswald erschoß – traf Johnson mit seinen Spitzenberatern zu einem Gespräch über diese Frage zusammen. Das Ergebnis dieser Diskussion wurde im National Security Action Memorandum 273 (Memorandum zur nationalen Sicherheit Nr. 273) vom 26. November 1963 festgehalten und auszugsweise zugleich mit den Pentagon-Papieren publiziert. In diesem Memorandum wurde verlangt, Vietnam durch ein bedingungsloses Engagement dem Kommunismus »streitig zu machen«. Es autorisierte aber auch »spezifische der jeweiligen Situation angemessene Geheimoperationen gegen die DRV« (Nordvietnam) und verkehrte die von Präsident Kennedy unternommenen Bemühungen um einen militärischen Rückzug in ihr glattes Gegenteil. Die noch in Vietnam verbliebenen 780 der 1000 Soldaten, deren Abzug Kennedy angeordnet hatte, wurden von Johnson niemals zurückgezogen, und nachdem Johnson in der Attitüde des Friedenskandidaten die Präsidentschaftswahlen von 1964 gewon-

---

* Das *Life*-Magazin berichtete 1967, Rafael Trujillo, der bis zu seiner Ermordung 1961 die Dominikanische Republik diktatorisch regiert hatte, sei mit dem Mafioso Joe Zicarelli aus New Jersey »sehr gut befreundet« gewesen.[1] Wie es in *Life* weiter hieß, hatte Zicarelli für mehr als eine Million Dollar Waffen an Trujillo verkauft und auch 1952 die Ermordung des Anti-Trujillo-Exilanten Andres Requena in Manhattan veranlaßt. Zicarelli wurde auch mit der Verschleppung und mutmaßlichen Ermordung Jesus DeGalindez' in Verbindung gebracht, eines weiteren Exilanten, der an der Columbia-Universität lehrte.

nen hatte, veranlaßte seine Regierung sogar eine Eskalation des amerikanischen Engagements in Vietnam.

Die weitere Entwicklung in Vietnam deutete darauf hin, daß die bedrohliche Allianz von Unterwelt- und gewissen CIA-Kreisen, die bereits in der Vergangenheit so manches Mordkomplott gegen Fidel Castro geschmiedet hatte, nach Präsident Kennedys Tod neuerlich erstarkte. Diesmal stand das Rauschgift im Mittelpunkt der Zusammenarbeit, wie Robert Sam Anson, der von kommunistischen Truppen verschleppte Vietnam-Berichterstatter des *Time*-Magazins, berichtete. Anson stellte fest, daß »von der CIA unterstützte Diktatoren« der Mafia in Südostasien freie Hand gewährten. »Das Hauptinteresse des Syndikats in Südostasien war das Heroin [...]«[2]

Tatsächlich versorgte das sogenannte Goldene Dreieck – Burma, Thailand und Laos – seit den fünfziger Jahren die ganze Welt mit Heroin, das dort von den einheimischen Unterweltlieferanten geerntet, von der korsischen Mafia weiterverarbeitet und von der dieser eng verwandten amerikanischen Mafia in die Verteilerkanäle geschleust wurde. Als die Kommunisten in dieser Region mobil machten, organisierte und unterstützte die CIA mit dem für diese Organisation so charakteristischen kurzsichtigen Pragmatismus eine kleine Armee laotischer und vietnamesischer Söldner, die sich in erster Linie dadurch auszeichneten, daß sie mit Heroin handelten und den Kommunismus ablehnten. Um diesem Arrangement den nötigen Rückhalt zu geben, hofierte die CIA die – in der vietnamesischen Politik äußerst einflußreichen – örtlichen Heroinbosse, wie es zuvor bereits der französische Geheimdienst getan hatte. Wie Anson schreibt, wurde Anfang der sechziger Jahre

eine gigantische Opiumindustrie indirekt durch CIA-Gelder finanziert. Das Opium wurde von CIA-gesteuerten Truppenverbänden angebaut, geerntet und mit Maschinen der CIA-eigenen Air-American-Fluggesellschaft nach Vientiane und Saigon gebracht.[3]

Auf das ganze Ausmaß dieser bis in die späten sechziger Jahre währenden Zusammenarbeit hat Russell Bintliff hingewiesen, ein ehemaliger Sonderagent der Kriminalpolizei der US-Armee. Bintliff erklärte, es sei im Fernen Osten allgemein bekannt gewesen, daß die CIA zu den Opiumproduzenten im südostasiatischen »Goldenen Dreieck« enge Beziehungen unterhalten habe. So nannte er etwa das Beispiel eines amerikanischen Limonadenherstellers, nämlich Pepsi-Cola, der mit finanzieller Unterstützung der US-Regierung in Vientiane, Laos, eine Flaschenabfüllfabrik hochgezogen hatte. Aber in der Fabrik »ist nie eine einzige Flasche abgefüllt worden«, berichtete Bintliff weiter. »Sie hatte nur den einen Zweck: nämlich Opium in Heroin zu verarbeiten. Ich glaube, daß diese Drogen-Connection die meisten GIs auf dem Gewissen hat, die während des Vietnam-Krieges heroinsüchtig geworden sind.«[4]

Aus anderen Quellen verlautet, diese Fabrik, die 1965 die Produktion aufnahm, habe lediglich als Tarnung für den Verkauf von Chemikalien gedient, die zur Heroinherstellung unerläßlich sind. Einer der Direktoren war der chinesische Drogenhändler Huu Tim Heng, der dem Heroin-Verteilernetz des südvietnamesischen Vizepräsidenten Nyuyen Cao Ky angeschlossen war.

Der Vietnam-Krieg eröffnete auch der noch unter dem Verlust Kubas leidenden amerikanischen Mafia ein lukratives neues Betätigungsfeld. In seinem Buch *The Politics of Heroin in Southeast Asia* schreibt Alfred McCoy in diesem Zusammenhang:

Nachdem sie lukrative Bau- und Dienstleistungsverträge nach Vietnam gelockt hatten, konzentrierten sich die Mafiosi zunächst auf den üblichen Subventionsschwindel und auf die Gelddrainage, um sich in der Folge, nachdem sie ihre Kontakte in Hongkong und Indochina ausgebaut hatten, auch noch dem Drogenhandel zu widmen.[5]

Frank Carmen Furci, ein Mafioso aus Florida, entpuppte sich, wie ein Untersuchungsausschuß des Senats feststellte, »in der Folge als eine der Schlüsselfiguren der systematischen Korruptionsaktivitäten, unter denen die Clubs der US-Armee in Vietnam zu leiden hatten«.[6] Santos Trafficante, der Mafiaboß von Tampa, stattete Furci 1968 in Hongkong einen Besuch ab und reiste dann weiter nach Vietnam, wo er mit mächtigen korsischen Gangstern zusammentraf. Man nimmt an, daß Trafficante mit seiner Reise den Zweck verfolgte, für die Mafiahändler in den Vereinigten Staaten neue Bezugsquellen für Heroin ausfindig zu machen.

Mit Ausnahme der Mafia war also der Vietnamkrieg für alle Beteiligten eine der unglücklichsten Folgen der Ermordung Präsident Kennedys. Zu den tragischen Konsequenzen der Schüsse vom 22. November 1963 gehören ferner die Attentate auf Malcolm X, Martin Luther King und Robert Kennedy im weiteren Verlauf der sechziger Jahre.

Aber der wohl größte Nutzen, den die Mafia aus der Ermordung Präsident Kennedys gezogen hat, ist der beispiellose Einfluß, den sie bis in die höchsten Ebenen der amerikanischen Administration hinein hat gewinnen können. Wir werden deshalb auf die Bedeutung des geradezu angsterregenden Beziehungs-, Gefälligkeits- und Korruptionsgeflechts eingehen, wie es zwischen der Mafia und dem späteren Präsidenten Richard Nixon zutage trat, um uns dann den Beziehungen zwischen den Kreisen des organisierten Verbrechens und zahlreichen hohen Repräsentanten der Reagan-Regierung zuzuwenden. Wenn ein Mann wie Paul Laxalt, der »erste Freund« Präsident Reagans, unumwunden zugeben kann, er arbeite »eng« mit einer der Chicagoer Mafia nahestehenden Person zusammen, die unlängst erst in klassischer Gangstermanier hingerichtet worden ist, dann ist kaum noch zu leugnen, daß der Nachhall des von der Mafia inszenierten Mordes vom 22. November 1963 die Politik in diesem Land nach wie vor in ihren Grundfesten erschüttert.

Und wie ihr seht, ist nun
der Sänger aus Sizilien eingetroffen – hier bei uns:
Er wird uns singen die Geschichte
von Turiddu Carnivali,
dem jungen Mann, der hingemordet wurde
in Sciara in der Provinz Palermo,
der hingemordet wurde von der Mafia. [...],
der starb, ermordet, gleich Christus.

> Aus der »Ballade von Turiddu Carnivali« des popu-
> lären sizilianischen Dichters Ignazio Buttitta[1]*

20. Weitere Attentate

Nach der Ermordung Präsident Kennedys setzten andere seinen mutigen Kampf gegen das organisierte Verbrechen fort.
Sowohl Malcolm X als auch Martin Luther King stellten auf die
ihnen je eigene Art und Weise eine erhebliche Bedrohung der
Mafia-Position in den inneren Bezirken der großen amerikanischen Städte dar. Von dieser gnadenlosen Ausbeutung der amerikanischen Innenstädte durch die Mafia wird im folgenden
noch kurz die Rede sein. Auch ließ die äußerst erfolgreiche
Kampagne um die Präsidentschaftskandidatur, die Robert
F. Kennedy 1968 führte, die Hoffnung aufkeimen, daß unter
seiner Führung der von seinem Bruder John F. geführte Kampf
gegen das organisierte Verbrechen neuerlich aufgenommen
werde.

---

* Carnivali, der bedeutendste der sizilianischen Bauernhelden der Nachkriegszeit, war das achtunddreißigste Gewerkschaftsmitglied, das der Mafia
zum Opfer fiel. Er wurde 1955 im Alter von 31 Jahren ermordet. Sein Vergehen:
Er hatte gegen den Elf-Stunden-Tag protestiert, der den Arbeitern in einem von
der Mafia gemeinsam mit einem feudalen Landbesitzer betriebenen Steinbruch
aufgezwungen worden war.

Angesichts der nachgewiesenen Verantwortung der Mafia für die Ermordung Präsident Kennedys liegt der Verdacht nahe, daß das Syndikat auch den späteren Tod dieser drei Vorkämpfer einer gerechteren Gesellschaft auf dem Gewissen hat. Wenn wir die beiden Mordanschläge auf Malcolm X und Martin Luther King kurz Revue passieren lassen, so findet sich kaum etwas, was einem solchen Verdacht widersprechen würde, wobei ich allerdings in diesem Zusammenhang den letzten Nachweis einer Mafiabeteiligung ebenfalls nicht erbringen kann. Was hingegen die Ermordung Robert F. Kennedys anbelangt, so sprechen unter dem Gesichtspunkt des Motivs, der Durchführung, aber auch der vorliegenden Beweise zahlreiche Gründe dafür, daß die Mafia auch für dieses Attentat die Verantwortung trägt.

Die Ermordung von Malcolm X

Die Bürgerrechtsaktivisten der sechziger Jahre ließen sich auch durch Mord, Schlägereien und Bombenterror nicht von ihrem Ziel abbringen, die unüberwindbar scheinende Rassentrennung in den Südstaaten der USA aufzusprengen. Als die Anführer der schwarzen Amerikaner ihr Augenmerk auf die Innenstädte des Nordens richteten, bekamen sie es unversehens mit einem ebenso skrupellosen Unterdrücker zu tun.

Die Machtposition der Mafia in den Ghettos konnte auch im Zusammenhang mit einer Untersuchung des Geldflusses in drei der größten Slumgebiete in New York City nachgewiesen werden. Der Justizausschuß des Parlaments des Staates New York teilte mit, daß 1968 in diese Gebiete eine Summe von 273 Millionen Dollar Sozialhilfe geflossen sei. Zugleich holte die Mafia nach Schätzungen des Ausschusses während des gleichen Zeitraums aus den genannten Stadtbezirken durch Glücksspiel und Rauschgifthandel einen Gesamtbetrag von 343 Millionen Dollar heraus, siebzig Millionen mehr, als an Sozialhilfe in diese Viertel hineingeflossen waren.

John Hughes, der Vorsitzende des Ausschusses, stellte fest, »die Einnahmen des organisierten Verbrechens in den Ghettos [seien] so groß, daß es in den Slumvierteln von New York City kaum nennenswerte wirtschaftliche Verbesserungen geben wird, solange sich an diesen Verhältnissen nichts ändert«.[2] Auch der Kongreßabgeordnete Joseph McDade aus Pennsylvania gelangte zu der Ansicht: »Wir drohen den Krieg gegen die Armut zu verlieren, weil das organisierte Verbrechen aus den armen Menschen in den Städten bei weitem mehr herausholt, als der Staat ihnen an Unterstützung gewährt.«[3]

Aber die ökonomische Ausbeutung ist lediglich ein Aspekt des Elends, das die Mafia über die Ghettos bringt. So erklärte beispielsweise der mit den Praktiken des organisierten Verbrechens bestens vertraute Ralph Salerno vor einem Kongreßausschuß:

Mr. Whitney Young [...] hat festgestellt, seiner Ansicht nach sei es lächerlich anzunehmen, daß es in Harlem etwa wegen Revolver-Krimis im Fernsehen zu gewalttätigen Auseinandersetzungen komme. [...] Falls man wirklich verstehen wolle, so Young, warum unter den jungen Leuten in Harlem Gewalttätigkeit so verbreitet sei, so müsse man sich mit dem Heroinhandel auseinandersetzen und mit der Weigerung der Behörden, sich mit der Mafia anzulegen.[4]

Salerno wies darauf hin, Floyd McKissick, der damalige Leiter des Kongresses für Rassengleichheit (CORE), sei 1967 nach einem Aufstand in Newark im Fernsehen nach den Ursachen der Erhebung gefragt worden. »Er hat die Mafia dafür verantwortlich gemacht und darauf hingewiesen, daß sie in Newark den Rauschgifthandel ebenso wie das Glücksspiel und das Geschäft mit den Wucherdarlehen vollständig unter Kontrolle haben.«[5] Kurz vor dem Aufstand hatten Ghettobewohner auch tatsächlich das Rathaus besetzt und auf Flugblättern verkündet: »Wir haben genug von unserer Mafiaregierung.«[6] Zwei vom Bundesstaat eingesetzte Ausschüsse gelangten zu der

Schlußfolgerung, die Wut der Ghettobewohner auf die Mafia und die vom organisierten Verbrechen korrumpierte Regierung seien die Hauptursache der Ghettoaufstände der sechziger Jahre gewesen. Salerno: »Das organisierte Verbrechen hat die Ghettos bis aufs Blut ausgesaugt.«[7]

Niemand verstand die Probleme der Ghettobewohner besser als Malcolm X, der selber im Ghetto lebte und sich zu dessen Fürsprecher machte. Malcolm X, der früher selbst dem Glücksspiel verfallen war und bis zu zwanzig Dollar am Tag verspielt hatte, behauptete, daß »in dem von Armut bedrückten Harlemer Ghetto praktisch jedermann Tag für Tag sein Glück im Spiel versuche«.[8] In seiner Autobiographie, die er gemeinsam mit Alex Haley schrieb, verwies er auf die riesigen Gewinne der Mafia durch das Glücksspiel und fuhr dann fort: »Und wir wundern uns, warum wir so arm bleiben.«[9] Auch als er schließlich Muslim-Geistlicher geworden war, wandte sich Malcolm X oft genug gegen die moralische Erniedrigung, die das organisierte Verbrechen dem Ghetto Tag für Tag zufügte.

Um gegen die verheerenden Folgen der Ghettokriminalität anzukämpfen, griff Malcolm X mit überraschendem Erfolg an zwei Fronten zugleich an. Erstens konnte er Hunderttausende von Schwarzen für seine Black-Muslim-Bewegung gewinnen, die es ihren Mitgliedern untersagte, sich an Glücksspielen zu beteiligen, Drogen zu konsumieren und sich an der Prostitution zu bereichern. Zweitens ermunterte er die schwarzen Amerikaner, ihre Probleme direkt an der Wurzel zu bekämpfen:

Da die Polizei den Drogenhandel nicht unterbinden kann, müssen wir ihn ausschalten. Da die Polizei das organisierte Glücksspiel nicht unterbinden kann, müssen wir es ausschalten. Da die Polizei die organisierte Prostitution und all die sonstigen Übel nicht unterbinden kann, die die moralische Struktur unserer Gemeinschaft zerstören, liegt es an euch und an mir, diesen Übeln selbst ein Ende zu bereiten. [...]

> Wir müssen dem organisierten Verbrechen in unserer Gemeinschaft den totalen Krieg erklären.[10]

Vermutlich haben weder diese Anweisungen noch die Ablehnung, mit der ein Großteil der Schwarzen von nun an den Aktivitäten des organisierten Verbrechens begegnete, zu Malcolm X' Beliebtheit bei der Mafia sonderlich beigetragen.

Am 21. Februar 1965 hatte Malcolm X im Audubon-Tanzsaal in New York City soeben eine Rede begonnen, als sich im Zuschauerraum zwei Männer erhoben und einen Streit anfingen. Während des nun entstehenden Tumults näherten sich einige Männer, von denen einer mit einem Gewehr, die anderen mit Pistolen bewaffnet waren, Malcolm X und erschossen ihn. Einer der Angreifer, Talmadge Hayer, erhielt einen Beinschuß und konnte gefaßt werden, die anderen entkamen.

Der Verdacht fiel sofort auf die Anhänger von Eljah Muhammad, dem obersten Anführer der Muslims, von dem Malcolm X sich abgespalten hatte, und als die Muslim-Moschee in Manhattan in der folgenden Nacht durch ein Feuer zerstört wurde und die Bewegung nun vollends im Chaos versank, hieß es sogleich, es handle sich um einen Vergeltungsschlag von Malcolms Anhängern. Die Polizei, die davon ausging, daß Black Muslims hinter der Ermordung Malcolms steckten, nahm einige Tage später Norman 3X Butler und Thomas 15X Johnson fest. Hayer, Butler und Johnson wurden in der Folge wegen Mordes verurteilt.

Aber die von den Behörden durchgeführte Rekonstruktion des Falles war alles andere als widerspruchsfrei. Talmadge Hayer, der am Tatort festgenommene und geständige Angreifer, war vorbestraft, unterhielt jedoch keinerlei nachweisbare Verbindungen zu den Black Muslims. Butler und Johnson andererseits waren stolze und wohlbekannte Muslims. Sie wurden erst einige Zeit nach der Tat zu Hause festgenommen, beteuerten während des gesamten Gerichtsverfahrens ihre Unschuld und wurden lediglich durch wenig vertrauenerweckende Zeugen belastet.

Besonders fragwürdig war Cary Thomas, der Hauptbelastungszeuge der Anklage, ein ehemaliger Drogenhändler, der bereits mehrfach von der Polizei festgenommen worden war und sich außerdem vor einem Armeegericht hatte verantworten müssen. Thomas, der für Malcolm X' Auftritt im Audubon-Tanzsaal als Leibwächter engagiert worden war, »stand reglos da, als die Schüsse fielen [...] und duckte sich dann sogar feige zu Boden«.[11] Sechs Wochen lang machte er keinerlei Angaben über den Hergang des Attentats, bis er schließlich eine äußerst widersprüchliche Darstellung der Geschehnisse gab und Hayer, Butler und Johnson belastete. Nicht weniger wackelig war Charles X Blackwells Aussage, der neben Thomas als einziger Zeuge alle drei Männer belastete. Blackwell erklärte anfangs gegenüber der Polizei, er wisse nicht, wer die Schüsse abgegeben habe, dann jedoch änderte er plötzlich seine Aussage über die angeblichen Attentäter. Als er schließlich ins Kreuzverhör genommen wurde, gab er zu, eine eidliche Falschaussage gemacht zu haben.

Ein weiterer Schwachpunkt der gegen Butler und Johnson vorgebrachten Anklage war der Umstand, daß keinerlei konkrete Beweise gegen sie vorlagen. Die angeblich von Butler abgefeuerte Pistole wurde niemals aufgefunden, und das vorgeblich von Johnson benutzte Gewehr konnte weder durch Fingerabdrücke noch durch eine Kaufbescheinigung mit ihm in Verbindung gebracht werden. Weiterhin verdunkelt wurden die Hintergründe des Mordfalles durch die Unfähigkeit der Polizei, die Auftraggeber oder Anstifter des Attentats ausfindig zu machen oder gar festzunehmen. Der *Newsweek*-Herausgeber Peter Goldmann schrieb in diesem Zusammenhang: »Die Zahl der Tatbeteiligten, von der sie [die Polizei] ausging, variierte zwischen vier bis sechs oder sieben – ferner war die Rede von drei Gewehren und von ein oder zwei Leuten, die für Ablenkung gesorgt hatten und sich gegebenenfalls den Leibwächtern hätten in den Weg stellen sollen, und dann hieß es noch, ein oder zwei Fahrer hätten in Fluchtautos gewartet.«[12]

Einige dieser Verdächtigen gehörten offenbar Malcolms eigener Organisation an. So behauptete beispielsweise einer der Ermittler: »Der Anschlag war bestens vorbereitet.«[13] Malcolms Leibwächter waren nicht bewaffnet, niemand wurde vor der Veranstaltung durchsucht, es gab nur ein begrenztes Polizeiaufgebot, und zum Zeitpunkt des Anschlags befand sich Malcolm ganz allein auf der Bühne. All dies entsprach angeblich Malcolms Anweisungen, wich jedoch von der üblichen Vorgehensweise grundlegend ab. Besonders verdächtig war ein von der Polizei als professioneller Gangster charakterisierter Leibwächter, der kurz vor dem Attentat plötzlich zu Geld kam. Als der zur Ablenkung inszenierte Streit ausbrach, verließ er seinen Posten und war bereits aus der Stadt verschwunden, bevor die Polizei ihn auch nur vernehmen konnte.

Die Theorie, Malcolm X sei ein Opfer seiner eigenen Glaubensbrüder geworden, erhielt einen weiteren Dämpfer, als sich Talmadge Hayer gegen Ende seines Prozesses an den Richter wandte und erklärte, er habe soeben gegenüber Butler und Johnson bekundet, es sei ihm bewußt, daß die beiden nichts mit dem Verbrechen zu tun hätten, das am 21. Februar im Audubon-Tanzsaal verübt worden sei. Er selbst sei zwar darin verwickelt gewesen, er könne jedoch mit Sicherheit sagen, daß die beiden nicht dort gewesen seien. Es sei sein Wunsch, daß die Geschworenen, das Gericht und der Richter über diesen Umstand informiert seien.

Hayer weigerte sich zwar, seine Bundesgenossen beim Namen zu nennen, sagte jedoch immerhin soviel:

Frage: »[...] hat jemand Sie und andere gebeten, Malcolm X zu erschießen?«

Hayer: »Also, ja Sir. [...]«

Frage: »Hat diese Person Ihnen gegenüber erklärt, warum man Sie und die übrigen angeheuert habe, um Malcolm X zu ermorden?«

Hayer: »Nein, Sir.«

Frage: »War Ihres Wissens irgendeiner der Beteiligten Mitglied der Black Muslims?«

Hayer: »Nein, das waren sie nicht [...]«
Frage: »Was ist Ihr Motiv gewesen?«
Hayer: »Geld.«[14]

Da war eine Organisation, mit der Hayer sich um keinen Preis angelegt hätte – eine Organisation nämlich, die dafür bekannt war, daß sie zur Durchführung der von ihr geplanten Verbrechen auf Personen aus dem Umkreis der potentiellen Opfer zurückgriff und ihre Untaten hinterher mit Hilfe falscher Zeugen und bestochener Beamter vertuschte. In Anbetracht des von Malcolm X entfesselten Kampfes und seiner gegen das organisierte Verbrechen gerichteten Kriegserklärung hatte die erwähnte Gruppe allerdings ein hinreichendes Motiv, ihn ermorden zu lassen, und in der Tat hielt auch James Farmer, der Leiter des Kongresses für Rassengleichstellung, nach Auskunft des Magazins *Ebony* einen solchen Hintergrund des Malcolm-X-Attentats für durchaus wahrscheinlich:

Farmer konferierte mit Malcolm in seiner Wohnung in Greenwich Village, kurz bevor der junge Feuerkopf eine Reise nach Mekka antrat. Ohne auf den Inhalt ihres Gespräches näher einzugehen, hat Farmer seither des öfteren angedeutet, daß Malcolm wegen seines Kampfes gegen den Drogenhandel habe sterben müssen.

In seinem Buch *Freedom When?* schreibt Farmer: »Malcolms Mörder sind nicht verurteilt worden, und ich habe den Verdacht, daß jene, die glauben, das Attentat stehe im Zusammenhang mit internen Auseinandersetzungen zwischen den Muslims, über die wahre Geschichte seines Todes sehr verwundert wären. Malcolm hatte den internationalen Rauschgifthändlern in Harlem den Krieg erklärt, und sie waren darüber alles andere als erfreut.«[15]

Sollte tatsächlich die Mafia den Mord an Malcolm X zu verantworten haben, so hätte die Auswahl der Anwälte, die in diesem Verfahren zum Einsatz gelangten, nicht bezeichnender sein können. Denn in den späten sechziger und frühen siebziger Jahren wurde Talmadge Hayer in seinem Berufungsverfahren von Edward Bennett Williams anwaltlich vertreten. Williams hatte zuvor bereits die berüchtigtsten Mafia-Größen und Gangster der USA verteidigt, etwa Frank Costello, den Mafiaboß von New York, Sam Giancana, den Boß von Chicago, Jimmy Hoffa, den Vorsitzenden der Transportarbeitergewerkschaft, außerdem den Senatoren-Schmierer Bobby Baker und schließlich den »Scharfrichter« der Chicagoer Mafia, Phil Alderisio.

Bezeichnend für den Charakter des auf Malcolm X verübten Attentats ist aber auch das Schicksal seines Schützlings Charles Kenyatta. Wie Frank Hercules 1977 in einem in *National Geographic* erschienenen Aufsatz über das Leben in Harlem berichtete, sprach auch Kenyatta von »der Oberherrschaft des Verbrechens über unsere Gemeinschaft« und von »der Verführung unserer Kinder zum Drogenkonsum«.[16] Am heftigsten

greift er die »Drahtzieher des Verbrechens« an. Der Leidensausdruck auf seinem asketischen Gesicht verstärkt sich. »Warum lassen sie unsere Kinder nicht in Ruhe?«

Vor einiger Zeit geriet ein Auto, in dem Kenyatta sich befand, in einen Hinterhalt. Sein Körper wurde von Kugeln durchlöchert und man glaubte, er sei tot. Aber wie durch ein Wunder hat sich der unbeugsame Idealist von seinen Verletzungen wieder erholt.[17]

Die Ermordung Martin Luther Kings

Ich habe einen Traum [...], dessen Wurzeln tief in den amerikanischen Traum hinabreichen [...], daß nämlich diese Nation eines Tages aufstehen und gemäß der wahren Bedeutung ihrer Grundüberzeugungen leben wird – »wir halten diese Wahrheiten für unumstößlich gewiß, daß nämlich alle Menschen gleich geschaffen sind«,[18] verkündete Reverend Martin Luther King jr. Gleichwohl erkannte er, daß dieser Traum für die Bewohner der inneren Bezirke der amerikanischen Großstädte durch einen permanenten Alptraum überschattet wurde:

> Das schleichende Verbrechen in den Ghettos ist der Alptraum der Slum-Familien. Diese Form des Verbrechens steht für die Aktivitäten des organisierten Verbrechens, wie es in den Ghettos seine Blüten treibt. Strategisch gelenkt und kultiviert wird diese Form des Verbrechens von landesweit operierenden weißen Verbrechersyndikaten, die in den gut geschützten Bezirken der Ghettos ungehindert dem Glücksspiel, dem Rauschgifthandel und der Prostitution nachgehen. Weil sich einschließlich der Polizei niemand wirklich für die Ghettokriminalität interessiert, durchdringt sie sämtliche Lebensbereiche.[19]

Das Risiko, das Dr. King mit derartigen Stellungnahmen einging, beschreibt der schwarze Journalist Louis Lomax:

> Indem er die gesamte amerikanische Öffentlichkeit mit der Not der Chicagoer Neger konfrontierte, stellte Martin zugleich auch die Korrumpiertheit des politischen Systems bloß und deutete überdies auf den Einfluß hin, den die Unterwelt auf das wirtschaftliche Leben in den Ghettos ausübte. Ich war ehrlich überrascht, daß Martin nicht mit in Beton eingegossenen Füßen voran im Michigan-See verschwunden ist. [...] Denn genau dies ist das Schicksal all jener, die sich mit dem organisierten Glücksspiel anlegen, das Jahr für Jahr Millionenbeträge an Sozialhilfe an sich rafft. Dies genau ist das Schicksal all jener, die die alljährlichen Millioneneinkünfte der weißen Unterweltkönige gefährden, die Rauschgift als Heilmittel gegen die Verzweiflung verhökern.[20]

Der von Reverend King vertretene Grundsatz der Gewaltlosigkeit verringerte die Bedrohung für das Ausbeutungsimperium der Mafia in den Ghettos nur unwesentlich.

Am 4. April 1968 wurde Dr. King in Memphis, Tennessee, erschossen. Eine riesige Fahndungsaktion führte etliche Wochen später zur Festnahme von James Earl Ray, einem angeblichen Rauschgift- und Juwelenschmuggler, der sich des Mordes schuldig bekannte. Ray habe völlig allein gehandelt, behauptete sein Anwalt Percy Foreman bei der Urteilsverkündung. Zur Untermauerung dieser Feststellung führte Foreman noch das Argument an, Ramsey Clark und J. Edgar Hoover hätten nach dem Mord »weniger als einen Tag gebraucht, um zu dem Ergebnis zu gelangen, daß es sich nicht um ein Komplott [handle]«.[21] Aber Ray selbst war mit Foremans Ankündigung gar nicht einverstanden. »Ich stimme Mr. [Ramsey] Clark nicht zu«, erklärte Ray dem Gericht. »Ich möchte hier nicht einer Feststellung zustimmen, von der in der Vergangenheit keine Rede gewesen ist.«[22]

Ray, der es ja schließlich am besten hätte wissen müssen, stand mit seiner Auffassung nicht allein da. Auch sein Bruder John war davon überzeugt, daß es sich um ein Komplott gehandelt habe. Arthur Hanes, der Ray anfangs vertreten hatte, erklärte, für ihn gebe es keinen Zweifel daran, daß Ray nicht allein agiert habe. Der Richter W. Preston Battle, der das Verfahren gegen Ray leitete, und Senator James Eastland glaubten ebenfalls nicht daran, daß Ray ein Einzeltäter gewesen sei. Überdies war es in den Augen der kanadischen Polizei wahrscheinlich, daß Ray »möglicherweie wichtige Komplizen in der Unterwelt gehabt [habe], die ihm bei der Flucht durch Kanada behilflich gewesen [seien]«, wie die *New York Times* berichtete.[23] 1978 gelangte das House Assassinations Committee zu der Ansicht: »Es ist anzunehmen, daß James Earl Ray Dr. Martin Luther King im Kontext eines Komplotts ermordet hat.«[24]

Auf eine Verschwörung der Mafia lassen auch zwei weitere Stellungnahmen schließen. Am 1. Februar 1975 berichtete der

Bürgerrechtsaktivist und Komödiant Dick Gregory in der Bostoner Universität vor Publikum, Dr. King habe ihn einmal von einem Hotelzimmer aus angerufen:

Ich sagte: »Was gibt's, Martin?« Und er erwiderte: »Könnten Sie mir erklären, was die Mafia ist?« Und das tat ich dann. Und das war der einzige Grund, weshalb er umgebracht worden ist.[25]

Von einer Verantwortung der Mafia für den Mord war auch in dem ialienischen Dokumentarfilm *Die beiden Kennedys* die Rede. In dem Film wurde unter anderem über ein Gerücht berichtet, demzufolge die Ermordung Kings von Carlos Marcello, dem Mafiaboß von New Orleans, aus Gefälligkeit gegenüber dem Ku Klux Klan veranlaßt worden sei.

Die Spuren des King-Mordes ließen sich in der Tat bis in Marcellos Herrschaftsbereich verfolgen. Am 15. Dezember 1967, weniger als vier Monate vor dem Attentat in Memphis, fuhren Ray und ein anderer Mann namens Charles Stein mit dem Auto von Kalifornien nach New Orleans – wo auch Oswald, Ruby, Ferrie und Brading in den Monaten vor dem Kennedy-Attentat aufgetaucht waren. Nach Mitteilung des House Assassinations Committee verfolgte Ray mit dieser »möglicherweise unheilvollen« Reise ein spezifisches und äußerst wichtiges Ziel, hatte es dabei sehr eilig, traf mit jemandem in New Orleans zusammen und erhielt unterwegs einen Geldbetrag. Ray selbst gab zu, auf dieser Reise 500 Dollar erhalten zu haben, über deren Herkunft er allerdings zweifelhafte Angaben machte. Sein Bruder John erklärte im Hinblick auf Rays offenkundige Unaufrichtigkeit:

Falls mein Bruder King getötet hat, dann für einen Haufen Geld – er hat nie etwas getan, außer für Geld –, und jene, die ihn bezahlt haben, werden wohl kaum gewollt haben, daß er in einem Gerichtssaal herumsitzt und alles ausplaudert, was er weiß.[26]

Auch die Unterweltkarriere von Rays Reisegefährten Charles Stein gibt möglicherweise Aufschluß über dessen Gesprächspartner in New Orleans. Der achtunddreißigjährige Stein hatte zuvor bereits längere Zeit in dieser Stadt gelebt und während seiner dortigen kriminellen Laufbahn Kontakt zu den wichtigsten Unterweltgrößen geknüpft. Mitte der fünfziger Jahre hatte er in etlichen Bars im französischen Viertel gearbeitet, so auch in Mary's Lounge, wo er für die Würfeltische verantwortlich zeichnete. In den frühen sechziger Jahren ließ er eine Reihe von Prostituierten für sich arbeiten, darunter auch seine Frau. Während dieser Zeit war er angeblich auch in den Drogenhandel verwickelt – eine Domäne der Mafia in New Orleans –, daneben hatte er jedoch weiterhin mit illegalem Glücksspiel und Prostitution zu tun. 1974 wurde Stein schließlich in Kalifornien wegen Heroinhandels verurteilt.

Als Stein und Ray am 17. Dezember 1967 in New Orleans eintrafen, fuhren sie zunächst zum Provincial Motel, wo Ray sich auf Steins Empfehlung hin einquartierte. Nach Auskunft des unabhängigen William Sartor trafen sowohl Stein als auch Ray anschließend mit drei Männern zusammen: Salvatore »Sam« DiPiazza, Dr. Lucas A. DiLeo und Salvatore La Charda. Sartor behauptete ferner, daß DiPiazza und La Charda Verbindungen zu Carlos Marcello unterhalten hätten und daß alle drei Männer fanatische Rassisten gewesen seien. Schauplatz der Zusammenkunft war entweder das Provincial Motel, wo Ray abgestiegen war, oder Marcellos Town and Country Motel, beides angeblich Unterwelttreffpunkte.

Während ihrer Auftritte vor dem House Assassinations Committee leugneten Carlos Marcello, DiPiazza, DiLeo, Stein und zwei weitere von Sartor aufgeführte Zeugen dessen Angaben. La Charda konnte nicht mehr befragt werden, weil er im Juni 1968 Selbstmord begangen hatte. Aber der Ausschuß bestätigte, daß DiPiazza als Buchmacher tätig sei und angeblich Verbindungen zu Marcello unterhalte. Er stellte auch fest, daß DiLeo, ein praktischer Arzt, »wegen Verstoßes gegen die öffentliche Sicherheit, Widerstand bei der Festnahme und Körperverletzung vorbestraft« sei.[27] Der Ausschuß konnte im übrigen nicht herausfinden, wo DiPiazza, DiLeo und La Charda sich Mitte Dezember 1967 aufgehalten hatten. Folglich konnte ein Treffen mit Ray und Stein während dieses Zeitraums nicht ausgeschlossen werden.

Daß im Auftrag Marcellos agierende Mafiosi an der Ermordung Martin Luther Kings beteiligt waren, wird auch durch die Aussage eines Zeugen aus Memphis, Tennessee, gestützt. Am 8. April 1968 berichtete ein Zeuge dem FBI von einer Bemerkung, die der Mann vier Tage zuvor, am Tag des King-Attentats, im Liberto, Liberto and Latch Produce Store in New Orleans gehört haben will. Auf diese Aussage gestützt, gelangte das House Assassinations Committee zu der Auffassung, der Vorsitzende des Unternehmens, Frank Liberto, habe »angedeutet, daß sein Bruder in New Orleans, Louisiana, jemandem 5000 Dollar dafür zahle, daß der Betreffende eine auf einem Balkon befindliche Person töte«.[28] Das Komitee stellte ferner fest, daß Liberto tatsächlich in New Orleans einen Bruder namens Salvatore habe, der indirekt in Verbindung zum Marcello-Clan stehe, und William Sartor gab an, auch Frank Liberto selbst unterhalte Kontakte zu Unterweltfiguren in Memphis und New Orleans. Frank Liberto bestritt, mit der Ermordung Dr. Kings irgend etwas zu tun oder auch nur Kenntnis davon gehabt zu haben, gab allerdings zu, er habe in Gegenwart von Kunden herabsetzende Bemerkungen über King gemacht.

Die Ermordung Robert Kennedys

Am Abend des 4. Juni 1968 feierte Senator Robert Kennedy gemeinsam mit seinen Anhängern im Ambassador Hotel in Los Angeles zwei entscheidende Vorwahlsiege, die Kennedy auf dem Weg zur Präsidentschaftskandidatur der Demokratischen Partei ein großes Stück weitergebracht hatten. Kurz nach Mitternacht beendete Kennedy eine Rede, die er vor seinen Wahlkampfhelfern gehalten hatte, und wurde durch den

Wirtschaftsraum des Hotels ins Freie geführt. Plötzlich peitschten Schüsse; Kennedy und fünf Umstehende wurden getroffen. Kennedy stürzte tödlich verwundet zu Boden, seine geballte rechte Faust lag neben einer Krawatte.

Der Attentäter, der seine blitzende Waffe vor sich ausgestreckt hielt und das Augenmerk von Dutzenden von Zeugen auf sich zog, war Sirhan Sirhan. Da man aber aus einer achtschüssigen Waffe keine dreizehn Kugeln abfeuern kann, sprechen alle Indizien dafür, daß der Mann, der zuvor die Krawatte getragen hatte, Robert Kennedys Mörder gewesen ist.

Zu diesem erschreckenden Ergebnis muß in der Tat jeder kommen, der sich den Rat des römischen Kaisers Marc Aurel zu Herzen nimmt, der empfohlen hat, alle offenen Fragen »sorgfältig zu erforschen« und sich nicht »mit dem Eindruck [zufriedenzugeben], der sich im ersten Augenblick aufdrängt«. Lassen wir den vordergründigen Augenschein im Augenblick einmal beiseite, so taucht auch im Zusammenhang mit der Ermordung Robert Kennedys sogleich wieder ein Tatverdächtiger auf, der für diesen Mord ein Motiv gehabt hat, außerdem über die für eine solche Tat notwendigen Mittel verfügte und zudem noch seine diesbezüglichen Absichten in aller Deutlichkeit kundgetan hatte.

An der Spitze der Feinde, die Robert Kennedy sich in den sechziger Jahren gemacht hatte, ragte einer besonders hervor: Jimmy Hoffa. Wie bereits erwähnt, hatte Hoffa im Sommer 1962 einen Mordplan gegen den Justizminister entwickelt. Aber dann hatte sich Hoffa doch auf das – von seinen beiden Freunden Marcello und Trafficante – gegen den Präsidenten ausgeheckte Mordkomplott verlegt, einen Plan, der dem Kampf der Kennedys gegen das organisierte Verbrechen ein Ende bereitete und zugleich auch die Rachegelüste der Mafia gegenüber den beiden Brüdern befriedigte. Was Robert Kennedy anbelangte, so begnügte sich Hoffa damit, diesen zwei Tage nach dem Attentat von Dallas genüßlich als »noch so ein Anwalt« zu bezeichnen.

Urheber der einzigen Komplotte, die während der folgenden

vier Jahre gegen Robert Kennedy geschmiedet wurden, war Frank Chavez, der skrupellose Boß des Ortsverbands 901 der Transportarbeitergewerkschaft in Puerto Rico. Während des Wahlkampfs, den Kennedy 1964 um den Senatssitz des Staates New York führte, reiste Chavez nach Auskunft des ehemaligen Kennedy-Mitarbeiters Walter Sheridan nach New York, um Kennedy zu töten, konnte jedoch von der Durchführung der Tat abgehalten werden. Später, im März 1967, begab sich Chavez – nachdem er geschworen hatte, Kennedy, Sheridan und den Zeugen Ed Partin für den Fall umzubringen, daß Hoffa zu einer Gefängnisstrafe verurteilt werde – von San Juan aus bewaffnet nach Washington. Nachdem man ihn unter Bewachung und seine potentiellen Opfer unter Polizeischutz gestellt hatte, konnte Chavez diesen Plan nicht zur Ausführung bringen.

Aber als Robert Kennedy sich 1968 in einer vielversprechenden Kampagne um die Präsidentschaft bewarb, war es mit den heldenhaften Ambitionen eines einzelnen Gangsters nicht mehr getan, denn die Mafia war nicht bereit, ihren herausragendsten Gegner in die höchste Machtposition hineinzulassen, damit er dort die Arbeit zu Ende führen könne, die sein Bruder unerledigt gelassen hatte. Auch wollte sie nicht so lange warten, bis wieder ein eng gezogener Sicherheitscordon zu durchbrechen sein würde, bestand doch die Möglichkeit, den am 5. Juni ohne Polizeischutz im Ambassador Hotel abgestiegenen Kennedy bereits bei dieser Gelegenheit aus dem Weg zu räumen. Der letzte Anstoß, der zur Ausführung dieses Attentatsplanes führte, ist vermutlich der entscheidende Vorwahlsieg gewesen, den Kennedy an diesem Abend feiern konnte, und der ihm praktisch schon den Weg zur Präsidentschaftskandidatur geebnet hatte.

Die Neugierde, die Robert Kennedy am Tode seines Bruders zeigte, stellte in den Augen der Mafia eine weitere Bedrohung dar. Wie William Turner und J. Christian in ihrem Buch *The Assassination of Robert F. Kennedy* berichten, hatte Robert Kennedy von Anfang an vermutet, daß »sein Erzfeind Jimmy

Hoffa irgendwie dahinterstecke«.[29] R. Kennedy hatte sogar den stellvertretenden Arbeitsminister Daniel Moynihan darum gebeten, diese Möglichkeit näher zu untersuchen. Überwältigt von den tragischen Ereignissen, hatte er seinem diesbezüglichen Verdacht zunächst Zügel angelegt. Der Journalist Tom Braden, der sich am 5. Juni gemeinsam mit Kennedy im Ambassador Hotel aufhielt, hatte ihn einmal gefragt: »Warum veranstalten Sie nicht einfach einen großangelegten Feldzug, um den Mord an Ihrem Bruder aufzuklären?« Kennedy »schüttelte den Kopf«, wie Braden berichtete, »und er sagte: ›Es ist so fürchterlich, daß ich nicht daran denken will, ich habe gerade erst akzeptiert, was die Warren-Kommission gesagt hat.‹«[30]

Nach einigen Jahren fing Robert Kennedy gleichwohl abermals an, in dieser schmerzlichen Angelegenheit weitere Nachforschungen anzustellen. 1967 sandte er angeblich einen vormaligen Mitarbeiter zum damaligen Bezirksstaatsanwalt Jim Garrison nach New Orleans, dessen unheilvolle Verbindung mit Carlos Marcello zu diesem Zeitpunkt noch nicht bekannt war, und am 28. Mai 1968, eine Woche vor seinem Tod, hielt sich Kennedy zwei Stunden lang in Oxnard, Kalifornien, auf, wo er zwei Spuren nachging, die angeblich im Zusammenhang mit dem Tod seines Bruders entdeckt worden waren.

Im Juni 1968 hatte Robert Kennedy über seine künftige Vorgehensweise gegenüber der Mafia dann weitgehend Klarheit gewonnen. Wie bei Turner und Christian nachzulesen ist, geht aus einem unlängst veröffentlichten FBI-Dokument hervor,

daß ein reicher südkalifornischer Rancher, der Verbindungen zu den ultrarechten Minutemen unterhielt und RFK haßte, weil dieser Cesar Chavez [den Präsidenten der Farmarbeitergewerkschaft] unterstützte, 2000 Dollar für einen über 500 000 bis 700 000 Dollar lautenden Mafia-Kontrakt zur Ermordung des Senators bereitgestellt hatte, »für den Fall, daß dieser für die Präsidentschaftskandidatur nominiert werde«.[31]

Und der Sirhan-Biograph Robert Blair Kaiser berichtete, daß

ein Mithäftling Hoffas im Bundesgefängnis von Lewisburg, Pennsylvania, gegenüber dem FBI erklärt habe, er habe gehört, wie Hoffa und seine Kumpane im Mai 1968 über die »Ermordung Bob Kennedys« gesprochen hätten.[32]

Einer dieser Kumpane war möglicherweise der New Yorker Mafiaboß Carmine Galente, mit dem Hoffa sich in Lewisburg häufig unterhielt. Galente war der Boß der Gefängnissektion der Mafia und sowohl mit Carlos Marcello als auch mit Santos Trafficante verbündet.

Der von der Mafia gegen Robert Kennedy entwickelte Mordplan wäre indes heute nur noch von akademischem Interesse, wäre Sirhan Sirhan diesem Mordkomplott tatsächlich durch ein Attentat aus eigenem Antrieb zuvorgekommen. Sobald man jedoch Sirhans Hintergrund beleuchtet, scheidet die Möglichkeit, er habe als reiner Einzeltäter gehandelt, völlig aus.

Sirhan Bishara Sirhan, ein palästinensischer Einwanderer, behauptete, er habe Kennedy wegen dessen proisraelischer Politik erschossen. Bei anderer Gelegenheit hingegen erklärte Sirhan, daß er sich »mit den Arabern weder politisch noch sonstwie identifiziere«.[33] Weiter sagte Sirhan, daß er arabisches Essen nicht ausstehen könne, »ihre Kleider und den ganzen Quatsch«, daß er Christ sei und kaum Arabisch sprechen könne.[34] Eigentümlicherweise trug Sirhan zum Zeitpunkt des Attentats vier Hundert-Dollar-Scheine bei sich, jedoch keinerlei Ausweispapiere. Robert Houghton, der Chefdetektiv der Polizei von Los Angeles, hatte aufgrund dessen spontan das Gefühl, es mit einem »angeheuerten Killer« zu tun zu haben.

Diesem Täterbild entsprachen auch Sirhans Spielleidenschaft und die hohen finanziellen Verluste insbesondere in den Monaten vor dem Attentat. Im übrigen war er durch seine einschlägigen Vorlieben mit etlichen berüchtigten Gestalten in Berührung gekommen. Zwischen 1965 und 1967 trat Sirhan gleichsam in Jack Rubys Fußstapfen; er hielt sich ständig auf der Santa-Anita-Rennbahn auf, wo er auch arbeitete. Diese Rennbahn war ein bevorzugter Mafia-Treffpunkt. Sirhan hatte überdies auf der Del-Mar-Rennbahn gearbeitet, wo einige der berüchtigtsten Gangster des ganzen Landes regelmäßig verkehrten.

Eine besonders verdächtige Rennbahnbekanntschaft machte Sirhan in Frank Donneroummas, alias Henry Ramistella aus New Jersey, dessen Strafregister etliche Festnahmen in New York und Miami verzeichnete. Donneroummas hatte Sirhan auf der Santa-Anita-Rennbahn kennengelernt und besorgte ihm 1966 einen Job auf dem Corona-Gestüt, wo er sein Vorgesetzter war und sich mit ihm anfreundete. Beamte des FBI versuchten, nach dem Attentat mit Donneroummas Kontakt aufzunehmen, aber sie brauchten zehn Monate, bevor sie ihn überhaupt ausfindig machen konnten. Ihr Wunsch, ihn zu befragen, war angesichts des folgenden Auszugs aus Sirhans Notizbüchern alles andere als müßig:

> Glück Glck Dona Donarum Donarum Frank Donarum b-
> bitte bi- bitte zahle fünf bitte überweise an Sirhan Sirhan den
> Betrag von fünf [...][35]

In Sirhans Notizbüchern wurde noch mehrmals die Wendung »bitte überweise an Sirhan« entdeckt – auf den gleichen Seiten fanden sich regelmäßig Hinweise auf Robert Kennedy und das Wort »töten«.[36] Hat Sirhan Robert Kennedy tatsächlich im Auftrag erschossen? Das ist zwar eine faszinierende Frage, die jedoch durch die überraschenden Ergebnisse der ballistischen Untersuchungen in den Hintergrund gedrängt wird: Der tödliche Kopfschuß, den Robert Kennedy erhielt, wurde nicht aus Sirhans Waffe abgefeuert.

Drei Schüsse trafen Robert Kennedy aus kürzester Entfernung, ein vierter durchschlug sein Jackett. Zu diesem Ergebnis gelangten Thomas Noguchi, der Gerichtsmediziner des Bezirks Los Angeles, sowie der Polizeiexperte DeWayne Wolfer aufgrund einer Analyse der durch das Pulver verursachten Verbrennungen und auf der Grundlage ballistischer Untersuchungen. Insbesondere Dr. Noguchi wies darauf hin, die tödliche Kugel sei nur Zentimeter von Kennedys rechtem Ohr abgefeuert worden – weniger als drei Zentimeter von seinem Kopf entfernt, und in einem Bericht der Polizei von Los Angeles heißt es, daß »die Mündung der Waffe zum Zeitpunkt der Abgabe sämtlicher Schüsse drei bis zirka fünfzehn Zentimeter zum Jackett entfernt war«.[37]

Aber die forensisch nachgewiesene Position, in der sich die Mordwaffe befunden haben muß, war nicht deckungsgleich mit der Position von Sirhans Waffe. Sowohl vor dem Bundesgeschworenengericht als auch während des eigentlichen Prozesses behaupteten zahlreiche Augenzeugen, der kürzeste Abstand zwischen Sirhans Waffe und Kennedy habe einen knappen Meter betragen. Nicht ein Zeuge schätzte diesen Abstand kürzer als 45 Zentimeter ein. Obendrein berichteten die Augenzeugen übereinstimmend, daß Sirhan von vorne auf Kennedy geschossen habe, während die Autopsie ergab, daß sämtliche Schüsse ihn von hinten getroffen hatten, und zwar von unten rechts.

Besonders genau konnte sich Karl Uecker, der stellvertretende Maître d'Hôtel, an Sirhans Position erinnern. Denn zu dem Zeitpunkt, als die Schüsse fielen, stand er allein zwischen Kennedy und Sirhan. Vor Gericht, aber auch in späteren Befragungen versicherte Uecker immer wieder, Sirhan habe seine Waffe – vor Kennedy stehend – zirka sechzig Zentimeter von diesem entfernt abgefeuert. Uecker war sich im übrigen »hundertprozentig sicher«, daß er Sirhan gegen einen in dem Wirtschaftsraum befindlichen Bügeltisch gestoßen habe. Sirhan könne also nach dem zweiten Schuß unmöglich weiterhin direkt von vorne und aus nächster Nähe auf Kennedy geschossen haben.

Die offenkundig unterschiedlichen Positionen, in denen sich Sirhans Waffe und die Mordwaffe befunden haben müssen, verwirrten auch William Harper, einen angesehenen Kriminologen von der Westküste. Als Harper die aus Kennedys Hals entfernte Kugel mit einer aus dem Körper eines anderen Verletzten verglich, entdeckte er einen weiteren auffälligen Unterschied. Er fand heraus, daß die beiden Kugeln sich hinsichtlich des Abschußwinkels und anderer Merkmale grundlegend unterschieden und nach seiner Auffassung »unmöglich aus ein und derselben Waffe abgefeuert sein« konnten. Er gelangte so zu der Schlußfolgerung, daß »zwei 22kalibrige Waffen bei dem Attentat zum Einsatz gekommen sind«: eine von Sirhan abgefeuerte, die fünf hinter Kennedy befindliche Zuschauer verletzte, und eine andere, aus der von hinten auf Kennedy geschossen worden war.[38] Der gerichtsmedizinische Experte Herbert MacDonnell entdeckte einen weiteren gravierenden Unterschied zwischen den beiden Kugeln und gelangte ebenfalls zu der Auffassung, daß sie unmöglich aus derselben Waffe abgefeuert worden sein konnten.

Nachdem etliche Kritiker, aber auch die angesehene American Academy for Forensic Sciences, sich zu Wort gemeldet hatten, beauftragte das Oberste Gericht von Kalifornien 1975 eine siebenköpfige Kommission, die vorliegenden ballistischen Ergebnisse neuerlich einer gründlichen Prüfung zu unterziehen. Die Kommission gelangte jedoch zu keinem abschließenden Ergebnis: So konnte sie zwar einen »allen Nachprüfungen standhaltenden Nachweis« dafür, daß damals mehr als eine Waffe abgefeuert worden sei, nicht finden, gleichwohl stellten die Mitglieder des Gremiums fest, daß es zwischen den aus den Körpern der Verwundeten entfernten Kugeln und jenen Kugeln, die man zu Testzwecken aus Sirhans Waffe abgefeuert hatte, »erhebliche Unterschiede« gebe. Die Kommission schloß im übrigen die Beteiligung einer zweiten Waffe nicht grundsätzlich aus.

Den Todesstoß erhielt die Einzeltätertheorie indes, als man die Zahl der in der Küche des Ambassador Hotels abgefeuerten Kugeln feststellte, denn aus Sirhans Acht-Kammer-Revolver konnten höchstens acht Schüsse abgegeben worden sein. Den Verbleib der acht Kugeln konnte man genau nachweisen: Zwei wurden aus dem Körper Senator Kennedys entfernt, fünf aus den Körpern verwundeter Passanten, und eine weitere wurde nach Polizeiangaben im Zwischenraum einer Decke entdeckt.

Die übrigen Kugeln steckten nach Mitteilung von Augenzeugen in der Deckenbekleidung beziehungsweise in einem Türholm und in einem Türrahmen.* Eine Reihe von genau gekennzeichneten FBI-Photographien, die kurz nach dem Attentat im Ambassador Hotel aufgenommen worden waren und 1976 unter Berufung auf die Pressefreiheit veröffentlicht wurden, zeigen ganz klar, daß wesentlich mehr als acht Kugeln abgefeuert worden sind. Nach Auskunft des FBI sind auf zwei der Photos »mit einem Kreis markierte Einschußlöcher von Kugeln zu sehen«, die »in der Tür zur Küche steckten«.[39] Ein weiteres Photo, das von den örtlichen Behörden zur Veröffentlichung freigegeben wurde, zeigt, wie Thomas Noguchi, der Gerichtsmediziner des Bezirks Los Angeles, die beiden vorgenannten Einschußlöcher untersucht und ausmißt.

Auf einem dritten FBI-Photo sieht man »Eine Nahaufnahme von zwei Einschußlöchern in dem der Servierabteilung der Küche zugekehrten Türrahmen« – wie es in der Beschriftung heißt.[40] 1976 erklärte William Bailey, einer der FBI-Beamten, die am 5. Juni 1968 den Tatort des RFK-Attentats genau untersucht hatten, gegenüber Baxter Ward, einem Mitglied des Bezirksausschusses von Los Angeles, daß die Existenz der besagten Einschußlöcher »keineswegs Gegenstand irgendwelcher

* Nachdem unablässig darum gebeten worden war, die fraglichen Objekte in Augenschein nehmen zu dürfen, sagte Evelle Younger von der Distriktstaatsanwaltschaft im Juni 1969 zu, daß ganze »Tonnen« von in Polizeibesitz befindlichen Informationen demnächst »zugänglich gemacht« würden, aber während der folgenden sechs Jahre geschah nichts, bis das Oberste Gericht in Los Angeles 1975 eine Untersuchung der im Zusammenhang mit dem Kennedy-Fall aufgetauchten ballistischen Unstimmigkeiten anordnete. Zu diesem Zeitpunkt gestand dann ein Sprecher der Polizei von Los Angeles auch ein, daß die Polizei am 27. Juni 1969 die hölzerne Deckenbekleidung und die betreffenden Türelemente zerstört habe – zwei Wochen, nachdem Younger die oben erwähnte Zusage abgegeben hatte.

Spekulationen« sei. Bailey sagte bei dieser Gelegenheit zu Ward: »Ich weiß mit absoluter Sicherheit, daß ich die beiden Einschußlöcher damals genau inspiziert habe, und daß es sich hundertprozentig um Einschußlöcher handelte.«[41] Auch die beiden Augenzeugen Martin Patrusky und Angelo DiPierro gaben eidliche Erklärungen ab, wonach sie an jener Stelle zwei Einschußlöcher und eine Kugel gesehen hatten.

Weitere Photographien sowie FBI-Aufzeichnungen und Augenzeugenberichte belegen, daß zumindest eine weitere Kugel am Tatort gefunden wurde, so daß alles in allem wenigstens dreizehn Kugeln zusammenkommen. Mindestens fünf dieser Kugeln wurden also nicht von Sirhan Sirhan abgefeuert, und zumindest ein weiterer Schütze hat gemeinsam mit Sirhan geschossen. Das mag auch das von Zeugen wahrgenommene unregelmäßige Krachen erklären, das eher an das diffuse Geknalle von Knallfröschen erinnerte als an eine Serie in schneller Folge abgegebener Schüsse. Vincent Bugliosi, der vormalige Bezirksstaatsanwalt von Los Angeles, der auch mit den Charles-Manson-Morden befaßt war und sich aktiv für eine neue Untersuchung des RFK-Attentates eingesetzt hat, hat die Beweislage einmal wie folgt umrissen:

Meine Herren, die Gelegenheit, im Zusammenhang mit diesem Fall die Frage des Vorhandenseins weiterer Kugeln noch einmal zu überprüfen, besteht nicht mehr. Jetzt ist es an der Zeit, daß wir uns näher mit jenen Gestalten befassen, die an jenem Abend geschossen haben.[42]

Die Ergebnisse der ballistischen Untersuchungen geben uns einen eindeutigen Fingerzeig. Wie bereits erwähnt, hat die Autopsie Robert Kennedys ergeben, daß er von drei nahe beieinanderliegenden Schüssen getroffen wurde, daß ein vierter Schuß sein Jackett von hinten durchschlagen hat und daß sämtliche Schüsse von hinten aus nächster Nähe in einem steilen Aufwärtswinkel von rechts seitlich abgefeuert worden sind. Direkt hinter und rechts seitlich von Kennedy befand sich der Sicherheitsmann Thane Eugene Cesar, der seine Waffe zog, nachdem Sirhan zu schießen angefangen hatte. Auf die Frage, wann genau er die Waffe aus dem Revolvergurt gezogen habe, gab Cesar eine Reihe widersprüchlicher Erklärungen ab. Am aufrichtigsten war er möglicherweise, als er dem Journalisten Theodore Charach 1979 ein Interview gab, das auch auf Film und Tonband dokumentiert ist:

> Cesar: »Aus irgendeinem Grund, ich weiß nicht warum, hatte ich plötzlich seinen [Kennedys] Arm hier unterhalb des Ellbogens zu fassen [...], seinen rechten Arm. [...] Und ich stand ein kleines Stück hinter Bobby. [...] Als die Schüsse abgefeuert wurden, als ich nach meiner Waffe griff, und dann wurde ich zu Boden geschlagen [...]«
>
> Charach: »Haben Sie gesehen, wie nach Ihnen noch andere der Jungs die Waffe gezogen haben [...] in der Küche?«
>
> Cesar: »Nein, ich habe nicht gesehen, daß jemand sonst im Küchenbereich die Waffe gezogen hätte. [...] Außer mir [...]«
>
> Charach: »Wie weit haben Sie sie herausgezogen?«
>
> Cesar: »Oh, ich habe sie aus dem Gurt rausgezogen. Ich hatte sie in der Hand.«[43]

Der Kriminologe William Harper hielt die Möglichkeit, daß Cesar Kennedy vielleicht versehentlich erschossen habe, für äußerst unwahrscheinlich. Diese Möglichkeit scheidet auch schon aufgrund der Antwort aus, die Cesar auf Charachs nächste Frage erteilte:

> Charach: »Besteht irgendeine Möglichkeit, daß Ihre Waffe von allein losgegangen ist?«
>
> Cesar: »Meine Waffe?«
>
> Charach: »Ja.«
>
> Cesar [sehr hastig]: »Die hätte nur losgehen können, wenn ich den Abzug betätigt hätte, weil der Hahn nicht gespannt war. (Pause) Ich hätte viel mehr Druck ausüben müssen,

hätte ich, ich hätte die Waffe ganz bewußt abfeuern müssen [...]«[44]

Die Tatsache, daß Cesar seine Waffe ganz bewußt abgefeuert hat – die einzige Waffe, die sich in einer geeigneten Position befand, um Kennedy die tödlichen Verletzungen beizubringen –, wird auch durch den Bericht des NBC-News-Mitarbeiters Donald Schulman untermauert, der sich zum Zeitpunkt des Attentats hinter Kennedy und Cesar aufhielt. Unmittelbar nachdem die Schüsse gefallen waren, gab der ganz offensichtlich noch unter Schock stehende Schulman gegenüber dem Radioreporter Jeff Brent die folgende Auskunft:

Schulman: »Ein kaukasischer Herr [Sirhan] ist vorgetreten und hat dreimal geschossen, der Sicherheitsmann [Cesar] hat Kennedy währenddessen dreimal getroffen. Mr. Kennedy fiel zu Boden. Sie haben ihn weggetragen. Der Sicherheitsmann hat zurückgeschossen.«

Brent: »Ich habe sechs oder sieben Schüsse in Folge gehört. War das der Sicherheitsmann, der zurückgeschossen hat?«

Schulman: »Ja, der Mann, der vorgetreten ist, hat dreimal auf Kennedy geschossen und ihn jedesmal getroffen, der Sicherheitsmann hat dann zurückgeschossen [...] und ihn getroffen [...]«[45]

Eine Nachricht gleichen Inhalts wurde Minuten nach dem Attentat vom CBS-TV-Sender in Los Angeles in etwas übersichtlicherer Form ausgestrahlt:

Don Schulman, einer unserer ... Mitarbeiter, ist Zeuge der Schießerei geworden, über die wir Ihnen berichtet haben. Kennedy ging gerade vom Ballsaal aus zur Küche hinüber. Ein Mann trat aus der Menge hervor und schoß auf Kennedy. Kennedys Leibwächter hat dann zurückgeschossen [...][46]

Ein ähnlicher Bericht erschien am 6. Juli in der Pariser Zeitung *France Soir*. Dort hieß es: »Einer von Kennedys Leibwächtern zog die Waffe und feuerte in Westernmanier aus der Hüfte.«[47] Und in einem Interview, das der Journalist Theodore Charach etliche Monate später mit Schulman führte, bestätigte dieser, der Wachmann habe »mit absoluter Sicherheit die Waffe gezogen und geschossen«.[48]

Wiewohl Cesar behauptete, die Waffe, die er gezogen habe, sei ein 38kalibriger Revolver gewesen, besaß er zufälligerweise auch noch einen neunschüssigen H&H-22kalibrigen Revolver, eine Waffe desselben Kalibers also wie Sirhans Pistole und wie die nach dem Attentat aufgefundenen Kugeln. Als die Polizei sich bei Cesar nach seiner 22-Kaliber-Waffe erkundigte, erklärte dieser, er habe sie drei Monate vor dem Attentat verkauft. Aber aus einer Verkaufsbescheinigung geht eindeutig hervor, daß Cesar die Waffe erst am 6. September 1968 verkauft hat, also drei Monate *nach* dem Attentat. Als einige Ermittler 1972 versuchten, den Verbleib der Waffe ausfindig zu machen, berichtete der Käufer, sie sei ihm gestohlen worden.

Aber diese Unklarheiten sind nicht weiter verwunderlich, denn einzig Cesar hatte im Schutz der von Sirhan abgefeuerten Pistole die Gelegenheit, Senator Kennedy direkt von hinten durch vier Schüsse tödlich zu verletzen. Möglicherweise hat Kennedy selbst dies in seinen letzten bewußten Augenblicken noch erkannt, denn auf den Photos, die wir von dem Attentat besitzen, ist neben dem ausgestreckten rechten Arm des am Boden liegenden Kennedy Cesars Ansteckkrawatte zu erkennen, die am Hals des Wachmanns fehlt. Offenbar hat Robert Kennedy diese Krawatte noch abgerissen, bevor er durch den tödlichen Kopfschuß zu Boden gestreckt wurde.

Während eine Reihe von Fachleuten Beweise zutage förderten, die ganz klar auf eine Verwicklung Thane Eugene Cesars in den Mord an Robert Kennedy hindeuten, lief erneut eine der typischen Terrorkampagnen an. Im August 1971, einen Tag bevor der Kriminologe William Harper als Sachverständiger aussagte, wurde er von zwei Männern in einem Buick verfolgt.

Harper hörte eine laute Explosion, als eine Kugel aus einer hochkalibrigen Waffe gegen die hintere Stoßstange seines Wagens prallte. Walt Emerson, der die Aufklärung des RFK-Attentats finanziell unterstützte, erhielt Drohanrufe, die Frau des Anwalts Godfrey Isaacs, der an der Untersuchung des Falles mitwirkte, starb unter mysteriösen Umständen, der Journalist Theodore Charach, einer der sachkundigsten Rechercheure des Attentats, der bei der Ermordung Robert Kennedys selbst zugegen gewesen war, wurde mit einer Waffe bedroht und aufgefordert, seine Beweismittel herauszurücken, seine Assistentin Betty Dryer wurde umgebracht. Charach wußte weiter zu berichten:

Wissen Sie, das Hotel unterhielt ebenfalls Verbindungen zur Mafia. Mr. Gardner, der Sicherheitschef, er ist verschwunden, und Cesar hat zu mir gesagt: »Wir haben uns schon um ihn gekümmert. Sie werden nie ein Interview mit ihm kriegen.« Ich weiß nicht, ob er sich jetzt auf dem Grund des Pazifischen Ozeans befindet, oder wo er ist, es ist mir nicht gelungen, etwas über seinen Verbleib in Erfahrung zu bringen. Und ein weiterer Mann, der für die gesamte Organisation zuständig war, der hat Selbstmord begangen, und selbstverständlich haben sie im Ambassador Hotel sämtliche Unterlagen vernichtet, wie wir entdeckt haben.[49]

Natürlich gibt es eine Organisation, für die diese Form des Terrorismus nur allzu typisch ist. Diese Mörderbande hatte bereits zuvor mehrfach versucht, Robert Kennedy umzubringen, sie hatte seinen Bruder getötet und war bereit, den Einzug eines weiteren Kennedy ins Weiße Haus mit allen Mitteln zu verhindern. Diese Gruppe unterhielt in der Tat seit den vierziger Jahren Verbindungen zum Ambassador Hotel; damals hatte Mickey Cohen mit Unterstützung gewisser Vertreter der Hotelbelegschaft einen lukrativen Glücksspielbetrieb etabliert, und einem äußerst interessanten Bericht zufolge war auch Thane Eugene Cesar eng mit der Mafia verbunden.

Cesar wurde am Abend des 4. Juni vom Ace Guard Service als Wachmann für das Ambassador Hotel bestimmt. Dieser Sicherheitsdienst war unter anderem auch für den Schutz der US-Nationalbank in San Diego zuständig, die verschiedentlich mit Unterweltfiguren geschäftlich zu tun hatte und 1973 zusammenbrach. Nach Mitteilung des Autors Alex Bottus, der sich mit der Verbrechensaufklärung befaßt, war Cesar nur sporadisch für den Ace-Wachdienst tätig. Wie aus den Unterlagen des Staates Kalifornien hervorgeht, teilte Bottus ferner mit, Cesars letzter Einsatz für die Ace-Gesellschaft habe zum fraglichen Zeitpunkt bereits »viele Monate« zurückgelegen. Überdies behauptete Bottus, Cesar sei erst in letzter Minute für einen regulären Ace-Angestellten im Ambassador Hotel eingesprungen. In einem erst kürzlich veröffentlichten Interview des Journalisten Dan Moldea, dem ersten Gespräch übrigens, das Cesar in den vergangenen zwölf Jahren einem Vertreter der Medien gewährt hat, gab er zu, daß er am 4. Juni zum Wachdienst im Ambassador eingeteilt worden sei, den Auftrag indes nur widerstrebend angenommen habe.

Aber ganz offensichtlich war Cesar in erster Linie nicht gerade auf die Verbrechensbekämpfung spezialisiert. Wie der Verfasser dieses Buches von Bottus erfahren hat, war Cesar bereits mehrmals im mexikanischen Tijuana festgenommen worden. Nach Bottus' Mitteilung wurde Cesar nach jeder dieser Verhaftungen »dank einer von John Alessio gezahlten Kaution wieder auf freien Fuß gesetzt«.[50] Der mutmaßliche Mafioso Alessio aus Kalifornien war auch einer der Direktoren jenes »Mischkonzerns«, der die Kontrolle über die US National Bank ausübte, und Cesars Verbindungen zum organisierten Verbrechen werden nach Bottus' Auffassung auch durch seine sonstigen Aktivitäten belegt: »Man verfolgt seine Spur durch Missouri oder Arkansas, oder man fährt wie gesagt nach Chula Vista runter, oder man begibt sich nach University City oder nach Tijuana, Cesar ist überall bekannt. Der Typ hat einfach wahnsinnige Verbindungen.«[51] Meine während der letzten Jahre unternommenen Versuche, von Bottus weitere Auskünfte zu erhalten, sind leider fehlgeschlagen, aber wenigstens zwei weitere Untersuchungen haben auf die Möglichkeit einer zwischen Cesar und dem organisierten Verbrechen bestehenden Verbindung hingewiesen.

Diese Hinweise auf eine mögliche Verbindung Cesar–Mafia, die Angriffe auf Personen, die mit der Untersuchung des Attentats zu tun hatten, die in Sirhans Notizbuch entdeckte Eintragung über eine Geldzahlung Donnerouммas', alias Ramistella, sowie nachweislich vorgebrachte Drohungen der Mafia gegen Robert Kennedy, des weiteren die Frage des Motivs und etwaiger Präzedenzfälle – stützen in hohem Maße die Annahme, daß die Mafia in den Fall verwickelt gewesen ist. Gleichwohl handelt es sich nur um eine hohe Wahrscheinlichkeit; der eindeutige Nachweis, daß zwischen Cesar und Sirhan auf der einen und der Mafia auf der anderen Seite Verbindungen bestanden haben, muß noch geführt werden.

Der Schlüssel zur Lüftung dieses Geheimnisses findet sich möglicherweise irgendwo zwischen den Tausenden von Dokumenten, die während der Untersuchung des Attentats gesammelt wurden und seit über zwanzig Jahren in den Archiven der Polizei von Los Angeles verwahrt werden. Veröffentlicht worden ist bis heute nur ein weitgehend gereinigter Überblick über das vorliegende Material, der für die Nachforschung wertlos ist. Nachdem zwei in Los Angeles erscheinende Zeitungen sowie etliche besorgte Bürger die Öffnung der Archive verlangt hatten, erfüllte Tom Bradley, der Bürgermeister von Los Angeles, im Dezember 1986 sein Versprechen, sich für eine solche Öffnung einzusetzen, und auch der Stadtrat nahm eine entsprechende Resolution an. Obgleich die besagten RFK-Unterlagen inzwischen dem Staatsarchiv von Kalifornien übergeben worden sind, sind sie bis zum gegenwärtigen Zeitpunkt der Öffentlichkeit nicht zugänglich gemacht worden.

Sollten die Hinweise auf eine Verwicklung der Unterwelt in das RFK-Attentat sich als richtig erweisen, dann würde sich der Kreis der Mafia-Verschwörung gegen die amerikanische Gesellschaft schließen, denn schon am 15. Februar 1933 erschoß Guiseppe Zangara den Chicagoer Bürgermeister Anton Cermak und eine Reihe von Umstehenden. Bevor er seinen Verletzungen erlag, machte Cermak noch die Mafia für den Anschlag verantwortlich. Genau wie Robert Kennedy hatte er durch seinen Kampf gegen das Syndikat dessen Zorn auf sich gezogen. Zangara, der vermutlich von der Mafia durch Erpressung zu seiner Tat gezwungen wurde, war gleich Sirhan ein ziellos umherziehender Mensch, der einen Großteil seiner Zeit auf Rennbahnen verbrachte.

Aber die erschreckendste Parallele zwischen dem Cermak-Mord und dem RFK-Attentat war die Rolle, die Eugene Cesar bei dem Anschlag spielte, denn nach Auskunft des namhaften Soziologen Saul Alinsky »wußte man in weiten Chicagoer Kreisen jahrelang genau darüber Bescheid«, wie Cermak umgebracht worden war.[52] Kenneth Allsop schreibt in seinem Buch *The Bootleggers* über den Cermak-Mord:

Ganz in Zangaras Nähe befand sich noch ein anderer Mann in der Menge – ein bewaffneter Capone-Killer. Bei der wilden Schießerei wurden sechs Menschen verletzt – aber die Kugel, von der Cermak getroffen wurde, war aus einer 45ger und nicht aus der 32ger Pistole abgefeuert worden, die Zangara benutzte, sondern von einem unbekannten Capone-Mann, der sich den allgemeinen Aufruhr zunutze machte, um seinen Auftrag zu erledigen.[53]

Verteidiger und Anklage

Die Aktivitäten der im Zusammenhang mit dem RFK-Attentat als Verteidiger beziehungsweise für die Staatsanwaltschaft agierenden Männer lassen ebenfalls auf eine Verschwörung schließen, in die eine ganze Reihe von Leuten verwickelt gewesen sein müssen. Während des Prozesses gegen Sirhan Sirhan verhinderten seine Anwälte wiederholt Aussagen über die Position und den Charakter der Schußverletzungen, die Robert

Kennedy erlitten hatte. Um eine genaue Untersuchung dieser Frage zu unterbinden, erklärte sich der Hauptverteidiger Grant Cooper gegenüber dem Gericht sogar großzügigerweise zu dem Eingeständnis bereit, daß der tödliche Kopfschuß, den Kennedy erhalten hatte, aus Sirhans Waffe abgegeben worden sei. Der Polizeisachverständige DeWayne Wolfer sagte später allerdings aus, daß es in diesem Punkt keine völlige Klarheit gebe.

Zur gleichen Zeit als der Prozeß gegen Sirhan abgewickelt wurde, vertrat Cooper auch in einem gegen den Mafioso Johnny Roselli wegen illegalen Glücksspiels angestrengten Verfahren einen von dessen vier Mitangeklagten. Vier der fünf Angeklagten wurden schließlich für schuldig befunden, im Friars Club in Beverly Hills den dortigen Gästen durch systematisches Falschspiel das Geld aus der Tasche gezogen zu haben; die Mitgliedschaft in diesem Club verdankte Roselli der Empfehlung Frank Sinatras und Dean Martins. 1969 wurde Cooper wegen Begünstigung eines Verbrechens verurteilt; es handelte sich um den unbefugten Besitz von Geheimaussagen, die etliche Zeugen vor einem Bundesgeschworenengericht gegen die fünf Angeklagten gemacht hatten. Cooper räumte vor Gericht ein, er habe bezüglich der Herkunft der bei ihm entdeckten illegalen Kopien gelogen, weigerte sich jedoch, seine wahre Verbindungsperson beim Namen zu nennen. In diesem Zusammenhang ist vielleicht der Hinweis angebracht, daß die Mafia Kopien von Zeugenaussagen, in deren Besitz sie durch dunkle Kanäle gelangt, verwendet, um systematisch Falschaussagen zu konzipieren und sich über die Identität gefährlicher Zeugen Klarheit zu verschaffen, die anschließend ermordet werden.

Als nun Cooper selbst wegen seiner Unterweltbeziehungen, aber auch wegen seiner eidlichen Falschaussage immer mehr in Bedrängnis geriet, fiel dem Rechtsanwalt Russell Parsons zunehmend die Last der Verteidigung Sirhans zu. Parsons hatte zuvor bereits zahlreiche Mafia-Klienten vertreten. Einmal hatte der juristische Sachverständige eines Senatsausschusses bereits wegen seiner Verbindungen zur Unterwelt gegen ihn ermittelt, und dieser Sachverständige war niemand anderer gewesen als Robert Kennedy. Robert Kennedy war in Parsons Augen »ein dreckiger Hurensohn«, dafür empfand er für den kalifornischen Mafioso Mickey Cohen um so tiefere Zuneigung. Parsons hatte den Behörden in Cleveland überdies in einem Empfehlungsschreiben empfohlen, Cohens Bewährungszeit abzukürzen. Als dieser Brief bekannt wurde, war Parsons Kampagne um das Bürgermeisteramt von Los Angeles beendet, ehe sie überhaupt richtig in Gang gekommen war.

Ebenso wichtig für den Verlauf des Sirhan-Prozesses war der Bezirksstaatsanwalt Evelle Younger, der sich 1978 erfolglos um das Amt des Gouverneurs von Kalifornien bewarb. In einem 1979 im *Washington Monthly* erschienenen Bericht heißt es in diesem Zusammenhang:

Als Evelle Younger, der unlängst geschlagene republikanische Kandidat für das Amt des Gouverneurs von Kalifornien, während des Wahlkampfes mit dem wohlbegründeten Vorwurf konfrontiert wurde, daß er gegenüber der Mafia zu nachsichtig sei, erwiderte er laut Greil Marcus vom *Rolling Stone*: »Ich habe nie behauptet, daß ich mich mit der Unterwelt anlegen werde.«[54]

Nach dieser Philosophie richtete sich Younger vermutlich auch, als er wiederholt intervenierte, um eine Untersuchung der Frage zu verhindern, ob Robert Kennedy möglicherweise Opfer einer Verschwörung geworden sei. Nicht minder verdächtig erscheint es, daß zwei Wochen nachdem Younger die Freigabe einiger für die Aufklärung des Kennedy-Attentats möglicherweise entscheidender Beweismittel angekündigt hatte, dieses Beweismaterial vernichtet wurde.

Auch andere Kandidaten für das Amt des Gouverneurs von Kalifornien stellten während ihrer politischen Karriere unter Beweis, daß sie gegenüber dem organisierten Verbrechen beide Augen zudrückten. Die Verbindungen, die Youngers erfolgreicher Rivale in den kalifornischen Gouverneurswahlen zu Sidney Korshak unterhielt, wurden 1979 in einer Serie der Doonesbury-Cartoons karikiert. Dieser Serie wurde dann auch von etlichen größeren Zeitungen in Kalifornien und Nevada der Abdruck verweigert. Unter anderem hatte der einschlägig erfahrene Mafia-Korruptionsspezialist und Medienmanipulator Korshak in der Absicht, die Glaubwürdigkeit eines Zeugen zu erschüttern, der durch seine Aussage Carlos Marcello mit dem John-F.-Kennedy-Attentat in Verbindung gebracht hatte, über den betreffenden Zeugen ehrabschneidende Behauptungen in die Welt gesetzt.

Auch Edmund »Pat« Brown, Jerrys Vater, fand sich vor und nach seinem Regierungsantritt in Sacramento bereit, einigen Mafiosi eine Sonderbehandlung angedeihen zu lassen. Als Bezirksstaatsanwalt von San Francisco ließ Pat Brown 1949 unerklärlicherweise eine Mordanklage gegen den Mafioso Sebastiano Nani fallen, und 1977 setzte sich Brown in einem Telegramm leidenschaftlich für John Alessio ein, Eugene Cesars mutmaßlichen Hintermann, der damals von der Rennaufsicht des Staates New Mexico gerade unter die Lupe genommen wurde. Schließlich war noch Murray Chotiner, der für den ehemaligen kalifornischen Gouverneur Earl Warren mehrere Wahlkämpfe organisiert hatte, ein mit der Mafia verbundener Rechtsanwalt und – möglicherweise – auch Spezialist für Schmiergeldzahlungen.

Diese eher nebenbei erwähnten Verbindungen zwischen der Mafia und der kalifornischen Politik verblassen jedoch nahezu vor den einschlägigen Verwicklungen von zwei weiteren Bewerbern um das kalifornische Gouverneursamt, deren Karriere in der Folge steil aufwärts und ostwärts verlaufen sollte und schließlich im Weißen Haus endete.

Die Herren der Mafia haben die amerikanische Politik unerbittlich im Würgegriff ihrer eisernen Faust. Ihre Mittel sind: Bestechung, finanzielle Wahlkampfunterstützung, Drohungen, Erpressung, Wahlbetrug, die Kontrolle über das Wahlverhalten ganzer Wählerblocks – sie haben die Fangarme ihrer Macht bereits nach allen Ebenen der Politik und Bürokratie ausgestreckt. Von den Rathäusern angefangen über die Parlamente der Einzelstaaten, die Wandelgänge des Kongresses, ja selbst das Weiße Haus gibt es in den Augen der Mafia keine Ebene politischer Machtausübung, auf der nicht durch systematisch betriebene Korruption Einfluß zu gewinnen wäre.[1]

Michael Dorman, Journalist und Autor

21. Richard Nixon und die Mafia

Im gleichen Jahr 1968, als Robert Kennedy ermordet worden und 15 000 amerikanische Soldaten in Vietnam gefallen waren, wurde Richard Milhous Nixon zum Präsidenten der Vereinigten Staaten gewählt. Angesichts der Niederlagen Nixons in den Präsidentschaftswahlen von 1960 gegen John F. Kennedy und in den kalifornischen Gouverneurswahlen von 1962 gegen Edmund Brown stellte dieser Sieg für ihn einen persönlichen Triumph dar. Gewisse Anzeichen jedoch deuteten darauf hin, daß Nixons Präsidentschaft für das amerikanische Volk einen weniger triumphalen Verlauf nehmen würde.

Nixon war der erste Präsidentschaftskandidat der Republikaner, der von dem Sänger Frank Sinatra unterstützt wurde, und so machte er Sinatra zu einem gerngesehenen Gast im Weißen Haus. Sinatra war im Umkreis der Kennedys zur persona non grata geworden, nachdem in einem neunzehn Seiten langen Bericht des Justizministeriums seine freundschaftlichen Beziehungen zu etlichen Mafiagrößen detailliert dargelegt worden waren. Zu seinem Arbeitsminister ernannte Nixon Peter Brennan, den Chef der mafiaverseuchten New Yorker Industrie- und Handelskammer, der auf Reisen stets eine geladene Waffe bei sich trug und von einem Pulk von Leibwächtern umgeben war. Zu seinem Vizepräsidenten machte Nixon Spiro Agnew, einen korrupten Politiker aus Maryland, der sich rasch mit Sinatra anfreundete. Agnew, der auch einmal ein Verfahren wegen Einkommensteuerhinterziehung am Hals gehabt hatte, mußte 1973 zurücktreten, als seine Verwicklung in unlautere Geschäftspraktiken ruchbar wurde.

Gaben diese Umstände bereits Anlaß zur Sorge, so zeigte Nixon – wie Jeff Gerth, der heute für die *New York Times* arbeitet, dargelegt hat – schließlich seinen wahren Charakter durch »die beispiellose Orgie krimineller Aktivitäten, zu denen es während seiner Amtszeit unter Führung des Weißen Hauses kam«.[2] Im folgenden wollen wir uns mit einigen dieser Aktivitäten befassen, die von der Pflege fragwürdiger persönlicher Beziehungen bis hin zu eindeutigen Gesetzesübertretungen reichen.

Bebe Rebozo, C.Arnholt Smith und Murray Chotiner

In seiner Einstellung gegenüber dem organisierten Verbrechen orientierte Nixon sich möglicherweise an dem Vorbild seiner engsten Vertrauten und Mitarbeiter. Typisch für diesen Umgang war Bebe Rebozo, einer der engsten Freunde und glühendsten Bundesgenossen Nixons. Charakteristisch für Rebozos Unterweltbeziehungen waren die langjährigen privaten und geschäftlichen Verbindungen, die er mit »Big Al« Polizzi unterhalten hatte, einem Mafioso und Drogenhändler aus Cleveland. In dem Anhörungsverfahren, in dem sich der Senat 1964 mit der Drogenfrage befaßte, wurde Polizzi als »eine der ein-

flußreichsten Unterweltfiguren in den Vereinigten Staaten«
bezeichnet.[3]

Sowohl Nixon als auch Rebozo taten sich in der Anti-Castro-
Bewegung hervor, Nixon als Koordinator des Weißen Hauses
unter Eisenhower im Zusammenhang mit der Invasion in der
Schweinebucht und Rebozo durch seine Mitwirkung an den
von der Mafia unterstützten Aktivitäten der Exilkubaner gegen Castro. Zudem waren beide in undurchschaubare finanzielle Transaktionen auf den Bahamas und in Florida verwik-
kelt. Dazu gehörten auch etliche Grundstücksgeschäfte, bei
denen die beiden von der Keyes Realty Company unterstützt
wurden, einer mit der Unterwelt verbundenen Gesellschaft,
als deren Vizepräsident der nachmalige Watergate-Einbrecher
Eugenio Martinez bis 1971 fungierte. Später kauften Nixon
und Rebozo dann von einem gewissen Donald Berg zu äußerst
günstigen Konditionen Grundstücke in Key Biscayne. Wieder
einige Jahre später sollte der Secret Service Nixon anraten, den
Umgang mit Berg wegen dessen unseriösen Aktivitäten abzu-
brechen. Der Geldgeber für eine dieser Nixon-Erwerbungen
war Arthur Desser, der wiederum eng mit Meyer Lansky und
Jimmy Hoffa verbunden war.

Nixon und Rebozo waren aber auch mit James Crosby befreundet, dem Vorstandsvorsitzenden von Resorts International, einem Unternehmen, das wiederholt mit führenden Mafiafiguren in Verbindung gebracht worden ist. Rebozos Bank in
Key Biscayne, die mit der Firma Resorts International eng
zusammenarbeitete, stand in Verdacht, als Durchgangsstation
für das von der Gesellschaft in deren Paradise Island Casino auf
den Bahamas abgeschöpfte Geld zu dienen, und im Januar 1968
erschien Nixon als Crosbys Gast anläßlich der Eröffnung des
Casinos. Im Jahr zuvor hatte *Life* bereits berichtet, die Kontrolle über das Casino würde in den Händen von »Lansky &
Co.« liegen.

Die Beziehungen, die Nixon mit Resorts International unterhielt, erwiesen sich für ihn unter mindestens zwei Gesichts-
punkten als äußerst nützlich. Während des republikanischen

Nationalkonvents von 1968 in Miami wurde Nixon die Yacht der Paradise-Island-Casino-Gesellschaft kostenlos zur Verfügung gestellt. Ferner unterstützte Crosby Nixon nach Auskunft der *New York Times* in dessen Vorwahlkampf um die Präsidentschaftskandidatur mit 100 000 Dollar.

Nicht weniger fragwürdig als Nixons Beziehung zu Rebozo war seine enge Freundschaft mit einem weiteren generösen Wohltäter, dem Millionär C. Arnholt Smith aus San Diego. Diese Verbindung erwies sich 1973 für Nixon als ziemlich peinlich, als nämlich die von Smith kontrollierte U.S. National Bank zusammenbrach. Bedingt war dieser Bankrott durch die Tatsache, daß Smith vom Kapital der Bank 400 Millionen Dollar an 86 Scheinfirmen weitergeleitet hatte.[4] Die Steuerfahndung (IRS) erhob gegenüber Smith eine Steuerforderung in Höhe von 22,8 Millionen Dollar, die höchste Summe, die sie in ihrer Geschichte je für ein einzelnes Jahr geltend gemacht hatte. Smith geriet aber auch durch drei weitere Bundesbehörden und ein Bundesgeschworenengericht unter Beschuß und wurde 1984 wegen schweren Diebstahls und Steuerhinterziehung zu einem Jahr Gefängnis verurteilt.

Von einem wichtigen Nutznießer der bei der U.S. National Bank üblichen Praktiken war am 10. September 1973 auf der Titelseite der *New York Times* die Rede. Insbesondere wies die Zeitung darauf hin, daß »Mr. Smith und seine Unternehmen bereits auf eine langjährige Zusammenarbeit mit dem organisierten Verbrechen zurückblicken können«.[5] So verfügte beispielsweise Lewis Lipton, der höchstrangige Vizepräsident der U.S. National Bank, »in der südkalifornischen Unterwelt über hervorragende Beziehungen«.[6] Lipton, alias Felix Aguirre, war unter anderem einem Mafiaboß und einer von der Mafia kontrollierten Firma bei der Beschaffung von U.S.-National-Bank-Darlehen behilflich.

Ein ehemaliger Direktor des von Smith in Westgate, Kalifornien, begründeten »Mischkonzerns« war John Alessio gewesen, ein wegen Steuerhinterziehung verurteiltes mutmaßliches Mafiamitglied. In der *New York Times* wurden »Mr.

Smith' langjährige geschäftliche und persönliche Beziehungen zu John S. Alessio als das offensichtlichste Beispiel für die Verbindungen« bezeichnet, »die Mr. Smith zum organisierten Verbrechen unterhält«.[7] Alessio war der Mann, der angeblich Thane Eugene Cesar mehrmals aus dem Untersuchungsgefängnis herausgeholt hatte, und Cesar wiederum fungierte vermutlich bei der Ermordung Robert Kennedys als zweiter Schütze. Genau wie Smith war auch Alessio ein Wohltäter Nixons und steuerte 26 000 Dollar zu dessen Präsidentschaftswahlkampf von 1968 bei.

Ein weiterer enger Berater und Freund Nixons war Murray Chotiner, ein Rechtsanwalt, der während seiner beruflichen Laufbahn führende Mafiafiguren verteidigt hatte. Chotiner, von dem es hieß, er hab Nixon gemacht, half diesem, sein erstes öffentliches Mandat zu erringen, und Chotiner gelang es auch, Nixons Aufstieg vom Abgeordneten im kalifornischen Parlament zum Kandidaten für das Amt des Vizepräsidenten durchzusetzen, und zwar just während jener drei Jahre, als er und sein Bruder in insgesamt 221 Verfahren als Verteidiger von Mafiagrößen auftraten. Chotiner konzipierte auch die melodramatische Ansprache, als Nixon 1952 wegen eines geheimnisvollen Finanzskandals als Vizepräsidentschaftskandidat Eisenhowers untragbar zu werden schien. Diese enge Beziehung der beiden Männer blieb auch während Nixons Präsidentschaft bestehen, wie schon das Privatbüro zeigt, über das Chotiner während dieser Zeit im Weißen Haus verfügte.

Zu Chotiners zahlreichen Mafiafreunden gehörte auch D'Alton Smith, der mit Carlos Marcello auf vertrautem Fuß stand, und mit dessen Unterstützung er in Kalifornien Rock-Musik-Festivals veranstaltete. Sowohl Chotiner als auch Smith waren im letzten Stadium an der von der Mafia und der Transportarbeitergewerkschaft geführten siebenjährigen Kampagne beteiligt, deren Ziel es war, eine gerichtliche Verfolgung Jimmy Hoffas zu verhindern. Diese Kampagne war durch ein solches Übermaß an Bestechungs- und Einschüchterungsversuchen, aber auch durch eine solche Zahl von Meineiden gekennzeichnet, daß das *Life*-Magazin in diesem Zusammenhang von einem »dreisten und frechen Vorgehen« sprach, mit dem nur wenige Mafia-Aktionen sich messen könnten. Diese Kampagne endete schließlich sogar erfolgreich, als Nixon unter Chotiners und Smith' Einfluß im Dezember 1971 Hoffas vorzeitige Entlassung aus dem Gefängnis anordnete.

Walter Sheridan, ein ehemaliger Mitarbeiter des Justizministeriums während der Kennedy-Ära, hatte gegenüber dem Journalisten Clark Mollenhoff bereits früher gewarnt: »Es ist alles dafür vorbereitet, daß die Nixon-Administration Jimmy Hoffa freiläßt. [...] Man hört, Murray Chotiner verhandelt in dieser Sache gerade mit der Mafia in Las Vegas.«[8] Genau vier Monate vor der Strafaussetzung hatte eine Bundesbewährungskommission eine solche vorzeitige Haftentlassung noch einstimmig abgelehnt. Aufgrund der von Nixon ausgesprochenen Strafminderung brauchte Hoffa nur fünf der dreizehn Jahre Gefängnis abzusitzen, zu denen er wegen Geschworenenbeeinflussung und Unterschlagung von zwei Millionen Dollar aus dem Pensionsfonds der Transportarbeitergewerkschaft verurteilt worden war.

»Nixon, die Transportarbeitergewerkschaft, die Mafia«

Die *New York Times* bezeichnete die Begnadigung Hoffas durch Nixon »als einen Eckpfeiler jener seltsamen Liebesaffäre zwischen der Regierung und der zwei Millionen Mitglieder starken Transportarbeitergewerkschaft, die 1957 wegen der Dominanz des organisierten Verbrechens in ihrer Führung aus dem Dachverband der Gewerkschaft ausgeschlossen worden ist«.[9] Diese seltsame Wahlverwandtschaft wurde auch im Zusammenhang mit den wiederholten Eingriffen der Nixon-Regierung sichtbar, die des öfteren Strafprozesse oder polizeiliche Ermittlungen gegen Funktionäre der Transportarbeitergewerkschaft niederschlug, wie die *Los Angeles Times* in einem

»Nixon, die Transportarbeitergewerkschaft, die Mafia« über-schriebenen Artikel darlegte.

Am Anfang einer derartigen Intervention stand eine Zusammenkunft im La Costa Country Club, einem »Lebensborn der Mafia«, in Carlsbad, Kalifornien. Zugegen waren Frank Fitzsimmons, der Chef der Transportarbeitergewerkschaft, Allen Dorfman, Anthony Accardo, der Mafiaboß von Chicago und weitere Mafiafiguren. Das Treffen, das vom 9. bis 12. Februar 1973 stattfand, bekam nur zu bald geschäftlichen Charakter: Es ging um die Ausplünderung des Sozialfonds der Transportarbeitergewerkschaft. In diesem konkreten Fall ging es darum, möglichst viele Transportarbeiter zum Eintritt in eine von der Gewerkschaft angebotene Krankenversicherung zu bewegen. Die Gewerkschaftsbosse wollten dann die fälligen Beiträge für ein Jahr im voraus an eine Versicherungsgesellschaft entrichten, die sich ihrerseits verpflichtete, zum Dank für diese großzügige Regelung sieben Prozent der Beiträge an ein in Los Angeles ansässiges Scheinunternehmen der Mafia namens People's Industrial Consultants abzuführen. Den Gewinn wollten die Transportarbeiter- und Mafiabosse dann unter sich aufteilen. Die Geschichte versprach ein Bombengeschäft zu werden – bei einem voraussichtlichen Jahresumsatz von einer Milliarde Dollar. Die Gespräche im La Costa Club, in deren Verlauf dieser Plan ausgeheckt wurde, blieben jedoch nicht geheim – weil nämlich das FBI die People's Industrial Consultants elektronisch überwachte.

Während die Verhandlungen zwischen Mafia und Transportarbeitergewerkschaft ihren Lauf nahmen, konferierten auch vier Mitarbeiter des Weißen Hauses, nämlich H. R. Haldeman, John Ehrlichman, John Dean und Richard Moore, etwa zwölf Stunden lang im La Costa Country Club und diskutierten die im Zusammenhang mit der Watergate-Affäre zu verfolgende Strategie. Selbst einige Mitglieder des Nixon-Stabes fanden diese räumliche Nähe schockierend. Am 12. Februar, dem letzten Tag der Mafia-Transportarbeiter-Gespräche, flog der Transportarbeiterboß Fitzsimmons gemeinsam mit Präsident Nixon in dessen Air Force One zurück nach Washington. Einen Monat später lehnte Justizminister Richard Kleindienst die vom FBI verlangte Genehmigung ab, die elektronische Überwachung der People's Industrial Consultants fortzusetzen. Zur völligen Überraschung der FBI-Agenten ließ Kleindienst durch Mitarbeiter eine solche Überwachung als »unproduktiv« bezeichnen. Nach Auskunft der *New York Times* hatte die Überwachung jedoch entgegen dieser Behauptung »die Verbindungen zwischen der Mafia und der Transportarbeitergewerkschaft erstmals ein wenig durchschaubar gemacht«.[10] Die *Times* bezeichnete die Aussetzung der Überwachung als ein Beispiel für die unter der Nixon-Regierung allgemein übliche »Perversion des Rechts, die sich als Law-and-Order-Politik geriert«.[11]*

Die Bemühungen, die Nixon zugunsten der Mafia unternahm, sollten sich für ihn durchaus auszahlen. Unter Berufung auf Regierungskreise und einen Geheimbericht des FBI teilte *Time* 1977 mit, das Weiße Haus habe kurz vor den beiden Treffen im La Costa Country Club von der Unterwelt Schmiergelder in Höhe von einer Million Dollar erhalten. Die Hintermänner dieser Bestechungsaktion waren Frank Fitzsimmons

* Kleindienst hatte etliche gegen die Mafia und die Transportarbeitergewerkschaft eingeleitete Gerichtsverfahren und Ermittlungen niedergeschlagen. Noch vor seiner Zeit als Justizminister war ihm einmal für den Fall, daß er ein wegen Aktienbetruges gegen etliche Unterweltgrößen anhängiges Verfahren niederschlage, ein Bestechungsgeld in Höhe von 100 000 Dollar angeboten worden. Von diesem Angebot machte er allerdings erst Mitteilung, nachdem er erfahren hatte, daß die Bundesbehörden in diesem Fall ermittelten. Er log auch vor einem Senatsausschuß, der sich um die Aufklärung monopolistischer Machenschaften bemühte, und wurde wegen dieser Falschaussage später von einem Gericht verurteilt.

Nachdem er aus seinem Amt ausgeschieden war, vermittelte Kleindienst zwischen einer dubiosen Versicherungsgesellschaft und der Transportarbeitergewerkschaft einen Vertrag über ein Krankenversicherungspaket. Für diese Vermittlertätigkeit, die ihn nur wenige Stunden Zeit kostete, sackte er 125 000 Dollar ein. Wie es dann weiterging, ist klar: Von den Versicherungsbeiträgen der Mitglieder wurden sieben Millionen Dollar auf die Konten etlicher Scheinfirmen weitergeleitet.

und Tony Provenzano. Provenzano war Mafia-Capitano, ehemaliger Vizepräsident der internationalen Fernfahrergewerkschaft und verurteilter Mörder. Ebenfalls an dem Unternehmen beteiligt war Allen Dorfman aus Chicago, bereits wegen Veruntreuung von Gewerkschaftsgeldern verurteilt und als Anlageberater für die Fernfahrergewerkschaft tätig; er wurde 1983 von der Unterwelt exekutiert. Nach Auskunft des Autors Dan Moldea war Dorfman in der Führung der Fernfahrergewerkschaft dafür zuständig, daß »jede Sektion des organisierten Verbrechens von den in die Milliarden gehenden Pensions- und Sozialrücklagen der Gewerkschaft einen angemessenen Anteil erhielt«.[12] Wie *Time* berichtete, bekam die Regierung die eine Million, weil sie sich dazu bereitgefunden hatte, Jimmy Hoffa daran zu hindern, »Frank Fitzsimmons den Vorsitz der Gewerkschaft wieder zu entreißen«.[13]

Wie *Time* unter Berufung auf Regierungskreise schrieb, stellte Dorfman auf Fitzsimmons' Geheiß die eine Hälfte des für Nixon bestimmten Bestechungsgeldes zur Verfügung. Die anderen 500 000 Dollar wurden – wiederum auf Fitzsimmons' Anweisung – von Provenzano beigesteuert und in Las Vegas einem Kurier des Weißen Hauses übergeben. Provenzano erzählte später, Nixons Abgesandter sei Charles Colson gewesen, ein Mitarbeiter des Weißen Hauses, und das FBI war der Auffassung, Colson habe das Geld am 6. Januar 1973 in Las Vegas erhalten, das FBI bezeichnete die Informationen über den Million-Dollar-Transfer als »fundiert«.

In diesem Zusammenhang erklärte ein FBI-Beamter: »Diese ganze Sache mit den Fernfahrern und der Mafia und dem Weißen Haus ist eine der schaurigsten Geschichten, die ich je gehört habe.«[14] Nicht weniger schaurig ist die von *Time* angedeutete Möglichkeit, daß Nixon das von Dorfman und Provenzano gezahlte Geld vielleicht zur weiteren Untergrabung des demokratischen Prozesses benötigte: nämlich um den Watergate-Verschwörern Schweigegeld zu zahlen. *Time* wies auch darauf hin, daß der Watergate-Einbrecher E. Howard Hunt ausgerechnet Ende 1972 Geld verlangt habe, und berichtete ferner, daß Hunts Anwalt und Colson am 3. Januar 1973 zusammengetroffen seien, um über diese Angelegenheit zu sprechen.

Von einer Verbindung zwischen Watergate und der Mafia ist tatsächlich auch auf dem im Weißen Haus entdeckten Tonbandmaterial die Rede – und zwar mit dem Datum vom 21. März 1973. Der Präsidenten-Mitarbeiter John Dean äußerte bei dieser Gelegenheit gegenüber Nixon, man benötige in der Watergate-Sache eine Million Dollar an Schweigegeldern, worauf Nixon entgegnete:

> Das könnten wir beschaffen. [...] Ich könnte Ihnen eine Million Dollar besorgen. Sie können es sogar in bar bekommen. Ich weiß, wo wir es herkriegen.[15]

Dean merkte dann noch an, daß die Mafia sich aufs »Geldwaschen« verstehe. Nixon spielte den Unschuldsengel und erwiderte:»Vielleicht ist dazu wirklich eine Unterweltorganisation notwendig.«[16]

Auf einem anderen Tonband des Weißen Hauses berichtete Ehrlichman Nixon, Hunt und Gordon Liddy seien in einem Geheimauftrag nach Las Vegas gereist, eine Bemerkung, die die Annahme stützt, daß die beiden dort Geld aus den Spielhöllenerlösen der Mafia in Empfang genommen haben. Und auf einem dritten Band vom 5. Mai 1971 sprachen Nixon und Haldeman über eine weitere Einsatzmöglichkeit des organisierten Verbrechens – gegen Antikriegsdemonstranten nämlich:

> Haldeman: »[...] machen Sie es doch mit Hilfe der Transportarbeitergewerkschaft. Bitten Sie sie, ihre acht Schläger zu schicken.«
>
> Präsident: »Ja. [...] die haben Typen, die einfach dazwischengehen und denen die Rübe einhauen.«
>
> Haldeman: »Klar. Mörder. [...] das sind richtige Streikbrechertypen [...], und dann werden sie die [Obszönität] aus einigen von denen rausprügeln.«[17]

Ein solcher »Schlägertyp« wurde von Nixons Leuten tatsächlich eingesetzt, um 1968 Muskies Präsidentschaftskampagne zu stören, wie Haldeman auf diesem Tonband vom Mai 1971 erwähnt.

Einen Hinweis auf einen möglicherweise noch viel weiterreichenden Einfluß der Unterwelt auf Nixons Präsidentschaft verdanken wir Charles Colson, der ebenfalls im Zusammenhang mit der Watergate-Affäre wegen illegaler Aktivitäten verurteilt wurde. In einem Interview, das er 1976 Dick Russel, einem Mitarbeiter der *Village Voice*, gab, bemerkte Colson, ihm sei eine Theorie zu Ohren gekommen, derzufolge das Glücksspielimperium des exzentrischen Milliardärs Howard Hughes in Las Vegas

> eigentlich das Hauptquartier großangelegter Mafiaoperationen sei; daß sie Bebe Rebozo in der Hand und Nixon schon seit langem am Haken haben und natürlich, daß es Verbindungen gibt zwischen CIA und Mafia. [...] Sagen Sie nicht, daß dies meine Theorie ist, aber ich habe von dieser Möglichkeit gehört, und natürlich besteht sie durchaus.[18]

Colson, der auf Nixons Wunsch hin in einem Prozeß die Verteidigung eines New Yorker Mafiaführers übernommen und – wie die *Washington Post* 1973 mitteilte – für die vorzeitige Haftentlassung eines hohen Funktionärs der Transportarbeitergewerkschaft in Miami gesorgt hatte, wird sich kaum in leeren Spekulationen ergangen haben.

Tatsächlich wird der Haken, an dem Nixon nach Colsons Mitteilung schon seit seinen politischen Anfängen hing, sichtbar, wenn man die lange Geschichte der von der Unterwelt an ihn gezahlten Gelder betrachtet. Der Mafioso Mickey Cohen schreibt in seinen Memoiren, er habe Murray Chotiner im Zusammenhang mit Nixons erstem Anlauf, in den Kongreß zu gelangen, 1946 5000 Dollar übergeben. Weiter berichtet Cohen, er habe 1950 während Nixons Kampf um einen Sitz im Senat in den Spielerkreisen von Las Vegas einen Betrag von

75 000 Dollar als Wahlkampfunterstützung eingesammelt. 1960 ließ der Mafiaboß Carlos Marcello Nixon durch Vermittlung Jimmy Hoffas – kurz vor der ersten Kennedy-Nixon-Debatte – 500 000 Dollar in bar zukommen. Die Kenntnis dieses Bestechungsvorgangs verdanken wir Edward Partin, einem ehemaligen Hoffa-Mitarbeiter, der später die Seiten wechselte. Die Korrektheit von Partins Aussagen konnte vielfach bestätigt werden, und er wurde sowohl von Geschworenengerichten als auch von den Bundesbehörden für glaubwürdig befunden. Wie Russell Bintliff vom Kriminaldienst der Armee meinte: »Es spricht vieles dafür, daß Nixon während eines langen Zeitraums von seiten des organisierten Verbrechens Geld zugeflossen ist.«[19]

Nach Auskunft eines Repräsentanten des Justizministeriums war Richard Nixon »ein Mann, der Gestalten aus dem Milieu des organisierten Verbrechens begnadigte, nachdem zu deren Ausschaltung zuvor Millionenbeträge an Steuergeldern aufgewendet worden waren, ein Typ, der solche Verbindungen bereits seit seiner Abgeordnetenzeit im Kongreß in den vierziger Jahren gepflegt hatte«.[20] Und Nixon hielt diese Kontakte offenbar auch nach seinem Rücktritt vom Präsidentenamt aufrecht. Im Oktober 1975 berichtete die *New York Times*, daß Nixon anläßlich eines Golfturniers im La Costa Country Club gemeinsam mit Frank Fitzsimmons, dem Chef der Transportarbeitergewerkschaft, gesichtet worden sei. Unter Nixons Golffreunden befand sich an jenem Tag auch Jackie Presser, ein – mutmaßlich von der Mafia kontrollierter – hoher Repräsentant der Transportarbeitergewerkschaft, der angeblich dabei geholfen hatte, Mafiaunternehmen aus den Kassen der Transportarbeitergewerkschaft Millionenbeträge an Darlehen zuzuschanzen. Überdies wurde Nixon an diesem Tag von zwei weiteren Golffreunden begleitet, denen er Millionen-Dollar-Zuwendungen verdankte: nämlich Allen Dorfman, dem Koordinator der zwischen der Transportarbeitergewerkschaft und der Mafia getätigten Finanztransaktionen, der später von der Unterwelt hingerichtet wurde, und Tony Provenzano, dem

vormaligen Vizepräsidenten der Transportarbeitergewerkschaft und verurteilten Mafia-Killer.

Nixons Umgang mit Männern von Provenzanos und Dorfmans Schlag bestätigt nur wieder eines: Die Mafia beschafft
sich ihre Millionenbeträge durch Mord. Die von ihr gezahlten
Bestechungsgelder sind mit Blut besudelt. Womit wir beim
eklatantesten Beispiel von Amtsmißbrauch angelangt wären,
dessen sich die Nixon-Regierung zugunsten der Mafia schuldig
gemacht hat.

Die Begnadigung Angelo »Gyp« DeCarlos

Louis D. Saperstein schuldete der Mafia 400 000 Dollar und
konnte die wöchentlichen Zinsen in Höhe von 5000 Dollar
nicht mehr aufbringen. Am 13. September 1968 suchte der
spätere Mafia-Abtrünnige Gerald Zelmanowitz nach eigenem
Bekunden das Hauptquartier des Mafioso Angelo »Gyp« De-
Carlo in New Jersey auf. Bei dieser Gelegenheit sah Zelmanowitz Saperstein »blau geschlagen, blutend, mit heraushängen-
der Zunge und von oben bis unten vollgespuckt am Boden
liegen«.[21] Später berichtete er:

> Ich glaubte, er sei tot. Er wurde von Mr. Polverino und Mr.
> Cecere getreten. Er wurde vom Boden aufgehoben, in einen
> Sessel gesetzt, wieder geschlagen, aus dem Sessel herausge-
> prügelt, wieder aufgehoben und dann abermals geschlagen.[22]

DeCarlo wies die Männer dann an, mit dem Schlagen aufzuhö-
ren, und forderte Saperstein auf, das Darlehen bis zum 13. Dezember zurückzuzahlen, andernfalls werde er »mausetot«
sein.

Am 26. November 1968 verstarb Saperstein, wie es anfänglich hieß, an einer Magenverstimmung. Er hatte jedoch am Tag
zuvor einen Brief an das FBI geschickt, in dem er beschrieben
hatte, daß DeCarlo und dessen Henkersknechte sein Leben

bedroht hätten. Saperstein teilte in diesem Brief ferner mit, sie hätten »des öfteren damit gedroht«, seine »Frau und seinen Sohn zu verstümmeln oder umzubringen«.[23] Eine durch Sapersteins Brief veranlaßte Autopsie ergab, daß die in seinem Körper befindliche Menge Arsen ausgereicht hätte, einen Maulesel umzubringen.

Für Angelo DeCarlo, einen Capitano der Mafiafamilie Genovese, der vom FBI als »methodisch vorgehender Unterweltkiller« charakterisiert wurde, war Sapersteins Ermordung lediglich die Arbeit eines Tages. Über seine Berufserfahrung konnte man sich anhand der »DeCavalcante-Tonbänder« informieren, das Produkt der elektronischen Überwachung einiger Mafia-Treffpunkte in New Jersey, die das FBI Anfang der sechziger Jahre durchgeführt hatte. Die 1200 Seiten starke Abschrift der Tonbänder wurde 1970 auf gerichtliche Anordnung der Öffentlichkeit zugänglich gemacht. Auf diese Weise gelangte eine ganze Flut neuer Informationen über die Mafia in Umlauf. In einer der Tonbandaufzeichnungen erklärte DeCarlo gegenüber Mafiakollegen, eine gute Mordmethode sei es, das Opfer zunächst zu vergiften und dann hinter das Steuerrad eines Autos zu klemmen. DeCarlo beschrieb dann, wie er ein Opfer erschossen hatte: »Itchie hieß der Knabe. [...] Ich hab' ihm mitten ins Herz geschossen.«[24]

DeCarlo wurde schließlich wenigstens für eines seiner Verbrechen zur Rechenschaft gezogen. Im März 1970 wurde er aufgrund von Gerald Zelmanowitz' Aussage wegen Erpressung Sapersteins zu zwölf Jahren Gefängnis verurteilt. Aber kaum zwei Jahre später war DeCarlo »angeblich todkrank« und wurde von Präsident Nixon begnadigt. Wie *Newsweek* berichtete, war DeCarlo, wenn auch nach wie vor leidend, »wieder in der Unterweltszene tätig und brüstete sich sogar damit, daß er wegen seiner Beziehungen zu Sinatra freigekommen sei«.[25]

Unter Berufung auf FBI-Informanten schrieb die *New York Times*, die Freilassung sei durch Frank Sinatras Intervention bei Vizepräsident Agnew zustande gekommen; die Details seien dann von John Dean und dem Agnew-Mitarbeiter Peter

Malatesta geregelt worden. Die Freilassung erfolgte im Anschluß an eine »nichtregistrierte Geldzuwendung« in Höhe von einmal 100 000 und dann noch einmal 50 000 Dollar, die Sinatra einem Wahlkampfhelfer Nixons zuleitete. Das FBI ging entsprechenden Hinweisen nicht nach, aber Senator Henry Jackson, der Vorsitzende des permanenten Geheimdienstausschusses des Senats, erhob den Vorwurf, daß im Zusammenhang mit der Begnadigung sämtliche »normalen Verfahrensweisen und Sicherheitsbedenken außer acht gelassen worden« seien.[26] Tatsächlich hatte sich niemand die Mühe gemacht, jene staatlichen Stellen zu konsultieren, die mit DeCarlos Prozeß befaßt gewesen waren. Jackson erklärte unter Hinweis auf »ernste und irritierende Fragen bezüglich der Gründe und der Art und Weise« der Freilassung: »Irgend etwas stinkt an der Sache, und ich möchte wissen, was.«[27]

Während DeCarlo nun wieder auf freiem Fuß und in der Unterwelt aktiv war, wurde Zelmanowitz, der inzwischen unter neuem Namen lebte und seinen Wohnsitz verlegt hatte, von Nixons Justizministerium weniger zimperlich behandelt. 1973 wurde Zelmanowitz' Tarnung zerstört, als sich herausstellte, daß das Justizministerium es unterlassen hatte, die Dokumente bereitzustellen, deren Ausfertigung man ihm vor seinem Identitätswechsel zugesagt hatte. Entgegen früheren Zusagen bestand nun die Steuerfahndung auf der Nachzahlung von Steuerrückständen und ließ ihn sogar pfänden. Erstaunlicherweise setzten eben jene IRS-Agenten die Pfändung durch, die Zelmanowitz unter Verweis auf seine früheren Mafia-Aktivitäten gegenüber dem FBI als Empfänger von Bestechungsgeldern bloßgestellt hatte.

Das schier unglaubliche Verhalten des Justizministeriums wurde offenbar, als Zelmanowitz 1973 vor dem von Senator Jackson geleiteten permanenten Geheimdienstausschuß aussagte:

Während DeCarlo in Luxus und Muße bei sich zu Hause wohnt, mußte ich mit meiner Familie wieder einmal umziehen. Unser Eigentum hat man beschlagnahmt, und wir fürchten um unser Leben. Unglücklicherweise scheint es außer diesem Komitee niemanden zu geben, den das kümmert.

Nicht einmal zum gegenwärtigen Zeitpunkt werde ich vom US-Marshall-Service beschützt, obwohl ich darum ersucht habe. Seit einer Woche, genaugenommen seit letzten Samstag wohne ich in einem Motelzimmer. Wären die Mitarbeiter Ihres Stabes nicht so freundlich gewesen und hätten mich heute morgen bewaffnet abgeholt und vor diesen Ausschuß gebracht, dann hätte ich gar nicht hierherkommen können. [...] Ich weiß nicht, was geschehen wird, wenn ich diesen Sitzungsraum hier verlasse. [...] Ich habe Angst um mein Leben. Ich weiß nicht, wohin ich gehen und was ich tun soll, wenn das hier vorüber ist.[28]

In der Tat hatte Zelmanowitz allen Grund zur Sorge. Denn wie *Newsweek* 1977 berichtete, wurden zwischen 1971 und 1977 vier Mafia-Abtrünnige, die dem besonderen Schutz des Justizministeriums unterstellt waren, ermordet, und sechs weitere starben angeblich an einer Überdosis Drogen, an Selbstmord und in einem Fall durch einen Autounfall. Das Justizministerium ordnete daraufhin in den entsprechenden Abteilungen eine Untersuchung an, die zur Anklageerhebung gegen einen US-Marshall und zum freiwilligen Rücktritt von sechs weiteren Funktionsträgern führte. Ein Marshall erfuhr in diesem Zusammenhang, daß man »in New Jersey Auskünfte über den Aufenthaltsort eines Zeugen angeblich für 5000 Dollar kaufen könne«.[29] Aber diese Beamten taten schließlich nichts anderes, als ihrem obersten Dienstherrn Richard Nixon nachzueifern, der völlig verdientermaßen als »Präsident des Syndikats« bezeichnet wurde.

> Was im Zusammenhang mit dem organisierten Ver-
> brechen am meisten verwundert, ist der Umstand,
> daß Amerika es so lange toleriert hat.[1]
>
> Kommission des US-Präsidenten für Fragen der
> Verbrechensbekämpfung und Rechtspflege, 1967

22. Die Reagan-Administration

Die erwähnte Nixon-Mafia-Verbindung war nur Vorbote eines
politischen Orientierungswechsels gewesen, der sich in der
Unterwelt bereits seit längerer Zeit angekündigt hatte. Nach
dem Vorbild etlicher anderer Immigrantengruppen hatte die
Mafia während der ersten Jahrzehnte ihrer Aktivitäten in Amerika ihre politische Heimat in den Ortsvereinen der Demokratischen Partei in den großen Städten gesehen. Der Feldzug der
Kennedys gegen das organisierte Verbrechen, aber auch die
gegen Castro gerichtete Mafia-CIA-Allianz untergruben jedoch allmählich diese traditionelle politische Orientierung.
Die Kräfte des sozialen Aufstiegs ebenso wie die Expansion der
Mafia in den Südwesten der USA sorgten allerdings dafür, daß
die Unterwelt sich in den Jahrzehnten nach der Attentatswelle
immer mehr an die Republikanische Partei anlehnte, und so
unterhielt das Syndikat schließlich etwa gleich gute Beziehungen zu beiden politischen Parteien.

Nachdem erst einmal die Bedrohung Kennedy durch das
Attentat ausgeschaltet war, erlebte das Syndikat einen unver-
gleichlichen wirtschaftlichen Aufschwung; es erzielte nun ein
Jahreseinkommen von 100 Milliarden Dollar und brachte zirka
50 000 US-Unternehmen unter seine Botmäßigkeit. Besonders
auffallend war der Einfluß, den das organisierte Verbrechen in
der Bank- und Finanzwelt erlangen konnte, und dieser Einfluß
war ursächlich für die beängstigend hohe Zahl von Bankzu-
sammenbrüchen, die seit 1964 in den USA zu verzeichnen war,

und für die drei größten Bankpleiten der siebziger Jahre. Bis 1973 entstand allein durch gestohlene Wertpapiere ein Verlust in Höhe von schätzungsweise fünfzig Milliarden Dollar. Claude Pepper, der Leiter eines mit diesem Problem befaßten Senatsausschusses, sprach 1971 in diesem Zusammenhang von dem »alles durchdringenden Einfluß des organisierten Verbrechens im Bankwesen und auf dem Aktienmarkt«.[2]

Angesichts dieser sozio-politischen Umorientierung ist es auch nicht weiter verwunderlich, daß Ronald Reagan, ebenfalls ein kalifornischer Republikaner, in seinem Präsidentschaftswahlkampf von 1980 ganz offenkundig von der Mafia unterstützt wurde; ein Beispiel dafür ist die finanzielle Rückendeckung, die er von seiten der Transportarbeitergewerkschaft erhielt. Aber unglücklicherweise ist die Parallele zu Nixon damit noch nicht erschöpft, denn auch Präsident Reagan zeigte sich für diese Unterstützung erkenntlich und hievte zwei lediglich durch Mafia-Verbindungen ausgezeichnete Männer in hohe Ämter, und als sein engster Freund und Berater konnte ein Mann wirken, den der pensionierte Leiter des FBI-Büros in Las Vegas als »ein Werkzeug des organisierten Verbrechens« bezeichnete.[3] Paradoxer- und erfreulicherweise wurden jedoch unter der Reagan-Regierung zugleich so viele Gerichtsverfahren gegen Mafia-Mitglieder eingeleitet wie seit den Kennedy-Jahren nicht mehr. Betrachtet man also beide Seiten der Medaille, so fallen die Widersprüche in Reagans Haltung um so mehr ins Auge.

Paul Laxalt

Ein hoher Mitarbeiter Präsident Reagans hat dessen Beziehung zu Paul Laxalt einmal so umschrieben: »Paul Laxalt ist sein engster Freund und Berater.«[4] Laxalt, der während seiner Zeit als Senator Reagan mehrmals wöchentlich einen Besuch abstattete, galt im Senat als »erster Freund« und »Seismograph« des Präsidenten. Er fungierte überdies 1976, 1980 und 1984 als

Reagans Wahlkampfleiter und schlug ihn in diesen Jahren jeweils zur Nominierung vor.

Neben seinen Verbindungen im Weißen Haus unterhielt Laxalt indes noch etliche Beziehungen von weniger ehrenhaftem Charakter. Am meisten schockiert in diesem Zusammenhang seine langjährige Kooperation mit Allen Dorfman, einem wegen Erpressung verurteilten Gewerkschafter, der jahrelang riesige Summen aus dem Pensionsfonds der Transportarbeiter auf die Konten von Mafia-Unternehmen geleitet hatte. In einem Schreiben, in dem Laxalt 1971 Präsident Nixon um Jimmy Hoffas Freilassung ersuchte, kam er freimütig auf seine engen Kontakte zu Allen Dorfman zu sprechen:

> Lieber Präsident Dick,
> vor einigen Tagen hatte ich eine lange Diskussion mit Al Dorfman von den Transportarbeitern, mit dem ich während der vergangenen Jahre eng zusammengearbeitet habe. [...] Dieses Gespräch, in dessen Verlauf wir ausführlich über Bobby Kennedys Rachefeldzug gegen Jimmy Hoffa gesprochen haben, aber auch andere Auskünfte, die ich im Laufe der Jahre erhalten habe, haben mich in der Überzeugung bestärkt, daß Jim Kennedys Rachegelüsten zum Opfer fiel.[5]

Laxalt bezeichnete Hoffa als »politischen Gefangenen« und bat Nixon, ihn freizulassen. Laxalt kam dann abermals auf seine Verbindung mit Dorfman zu sprechen, von dem es im Justizministerium hieß, daß er die »Hauptverantwortung« für die Vergabe etlicher Darlehen aus dem Pensionsfonds der Transportarbeiter an Mafiamitglieder trage.

Dorfmans Mafiazugehörigkeit wurde auch offenbar, als er 1983 auf einem Parkplatz in Chicago in klassischer Gangstermanier exekutiert wurde. Seine Mörder hatten sich Skimützen über das Gesicht gezogen. Begleitet wurde er in dieser Situation von dem hochrangigen Chicagoer Mafioso Irwin Weiner, der vor dem Attentat auch mit Jack Ruby in Kontakt gestanden hatte.

Ein weiterer langjähriger Freund Laxalts ist Moe Dalitz, ein Mafioso aus Las Vegas. Als Laxalt 1974 in den US-Senat gewählt wurde, soll Dalitz angeblich gesagt haben: »Laxalt ist mein Mann, ich hab ihn dort hingebracht.«[6] Während der beiden Wahlkämpfe, die Laxalt um einen Senatssitz führte, erhielt er von Dalitz und anderen dem organisierten Verbrechen zugerechneten Personen insgesamt nahezu 50 000 Dollar Unterstützung. Nach Auskunft des *Wall Street Journal* soll Laxalt über Dalitz gesagt haben: »Er hat sich mir gegenüber in all den Jahren so anständig verhalten, daß ich ihn – ungeachtet aller politischen Folgen – unter gar keinen Umständen im Regen stehen lasse.«[7]

Ein weiterer von Laxalts kriminellen Hintermännern war Rudy Kolod, der Laxalt, als dieser 1966 für das Amt des Gouverneurs von Nevada kandidierte, erhebliche Wahlkampfunterstützung zukommen ließ. Laxalt gab offen zu, daß der 1965 wegen Betrug und Erpressung rechtskräftig verurteilte Kolod »für uns von außerordentlichem Nutzen gewesen ist«.[8] Weitere Verbündete, die Laxalt während seiner beiden Wahlkämpfe um einen Sitz im US-Senat unterstützten, waren: der unlängst verstorbene Sydney Wyman, der sich früher als Betreiber einer Spielhölle und Kumpel des Gangsters Bugsy Siegel hervorgetan hatte; Allen Glick, der in einer dem FBI vorliegenden eidlichen Erklärung als Tarnadresse der Chicagoer Mafia genannt wird; Frank »Lefty« Rosenthal, der ebenfalls der Chicagoer Mafia als Tarnung diente; Morris Shenker, der zufolge etlicher dem FBI vorliegender eidlicher Erklärungen in Kansas City für die Eintreibung der von der Mafia erpreßten Schutzgelder zuständig war, und schließlich Benny Binion, ein großer Gangsterboß, der angeblich Verbindung zur texanischen Unterwelt pflegte.

Auch was seine Geschäfte anbelangte, legte Laxalt gegenüber der Unterwelt eine außerordentliche Toleranz an den Tag. Nachdem 1970 seine Amtszeit als Gouverneur von Nevada ausgelaufen war, ließen Laxalt und sein Bruder Peter in Carson City, Nevada, das Ormsby-House-Spielcasino bauen. Dritter

Partner im Bunde und Hauptgeldgeber des Unternehmens war Bernard Nemerov, der zu diesem Zeitpunkt bereits jahrelang »nachweislich enge Verbindungen zu einigen der berüchtigtsten Unterweltbosse der USA unterhielt«.[9]

Im November 1983 erschien in der *Sacramento Bee* ein ebenso erschöpfender wie explosiver Bericht über Laxalts fragwürdige Vergangenheit. In der Geschichte des Pulitzer-Preisträgers, Denny Walsh, hieß es, nach Auskunft der Steuerfahndung seien Anfang der siebziger Jahre im Ormsby-House-Casino erhebliche illegale Gewinne »erwirtschaftet« worden – zirka zwei Millionen Dollar pro Jahr –, die in den dunklen Kanälen des organisierten Verbrechens verschwunden seien. Ein Jahr später verklagte Laxalt die Muttergesellschaft der *Bee* auf Schadensersatz in Höhe von 250 Millionen Dollar. Der Streit wurde dann im Juni 1987 ohne finanzielle Entschädigung außergerichtlich beigelegt. Obwohl die Zeitschrift nach der bei dieser Gelegenheit getroffenen Vereinbarung einräumen mußte, daß sie für die von den IRS-Beamten behaupteten illegalen Gewinnabschöpfungen keine Beweise in der Hand habe, distanzierte sie sich nicht von der ursprünglichen Geschichte. Tatsächlich durfte die Zeitung die Grundaussage des Berichts auch nach Abschluß der außergerichtlichen Vereinbarung weiterhin aufrechterhalten, die Behauptung nämlich, daß Laxalt insbesondere im Zusammenhang mit den finanziellen Transaktionen des Ormsby-House-Casinos mit mutmaßlichen Mafiosi zusammenarbeite.

Angesichts dieser Verwicklungen überrascht es nicht weiter, daß der gewählte Amtsträger Laxalt auch Schritte unternahm, um ein Vorgehen der Bundesbehörden gegen die Unterwelt zu erschweren. 1981 protestierte Laxalt anläßlich einer Unterredung mit Präsident Reagan, aber auch gegenüber dem damaligen Justizminister William French Smith gegen die aggressiven Ermittlungsmethoden, die das FBI und die vom Justizministerium gebildete Sondereinheit zur Bekämpfung des organisierten Verbrechens gegenüber der Mafia in Las Vegas an den Tag legten. Er behauptete, die Casino-Industrie der Stadt habe unter den Ermittlungen zu leiden, und klagte gegenüber dem *Miami Herald:* »Wir haben viel mehr FBI-Agenten, als wir brauchen.«[10] Nach Mitteilung von Dan Moldea, einem Experten für das organisierte Verbrechen, hatte Laxalt sich überdies verpflichtet, seinen Einfluß im Haushaltsausschuß des Senats geltend zu machen, um den Ermittlern der Bundesbehörden in Nevada Zügel anzulegen.

FBI-Chef Webster widerstand jedoch dem von Laxalt ausgeübten Druck und ließ 1983 im FBI-Büro in Las Vegas sogar einen eigenen Telephondienst für Hinweise auf politische Korruption einrichten – eine Maßnahme, die sich im übrigen als äußerst wirksam erweisen sollte. Laxalt wurde daraufhin bei Justizminister Smith vorstellig und verlangte aufgebracht die »unverzügliche Abschaltung« des Telephonanschlusses. In den wenigen Jahren, die Laxalt bis zu seinem Ausscheiden aus dem Senat noch verbleiben sollten, setzte er sich an die Spitze der Gegner eines Gesetzes vom Februar 1985, das darauf abzielte, die Casinos von Las Vegas als Geldwaschanlagen für illegale Drogengewinne trockenzulegen. Er unterstützte auch gewisse Strömungen innerhalb des Senats, die bestrebt waren, die Bundesbehörden auf dem Gesetzesweg zu zwingen, ihr Augenmerk weniger auf das organisierte Verbrechen als vielmehr auf die Straßenkriminalität zu richten.

Laxalts Beziehungen zum organisierten Verbrechen waren auch Gegenstand von zwei hochbrisanten Fernsehberichten, die im September 1984 in der CBS-Sendung »60 Minutes« beziehungsweise in den ABC-»World-News-Tonight« ausgestrahlt werden sollten. In beiden Berichten kam Joseph Yablonsky zu Wort, der zwischen 1979 und 1983 das FBI-Büro in Las Vegas geleitet hatte. Der wegen seiner erfolgreichen Tätigkeit als Undercover-Agent als »Vollstrecker« bezeichnete Yablonsky war für diese Position eigens von FBI-Direktor William Webster ausgewählt worden.

Einen ungefähren Eindruck von dem Tenor der beiden Fernsehberichte vermittelt Yablonskys bereits zu einem früheren Zeitpunkt in einem Magazin abgedruckte Feststellung: »So gelangte ich immer mehr zu der Überzeugung, daß Laxalt ein Handlanger des organisierten Verbrechens sei.«[11] Die Sendetermine beider TV-Enthüllungsstorys wurden verschiedentlich verschoben, und schließlich wurden die Berichte ganz abgesetzt, nachdem Laxalts Anwalt CBS und ABC brieflich eine Schadensersatzklage angedroht hatte. Die beiden Fernsehgesellschaften behaupteten allerdings hinterher, sie hätten die Berichte lediglich abgesetzt, weil Yablonsky jeder der beiden Anstalten ein Exklusivinterview versprochen habe.

Zwei Monate nachdem die Enthüllungen über Laxalt von den beiden großen Fernsehgesellschaften gekippt worden waren, wurde Präsident Reagan wiedergewählt, und 1987 trat Laxalt in das Rennen um Reagans Nachfolge ein. Völlig unbeeindruckt von den Mutmaßungen über Laxalts Unterweltkontakte hatte Reagan noch im März 1986 aus Anlaß eines zu dessen Ehren ausgerichteten Festbanketts vor seinen Anhängern erklärt: »Sie sehen hier einen Sohn der himmelstürmenden Berge und des unermeßlichen Weidelandes vor sich [...], einen Freund, einen Amerikaner, der seine ganze Kraft dafür eingesetzt hat, daß andere in Freiheit leben können.«[12] In der zweiten Hälfte des Jahres 1987 schied Laxalt unter Hinweis auf mangelnde finanzielle Unterstützung aus dem Rennen um die republikanische Präsidentschaftskandidatur aus; vielleicht hatte er aber auch begriffen, daß ihn in einem Wahlkampf um das höchste politische Amt, das die Vereinigten Staaten zu vergeben haben, unweigerlich seine Vergangenheit einholen würde.

Jackie Presser

Richard Nixon besuchte im Oktober 1975 ein Golfturnier im La-Costa-Country-Club in Kalifornien. Ein Golfpartner, mit dem Nixon an diesem Oktobertag zusammentraf, war Jackie Presser, ein hoher Repräsentant der Transportarbeitergewerkschaft, der es 1983 zum Präsidenten dieser Organisation bringen sollte. Presser, der im bürgerlichen Leben ohne Fortune war und nie in seinem Leben einen Lastwagen gefahren oder entladen hatte, wurde in einem internen Papier des Justizministeriums als »ein wohlbekannter korrupter Gewerkschaftsführer« bezeichnet, »der, wo immer es um krumme Touren geht, seine Finger im Spiel hat«.[13] Jackies Vater William Presser, vormaliger Vizepräsident der Transportarbeiter, war wegen Behinderung der Justiz, Beleidigung des Kongresses und Unterschlagung rechtskräftig verurteilt worden.

In der Akte, die das Justizministerium über den Sohn Jackie angelegt hatte, wurde auf dessen mutmaßliche Verbindungen zu führenden Mafia-Figuren in Cleveland verwiesen, während in den Unterlagen der vom Weißen Haus eingesetzten Kommission zur Untersuchung des organisierten Verbrechens davon die Rede war, daß Presser in der Vergangenheit angeblich Schmiergelder angenommen, Bestechungsgelder gezahlt und Unternehmen systematisch habe ausbluten lassen. Der Mafia-Abtrünnige Jimmy Fratianno: »Ich unternehme überhaupt nichts, ohne zunächst Blackie [James Licavoli, der Mafiaboß von Cleveland] zu konsultieren.«[14] Fratianno behauptete überdies: »Die Cosa Nostra hat die Transportarbeiter fest im Griff.«[15] Damit wiederholte er lediglich, was das FBI bei einer Abhöraktion aus Carlos Marcellos eigenem Mund gehört hatte, und was auch die vom Präsidenten eingesetzte Kommission zur Untersuchung des organisierten Verbrechens bestätigte.

Angesichts dieser vielfach belegten Unterweltkarriere Pressers war es eine böse Überraschung, als Jackie 1980 in der Übergangsmannschaft des soeben gewählten Präsidenten Reagan die Position eines hochrangigen »Wirtschaftsberaters« erhielt. Der damalige Senator Paul Laxalt war maßgeblich an dieser Ernennung beteiligt, und etliche Mitglieder der neuen Administration, so etwa Justizminister E. Meese, der Leiter des Reagan-Busch-Wahlkampfes Ed Rollins und Reagan selbst unterhielten während der folgenden Jahre ausgesprochen herzliche Beziehungen zu Presser. Der einzige Ausweis von Pressers ökonomischer Qualifikation bestand darin, daß es ihm in den Jahren zuvor gelungen war, immer wieder große Summen aus den Rücklagen seiner Gewerkschaft in Mafia-Unternehmen umzulenken, und zwar in seiner Funktion als Treuhänder des Pensionsfonds der Transportarbeiter in den zentralen US-Bundesstaaten. Tatsächlich hatten Polizeibeamte von New Jersey noch kurz vor Pressers Aufnahme in Reagans Übergangsmannschaft anläßlich einer Untersuchung erklärt, daß der Gewerkschafter dafür zuständig sei, aus dem Pensionsfonds für die Mafia bestimmte Darlehen abzuzweigen. (Als er einmal über seine Beteiligung an einer Sportanlage in Cleveland befragt wurde, die mit Hilfe eines 1,1-Millionen-Dollar-Kredits aus dem Pensionsfonds finanziert worden war, erwiderte er: »Ich kann mich überhaupt nicht mehr erinnern, daß ich dort Anteilseigner war.«[16])

Gegenwärtig steht Presser in Cleveland unter der Anklage, 700 000 Dollar aus der Gewerkschaftskasse veruntreut zu haben. Damit reiht er sich würdig in die Schar der über hundert Transportarbeiterfunktionäre aus den verschiedensten Ortsverbänden ein, die während der vergangenen fünf Jahre wegen Betrug, Schutzgelderpressung und Korruption angeklagt und verurteilt worden sind.

Die Anhänglichkeit, die Reagan gegenüber Jackie Presser bezeugte, und dessen Ernennung zu einem seiner Wirtschaftsberater stellen jedoch lediglich eine Facette der engen Verbindungen dar, die zwischen diesem Präsidenten und der mächtigen Gewerkschaft bestanden haben – in der Tat eine seltsame Liebesgeschichte, die an die Zeit der Nixon-Administration erinnert. Den Herbstwahlkampf des Jahres 1980 eröffnete Reagan mit einer Rede vor Transportarbeiterfunktionären in Ohio. Bei dieser Gelegenheit traf er auch privat mit Presser und dessen Vater sowie mit Roy Williams zusammen, dem damaligen Boß der Transportarbeiter. In einem Bericht des Senats wurde Williams später als »Helfershelfer des organisierten Verbrechens« bezeichnet, »der auf den höchsten Ebenen der Gewerkschaft operierte«.[17] Noch am Tag vor dieser Zusammenkunft hatte Williams vor einem Senatsausschuß, der ihn um Auskunft über seine Verbindungen zum organisierten Verbrechen ersucht hatte, wiederholt sein Recht auf Aussageverweigerung geltend gemacht. Als Reagan nach seinem Wahlsieg in Washington eintraf, beehrte er alsbald das Hauptquartier der Transportarbeitergewerkschaft mit seinem Besuch und traf mit Presser, Williams und anderen Vorstandsmitgliedern zu einem privaten Gedankenaustausch zusammen.

Nicht allen Gewerkschaften begegnete der Präsident mit soviel Freundlichkeit. Während des illegalen Streiks, den die Fluglotsen 1981 ausriefen, griff er hart durch und traf damit immerhin die einzige Gewerkschaft, die ihn in seinem 1980er Wahlkampf neben den Transportarbeitern unterstützt hatte. Gegenüber der Hafenarbeitergewerkschaft (ILA) wiederum zeigte er sich äußerst entgegenkommend und sprach 1983 als erster US-Präsident vor ihrem Nationalkonvent. Die wegen ihrer engen Verbindungen zur Unterwelt ebenso wie die Transportarbeiter aus dem AFL-CIO-Dachverband ausgeschlossene ILA wird von den Mafiafamilien Gambino und Genovese regiert. Die vom Präsidenten eingesetzte Kommission zur Untersuchung des organisierten Verbrechens gelangte zu der Schlußfolgerung, daß die traditionelle Einschätzung, die ILA stehe »geradezu sprichwörtlich für die Macht des organisierten Verbrechens in der Gewerkschaftsbewegung«, auch heute noch berechtigt ist.[18] Und die TV-Gesellschaft NBC berichtete, daß es »der Mafia und der Hafenarbeitergewerkschaft« gelungen sei, durch die Blockade von Schiffen Verhältnisse zu schaffen, die es ihnen gestatteten, »auf jede Ware, die die von ihnen kontrollierten Häfen passierte, eine Abgabe zu erheben«.[19] Während der vergangenen Jahre sind mehr als dreißig Repräsentanten dieser Gewerkschaft wegen der verschiedensten Gesetzesverstöße verurteilt worden.

Typisch für die in den Führungsgremien dieser Gewerkschaft vorherrschende Einstellung war auch das Verhalten des inzwischen pensionierten vormaligen ILA-Chefs Thomas Gleason, der sich auf sein Recht der Aussageverweigerung

416

berief, als er vor einem Bundesgeschworenengericht über die in seiner Gewerkschaft üblichen Korruptionspraktiken aussagen sollte. Gleason hatte angeblich in einem früheren Stadium seiner Karriere gemeinsam mit Connie Noonan Geschäfte gemacht, einem Mann, der im Hafenmilieu illegale Wettbüros betrieb; so hatten die beiden beispielsweise bewaffnete Flugzeuge an die Dominikanische Republik verkauft. Genau wie Presser bekämpfte auch Gleason einen von der Administration vorbereiteten Gesetzesentwurf, demzufolge verurteilte Kriminelle von Führungspositionen der Gewerkschaften ausgeschlossen sein sollten.

Aber als Reagan am 18. Juli 1983 vor dem ILA-Konvent sprach, hatte er für den Boß der Gewerkschaft nichts als Lob übrig. Gleason »hält unerschütterlich zu seinen Freunden und zu seinem Land«, erklärte Reagan, »er verkörpert einen Anstand und eine Loyalität, wie man sie heute nur mehr selten findet«.[20]

Vor seiner Rede, übrigens der ersten, die je ein US-Präsident vor einer mit kriminellen Elementen durchsetzten Gewerkschaft gehalten hatte, hatte man Reagan Hintergrundmaterial über die in der ILA üblichen Gangstermethoden überreicht.

Amerika hatte in der Tat einen weiten Weg zurückgelegt. Kennedy ließ einen Boß der Transportarbeiter strafrechtlich verfolgen; Nixon setzte ihn wieder auf freien Fuß, und Reagan setzte noch eins drauf: Er nahm den im bürgerlichen Leben gescheiterten, mit der Mafia verbundenen Jackie Presser in seine Übergangsmannschaft auf.

Ray Donovan

Im Dezember 1980 ernannte Präsident Reagan den fünfzig Jahre alten Raymond Donovan zum Arbeitsminister. Donovan, der in New Jersey in dem Bauunternehmen Schiavone als Vizepräsident und Kontaktmann zur Gewerkschaft tätig gewesen war, stellte aus Sicht der Transportarbeiter für den hohen Posten die erste Wahl dar, den meisten Vorsitzenden der übrigen Gewerkschaften hingegen war er völlig unbekannt. Die Ernennung erinnerte stark an die von Nixon verfügte Besetzung des selben Kabinettspostens mit Peter Brennan, dem Boß der mafia-infiltrierten New Yorker Industrie- und Handelskammer.

Einen Monat später legte das FBI dem Arbeits- und Sozialausschuß des Senats das Ergebnis einer zehntägigen Durchleuchtung Donovans vor. In dem neunzehn Seiten langen Bericht wurden auch die Hinweise von sechs als verläßlich eingestuften Gewährsleuten erwähnt, wonach das Schiavone-Bauunternehmen »mafia-infiltriert« sei und Donovan »gesellschaftlich und geschäftlich mit Unterwelt-Figuren zu tun« habe.[21] Einer der Gewährsleute des FBI erwähnte, daß Donovan in den sechziger Jahren zum Erhalt des Arbeitsfriedens regelmäßig Geld an das Lastwagenunternehmen eines angeblichen Mafia-Killers abgeführt habe. Zusammen mit diesen öffentlich erhobenen Anklagen sandte das New Yorker FBI-Büro auch eine geheime Aktennotiz mit dem Hinweis nach Washington, daß die Baufirma des Arbeitsministers in spe einen gewissen William »Willy the Butcher« Masselli, ein Mitglied des Genovese-Mafiaclans, »bevorzugt« als Subunternehmer eingesetzt und gemeinsam mit diesem möglicherweise »diverse betrügerische Geschäfte getätigt« habe.[22]

Seltsamerweise erwähnte der ehemalige FBI-Direktionsassistent Bud Mullen jr. beim Donovan-Hearing vor dem Senatsausschuß keinen dieser Hinweise. Statt dessen bekundete er, die vom FBI im Zusammenhang mit Donovan und seinem Bauunternehmen angestellten Ermittlungen seien »günstig« verlaufen. In Ermangelung eines vollständigen Tatsachenüberblicks bestätigte der Ausschuß Donovans Ernennung.

Im Februar 1981 nahm der Arbeits- und Sozialausschuß des Senats das Untersuchungsverfahren gegen Donovan allerdings wieder auf, nachdem neue Hinweise signalisierten, daß der Ministerkandidat Kontakte zur Unterwelt pflege und der erste FBI-Bericht Mängel aufgewiesen habe. Einer dieser Hinweise war ein FBI-Tonband, auf dem William Masselli seinen Sohn daran erinnerte, daß dieser ein mit Donovan und Ronnie Schiavone, dem Präsidenten des gleichnamigen Bauunternehmens, vereinbartes Treffen auf keinen Fall versäumen dürfe. In einem Zeitungsinterview berichtete Masselli später, daß er Donovan persönlich kenne, ihn zweimal in geselliger Runde getroffen habe und von ihm ein paarmal zu Football-Spielen eingeladen worden sei. Donovan dagegen hatte ausgesagt, er sei lediglich dreimal mit Masselli zusammengetroffen, und zwar rein geschäftlich.

Während dieses zweiten Untersuchungsverfahrens erhielten mit dem Fall befaßte Mitarbeiter des Senatsausschusses anonyme Drohungen, während die Schiavone-Gesellschaft verbreiten ließ, sie werde eigenständige »Ermittlungen« gegen die beteiligten Senatoren und Ausschußmitarbeiter veranlassen. Im Dezember 1981 wurde die Untersuchung des Senats jedoch abgebrochen, als nämlich der Staatsanwalt Leon Silverman mit den Ermittlungen gegen Donovan beauftragt wurde. Silverman gelangte später zu der Schlußfolgerung, daß die Hinweise auf kriminelle Aktivitäten für die Einleitung eines Verfahrens »nicht ausreichten«. Aber dieses Ergebnis wurde seinerseits erschüttert, als zwei mit der Unterwelt liierte Gewerkschaftsführer, die vor dem Ausschuß ausgesagt hatten, wegen Meineides verurteilt wurden. Für weitere Verwirrung sorgte die in Unterweltmanier durchgeführte Ermordung zweier Zeugen, die sich zu Donovans Mafia-Verbindungen hatten äußern wollen.

Fred Furino, einer der Hauptzeugen gegen Donovan, wurde im Juni 1982 mit einer Kugel im Kopf im Kofferraum eines Autos aufgefunden. Furino, ein Schmiergeldeintreiber der Mafia, der auch Geld von Schiavone erhalten haben soll, war bei einem Lügendetektortest durchgefallen, in dem es darum gegangen war, ob er Schiavone kenne.

William Massellis Sohn Nat wurde ebenfalls durch einen Kopfschuß getötet, und zwar ausgerechnet am Abend bevor sich sein Vater vor einem Bundesgeschworenengericht in New

York über Donovan äußern sollte. Die Mafia-Killer Salvatore Odierno und Philip Buono konnten dieses Mordes überführt werden. In dem anschließenden Verfahren erklärte der Staatsanwalt des Staates New York in seinem Schlußplädoyer, der Mord habe einzig dem Zweck gedient, die von Silverman durchgeführte Untersuchung zu »unterlaufen« und Donovan zu schützen, den der Staatsanwalt als »politischen Verbindungsmann« des organisierten Verbrechens bezeichnete.

Die Argumentation des Staatsanwaltes wurde auch durch die Aussage eines gewissen James Toohill gestützt, eines Gefängniskollegen Odiernos. Toohill erklärte, Odierno habe zugegeben, das Motiv des Mordes sei gewesen, Nat und William Masselli an einem Auftritt vor Gericht zu hindern. Weiter sagte er aus: »[Odierno] hat gesagt, daß [...], falls man sie [die Massellis] vor Gericht hätte auspacken oder mit der Staatsanwaltschaft kooperieren lassen, dreißig Jahre bis lebenslänglich fällig gewesen und die gesamte Organisation zusammengebrochen wäre, wohingegen bei einem Mord höchstens zwei oder einer oder bestenfalls überhaupt niemand ins Gefängnis wandern würde.«[23]

Kaum ein Jahr nachdem die dem Senat im Zusammenhang mit Donovans Bestätigung vom FBI vorgelegten Beweise unterdrückt worden waren, wurde der Arbeitsminister gemeinsam mit Masselli sowie einem Senator des Staates New York und etlichen leitenden Schiavone-Mitarbeitern des schweren Diebstahls und Betrugs angeklagt. Die Staatsanwaltschaft erhob den Vorwurf, die Schiavone-Gesellschaft habe versucht, die New Yorker Verkehrsbetriebe um 7,4 Millionen Dollar zu betrügen. Im Zusammenhang mit der angeblichen Betrügerei waren auch Gelder an eine Baufirma namens Jopel geflossen, die sich in William Massellis Besitz befand und nach außen hin von Joseph Galiber, einem schwarzen Senator des Staates New York, geleitet wurde, der allerdings keinerlei Kapital in die Firma eingebracht hatte. Als Schiavone die Firma Jopel erstmals als Subunternehmer eingesetzt hatte, verfügte Jopel weder über Geld noch über Maschinen oder über Erfahrungen im

Bauwesen. Schiavone gab dem Scheinunternehmen dann ein Darlehen über 250 000 und Maschinen im Wert von einer Million Dollar.

Donovan, der erst etliche Monate nachdem Anklage gegen ihn erhoben worden war, von seinem Amt als Arbeitsminister zurücktrat, wurde im Mai 1987 zusammen mit den anderen Angeklagten in allen Punkten freigesprochen. Der Richter begründete seinen Freispruch so: Um einen Schuldspruch zu fällen, hätten die Geschworenen zunächst nachweisen müssen, daß Schiavone am Tag des Vertragsabschlusses mit den Verkehrsbetrieben bereits in betrügerischer Absicht gehandelt habe; die Tatsache allein, daß es tatsächlich zu betrügerischen Machenschaften gekommen sei, reiche für eine Verurteilung nicht aus. Einen hinreichenden Beweis für eine tatsächlich bestehende Betrugsabsicht stellte bereits die vom FBI auf Tonband festgehaltene Feststellung Massellis dar, er habe zwar kaum ewas investiert, jedoch von Schiavone eine »Zusage« über eine Schmiergeldzahlung in Höhe von 250 000 Dollar erhalten. Von Galiber gab es ebenfalls ein FBI-Tonband, auf dem dieser davon sprach, daß Masselli und er Unterlagen zurückdatiert hätten, um dem von Schiavone an Jopel vergebenen Subauftrag den Anschein der Legitimität zu verleihen. Überdies hatte Galiber seine Sorge darüber zum Ausdruck gebracht, daß das Arrangement auffliegen und in der Fernsehsendung »60 Minutes« ein Bericht über das ganze Betrugsunternehmen ausgestrahlt werde.

Obwohl Donovan von der Anklage des Betrugs freigesprochen wurde, deutete das im Laufe des Prozesses zusammengetragene Beweismaterial gleichwohl weiterhin auf seine Zusammenarbeit mit der Unterwelt hin. So war beispielsweise auf den 892 geheimen Tonbandaufzeichnungen, die das FBI von Massellis Telephongesprächen und von Unterredungen in seinem Büro angefertigt hatte, 351mal von Donovan, dessen Unternehmen und von sonstigen Schiavone-Mitarbeitern die Rede. Davon gänzlich unberührt, bezeichnete Präsident Reagan Donovan noch kurz vor dessen Freispruch als »außerordentlich anständigen Mann«. Weder die fragwürdigen Verbindungen, die Donovan unterhielt, noch die Ermordung zweier Zeugen des Staatsanwaltes Silverman oder die Meineide zweier Gewerkschaftsbosse hatten den Präsidenten in diesem Zusammenhang offenbar irritiert.

Roy Brewer

Roy M. Brewer ist ein weiterer Reagan-Protegé, der ebenfalls als Boß einer Mafia-infizierten Gewerkschaft tätig gewesen war. Seine Rolle läßt sich am besten vor dem Hintergrund des Mafia-Kampfs um Hollywood verstehen.

Nach dem Ende der Prohibitionszeit übernahm die Mafia 1934 im Rahmen einer großangelegten Attacke auf die amerikanischen Gewerkschaften den Internationalen Verband der Bühnenangestellten (IATSE), zu dem sich die Mitarbeiter der Studios zusammengeschlossen hatten. Endgültig unterworfen wurde die Gewerkschaft, als während des Nationalkonvents der IATSE in Louisville, Kentucky, bewaffnete Mafiosi auftauchten und dafür sorgten, daß einer ihrer Leute einstimmig zum Vorsitzenden gewählt wurde. Nachdem das organisierte Verbrechen die Gewerkschaft übernommen hatte, machte sich die Unterwelt in den Filmstudios von Hollywood breit und etablierte dort einen Einfluß, der bis heute fortwirkt.

Als Ronald Reagan 1937 nach Hollywood kam, dürfte er sich über die Aktivitäten der Unterwelt kaum im unklaren gewesen sein. Reagan, der während der »goldenen zwanziger Jahre« in Nord-Illinois aufgewachsen war, hatte zuletzt als Sportreporter in Des Moines, Iowa, gearbeitet und dort auch viel mit Leuten zu tun gehabt, die vorzugsweise in Etablissements verkehrten, in denen der verbotene Alkohol ausgeschenkt und Wetten abgeschlossen wurden. Besonders wichtig in diesen Kreisen war der Statthalter Al Capones in Des Moines, ein Mann, der sich insbesondere für College-Athleten, Sportreporter und die Filmstudios in Hollywood interessierte.

In den späten vierziger und in den fünfziger Jahren war Ronald Reagan in Hollywood Vorsitzender der ebenfalls gewichtigen Schauspielergewerkschaft. Während dieser Zeit lernte er Roy Brewer kennen. Der Anlaß, der sie zusammenbrachte, war ein Rechtsstreit zwischen den der AFL angeschlossenen Studio-Gewerkschaften und der Mafia-durchsetzten IATSE, als deren Repräsentant Brewer in Hollywood agierte. Die AFL-Gewerkschaften baten in dieser Auseinandersetzung Reagans Schauspielerunion um Unterstützung. Aber dieser wies das Ansinnen zurück, und die Studio-Gewerkschaften wurden unter Einsatz von IATSE-Schlägern zum Einlenken gezwungen.

Brewer erklärte, daß es ihm mit Reagans Hilfe gelungen sei, eine »kommunistische Gruppe« an der Unterwanderung der IATSE zu hindern. Er berief sich gleichermaßen auf die kommunistische Gefahr, als er dabei mithalf, ein von Arthur Miller verfaßtes Drehbuch über die Korrumpiertheit der Hafenarbeitergewerkschaft zu unterdrücken. Und so seien er und Reagan »enge Freunde« geworden, wie sich Brewer später erinnerte, der sich während der McCarthy-Ära in Hollywood als oberster Zensor einen Namen gemacht hatte.

1984 setzte Präsident Reagan den ehemaligen IATSE-Boß Brewer auf einen wichtigen Posten im US-Arbeitsministerium.

Frank Sinatra, William Casey und Gilbert Dozier

Das fragwürdige Urteilsvermögen, das Präsident Reagan gegenüber dem organisierten Verbrechen an den Tag legte, zeigen auch andere Entscheidungen und Handlungen.

Wie bereits unter Nixon war Frank Sinatra auch während Reagans Präsidentschaft ein gern gesehener Gast im Weißen Haus. Reagan verlieh dem Sänger sogar die Freiheitsmedaille des Präsidenten und schrieb ihm anläßlich einer Verhandlung vor der Glücksspiel-Kommission von Nevada, in der es um

eine Casino-Konzession ging, einen glühenden Empfehlungs-
brief. Zur Zeit der Präsidentschaft John F. Kennedys dagegen
hatte Sinatra wegen seiner engen Verbindungen zur Mafia im
Weißen Haus noch als persona non grata gegolten. Sinatras
Mauscheleien mit dem organisierten Verbrechen sind in einem unveröffentlichten neunzehn Seiten langen Bericht des
Justizministeriums, aber auch anderswo dokumentiert.

Der von Reagan ernannte CIA-Direktor William Casey, der
dieses Amt von 1981 bis zu seinem Tod im Mai 1987 ausübte,
hatte früher einmal mit einem Typen aus dem Agrobusiness
zusammengearbeitet; die Firma machte 1971 bankrott, nachdem sie zuvor eine Reihe von Investoren um ihr Geld betrogen
hatte. Casey war bemüht, Max Hugel und William McCann,
zwei dem organisierten Verbrechen nahestehenden Männern,
Posten in der Administration zu verschaffen. Hugel mußte
jedoch bereits kurz nach seiner Ernennung sein Amt wieder
zur Verfügung stellen, und McCann zog seine Bewerbung zurück, nachdem seine Vebindungen zur Mafia bekannt geworden waren. Der Versuch, Casey selbst zu stürzen, konnte nur
mit Hilfe des Senators Paul Laxalt unterbunden werden.

Im Juni 1984 erregte Reagan in Louisiana einen Protest-
sturm, als er den zu achtzehn Jahren Gefängnis verurteilten
Gilbert Dozier gegen Auflagen auf freien Fuß setzen ließ. Dozier war der Erpressung und der Zusammenarbeit mit der Unterwelt überführt worden. Er war der erste Beamte in Louisiana, der in diesem Bundesstaat jemals auf der Grundlage der
gegen das organisierte Verbrechen gerichteten Bundesgesetze
verurteilt worden war. Während seines Prozesses ließ die
Staatsanwaltschaft Zeugen auftreten, die bestätigten, daß Dozier versucht hatte, eine in das Verfahren verwickelte Person
umbringen zu lassen; außerdem hielt sie ihm vor, er habe
versucht, einen Geschworenen zu bestechen.

Bis zu diesem Zeitpunkt hatte Reagan 588 Begnadigungsge-
suche erhalten. In den zehn Fällen – darunter auch Dozier –, in
denen er das Gesuch positiv beschied, handelte es sich ausschließlich um Betrüger und sonstige Wirtschaftsverbrecher.

Eine Anti-Mafia-Kampagne der
US-Bundesbehörden

Das Verhalten der Reagan-Administration gegenüber dem organisierten Verbrechen hat aber auch noch eine andere Seite. Während Reagans Amtszeit haben die Bundesstaatsanwälte gegen mehr als tausend Mafia-Figuren im ganzen Land überwiegend mit Erfolg Anklage erhoben. Diese strafrechtliche Verfolgung hat die Führung der Mafia in Boston, Chicago, Cleveland, Kansas City, Los Angeles, New Orleans und New York erheblich dezimiert und die meisten Operationszentren des organisierten Verbrechens zerschlagen.

Besonders wirkungsvoll waren Haftstrafen zwischen vierzig und hundert Jahren, die gegen drei Oberhäupter von Mafia-Clans und fünf wichtige Zuarbeiter des organisierten Verbrechens in New York City verhängt wurden. Diese Urteile wurden von dem US-Staatsanwalt Rudolph Giulani durch die konsequente Anwendung des Gesetzes gegen Mafia-infiltrierte Organisationen (RICO) erwirkt und trafen den New Yorker Zweig des nationalen Mafia-Vorstands, dessen Existenz bei dieser Gelegenheit selbst die Verteidigung einräumen mußte. Die Verbrechen, die zur Verurteilung der acht Angeklagten führten, schlossen Mord, Zinswucher, Plünderung von Gewerkschaftskassen und ein Erpressungssystem ein, das dazu geführt hatte, daß die Betonpreise in New York doppelt so hoch waren wie die in Philadelphia. In einem weiteren außerordentlich wichtigen Fall haben die Bundesstaatsanwälte unlängst das RICO-Gesetz in einem Zivilverfahren zur Anwendung gebracht, in dem es darum ging, das gesamte Vermögen der in Brooklyn ansässigen Mafia-Familie Bonanno zu beschlagnahmen. Aber am bedeutungsvollsten ist möglicherweise eine auf das RICO gestützte Zivilklage, die vom Justizministerium vorbereitet wird. Ziel der Klage ist es, das gesamte Vermögen der vom organisierten Verbrechen beherrschten Transportarbeitergewerkschaft der Treuhandverwaltung der Bundesbehörden zu unterstellen.

Wenngleich durch diese äußerst wirkungsvoll vorgetragene Attacke der Bundesbehörden zunächst einmal in die Schranken gewiesen, ist die arrogante Macht des organisierten Verbrechens beileibe noch nicht ausgerottet. Noch immer quält die Unterwelt diverse Gewerkschaften, etwa die Laborers International, auf deren Nationalkongreß 1981 ein Mitglied öffentlich verprügelt wurde, weil der Mann es gewagt hatte, sich gegen den von der Mafia favorisierten Kandidaten Angelo Fosco um die Position des Vorsitzenden zu bewerben. Nach wie vor führt das organisierte Verbrechen zahllose gesetzeswidrige Operationen durch, etwa die illegale Giftmüllentsorgung in Wäldern, auf Ackerland und durch Beimischung in Kraftstoff. Aber wie G. Robert Blakey, der an der Formulierung des Gesetzes gegen Mafia-infiltrierte Organisationen entscheidend mitgewirkt hat, versicherte: »Die Verfahren, die wir in letzter Zeit gewonnen haben, sind unglaublich wichtig. [...] Wenn wir während der nächsten zehn Jahre weiterhin so erfolgreich sind«, dann könnte es der Regierung gelingen, das organisierte Verbrechen »zu dezimieren«.

Vertreter und Experten der Bundesbehörden führen die jüngsten Siege über das organisierte Verbrechen nach Feststellung der *New York Times* auf verschiedene Faktoren zurück, von denen die meisten vor gut zehn Jahren wirksam geworden sind. Begonnen hat alles mit der Umstrukturierung des FBI unter Clarence Kelley und William Webster, den Nachfolgern J. Edgar Hoovers. Sie legten es darauf an, die Unterwelt an empfindlicher Stelle zu treffen. Entsprechend diesem neuen Konzept begann das FBI Mitte der siebziger Jahre, das organisierte Verbrechen systematisch mit Undercoveragenten zu unterwandern. Als zunehmend wirksam erwiesen sich seitdem auch der von den Bundesbehörden gewährte Zeugenschutz, das RICO-Gesetz sowie die elektronische Überwachung. Zugleich wurde die Kooperation zwischen den einzelnen staatlichen Organen verstärkt. Diese neue Strategie trug erstmals während der Carter-Regierung Früchte. Zu dieser Zeit wurde in zehn Städten gegen mehr als ein Dutzend hoher Mafia-Bosse ermittelt, beispielsweise Tony Accardo, Joseph Bonanno, Raymond Patriarca, Carlos Marcello und Santos Trafficante. Und sie alle wurden vor Gericht gestellt.

Die finanzielle Ausstattung der Bundesermittlungsbehörden verschlechterte sich allerdings Anfang der achtziger Jahre aufgrund der Budgetpolitik der Bundesregierung ganz erheblich. Atmosphärisch unterstützte Präsident Reagan die Kampagne der Bundesbehörden gegen das organisierte Verbrechen jedoch weiterhin, so etwa, als er wiederholt gelobte, man werde »die Macht der Unterwelt in Amerika brechen«.[24] In einer Rede, die er im Juli 1983 vor FBI-Offiziellen hielt, erklärte er: »Ich bitte Sie, Ihre Anstrengungen noch zu verdoppeln, damit es uns gelingt, den Einfluß der kriminellen Syndikate in Amerika schließlich doch noch auszuschalten.«[25]

Die von Präsident Reagan 1983 persönlich eingesetzte Kommission »Organisiertes Verbrechen« kritisierte dessen freundschaftliche Beziehung zu Jackie Presser. Sie warnte, ein weiterer Umgang Reagans mit dem Boß der Transportarbeiter könne »das Zutrauen der Öffentlichkeit untergraben und den Kampf gegen das organisierte Verbrechen beeinträchtigen«.[26] Die Kommission beschäftigte sich auch besorgt mit der Frage, ob die Unterstützung, die Reagan in den Wahlkämpfen von 1980 und 1984 von seiten der Transportarbeitergewerkschaft erhalten habe, ursächlich dafür gewesen sei, daß das Justizministerium sich bei seinen Ermittlungen gegen Presser sehr viel Zeit genommen habe, obwohl die Bundesstaatsanwälte in Cleveland eine Anklageerhebung befürwortet hätten. Etliche Kommissionsmitglieder kritisierten überdies, das Justizministerium habe das RICO-Statut nicht mit dem notwendigen Nachdruck zur Anwendung gebracht und Fragen hinsichtlich der Effizienz der Abteilung für die Bekämpfung des organisierten Verbrechens erst gar nicht beantwortet.

Trotz dieser Einschränkungen erscheint Präsident Reagan angesichts der großen Kampagnen gegen das organisierte Verbrechen, die in den achtziger Jahren unter seiner politischen Verantwortung eingeleitet wurden, in einem relativ positiven

Licht. Gleichwohl kann man seine Defizite, etwa sein freundschaftliches Verhältnis zu Laxalt, die Ernennung Pressers, Donovans und Brewers und die völlig unkritische Unterstützung Donovans nicht einfach ignorieren. Immerhin wurden im Zusammenhang mit den Ermittlungen gegen den Arbeitsminister zwei Zeugen ermordet und Mitarbeiter des zuständigen Senatsausschusses bedroht. Wie immer man sich dieses Verhalten auch erklärt, so zeigt es doch, in welchem Maße sich die Mafia mit öffentlicher Billigung bereits in den höchsten Etagen der amerikanischen Politik festgesetzt hat.

Michele Sindona, Francesco Pazienza und Licio Gelli

Ein noch weit heimtückischeres Geflecht der Mafia-Korruption ist im Gefolge einer Reihe von Skandalen im Ursprungsland der Mafia zutage getreten. In den vergangenen fünfzehn Jahren sind dort diverse Geheimbünde und Verschwörungen ans Licht gekommen, an denen sogar italienische Spitzenbeamte, führende Finanzleute, ja selbst der Vatikan beteiligt waren. Das Zentrum dieses Netzwerks bildet eine Koalition von Geheimdienst- und Mafia-Elementen ähnlich jener wahrscheinlich bis heute fortbestehenden Allianz in den USA, die während der Anti-Castro-Kampagne zutage trat.

Die Geschichte beginnt mit Michele Sindona, einem Rechtsanwalt, der während des Krieges in Sizilien einträgliche Geschäfte machte und innerhalb von zwei Jahrzehnten einer der wohlhabendsten Finanzleute Europas wurde. Bis Mitte der siebziger Jahre konnte er seinem Milliarden Dollar schweren Imperium sechs Banken in vier Ländern, Italiens größte Hotelkette, die in Rom erscheinende und mit der CIA verbundene *Daily American* und zirka 500 Unternehmen in der ganzen Welt einverleiben. Seine bedeutendste amerikanische Erwerbung war die Franklin National Bank in New York, die unter den Geldinstituten der USA an neunzehnter Stelle rangierte.

Er verfügte im übrigen auch über einflußreiche Freunde, darunter angeblich auch Richard Nixon. Bevor er Präsident wurde, verwies Nixon etliche Klienten an Sindona, später bot Sindona Nixon unter der Bedingung absoluten Stillschweigens für dessen 1972er Wahlkampf eine Unterstützung von einer Million Dollar an und koordinierte auch die Bemühungen um die Stimmen der Italo-Amerikaner. Im Gegenzug stellte Nixon Millionen von Dollar bereit, die durch Sindonas Banken nach Italien geschleust und dort zur Finanzierung geheimer Aktivitäten gegen die politische Linke verwendet wurden.

Hinter der Fassade der Macht und der geschäftlichen Seriosität, die Sindona aufgebaut hatte, verbarg sich jedoch in Wirklichkeit ein hochrangiger sizilianischer Mafioso. Anläßlich eines Konklavs, zu dem 1957 führende amerikanische und sizilianische Mafiosi in Palermo zusammentrafen, wurde Sindona als oberster Bankier der Mafia bezeichnet, dem es oblag, die riesigen Gewinne aus dem transatlantischen Heroinhandel anzulegen.

Sindona war aber auch noch in einen anderen Skandal verwickelt, der Italien erschütterte; dabei handelte es sich um die Machenschaften einer Propaganda Due oder P2 genannten Gruppe. Als Zusammenschluß von Mafia und italienischen Geheimdiensten läßt sich die P2-Loge am ehesten mit der Mafia-CIA-Koalition in den Vereinigten Staaten vergleichen, die erst während der Anti-Castro-Kampagnen der frühen sechziger Jahre ans Licht kam.[27]

Die Tentakeln der unheimlichen Gruppe reichten sogar soweit, daß Sindona und vielleicht auch die P2-Loge selbst vor einer Unterwanderung des Vatikans nicht zurückschreckten: Am 29. September, dreiunddreißig Tage nach seinem Amtsantritt, wurde Papst Johannes Paul tot aufgefunden. Eine Autopsie wurde nicht vorgenommen, und die Todesursache wurde durch widersprüchliche Berichte und die Vernichtung von Beweismaterial mehr verdunkelt als aufgeklärt. Johannes Paul, der in seiner Freizeit gerne in den Bergen herumkletterte, war einige Tage zuvor noch ausdrücklich als kerngesund bezeichnet worden. Yallop, der durch zwei seiner früheren Bücher in Großbritannien dafür gesorgt hatte, daß zwei bereits als abgeschlossen geltende Strafverfahren wiederaufgenommen werden mußten, bezeichnet Licio Gelli, den Großmeister der P2-Loge, als Drahtzieher eines gegen den Papst gerichteten Komplotts.

Drei Jahre nach dem Tod Johannes Pauls I. war sein Nachfolger Johannes Paul II. Ziel eines Attentatsversuches. Der Attentäter Ali Agca war ein berüchtigter Terrorist, der den rechtsextremistischen türkischen Grauen Wölfen angehörte. Nach Auskunft der *Washington Post* ergaben »die dreijährigen Ermittlungen der italienischen Behörden« ganz eindeutig, daß hinter den von Agca abgefeuerten Schüssen »ein Komplott stand, das es auf den Tod des Papstes abgesehen hatte«.[28] Und nachdem Agca zunächst behauptet hatte, er habe allein gehandelt, änderte er dann tatsächlich seine Darstellung und nannte nun plötzlich zwei Gruppen, die ihn angeblich unterstützt hätten. Giovanni Pandico, ein Mafia-Abtrünniger, der in einem großen Prozeß gegen zahlreiche Mitglieder der Unterwelt als Kronzeuge der Staatsanwaltschaft auftrat, erklärte, er habe von einer nahegelegenen Gefängniszelle aus mitbekommen, wie ein hochrangiger Geheimdienstmann und dessen Stellvertreter Agca die Story eingebleut hätten. Pandico bezeichnete den Stellvertreter Francesco Pazienza als Hauptfigur hinter dem Vertuschungsmanöver und erklärte ferner, der neapolitanische Zweig der Mafia sei ebenfalls in die Geschichte involviert.[29]

Nach Auskunft von *The Nation* soll Pazienza erklärt haben, Michael Ledeen, ein amerikanischer Fachmann für den italienischen Faschismus, habe für die Erfindung der Bulgarien-Geschichte verantwortlich gezeichnet. Diese Behauptung ist angesichts der engen Zusammenarbeit zwischen – dem später zum Berater der Reagan-Regierung aufgestiegenen – Ledeen und den übrigen maßgeblich an der Verbreitung dieses Märchens beteiligten Personen nur allzu plausibel.

Zu den von Ledeen und – dem später meistgesuchten Flüchtling Italiens – Pazienza gemeinsam durchgeführten Unternehmungen gehört auch der Versuch, Jimmy Carters 1980er Wiederwahlkampagne durch die Diskreditierung von dessen Bruder Billy zu unterlaufen.* Kurz nach Ronald Reagans Amtsübernahme wurde Ledeen vom State Department als Experte für internationalen Terrorismus in Amt und Würden eingesetzt. Pazienza hatte in der italienischen Regierung eine ähnliche Position innegehabt. Ledeen wurde später zu einem der hochrangigen Berater des Nationalen Sicherheitsrates ernannt und spielte im Zusammenhang mit dem berüchtigten Waffen-für-Geiseln-Deal der US-Regierung mit dem Iran eine Schlüsselrolle.

Die – wenngleich auf einer relativ niedrigen Ebene angesiedelten – Kontakte der Reagan-Administration zu den Hauptakteuren dieser italienischen Skandale verweisen auf eine beunruhigende Parallelität der politischen Tiefenstruktur der Beteiligten. Um keinen Deut anders als die Ränkeschmiede auf der anderen Seite des Atlantiks hat der US-Präsident zugelassen, daß zur Durchsetzung politischer Ziele auch zweifelhafte Partnerschaften und Methoden für gut befunden wurden. Überdies finden zwei für die Zeit seiner Präsidentschaft charakteristische politische Entwicklungen eine beunruhigende Entsprechung in der Mafia-Ideologie und sind womöglich sogar Aus-

* Kurz vor der Präsidentschaftswahl von 1980 erschien in *The New Republic* ein Artikel, in dem es hieß, Billy Carter sei mit führenden Repräsentanten der Palästinensischen Befreiungsfront zusammengetroffen und habe von Libyen 50 000 Dollar erhalten. Der Artikel, der den »Billygate-Skandal« auslöste, war von Michael Ledeen und Arnaud de Borchgrave, dem jetzigen Herausgeber der *Washington Times*, gemeinsam verfaßt worden. Ihr Gewährsmann: Francesco Pazienza. Pazienza erklärte, er habe Ledeen die entsprechenden Informationen zukommen lassen, weil er selbst und der von der P2 kontrollierte Geheimdienst, für den er arbeitete, einen Wahlsieg Präsident Carters hätten verhindern wollen. Pazienza wurde 1985 in Italien verurteilt, weil er diese falsche Behauptung »gemeinsam mit Ledeen« in die Welt gesetzt hatte. Ledeen wurde nicht unter Anklage gestellt; er hat sich bis heute geweigert, vor der Presse zu Pazienzas Version der Ereignisse Stellung zu beziehen.

druck des heimtückischen Einflusses, den das organisierte Verbrechen in den Dekaden seit dem Kennedy-Attentat auf die amerikanische Politik ausgeübt hat.

So ist es etwa eine geradezu klassische Mafia-Methode, blühende Unternehmen der eigenen Kontrolle zu unterwerfen, unter Berufung auf die wirtschaftliche Gesundheit dieser Firmen hohe Kredite aufzunehmen und sie so ausbluten zu lassen. Während der beiden Amtszeiten Präsident Reagans wurden die Amerikaner zu einer Konsumorgie animiert, die die Staatsverschuldung von 645 Milliarden auf zwei Billionen Dollar hat ansteigen lassen und die größte Gläubigernation in den größten Schuldner der Welt verwandelt hat. Während die Investitionen im Inland zurückgehen und die Produktivität des Landes stagniert, erschallt weiterhin ungebrochen der Ruf nach immer neuen Papierprofiten und ausländischem Kapital.

In der »Unterwelt greift man, wenn alle übrigen Möglichkeiten zur Lösung eines Problems erschöpft sind, zum Mittel des Mordes«, wie ein Mafia-Abtrünniger einmal gesagt hat.[30] Während der Anfangsjahre von Ronald Reagans Präsidentschaft galt die militärische Karte als der große Trumpf der amerikanischen Außenpolitik. Von einer angeblichen sowjetischen Bedrohung angefacht und mit Hilfe eines gigantischen Defizits finanziert, kam es so in den USA zur größten Aufrüstungskampagne, die das Land in Friedenszeiten je erlebt hat. Diese geradezu zwanghafte Fixierung auf das militärische Gewaltpotential wurde auch deutlich, als die USA – offenbar um ihren guten Willen zu bekunden – 1985 heimlich Waffen an den Iran lieferten, an eben jenes Land also, von dem bekannt war, daß es Terroranschläge gegen US-Bürger unterstützte.

Im Zuge der sich gegen Ende der achtziger Jahre ankündigenden Ost-West-Entspannung zeichnete sich eine Entschärfung der amerikanischen Einschüchterungspolitik ab. Mit der Unterzeichnung des INF-Vertrags einigten sich die USA und die Sowjetunion auf eine erhebliche Reduzierung ihrer nuklearen Arsenale. Diese Initiative läßt an die Präsidentschaft John F. Kennedys denken, an eine Zeit also, da Amerika den Kurs des Weltgeschehens durch eine kluge Politik wesentlich mitbestimmte. Mit der Einrichtung des Friedenscorps der Vereinten Nationen und durch die Verhandlungen über ein Verbot sämtlicher Atomwaffentests und seine auf eine friedliche Koexistenz der Blöcke gerichtete Politik wollte der damalige Präsident eine neue Ordnung begründen, die Gewalt als Mittel der Problemlösung ausschließen sollte. Und durch die Kampagne, die er zu Hause gegen das organisierte Verbrechen führte, wollte Kennedy zur Schaffung einer Gesellschaft beitragen, die Mörder in Machtpositionen nicht duldet.

Doch die Mörder setzten sich gegen Präsident Kennedy massiv zur Wehr, brachten seine visionäre Politik zu Fall und konnten ihren heimtückischen Einfluß in der amerikanischen Gesellschaft abermals festigen. Es ist daher an der Zeit, daß wir erneut beginnen, für das vom ermordeten Präsidenten John F. Kennedy erstrebte Amerika zu kämpfen.

Anmerkungen

Quellenverweise mit der Vorsilbe »U.S.-« beziehen sich auf regierungsamtliche Dokumente, die am Ende der Bibliographie aufgeführt sind. Quellenangaben, in denen der Vorname des Verfassers nicht genannt ist, verweisen ebenfalls auf Material, das in der Bibliographie verzeichnet ist.

Die Methode, nach der in diesem Buch auf das von der Warren-Kommission herausgegebene Material verwiesen wird, läßt sich am besten anhand einiger Beispiele demonstrieren:

»CD 123« etwa bedeutet »Commission Document 123«; es handelt sich dabei also um eines der Dokumente, die im Nationalarchiv über das Kennedy-Attentat aufbewahrt werden. Dokumente aus dem Nationalarchiv werden im allgemeinen nur angegeben, sofern sie in den 26 Bänden von *Hearings and Exhibits* nicht aufgeführt oder wortgetreu wiedergegeben sind.

»23H 99« etwa verweist auf Band 23, Seite 99 in *Hearings and Exhibits*.

»CE 1234« zum Beispiel bedeutet: von der Kommission vorgelegtes Beweisstück 1234 *(Commission Exhibit 1234)* in *Hearings and Exhibits*.

Quellenverweise wie »Smith Exhibit 8« beziehen sich auf Beweismaterial, das in den Bänden 19–21 von *Hearings and Exhibits* nach Namen aufgeführt ist.

»WR 99« verweist auf die Seite 99 des Warren-Reports.

Weitere Angaben über Materialien der Warren-Kommission finden Sie in der Bibliographie unter dem Stichwort *U.S.-Warren-Kommission*.

»JFK microfilm« bezieht sich auf *Files of Evidence Connected With the Investigation of the Assassination of President John F. Kennedy* (Washington D.C.: Microcard Editions 1967). Dabei handelt es sich um eine Sammlung der 21 Dokumentenbände, die im Rahmen einer vom texanischen Justizminister veranlaßten Untersuchung des John-F.-Kennedy-Attentats zusammengetragen worden sind. Eine Kopie dieser Dokumente befindet sich in der *rare books collection*, also in der Abteilung für seltene Bücher, der Library of Congress (Katalognummer E842.9.F47).

Das vom House Assassinations Committee herausgegebene Material ist folgendermaßen gekennzeichnet:

»HAH 3H 99« verweist auf Band 3, Seite 99 der aus Anlaß des Kennedy-Mordes vom House Assassinations Committee anberaumten »Hearings« oder auf einen der Anhänge (die Bände 1–5 umfassen die eigentlichen »Hearings«, die Bände 6–12 enthalten die Anhänge).

»HAH-MLK 13H 99« verweist auf Band 13, Seite 99 des Anhangs zu den »Hearings«, die das House Assassinations Committee anläßlich der Ermordung Martin Luther Kings durchgeführt hat.

»HAR 99« bezieht sich auf Seite 99 des House-Assassinations-Committee-Reports.

Weiteres Material über die Arbeit und Dokumente des House Assassinations Committee finden sich in der Bibliographie unter *U.S.-House, Assassinations* (-, politische Morde).

Prolog

1 HAR 95

2 Buchanan *Who Killed Kennedy?* London 1964, S. 136 f.; vgl. ders. *Who Killed Kennedy?* New York 1964, S. 150

3 Ders.: Britische Ausgabe, S. 130

4 Ebd., S. 139

5 Ebd., S. 137 f.

6 Ders.: Britische Ausgabe, S. 24; amerikanische Ausgabe, S. 25

7 Ders.: Britische Ausgabe, S. 26; amerikanische Ausgabe, S. 26

8 Ders.: Britische Ausgabe, S. 137; amerikanische Ausgabe, S. 150

9 Ders.: Amerikanische Ausgabe, S. 151

10 WR 790, Kap. 6: »Die harmlosen Auskünfte von Rubys ›Chicagoer Freunden‹«

11 5H 206, siehe Kapitel 14

12 HAR 161; siehe HAR 169, 173, 176; Kapitel 2 und 17

1. Präzedenzfälle

1 Salerno und Tompkins *The Crime Confederation*, S. 72

2 Siehe Kapitel 5: »Carlo Marcellos Attentatsplan«; »Santos Trafficante prophezeit ein Attentat«; »Jimmy Hoffas Attentatspläne«

3 Lyle *The Dry and Lawless Years*, S. 254. Siehe auch: Demaris *Captive City*, S. 116 ff; Gottfried *Boss Cermak of Chicago*, S. 319 f.; Lyle, S. 261, 265

4 Gottfried, S. 320; Lyle, S. 261

5 Gottfried, S. 320, 424

6 Demaris, S. 120

7 Gottfried, S. 326; Demaris, S. 121

8 Allsop, S. 169 f.

9 Ebd., S. 170

10 Robert F. Kennedy *The Enemy Within*, S. 238

11 Ebd., S. 239

12 Ebd., S. 79–85

13 HAR 163

14 *U.S.-President's Commission on OC, Appendix to The Edge*, S. 2. Siehe auch Herbert Hill »Thieves in the House of Labor«, in: *Nation*, 27. Juli 1981, S. 793

15 Cormier und Eaton *Reuther*, S. 342

16 Gould und Hickok *Walter Reuther: Labor's Rugged Individualist*, S. 134; Cook *Walter Reuther*, S. 101. Siehe auch Reid *The Grim Reapers*, S. 76

17 *U.S.-Senate, Kefauver Report, Third Interim*, S. 71

18 Ebd.

19 *Business Week*, 21. August 1948, S. 92

20 Cormier und Eaton, S. 262

21 *U.S.-Senate, Kefauver Report, Third Interim*, S. 76

22 Ebd.

23 Cormier und Eaton, S. 275

24 Ebd., S. 274 f.

25 Gould und Hickok, S. 271

26 Siehe *New York Times*, 10. Januar 1954 und *Detroit News*, 9. Januar 1954 (nach Cormier und Eaton, S. 272)

27 Hutchinson *The Imperfect Union*, S. 313

28 *U.S.-Senate, OC and Narcotics Hearings*, S. 479

29 Demaris, S. 31

30 Anslinger *The Protectors*, S. 216

Teil I
Eine Serie von Mordanschlägen

1 Kantor Exhibit 3, S. 366

2 *U.S.-Senate, Intelligence Report, JFK Assassination*, S. 32

3 Ebd., S. 33

4 Ebd., S. 23

5 Ebd., S. 34 f. Der zitierte Ausspruch stammt aus *Time* vom 13. Dezember 1963, S. 26

2. Kreuzfeuer auf der Dealey Plaza

1 WR 71

2 HAR 1

3 HAH 1H 40; WR 48

4 Manchester *Death of a President*, S. 154

5 Holland Exhibit D

6 6H 243 f.

7 Meagher *Accessories After the Fact*, S. 19 f.; HAH 1H 138

8 HAH 7H 373. Siehe auch HAH 12H 24 f. und HAH 1H 138

9 *Texas Observer*, 13. Dezem-

ber 1963 (zitiert nach Lane, S. 44, 421)

10 7H 535

11 6H 246

12 6H 245 f.

13 6H 246

14 In einem von Lane in Mesquite, Texas, mit Simmons durchgeführten, auf Film und Tonband festgehaltenen Interview. Zitiert nach Lane, S. 39, 419

15 In einem Tonband-Interview, das Lane am 24. März 1966 mit Dodd machte. Zitiert nach Thompson, S. 122, 138

16 CE 2003, S. 45; siehe auch Thompson, S. 126

17 *Dallas Morning News*, 23. November 1963, Sektion 1, S. 3

18 Hurt, S. 111 ff.

19 17H 461; siehe auch S. 492

20 Ebd.

21 CD 5; zitiert nach Thompson, S. 119

22 7H 109

23 Ebd.

24 7H 107

25 Price in einem von Lane am 27. März 1966 in Dallas durchgeführten und auf Film und Tonband dokumentierten Interview. Zitiert nach Lane, S. 32 f., 419

26 7H 535

27 Thompson, S. 122

28 Ebd.

29 Ebd.

30 Ebd.

31 HAH 5H 593

32 HAH 5H 672 ff.

33 *Washington Post*, 7. Juli 1981, S. A6

34 Ebd.

35 *Washington Post*, 15. Mai 1982, S. A3; *Report of the Committee on Ballistic Acoustics* (Washington D.C.: National Academy Press 1982), S. 34

36 So erklärte Barger gegenüber G. Robert Blakey am 18. Februar 1983; eine Kopie des Gesprächs befindet sich im Besitz des Autors.

37 HAR 1

38 HAR 97

39 HAH 6H 124

40 HAH 6H 125

41 Thompson, S. 100

42 Curry in einem Interview, das die BBC im März 1978 in der Sendung »The Kennedy-Assassination: What Do We Know Now That We Didn't Then« ausstrahlte.

43 John Sparrow *After the Assassination: A Positive Apraisal of the Warren Report*, New York 1967, S. 39

44 Turner und Christian *The Assassination of Robert F. Kennedy*, S. 215

3. Der Tod hält große Ernte

1 U.S.-Senate, OC and Stolen Securities, 1971, S. 672. Raymond sagte dort unter dem Namen »George White« aus (S. 956).

2 HAH 5H 345

3 Dorman Payoff, S. 58 f.

4 Ebd.

5 CE 2887

6 14H 256 f.

7 Joesten Oswald: Assassin or Fall Guy?, S. 102

8 Jones, Bd. 2, S. 13

9 WR 363

10 New York Times, 23. Februar 1967, S. 22

11 Ebd.

12 Ebd.

13 Ebd.

14 Ebd.

15 HAH 10H 200 f.

16 Zitiert nach Jones, Bd. 2, S. 27

17 WR 171

18 CE 2589

19 Ebd.

20 Ebd.

21 CE 2587

22 Lane, S. 194

23 Ders., S. 280

24 10H 353 ff.; 26H 451

25 Ebd.

26 Zitiert nach Lane, S. 333

27 Noyes, S. 84

28 Albuquerque Tribune, 30. März 1977

4. Intrige in New Orleans

1 Noyes Legacy of Doubt, S. 160

2 CD 75, S. 199; HAH 10H 107, 111

3 CD 75, S. 199; HAR 170

4 CD 75, S. 288; Rogers, in: Look, S. 56

5 Vgl. Anm. 4; s. auch HAH 10H 113; Anson, S. 106

6 CD 75, S. 287

7 HAH 9H 94

8 HAH 9H 115

9 So eine Zeugin, die ungenannt bleiben möchte, in einem Tonband-Interview vom 12. Juli 1983

10 20H 499; siehe auch Thompson, S. 132, 139

11 Houghton Special Unit Senator, S. 158

12 Noyes, S. 33

13 Ders., S. 71 f., 81

14 Joachim Joesten The Case Against Lyndon Johnson in the Assassination of President Kennedy, München (Dreischstraße 5, Selbstverlag) 1967, S. 9

15 Sheridan The Fall and Rise of Jimmy Hoffa, S. 416

16 James R. Phelan »The Vice Man Cometh«, in: Saturday Evening Post, 8. Juni 1963, S. 71

17 Ebd.

18 Noyes, S. 97

19 »The Mob«, Teil 1, in: Life,

1. September 1967, S. 22;
Sheridan, Kapitel 12

20 Sheridan, S. 423
21 Ebd.

5. Motive und notwendige Mittel

1 Anson »They've Killed the President!«, S. 327
2 Robert F. Kennedy The Enemy Within, S. 18
3 Ebd.
4 Navasky Kennedy Justice, S. 44 ff.
5 Ders., S. 62 f.
6 Ebd.
7 Anslinger The Protectors, S. 215 f.
8 New York Times, S. 106
9 U.S.-Senate, OC and Narcotics Hearings, S. 181 ff.
10 Anson, S. 317
11 McClellan Crime Without Punishment, S. 282
12 Sheridan The Fall and Rise of Jimmy Hoffa, S. 300
13 HAH 5H 448
14 Ebd.
15 HAH 5H 443
16 HAH 5H 446
17 Ebd.
18 Davidson »New Orleans: Cosa Nostra's Wall Street«, in: Saturday Evening Post, 29. Februar 1964, S. 15
19 U.S.-House, OC Control, S. 433
20 Chandler »The ›Little Man‹ is Bigger Than Ever«, in:

Life, 10. April 1970, S. 31; siehe auch »The Mob«, in: Life, 8. September 1967, S. 94 ff.; Life, 29. September 1967, S. 34 ff.

21 Lawson »Carnival of Crime«, in: Wall Street Journal, 12. Januar 1970, S. 1
22 Reid The Grim Reapers, S. 161f.
23 HAH 9H 82
24 HAH 9H 83
25 HAH 9H 77
26 HAH 9H 84
27 CD 75, S. 287
28 HAH 9H 81
29 HAH 9H 76
30 HAR 173
31 Crile »The Mafia, the CIA, and Castro«, in: Washington Post, 16. Mai 1976, S. C4
32 Ebd.
33 Ebd.
34 Ebd.
35 HAR 173
36 HAH 5H 305
37 HAH 5H 317
38 HAH 5H 319
39 Moldea The Hoffa Wars, S. 5f.
40 Ders., S. 149
41 Sheridan, S. 217
42 HAR 176f.
43 HAR 176; Moldea The Hoffa Wars, S. 148
44 HAR 176
45 Ebd.
46 Moldea The Hoffa Wars, S. 150

47 Ebd.
48 HAR 176
49 Blakey und Billings *The Plot to Kill the President*, S. 375
50 Dies., S. 378
51 Dies., S. 381
52 Teresa *My Life in the Mafia*, S. 180
53 Rogers »The Persecution of Clay Shaw«, in: *Look*, 26. August 1969, S. 56
54 HAR 161, 169, 173, 176

Teil II
Verbindungsmann der Mafia in Dallas

1 *New York Times*, zitiert nach *U.S.-House Criminal Justice Hearings*, S. 149. Weitere Auskünfte über Salerno in: *U.S.-Senate, OC and Narcotics Hearings*, S. 121 f.
2 HAH 5H 427 f.
3 Sondern *Brotherhood of Evil*, S. 60
4 *U.S.-Cargo Theft and OC*, S. 24

6. Der Werdegang eines Gangsters

1 Scott machte diese Bemerkung anläßlich einer Konferenz, die am 1. Februar 1975 im George Sherman Student Center der Universität Boston stattfand. Veranstaltet wurde die Konferenz, die den Titel »The Politics of Conspiracy« trug, vom Arbeitskreis »organisiertes Verbrechen«. Tonbandaufnahme des Verfassers.
2 CE 1288
3 Ebd.
4 CE 1258
5 Ebd.
6 CE 1247
7 *Newsweek*, 15. August 1977, S. 22
8 JFK microfilm, Bd. 5, S. D26
9 CE 1217
10 CE 1279
11 JFK microfilm, Bd. 5, S. D19
12 CE 1184
13 Model und Groden *JFK: The Case for Conspiracy*, S. 243
14 CE 1292
15 *Chicago Tribune*, 9. Dezember 1939, S. 1
16 CE 1184
17 CE 1289
18 14H 445
19 JFK microfilm, Bd. 5, S. R2 f. Als er später psychiatrisch untersucht wurde, berichtete er, man habe ihn dort über Nacht festgehalten (ebd., S. D26).
20 CE 1202
21 Demaris *Captive City*, S. 259
22 CE 1321
23 CE 1184
24 Demaris, S. 84
25 CE 1240
26 Ebd.

27 Ebd.

28 CE 1210

29 *U.S.-Senate, AGVA Hearings*, S. 208; CE 1212

30 CE 1212

31 15H 22

32 CD 1193, S. 89

33 WR 790

34 Ebd.

35 CE 1202

36 Demaris, S. 349

37 CE 1246

38 WR 801

39 CE 1543, S. 195

7. Die Eroberung der Stadt Dallas

1 Cook *Secret Rulers*, S. 2

2 *U.S.-Senate, Kefauver Hearings*, Teil 2, S. 193; siehe auch Reid und Demaris, S. 184–211

3 CE 1251

4 Ebd.

5 *U.S.-Senate, McClellan Labor Hearings*, S. 12519 bis 12527

6 Ebd., S. 12523

7 CE 1184

8 *U.S.-Senate, McClellan Labor Hearings*, S. 12524

9 *U.S.-Senate, Kefauver Hearings*, Teil 5, S. 1180 f.

10 Dorman *Payoff*, S. 155

11 *U.S.-Senate, Kefauver Hearings*, Teil 5, S. 1178

12 CE 1251

13 Ebd.

14 WR 793

15 HAH 9H 519, 524

16 CE 1321

17 Viorst »The Mafia, the CIA, and the Kennedy Assassination«, in: *Washingtonian*, November 1975, S. 116

18 Anthony Summers *Conspiracy*, New York 1980, S. 458

19 *U.S.-Senate, McClellan Labor Hearings*, S. 12520

20 JFK microfilm , Bd. 5, S. D20

21 Ebd., S. D26

8. Jack Rubys kriminelle Aktivitäten

1 *U.S.-House, OC Control*, S. 437

2 CD 86, S. 278

3 Ebd.

4 Ebd.

5 Ebd.

6 Ebd.

7 Ebd.

8 CE 1750

9 CD 86, S. 278

10 Ebd.

11 CE 1763

12 Ebd.

13 CE 1753

14 Ebd.

15 CE 2980

16 CE 1761

17 Ebd.

18 Ebd.

19 Ebd.

20 CE 1761

21 CE 1251

22 CE 1763

23 CE 2822

24 Ebd.

25 15H 432

26 CE 1772

27 CE 1762

9. Jack Rubys Verbindungen zur Unterwelt

1 U.S.-Senate, OC and Stolen Securities, 1973, S. 453

2 Robert F. Kennedy The Enemy Within, S. 91

3 CE 2331

4 HAH 9H 274

5 U.S.-Senate, McClellan Labor Hearings, S. 14047 f., 14080; Hutchinson, S. 248; HAH 9H 274 ff.

6 Houston Post, 20. April 1975, S. 2A

7 CE 2259

8 Ebd.

9 Chandler, in: Life, S. 31

10 New York Times, 28. Februar 1974, S. 24

11 HAH 9H 72. Marcello hat mehr als 25 Jahre lang erfolgreich gegen seine Ausweisung gekämpft. Für diese juristische Auseinandersetzung hat er mehr Geld aufgewendet als je ein anderer in der amerikanischen Geschichte von Ausweisung Bedrohter (HAH 9H 63).

12 Chandler, in: Life, S. 34

13 Ebd.

14 Ebd.

15 New York Times, 14. Januar 1987, S. 1

16 CD 86, S. 558

17 Ebd.

18 Moldea The Hoffa Wars, S. 163 f.; Scott Crime and Cover-Up, S. 45 f.

19 CD 302, S. 16

20 CD 84, S. 91

21 Blakey und Billings The Plot to Kill the President, S. 314

22 CD 84, S. 92

23 WR 801

24 14H 446

25 Hersh in: New York Times, 27. Juni 1976, S. 1

26 Ebd., S. 20

27 Ebd.

28 Ebd., 29. Juni 1976, S. 16

29 CE 2284

30 Dallas Morning News, 12. Januar 1974, S. 1

31 CD 686d, S. 2

32 HAH 5H 4

33 HAH 4H 566

34 U.S.-Senate, OC and Narcotics Report, S. 37; HAH 9H 943–948

35 Demaris, S. 348 f.

36 CE 1202

37 HAH 4H 565

38 Reid The Grim Reapers, S. 299

39 Malone »The Secret Life of Jack Ruby«, in: New York Times, 23. Januar 1978, S. 51

40 Washington Post, 6. April 1978, S. VA19

41 HAH 9H 1040

42 Demaris, S. 64, 324

43 HAH 9H 1041 f.

44 HAH 9H 1042

45 Ebd.

46 Ebd.

47 HAH 9H 1040 f.

48 HAH 9H 1042

49 HAH 9H 1041; siehe auch Brill, S. 223–228; *Wall Street Journal*, 24. Juli 1975; Investigative Reporters and Editors Inc., Phoenix Project (IRE-Serie), *Albuquerque Journal*, 15. März 1977, S. 1, 14

50 *U.S.-Senate, OC and Narcotics Report*, S. 37

51 Demaris, S. 354; HAH 4H 567

52 Moldea *The Hoffa Wars*, S. 124

53 Ders., S. 42, 124

54 HAH 4H 567

55 CE 2332

56 CE 3061, S. 627

57 Ebd.

58 14H 354

10. Jack Ruby und die Polizei von Dallas

1 *U.S.-Senate, Gambling and OC*, S. 31

2 *Ramparts*, Mai 1968, S. 27

3 Zitiert von Fred Cook, in: *Two-Dollar Bet Means Murder*, S. 7

4 Rufus King *Gambling and Organized Crime*, S. 28

5 Reid und Demaris *The Green Felt Jungle*, S. 187, 197

6 Smith »Corruption Behind the Swinging Clubs«, in: *Life*, 6. Dezember 1968, S. 42

7 HAH 9H 517

8 CE 1697

9 CE 1535

10 14H 603

11 CE 1467

12 JFK microfilm, Bd. 5, S. R32

13 CE 1515

14 CE 1659

15 Ebd.

16 CE 1505

17 CE 1515

18 CE 1646

19 CE 1696

20 CE 1300

21 CE 1684

22 CE 1561

23 CE 2980, S. 4

24 CE 1672

25 14H 343

26 CE 1543

27 CE 2980

28 CE 1608

29 JFK microfilm, Bd. 5, S. D25

30 CE 1610

31 CE 1517

32 CE 1515

33 14H 359

34 CD 4, S. 529. Al Bright, der diese Aussage Ryans erwähnt, berichtete auch, Ryan habe ihm erzählt, daß Ruby mit Jimmy Hoffa gut bekannt sei (ebd.). Ryan selbst leugnete dies allerdings (CE 1229). Brights Version wird indes durch eine

Aussage gestützt, die James Hoffa jr., der Sohn Hoffas, vor nicht langer Zeit gemacht hat: »Ich glaube, mein Vater kannte Jack Ruby, aber soweit ich weiß, war er [Ruby] ein Typ, der Gott und die Welt kannte. Was sollte daraus also schon folgen?« [Anthony Summers *Conspiracy*, New York 1980, S. 472]

35 15H 418
36 CE 1753
37 CE 1750
38 CE 1763

11. Der Gangster Jack Ruby

1 *Time*, 19. Dezember 1977, S. 18, 23
2 HAH 3H 494
3 14H 605 f., 611 f.; 14H 602
4 14H 617
5 CD 86, S. 278 ff.
6 CE 1505
7 *New York Mirror*, 8. September 1963, S. 11

Teil III
Mord auf Stichwort

1 13H 28 f.
2 Buchanan *Who Killed Kennedy?*, London 1964, S. 137. Siehe auch Buchanan, New York 1964, S. 150
3 5H 206

12. Meineid und Vorsatz

1 Buchanan *Who Killed Kennedy?* (Brit. Ausgabe, S. 25)
2 Kantor Exhibit 7
3 WR 340 ff.; 5H 188 f. Später erklärte Ruby, er sei an jenem Abend ins Polizeipräsidium gegangen, um die offiziell nicht registrierte Nummer des Nachrichtenstudios der KLIF-Radio-Station in Erfahrung zu bringen. Er hätte nämlich die Absicht gehabt, den dortigen Mitarbeitern Sandwiches vorbeizubringen (5H 187 f.; C. Ray Hall Exhibit 3, S. 6). Aber eben diese Telefonnummer (RI7-9319) war auf zwei Listen vermerkt, die bei ihm gefunden wurden, nachdem er Oswald erschossen hatte (CE 1322, S. 727, 729; siehe auch 15H 437, Dowe Exhibit 1, wo diese Nummer genannt ist). Auf beiden Listen waren außerdem etliche Nummern von Leuten verzeichnet, mit denen Ruby vor dem 22. November in Kontakt stand. Insbesondere auf der ersten Liste (CE 2308; CE 1322, S. 729) waren im Anschluß an die KLIF-Eintragung der Name Smokey Turner sowie dessen Anschrift in Minneapolis vermerkt. Ruby hatte

Turner am 16. November in Minneapolis angerufen (CE 2302). Außerdem waren dort der Name und die Adresse Connie Trammels verzeichnet, den Ruby am 21. November getroffen hatte (CE 2270). Auf der zweiten Liste (CE 1322, S. 729 f.) waren im Anschluß an den KLIF-Eintrag die Namen und Telefonnummern von Joe Severeign, Frank Goldstein und Irv Mazzei vermerkt, die Ruby unter den angegebenen Nummern am 18. Juli (CE 2308; CE 1322, S. 729) beziehungsweise am 9. November (CE 2303) und 12. November (CE 2303) 1963 angerufen hatte.

4 15H 348–351
5 CE 2276
6 JFK microfilm, Bd. 5, S. D28
7 15H 356 f.
8 Robertson Exhibit 2
9 15H 487 f.
10 15H 257
11 HAR 158
12 *Newsweek*, 27. März 1967, S. 21; HAR 158; Blakey und Billings *The Plot to Kill the President*, S. 333
13 CE 1753
14 Ebd.
15 CE 1245
16 CE 1184
17 5H 198

18 Ebd.
19 14H 564
20 Ebd.
21 14H 567
22 CE 2161
23 C. Ray Hall Exhibit 3, S. 8
24 5H 194
25 CE 2418
26 Ebd.
27 Ebd.
28 14H 631
29 15H 214
30 Ebd.
31 WR 371 f.
32 HAH 9H 985–988
33 14H 256; 14H 256 f.
34 14H 257
35 Ebd.
36 CE 3024, S. 6
37 13H 17, 28 f.
38 CE 2341
39 15H 490 f.
40 15H 491
41 15H 398 f.
42 15H 399
43 Ebd.
44 15H 402
45 C. Ray Hall Exhibit 2, S. 16
46 C. Ray Hall Exhibit 3, S. 7
47 5H 205

13. Das Komplott

1 14H 567
2 15H 620
3 15H 619 f.
4 Ebd.
5 Ebd.
6 15H 660

7 Sybil Leek und Bert Sager *The Assassination Chain*, New York 1976, S. 206

8 15H 427

9 15H 216

10 15H 661

11 HAH 1H 55 f.

12 Armstrong Exhibit 5310G

13 13H 209

14 Karen Carlin Exhibit 5318

15 13H 246

16 15H 423 f.

17 C. Ray Hall Exhibit 3, S. 10

18 15H 423

19 Siehe in Kapitel 12 den Untertitel »Die Planung des Oswald-Mordes«

20 15H 335

21 Senator Exhibit 5401, S. 3 f.

22 13H 292–295

23 13H 293

24 Ebd.

25 13H 256 ff.

26 13H 282

27 13H 283

28 Ebd.

29 CD 85, S. 502. Die Warren-Kommission war in typischer Manier bemüht, die Beobachtungen der drei Fernsehleute als belanglos abzutun. Sie wies darauf hin, daß keiner von ihnen Ruby »längere Zeit« oder »bei früherer Gelegenheit schon einmal« gesehen habe (WR 352), Kriterien, die sie im Zusammenhang mit angeblichen Identifikationen Oswalds nie angewandt hatte (WR 62 ff., 143–146, 166–171). Zweitens behauptete die Kommission, daß »Ruby nach Richeys Aussage einen Mantel getragen« habe, allerdings »besaß Ruby gar keinen Mantel« (WR 352). Tatsächlich gibt es Zeugen, die behaupteten, Ruby habe an dem Attentatswochenende sehr wohl einen Mantel mit sich herumgetragen (15H 488) beziehungsweise angehabt (15H 508). Und ein Mantel wäre am Sonntag morgen um 8.00 Uhr bei Temperaturen um den Gefrierpunkt tatsächlich mehr als angebracht gewesen [CE 2415. Als es dann am späteren Vormittag deutlich wärmer wurde, hat er sich seines Mantels offenbar entledigt (ebd.).]. Drittens wies die Kommission darauf hin, Smith habe Ruby als »ungepflegt« beschrieben, während Ruby sonst doch immer als »gepflegt« bezeichnet wurde (WR 352), und »Senator sagte aus, daß Ruby sich rasiert und sorgfältig angekleidet habe, bevor er ihre gemeinsame Wohnung an jenem Morgen verlassen habe« (ebd.). Die Kommission schenkte indes dem

Umstand keinerlei Aufmerksamkeit, daß Ruby an den vorhergehenden beiden Tagen – fast ohne zu schlafen – in Dallas unterwegs gewesen war (siehe Kapitel 12) und daß sie selbst auf Unstimmigkeiten in Senators Zeugenaussagen hingewiesen hatte (WR 371 f.). Schließlich erwähnte die Kommission noch einen Mann in der Nähe des TV-Übertragungswagens, »den man vielleicht mit Ruby hätte verwechseln können« (WR 353). Aber das Foto, auf das sich diese Annahme stützt, zeigt einen Mann, der Ruby kaum ähnlich sieht (CE 3070. Siehe Meagher *Accessories After The Fact*, S. 449 ff.).

30 12H 75–79
31 13H 230 f.
32 13H 231
33 Ebd.
34 CE 20002, S. 73
35 CD 85, S. 271
36 Ebd.
37 CD 85, S. 484
38 Ebd.
39 CD 84, S. 88
40 Ebd.
41 CD 84, S. 89
42 Blakey und Billings, S. 322
43 5H 206
44 14H 567

14. *Jack Rubys bestürzende Aussage*

1   5H 190
2   5H 194
3   5H 196
4   5H 211
5   5H 182
6   5H 207
7   Ebd.
8   5H 185
9   5H 192
10 5H 198
11 5H 199
12 5H 190
13 5H 191
14 5H 194
15 Ebd.
16 5H 194
17 5H 195
18 Ebd.
19 5H 196 f.
20 5H 198
21 5H 208
22 5H 210
23 CD 86, S. 558
24 Siehe Kap. 3 »Roger Craig«
25 15H 619 f.
26 5H 192
27 5H 196 f.
28 CE 2980
29 Ebd.
30 Ebd.
31 WR 345–352
32 5H 198
33 5H 199
34 Ebd.
35 5H 196
36 Ebd.

37 5H 197

38 HAH 3H 622

39 O'Toole, in: *Penthouse*, Juni 1973, S. 45 ff.

40 5H 212

41 5H 211

42 5H 212

43 WR 108

44 HAR 159

45 14H 567

46 5H 206

47 14H 543

48 Ebd.

49 14H 548

50 14H 565

51 14H 566

52 Ebd.

53 Meagher *Accessories After The Fact*, S. 452 f.

54 British Broadcasting Company (BBC), TV-Sondersendung »The Kennedy Assassination: What Do We Know Now That We Didn't Then«, März 1978

55 Ebd.

56 5H 211

Teil IV
Pilger und Piraten

15. Die Anti-Castro-Koalition

1 Anson »*They've Killed President Kennedy!*«, S. 327

2 Taylor Branch, George Crile III »The Kennedy Vendetta«, in: *Harper's*, August 1975, S. 50; siehe auch HAH 1H 6

3 Schlesinger *A Thousand Days*, S. 900 f.; siehe auch HAH 1H 7

4 *Business Week*, 23. November 1963, S. 41; Scott »The Death of Kennedy and the Vietnam War«, in: Blumenthal und Yazijian, S. 159

5 *Business Week*, 23. November 1963, S. 41

6 O'Donnell und Powers *Johnny We Hardly Knew Ye*, S. 16

7 Manchester *Death of a President*, S. 46

8 Ebd.

9 Joachim Joesten *The Case Against Lyndon Johnson in the Assassination of President Kennedy*, München (Dreischstr. 5, Selbstverlag) 1967, S. 9

10 HAH 5H 296

11 Ebd.

12 Ebd.

13 Ebd.

14 Malone, in: *New Times*, S. 48

15 Anderson, in: *Parade*, S. 4

16 Miles Copeland *Without Cloak or Dagger*, New York 1974, S. 235 (zitiert nach Anson, S. 291)

17 U.S.-Senate, McClellan Labor Hearings, S. 12367 f., 12412; Reid *The Grim Reapers*, S. 33; Meskil *Don Carlo*, S. 77

18 Harry L. Coles und Albert K.

Weinberg *United States Army in World War II. Civil Affairs: Soldiers become Governors*, Washington, D.C. (Office of the Chief of Military History, Department of the Army, U.S. Government Printing Office) 1964, S. 210

19 *New York Times*, 10. März 1975, S. 49

20 Hans Tanner *Counter Revolutionary Agent*, London 1972, S. 127

21 *U.S.-Senate, Intelligence Report, Foreign Assassinations*, S. 92

22 HAH 10H 176; Malone in: *New Times*, S. 49; Gage *The Mafia is not an Equal Opportunity Employer*, S. 78; Anson, S. 298, 313

23 HAH 10H 171

24 *U.S.-Senate, Intelligence Report, Foreign Assassinations*, S. 71

25 HAH 10H 165 f., 182

26 Anson, S. 264 f. Castro widersprach nach Auskunft des *Time*-Magazins in einem viereinhalbstündigen Gespräch, das er 1978 mit Mitgliedern des House Assassinations Committees führte, nachdrücklich der Theorie, er habe im Hintergrund des JFK-Attentats die Fäden gezogen (*Time*, 2. Oktober 1978, S. 22). Siehe auch

Jones in: *New Republic*, S. 5 f. und HAH 10H 164 f.

27 HAR 133 f.; Blakey und Billings *The Plot to Kill the President*, S. 170–173

28 Blakey und Billings, S. 171

29 CD 75, S. 199; HAR 170

16. Jack Rubys »Cuban Connection«

1 Malone »The Secret Life of Jack Ruby«, in: *New York Times*, 23. Januar 1978, S. 47

2 HAH 9H 162

3 CE 3063

4 CE 3065

5 Ebd.

6 Ebd.

7 Ebd.

8 Ebd.

17. Vertuschungsmanöver der Warren-Kommission

1 Tacitus *The Histories* (übersetzt von Kenneth Wellesley) New York 1964, S. 38.

2 Interview in der »The Kennedy Assassination: What We Know Now That We Didn't Then« betitelten TV-Sondersendung der BBC, März 1978.

3 *Boston Herald*, 9. August 1927 (zitiert nach Feuerlicht, S. 380)

4 *New York Times*, 8. August 1927, S. 16

5 *Boston Globe*, 19. Juli 1977, S. 3; 20. Juli 1977, S. 1, 6

6   Ebd.

7   Teresa, S. 45

8   Ebd., S. 46

9   *U.S.-Senate, Intelligence Report, JFK Assassination*, S. 32

10   Ebd., S. 33

11   Ebd., S. 23

12   Ebd. Als er fünfzehn Jahre später vom Kongreß gefragt wurde, weshalb er sich damals so übereilt zu diesen vorschnellen Feststellungen habe hinreißen lassen, machte Katzenbachs Erwiderung deutlich, daß es gar keine befriedigende Erklärung geben konnte: »Ganz einfach deshalb – sollte das die Schlußfolgerung sein, zu der das FBI gelangen würde, dann mußte man der Öffentlichkeit klarmachen, daß das die korrekte Schlußfolgerung war« (HAH 3H 652).

13   *U.S.-Senate, Intelligence Report, JFK Assassination*, S. 34 f.

14   *Time*, 13. Dezember 1963, S. 26

15   Thomas P. O'Neill *Man of the House*, auszugsweise wiedergegeben in: *Washington Post*, 16. September 1987, S. D1

16   Ebd.

17   Ebd.

18   *Washington Post*, 24. Juni 1976, S. A1

19   HAH 5H 475

20   BBC-TV-Spezial »The Kennedy Assassination: What We Know Now That We Didn't Then«

21   *U.S.-Senate, Intelligence Report, JFK Assassination*, S. 74 f.

22   Warren Commission Executive Session Transcript, 27. Januar 1964, S. 171 (zitiert in: Scott *Crime and Cover-Up*, S. 4 und auszugsweise wiedergeg. in: Peter Dale Scott, Paul L. Hoch, Russel Stetler (Hg.) *The Assassinations*, New York 1976, S. 138

23   HAH 3H 472

24   *Time*, 4. Februar 1974, S. 13

25   Ebd.

26   WR 3, 19, 105 ff.

27   CD 5, zitiert bei Thompson, S. 40 f.

28   WR 109

29   WR 582

30   Ebd.

31   WR 92

32   Epstein *Inquest*, S. 78

33   WR 663; siehe auch WR 785, 801

34   HAH 3H 494

35   *Time*, 19. Dezember 1977, S. 18

36   WR 790

37   WR XIV–XV

38   IRE-Serie, in: *Albuquerque Journal*, 3. April 1977, S. A6

39   Ebd.

40   HAH 5H 453

41 5H 187

42 HAH 5H 169

43 HAH 5H 168, 170

44 HAH 9H 168 f.

45 Hersh »The Contrasting Lives of Sidney R. Korshak«, in: *New York Times*, 27. Juni 1976, S. 20

46 Ebd., 30. Juni 1976, S. 14

47 HAH 9H 78

48 Ebd.

49 HAH 9H 85

50 HAH 9H 79, 85 f.

51 HAH 9H 78

52 *U.S.-Senate, Intelligence Report, JFK Assassination*, S. 5, 47

53 Ebd.

54 Salerno und Tompkins *The Crime Confederation*, S. 306

55 Jack Anderson in: *San Francisco Chronicle*, 31. Dezember 1970, S. 25

56 *Time*, 22. Dezember 1975, S. 20

57 Schlesinger *Robert Kennedy and his Times*, S. 286 f.

58 *Newsweek*, 9. Juli 1979, S. 35 f.

59 Ebd.

60 *U.S.-Senate, Intelligence Report, JFK Assassination*, S. 33 f.

61 Ebd., S. 23, 33

62 R. A. Caro *The Years of Lyndon Johnson*, in: *Atlantic Monthly*, Oktober 1981, S. 44

63 Ebd., S. 42

64 Ebd.

65 Ebd.

66 Ebd., S. 44

67 Ebd., S. 43

68 Winter-Berger *The Washington Payoff*, S. 62 f.

69 Ebd., S. 65

70 Ebd., S. 65 f.

71 Nationalarchiv, Texas Supplemental Report, 26. November 1963; siehe auch Mollenhoff *Strike Force*, S. 6

72 Tacitus, S. 38

73 Blakey und Billings, S. 26

Teil V
Ein Mordkomplott der Mafia

1 HAR 1

2 *Washington Post* (wöchentl. Ausgabe), 16. Juli 1984, S. 37

3 HAR 161; siehe HAR 169, 173, 176; Kapitel 2 und 17

18. Landesweite Mafia-kontakte

1 *U.S.-Senate, OC and Stolen Securities*, 1973, S. 120 f.

2 HAH 9H 69; siehe in Kapitel 5 den Untertitel »Carlo Marcellos Attentatsplan«

3 Crile »The Mafia, the CIA, and Castro«, in: *Washington Post*, 16. Mai 1976, S. C4; siehe in Kapitel 5 den Untertitel »Santos Trafficante prophezeit ein Attentat«

19. Die Mafia hat Präsident Kennedy umgebracht

1 *Newsweek*, 30. Juli 1979, S. 38
2 Crafard Exhibit 5226; C. Ray Hall Exhibit 3, S. 3; 25H 318
3 13H 502
4 13H 424
5 CE 1184; siehe CE 1300
6 Kantor *Who Was Jack Ruby?*, S. 22
7 CE 2284
8 HAH 9H 458
9 HAH 9H 458 f.
10 HAH 9H 459
11 Ebd.
12 5H 185
13 CD 302, S. 41
14 CD 302, S. 20
15 CE 2396; siehe CD 302, S. 41
16 CE 2396
17 CD 302, S. 20
18 CE 2980; siehe CE 2400
19 CE 2002, S. 90
20 Noyes *Legacy of Doubt*, S. 71 f.
21 CE 2399
22 CE 2322
23 CE 2399
24 Ebd.
25 Ebd.
26 Ebd.
27 Ebd.
28 Ebd.
29 Aus dem Protokoll des Jack-Ruby-Prozesses (10. März 1964; wiederabgedr. in *Trauma*, Bd. 6, Nr. 4, 1964, S. 67)
30 Ebd.
31 Ebd.
32 CE 2399
33 Ebd.; C. Ray Hall Exhibit 2
34 CE 2399
35 Ebd.
36 Ebd.
37 CE 2259
38 CE 2267
39 CD 223, S. 366
40 Ebd.
41 CD 223, S. 367; WR 614
42 JFK microfilm, Bd. 5, S. L1
43 CE 2821
44 CD 86, S. 526; JFK microfilm, Bd. 5, S. L1
45 *Dallas Morning News*, 5. September 1982, S. 7F
46 15H 660
47 15H 422; siehe 430
48 15H 422
49 Hansen Exhibit 1; 15H 442
50 Hansen Exhibit 1
51 HAH 5H 170
52 HAH 5H 170
53 C. Ray Hall Exhibit
54 5H 183
55 14H 564
56 Nationalarchiv, Eintrag 45, Ruby-Oswald-Chronologie, S. 841
57 14H 564
58 WR 52
59 Siehe Kapitel 2
60 14H 567
61 15H 616 f.
62 15H 620
63 15H 620
64 Ebd.

65 5H 206; siehe auch in Kapitel 14 den Untertitel »Rubys bestürzende Aussage«
66 14H 543, 548
67 14H 566

Teil VI
Der Nachhall des
22. November

1 »The Mob«, Teil 2, in: *Life*, 8. September 1967, S. 101
2 Anson *»They've Killed the President!«*, S. 325
3 Ders., S. 294
4 O'Leary, in: *Washington Star*, 5. Dezember 1976, S. A11
5 McCoy *The Politics of Heroin in Southeast Asia*, S. 213
6 Ebd.

20. Weitere Attentate

1 Gaia Servadio *Mafioso*, New York 1976, S. 279
2 *New York Times*, abgedruckt in: Gage *The Mafia is not an Equal Opportunity Employer*, S. 150
3 Cressey *Theft of the Nation*, S. 196
4 *U.S.-House, Criminal Justice Hearings*, S. 163
5 Ebd.
6 Methvin, in: *Reader's Digest*, September 1970, S. 50
7 *U.S.-House, Criminal Justice Hearings*, S. 150

8 Malcolm X, *The Autobiography of Malcolm X*, S. 84 f.
9 Ebd., S. 216
10 Auszug aus einer Rede, die Malcolm X anläßlich der Gründung der Organization of Afro-American Unity gehalten hat und die in Malcolm X *By Any Means Necessary*, S. 50 f. abgedruckt ist.
11 Peter Goldmann *The Death and Life of Malcolm X*, S. 304
12 Ders., S. 313
13 Ders., S. 315
14 Ders., S. 350–353
15 Allan Morrison, in: *Ebony*, Oktober 1965, S. 138 f.; siehe auch James Farmer *Freedom When?*, New York 1965, S. 100
16 Frank Hercules »To Live in Harlem«, in: *National Geographic*, Februar 1977, S. 201
17 Ebd.
18 Aus einer Rede, die Martin Luther King am 28. August 1963 in Washington D.C. hielt, in: Houston Peterson (Hg.), *A Treasury of the World's Great Speeches*, S. 839
19 Martin Luther King jr. »Beyond the Los Angeles Riots. Next Stop: The North«, in: *Saturday Review*, 13. November 1965, S. 34

20 Louis Lomax *To Kill a Black Man*, S. 165

21 *New York Times*, 11. März 1969, S. 1, 16

22 Ebd.

23 *New York Times*, 11. und 13. Juni 1978

24 *Washington Post*, 31. Dezember 1978, S. A1

25 Vom Verfasser am 1. Februar 1975 anläßlich der im Morse Auditorium der Bostoner Universität unter dem Motto »The Politics of Conspiracy« anberaumten Konferenz auf Tonband aufgenommen

26 HAR 332

27 HAR 388

28 HAR 386

29 Turner und Christian *The Assassination of Robert F. Kennedy*, S. 26

30 Das sagte Braden am 24. November 1983 in Gegenwart des Verfassers in einer Sendung des WRC-Rundfunksenders in Washington D.C.

31 Turner und Christian, S. 320

32 Kaiser »*RFK Must Die!*«, S. 469

33 Ders., S. 276

34 Ebd.

35 Turner und Christian, S. 220

36 Peter Dale Scott, Paul L. Hoch und Russell Stetler (Hg.) *The Assassinations: Dallas and Beyond*, New York 1976, S. 334

37 So heißt es in einem Bericht der Polizei von Los Angeles vom 8. Juli 1968, der bei Turner und Christian auf S. 376 abgedruckt ist.

38 Eidliche Erklärung William Harpers vom 28. Dezember 1970; abgedruckt bei Turner und Christian, S. 378–381

39 »Karten und Photographien, auf denen das Ambassador-Hotel-Anwesen, der Schauplatz der Schießerei, zu sehen ist«, Serie E; bei Turner und Christian im Phototeil wiedergegeben, S. 12; siehe auch Turner und Christian, S. 186

40 Ebd.

41 Moldea, in: *Regardie's*, S. 69

42 Turner und Christian, S. 191

43 Dieses Interview mit Cesar wurde in dem TV-Film *The Second Gun* ausgestrahlt.

44 Ebd.

45 Turner und Christian, S. 161 f.

46 KNXT-Meldung vom 5. Juni 1968, die in *The Second Gun* abgespielt wurde

47 *France Soir*, 6. Juni 1968, S. 8 (»Un garde du corps de Kennedy, dégaine à son tour, fait feu de la hanche, comme dans un western.«)

48 Ebenfalls in *The Second Gun* dokumentiert

49 Das jedenfalls behauptete Charach auf der »The-Poli-

tics-of-Conspiracy«-Konferenz an der Bostoner Universität in einem Arbeitskreis, der sich mit dem RFK-Attentat befaßte, am 2. Februar 1975; vom Autor auf Tonband dokumentiert.

50 Gespräch mit Bottus vom 2. Februar 1975

51 Ebd.

52 Allsop *The Bootleggers*, S. 169 f.

53 Ders., S. 170

54 *Washington Monthly*, 29. Februar 1979, S. 7

21. Richard Nixon und die Mafia

1 Dorman *Payoff*, S. 13

2 Gerth, in: Blumenthal und Yazijian *Government By Gunplay: Assassination Conspiracy Theories from Dallas to Today*, S. 151

3 Scott »From Dallas to Watergate«, in: Blumenthal und Yazijian, S. 128; Gerth, in: Blumenthal und Yazijian, S. 142; Moldea *The Hoffa Wars*, S. 105; *U.S.-Senate, OC and Narcotics Hearings*, S. 1049

4 So Jeff Gerth auf der »The-Politics-of-Conspiracy«-Konferenz der Universität Boston im Arbeitskreis »Organisiertes Verbrechen« am 1. Februar 1975; vom Verfasser auf Tonband dokumentiert.

5 *New York Times*, 10. September 1973, S. 1, 28

6 Ebd., S. 28

7 Ebd., S. 28

8 Moldea *The Hoffa Wars*, S. 261

9 *New York Times*, 24. Dezember 1971, S. 24

10 Ebd., 30. April 1973, S. 30

11 Ebd.

12 Moldea *The Hoffa Wars*, S. 7

13 *Time*, 8. August 1977, S. 28

14 Zit. bei Gerth, in: Blumenthal und Yazijian, S. 131 f.

15 Mitschrift der Tonbänder des Weißen Hauses vom 21. März 1973, 10.12–11.15 Uhr; zitiert nach Moldea *The Hoffa Wars*, S. 318 f., 432; ebenfalls zit. in *Time*, 8. August 1977, S. 28 (zwischen beiden Quellen bestehen kleinere Differenzen)

16 Ebd.

17 *New York Times*, 24. September 1981, S. D26

18 Dick Russell »Charles Colson«, in: *Argosy*, März 1976, S. 57

19 Jeremiah O'Leary »Haig Probe: Did Nixon Get Cash From Asia?«, in: Washington Star, 5. Dezember 1976, S. A11; siehe auch Moldea *The Hoffa Wars*, S. 351 f.

20 Moldea *The Hoffa Wars*, S. 352

21 Mollenhoff *Strike Force*, S. 29 f.

22 Ders.

23 Ders., S. 30

24 *Newsweek*, 23. Juni 1969, S. 37 f.

25 Ebd., 16. Juli 1973, S. 19

26 *New York Times*, 6. Juli 1973, S. 1

27 *Washington Post*, 6. Juli 1973, S. A4

28 *U.S.-Senate, OC and Stolen Securities*, 1973, S. 86

29 *Newsweek*, 28. November 1977, S. 66

22. Die Reagan-Administration

1 *U.S.-Task Force Report*, S. 24

2 *U.S.-House, OC and Worthless Securities*, S. 242

3 Siehe unten

4 *Wall Street Journal*, 20. Juni 1983, S. 1

5 Moldea *Dark Victory: Ronald Reagan, MCA, and the Mob*, S. 260

6 Friedman, in: *Mother Jones*, August-September 1984, S. 36

7 *Wall Street Journal*, 20. Juni 1983, S. 1

8 Friedman, in: *Mother Jones*, S. 36

9 Denny Walsh »Agents Say Casino ›Skimmed‹ During Sen. Laxalts Ownership«, in: *Sacramento Bee*, 1. November 1983, S. A1, A9

10 Friedman, in: *Mother Jones*, S. 34

11 Ebd., S. 36

12 Mary-McGroy-Kolumne, in: *Washington Post*, 6. März 1986, S. A2

13 Jack Anderson, in: *Washington Post*, 6. Januar 1981, S. B13

14 *Albuquerque Journal*, 19. März 1980, S. B3

15 Ebd.

16 *USA Today*, 14. Juni 1983, S. 8A

17 Moldea, in: *The Nation*, S. 734

18 *U.S.-President's Commission on OC, The Edge*, S. 33

19 NBC-Abendnachrichten, Segment 3, 6./7. September 1977

20 *Washington Post*, 17. August 1983, S. A4

21 Ebd., 28. Januar 1981, S. A3

22 Ebd., 30. Mai 1985, S. A3

23 Ebd., 20. September 1983, S. A2. Silverman nahm die Untersuchung wieder auf, nachdem das FBI ihn informiert hatte, daß Donovan »in Miami mit Willi Masselli und Albert Facchiano, einem verurteilten Kredithai und ehemaligen *capitano* der Genovese-Familie, zusammengetroffen sei. Thema der Unterredung war

die Frage, wie man am besten stille Mafia-Teilhaber an Schiavones diversen Baustellen beteiligen könne« (*Time*, 13. September 1982, S. 17). Auch diesmal konnte Silverman für eine Strafverfolgung »keine ausreichenden Beweise« finden und verbat sich in diesem Zusammenhang weitere Unterstellungen (Moldea, *Dark Victory*, S. 324).

24 *Washington Post*, 27. Juli 1983, S. A2

25 Ebd.

26 *Newsday*, 15. Januar 1986, S. 2

27 Daß diese Zusammenarbeit nach wie vor funktioniert, wird durch bestimmte Vorfälle belegt, von denen in Kapitel 15 unter dem Untertitel »Die CIA und die Mafia« die Rede ist.

28 *Washington Post*, 28. Oktober 1984, S. A21

29 Ebd., 19. Juni 1985, S. A23 ff.

30 *U.S.-Senate, OC and Stolen Securities*, 1971, S. 672

Literaturverzeichnis

Allsop, Kenneth *The Bootleggers: The Story of Chicago's Prohibition Era*, New Rochelle (N.Y.) 1968

Anslinger, Harry J. und Oursler, Will *The Murderers: The Story of Narcotics Gangs*, New York 1961

– und Gregory, J. Dennis *The Protectors: The Heroic Story of the Narcotics Agents, Citizens, and Officials in Their Unending, Unsung Battles Against Organized Crime in America and Abroad*, New York 1964

Anson, Robert Sam *»They've Killed the President!«: The Search for the Murderers of John F. Kennedy*, New York 1975

Blakey, G. Robert und Billings, Richard N. *The Plot to Kill the President*, New York 1981

Blumenthal, Sid und Yazijian, Harvey (Hg.) *Government By Gunplay: Assassination Conspiracy Theories From Dallas to Today*, New York 1976

Brashler, William *The Don: The Life and Death of Sam Giancanan*, New York 1977

Brill, Steven *The Teamsters*, New York 1977

Buchanan, Thomas G. *Who Killed Kennedy?*, London 1964

- *Who Killed Kennedy?*, New York 1964 (in Teilen grundverschieden von der britischen Ausgabe)

Chandler, David »The ›Little Man‹ is Bigger than Ever«, in: *Life*, 10. April 1970, S. 31–36

Cook, Fred J. *The Secret Rulers: Criminal Syndicates and How They Control the U.S. Underworld*, New York 1966

- *A Two-Dollar Bet Means Murder*, New York 1961

- *Walter Reuther: Building the House of Labor*, Chicago 1963

Cormier, Frank und Eaton, William J. *Reuther*, Englewood Cliffs (N.J.) 1970

Cressey, Donald R. *Theft of the Nation: The Structure and Operations of Organized Crime in America*, New York 1969

Crile, George III. »The Mafia, the CIA, and Castro«, in: *Washington Post*, 16. Mai 1976, S. C1, C4

Davidson, Bill »How the Mob Controls Chicago«, in: *Saturday Evening Post*, 9. November 1963, S. 17–27

- »The Mafia: How It Bleeds New England«, in: *Saturday Evening Post*, 18. November 1967, S. 27–31

- »New Orleans: Cosa Nostra's Wall Street«, in: *Saturday Evening Post*, 29. Februar 1964, S. 15–21

Davis, John H. *The Kennedys: Dynasty and Disaster 1848–1984*, New York 1984

Demaris, Ovid *Captive City*, New York 1969

Denison, George »Smut: The Mafia's Newest Racket«, in: *Reader's Digest*, Dezember 1971, S. 157–160

DiFonzo, Luigi *St. Peter's Banker*, New York 1983

Dorman, Michael »LBJ and the Racketeers«, in: *Ramparts*, Mai 1968, S. 26–35

- *Payoff*, New York 1972

Ehrmann, Herbert B. *The Case That Will Not Die: Commonwealth vs. Sacco and Vanzetti*, Boston 1969

- *The Untried Case: The Sacco-Vanzetti Case and the Morelli Gang*, New York 1960

Epstein, Edward Jay *Counterplot*, New York 1969

- *Inquest: The Warren Commission and the Establishment of Truth*, New York 1966

Feuerlicht, Roberta S. *Justice Crucified: The Story of Sacco and Vanzetti*, New York 1977

Files of Evidence Connected With the Investigation of the Assassina-

tion of President John F. Kennedy (offiz. Dokumentation der anläßl. der Ermordung J. F. K.s vom texanischen Justizminister veranlaßten Ermittlungen), 1963/64, Library of Congress, Rare Books Collection; auch auf Mikrofilm, Washington, D.C.: Microcard Editions, 1967

Gage, Nicholas »How Organized Crime Invades the Home«, in: *Good Housekeeping*, August 1971, S. 68 ff.

– *The Mafia is not an Equal Opportunity Employer*, New York 1971

– (Hg.) *Mafia, U.S.A.*, Chicago 1972

Gartner, Michael (zusammengestellt von) *Crime and Business. What You Should Know About the Infiltration of Crime into Business – and of Business into Crime*, Princeton 1971

Gerth, Jeff »Richard M. Nixon and Organized Crime«, in: *Government By Gunplay*, hg. von Sid Blumenthal und Harvey Yazijian, S. 130–151, New York 1976

Goldmann, Peter *The Death and Life of Malcolm X*, New York 1973

Gottfried, Alex *Boss Cermak of Chicago: A Study of Political Leadership*, Seattle: University of Washington Press 1962

Gould, Jean und Hickok, Lorena *Walter Reuther: Labor's Rugged Individualist*, New York 1972

Grutzner, Charles »How to Lock Out the Mafia«, in: *Harvard Business Review*, März/April 1970, S. 45–58

Hersh, Seymour M. und Gerth, Jeff »The Contrasting Lives of Sidney R. Koshak«, vierteilige Serie in: *New York Times*, 27.–30. Juni 1976

Hillsman, Roger *To Move a Nation: The Politics of Foreign Policy in the Administration of John F. Kennedy*, Garden City (N.Y.) 1967

Houghton, Robert A. und Taylor, Theodore *Special Unit Senator: The Investigation of the Assassination of Senator Robert F. Kennedy*, New York 1970

Hurt, Henry *Reasonable Doubt: An Investigation into the Assassination of John F. Kennedy*, New York 1985

Hutchinson, John *The Imperfect Union: A History of Corruption in American Trade Unions*, New York 1970

Investigative Reporters and Editors Inc., Phoenix Project. Report on organized Crime in Arizona, *Albuquerque Journal*, 13. Mai bis 2. April 1977

Joesten, Joachim *Oswald: Assassin or Fall Guy?*, New York 1964

Jones, Penn jr. *Forgive My Grief: A Critical Review of the Warren Commission Report on the Assassination of President John F. Kennedy*, Bd. 1 und 2, Midlothian, Texas, *Midlothian Mirror*, 1966/67

Kaiser, Robert Blair »R.F.K. Must Die!«: *A History of the Robert Kennedy Assassination and its Aftermath*, New York 1970

Kantor, Seth *Who was Jack Ruby?*, New York 1978

Kefauver, Estes *Crime in America*, Garden City (N.Y.) 1951

Kennedy, Robert F. *The Enemy Within*, New York 1960

– »Robert Kennedy Defines the Menace«, in: *New York Times Magazine*, 13. Oktober 1963, S. 15ff.

King, Martin Luther jr. »Beyond the Los Angeles Riots. Next Stop: The North«, in: *Saturday Review*, 13. November 1965, S. 33ff.

King, Rufus *Gambling and Organized Crime*, Washington, D.C., 1969

Kobler, John *Capone: The Life and World of Al Capone*, New York 1971

Chruschtschow, Nikita S. *Krushchev Remembers*, New York 1971

Lambert, William »A Deeper Debt of Gratitude to the Mob«, in: *Life*, 10. November 1967, S. 38–38B

– »Strange Help – Hoffa Campaign of the U.S.-Senator from Missouri«, in: *Life*, 26. Mai 1967, S. 25ff.

Landesco, John *Organized Crime in Chicago*, Chicago 1968

Lane, Mark *Rush to Judgment: A Critique of the Warren Commission's Inquiry into the Murders of President John F. Kennedy, Officer J. D. Tippit and Lee Harvey Oswald*, New York 1966

Langman, Betsy und Cockburn, Alexander »Sirhan's Gun: Further Inquiries into the Assassination of Robert F. Kennedy«, in: *Harper's*, Januar 1975, S. 16–27

Lawson, Herbert G. »Carnival of Crime«, in: *Wall Street Journal*, 12. Januar 1970, S. 1

Lernoux, Penny *In Banks We Trust*, Garden City (N.Y.) 1984

Lepera, Patsy A. und Goodman, Walter *Memoirs of a Scam Man: The Life and Deals of Patsy Anthony Lepera*, New York 1974

Lewis, Norman *The Honored Society: A Searching Look at the Mafia*, New York 1964

Lomax, Louis E. *To Kill a Black Man*, Los Angeles 1968

Lowenstein, Allard K. »The Murder of Robert Kennedy«, in: *Saturday Review*, 19. Februar 1977, S. 6–17

Lyle, John H. *The Dry and Lawless Years*, Englewood Cliffs (N.J.) 1960

McClellan, John L. *Crime Without Punishment*, New York 1962

McCoy, Alfred W., Read, Cathleen B. und Adams, Leonard P. II. *The Politics of Heroin in Southeast Asia*, New York 1972

Mass, Peter *Serpico*, New York 1974

– *The Valachi Papers*, New York 1969

»The Mafia: Big, Bad and Booming«, in: *Time*, 16. Mai 1977, S. 32–42

»The Mafia v. America«, in: *Time*, 22. August 1969, S. 17–27

Malone, William Scott »The Secret Life of Jack Ruby«, in: *New Times*, 23. Januar 1978, S. 46–51

Manchester, William R. *The Death of a President: November 20–November 25, 1963*, New York 1967

Marchetti, Victor und Marks, John D. *The CIA and the Cult of Intelligence*, New York 1974

Meagher, Sylvia *Accessories After the Fact: The Warren-Commission, the Authorities, and the Report*, Indianapolis 1967

Meskil, Paul S. *Don Carlos. Boss of Bosses*, New York 1973

– *The Luparelli Tapes: The True Story of the Mafia Hitman Who Contracted to Kill Both Joey Gallo and His Own Wife*, Chicago 1973

Messick, Hank *Lansky* (2. überarbeitete Aufl.), New York 1973

– *Secrete File*, New York 1969

– *Syndicate Abroad*, New York 1969

Methvin, Eugene H. »How Organized Crime Corrupts Our Law Enforcers«, in: *Reader's Digest*, Januar 1972, S. 85–89

– »How the Mafia Preys an the Poor«, in: *Reader's Digest*, September 1970, S. 49–55

– »Mafia War on the A & P«, in: *Reader's Digest*, Juli 1970, S. 71–76

»The Mob«, in: *Life*, Teil 1, 1. September 1967, S. 15–21; Teil 2, 8. September 1967, S. 91–104

Model, F. Peter und Groden, Robert J.F. *JFK: The Case for Conspiracy*, New York 1976

Moldea, Dan E. *The Hoffa Wars: Teamsters, Rebels, Politicians and the Mob*, New York 1978

– *Dark Victory: Ronald Reagan, MCA, and the Mob*, New York 1986

– »Who Really Killed Bobby Kennedy?«, in: *Regardie's*, Juni 1987, S. 57–84

Mollenhoff, Clark R. *Strike Force: Organized Crime and the Government*, Englewood Cliffs (N.J.) 1972

– *Tentacles of Power: The Story of Jimmy Hoffa*, Cleveland 1965

Navasky, Victor S. *Kennedy Justice*, New York 1965

Noyes, Peter *Legacy of Doubt*, New York 1973

O'Donnell, Kenneth P. und Powers, David F. »*Johnny, We Hardly Knew Ye*«: Memories of John F. Kennedy, Boston 1972

Oglesby, Carl und Goldberg, Jeff »Did the Mob Kill Kennedy?«, in: *Washington Post*, 25. Februar 1979, S. B1, B4

Pantaleone, Michele *The Mafia and Politics*, New York 1966

Peterson, Houston (Hg.) *A Treasury of the World's Great Speeches*, New York 1965

Ransom, Harry H. »Containing Central Intelligence«, in: *New Republic*, 11. Dezember 1965, S. 12–15

Reid, Ed *The Grim Reapers: The Anatomy of Organized Crime in America*, New York 1970

– *Mickey Cohen: Mobster*, New York 1973

– und Demaris, Ovid *The Green Felt Jungle*, New York 1963

Rogers, Warren »The Persecution of Clay Shaw: How One Man Ruined Another and Subverted Our Legal System«, in: *Look*, 26. August 1969, S. 53–60

Sackett, Russel, Smith, Sandy und Lambert, William »The Congressman and the Hoodlum«, in: *Life*, 9. August 1968, S. 20–27

Salerno, Ralph und Tompkins, John S. *The Crime Confederation: Cosa Nostra and Allied Operations in Organized Crime*, Garden City (N.Y.) 1969

Salinger, Pierre *With Kennedy*, Garden City (N.Y.) 1966

Schlesinger, Arthur M. jr. *A Thousand Days: John F. Kennedy in the White House*, Boston 1965

– *Robert Kennedy and His Times*, New York 1979

Schulz, William »The Mob's Grip on New Jersey«, in: *Reader's Digest*, Februar 1971, S. 111–115

Scott, Peter Dale *Crime and Cover-Up: The CIA, the Mafia and the Dallas-Watergate Connection*, Berkeley 1977

– »The Death of Kennedy and the Vietnam War«, in: Blumenthal, Sid und Yazijian, Harvey (Hg). *Government By Gunplay*, S. 152–187, New York 1976

– »From Dallas to Watergate«, in: Blumenthal, Sid und Yazijian, Harvey (Hg.) *Government By Gunplay*, S. 113–129, New York 1976

Sheridan, Walter *The Fall and Rise of Jimmy Hoffa*, New York 1972

Siciliano, Vincent *Unless They Kill Me First*, New York 1970

Smith, Sandy »Corruption Behind the Swinging Clubs«, in: *Life*, 6. Dezember 1968, S. 35–43

Sondern, Frederic J. *Brotherhood of Evil: The Mafia*, New York 1959

Stevenson, Charles »The Tyranny of Terrorism in Building Trades«, Sonderbericht, Teil 1, in: *Reader's Digest*, Juni 1973, S. 89–94

Teresa, Vincent und Renner, Thomas C. *My Life in the Mafia*, Garden City (N.Y.) 1973

Thompson, Josiah *Six Seconds in Dallas: A Micro-Study of the Kennedy Assassination*, New York 1967

Turner, Wallas *Gambler's Money: The New Force in American Life*, Boston 1965

Turner, William W. »Crime is Too Big for the FBI«, in: *The Nation*, 8. November 1965, S. 322–328

– *Hoover's FBI: The Men and the Myth*, Los Angeles 1970

– und Christian, John G. *The Assassination of Robert F. Kennedy: The Conspiracy and the Cover-up, 1968–1978*, New York 1978

Tyler, Gus (Hg.) *Organized Crime in America: A Book of Readings*, Ann Arbor: University Press 1967

Viorst, Milton »The Mafia, the CIA, and the Kennedy Assassination«, in: *Washingtonian*, November 1975, S. 113–118

Waldman, Steven »The Best and the Worst of American Unions«, in: *Washington Monthly*, Juli/August 1987, S. 28–38

Waller, Leslie *The Swiss Bank Connection*, New York 1972

Walsh, Denny »The Governor and the Mobster«, in: *Life*, 2. Mai 1969, S. 28–32A

– »The Mob: It Racks Up Overtime on a Government Payroll«, in: *Life*, 14. Februar 1969, S. 52–56

– »The Mayor, the Mob and the Lawyer«, *Life*, 29. Mai 1970, S. 24–31

Wennblom, Ralph D. »How the Mafia Drives Up Meat Prices«, *Farm Journal*, August 1972, S. 18 f.

– »How the Mafia Gets Its Cut«, in: *Farm Journal*, September 1972, S. 24 ff.

Winter-Berger, Robert N. *The Washington Payoff: An Insider's View of Corruption in Government*, New York 1972

Wise, David und Ross, Thomas B. *The Invisible Government*, New York 1974

X, Malcolm und Haley, Alex *The Autobiography of Malcolm X*, New York 1966

X, Malcolm *By Any Means Necessary: Speeches, Interviews, and a Letter by Malcolm X*, New York 1970

Yallop, David *In God's Name*, New York 1984

Arthur Hertzberg

Shalóm, Amerika!
Die Geschichte der Juden in der Neuen Welt

432 Seiten, gebunden
ISBN 3-926901-48-9

Vier Jahrhunderte haben die Juden in Amerika für ihre Emanzipation gebraucht. Allein in den USA haben sie als Minderheit Einfluß im Staat erlangt. Doch wohin wird ihre Entwicklung gehen, wo sie sich heute als ethnische Gruppe nicht mehr durch Angst und Ausschluß definieren können? Um sich eine Vorstellung von der Zukunft der Juden in Amerika machen zu können, hat Hertzberg eine gründliche und fesselnde Bestandsaufnahme geliefert, die auf neue Weise die europäischen Wurzeln des Judentums reflektiert.